ANDRÉ LAGARDE

Agrégé des Lettres

Inspecteur général
de l'Instruction Publique

LAURENT MICHARD

Ancien élève
de l'École Normale Supérieure

Inspecteur général de l'Instruction Publique

MOYEN AGE

LES GRANDS AUTEURS FRANÇAIS DU PROGRAMME
Anthologie
et histoire littéraire

Bordas

LE MOYEN AGE

	Les Événements	Épopée	Littérature Courtoise	Littérat. Bourgeoise et Satirique	Chronique et Histoire	Théâtre	Poésie Lyrique
XIe S.	Expédit. en Espagne 1066 Conquête de l'Angleterre 1095-99 1re Croisade (Prise de Jérusalem)	CHANSON de ROLAND				Xe S. Drame liturg.	
XIIe S.	Début XIIe : Emancipation des Communes 1147 IIe Croisade 1154 Aliénor, reine d'Angleterre (Progrès de la Courtoisie) 1180-1223 Philippe Auguste (Progrès de la Bourgeoisie)	Chanson de Guillaume Gormont et Isembart Charroi de Nîmes 1150 Couron.t de Louis Aliscans Aspremont Huon de Bordeaux Garin le Lorrain Raoul de Cambrai	1160-70 MARIE DE FRANCE vers 1170 Tristan CHRÉTIEN de TROYES	1159 Premiers Fabliaux 1174-1205 RENARD (branch. princip.)		vers 1150 Naissance du drame semi-liturgique Le Jeu d'Adam	1140 Naissance du lyrisme courtois
XIIIe S.	1204 IVe Croisade (Prise de Constantinople) 1226 Saint Louis 1248-1254 VIIe Croisade 1270 VIIIe Croisade (Mort de St Louis) 1285 Philippe le Bel	BERTRAND DE BAR-S-AUBE { Aimeri de Narbonne { Girart de Vienne 1275 Berte au gd pied	Début XIIIe Aucassin et Nicolette 1200-1235 Continuation du Graal 1215-1235 Lancelot en prose 1230-1250 Tristan en prose	1261 RUTEBEUF : Renard le Bestourné 1288 R. le Nouvel 1295 Couron.t de R.	1207-1213 VILLEHARDOUIN Conquête de Constantinople	vers 1200 JEAN BODEL Jeu de St Nicolas RUTEBEUF : Miracle de Théophile 1275 ADAM LE BOSSU Jeu de la Feuillée	1202 Congé de J. BODEL 1230 ? R. de la ROSE (I. — G. DE LORRIS) COLIN MUSET et RUTEBEUF († 1280) 1275-80 R. de la ROSE (II. — J. DE MEUNG)
XIVe S.	1314 1337 Guerre de Cent ans 1346 Crécy 1356 Poitiers 1358 Et. Marcel 1370 Du Guesclin			1319 Renard le Contrefait 1340 Derniers Fabliaux	1309 JOINVILLE Histoire de St-Louis 1370-1400 FROISSART Chroniques		Réforme de MACHAUT EUSTACHE DESCHAMPS
XVe S.	1415 Azincourt 1420 Traité de Troyes 1429-31 Jeanne d'Arc 1453 Fin de la Guerre de Cent Ans 1461-1483 Louis XI			1489-98 COMMYNES Mémoires		vers 1450 Passion de GRÉBAN vers 1465 Pathelin 1486 Passion de J. MICHEL	Charles D'ORLÉANS († 1465) VILLON 1456 : Le Lais 1461-62 : Le Testament

© Bordas, Paris, 1985

ISBN 2-04-16207-0

AVANT-PROPOS

Selon le principe de la collection, nous avons réuni dans un *livre unique* des extraits spécialement présentés en vue de l'*explication* en classe, des *lectures* complémentaires, une *histoire littéraire* suivie et toujours en relation étroite avec ces textes. Nous voudrions ainsi alléger pour le professeur la tâche de présenter et d'analyser les œuvres ou de dicter des questionnaires, et lui permettre de consacrer tout son temps à l'*étude des textes,* en compagnie d'élèves déjà préparés à cet exercice et intéressés par des lectures complémentaires.

L'enseignement d'aujourd'hui appelle un nombre croissant de non latinistes à étudier le Moyen Age : la plupart de nos textes sont présentés *en français moderne* afin de rendre accessible à tous cette littérature si vivante et si attirante pour de jeunes esprits.

Il suffira d'une page par auteur important, étudiée dans la *langue originale* pour prendre contact avec cette langue et suivre son évolution. On trouvera à l'*Appendice* les principales lois phonétiques ainsi que les traits essentiels de la morphologie et de la syntaxe médiévales.

Ce recueil de morceaux choisis n'a pas la prétention d'être savant, encore moins celle d'être complet. Établi pour des adolescents, il ne veut être qu'un instrument de travail propre à leur faire aimer une littérature trop souvent ignorée ou sacrifiée et à leur donner le désir de lire les œuvres intégrales.

• **Les questionnaires** ont été mis en conformité avec les tendances de la pédagogie actuelle et les instructions ministérielles.

On y trouvera des listes d'extraits d'auteurs du même siècle ou des autres, permettant d'intégrer librement le texte examiné dans des **« groupements de textes choisis et étudiés selon une cohérence thématique ou problématique clairement formulée »**. En raison de la formule de ce recueil, ces textes pourront toujours être situés dans la chronologie et dans les œuvres dont ils sont tirés. Les références au *XXᵉ Siècle* renvoient à la nouvelle édition (1988).

On y trouvera aussi de nombreux exercices à pratiquer oralement ou par écrit : entretiens, exposés, débats, comparaisons, commentaires, essais littéraires ; les groupes thématiques offrent d'ailleurs la possibilité de concevoir d'autres sujets relevant de ces divers types d'exercices. On aura avantage à consulter **l'Index des groupements thématiques** (p. 237).

• **L'illustration** a été groupée en **dossiers thématiques.** En relation avec les textes auxquels elle invite sans cesse à se reporter, elle conduira à une étude plus approfondie de questions importantes, les textes eux-mêmes appelant le groupement avec d'autres extraits. La confrontation texte-iconographie permettra des exercices d'expression orale et écrite.

Avec le précieux concours des documentalistes, nous avons veillé à la qualité de l'illustration, en couleur pour la majeure partie : elle soulignera la parenté entre littérature et beaux-arts, et, pour une première initiation, elle pourra jouer le rôle d'une sorte de **musée imaginaire.**

Moyen Age et chronologie

Guerriers carolingiens, IXe siècle. (« Psautier de Saint-Gall », miniature. Stiftsbibliothek, Saint-Gall. Ph. © Colorphoto Hinz — Arch. Photeb.)

Chevalier en armure, XVe siècle. (« Le Livre des Eschets moralisés en français » de J. Fréron, miniature. Bibl. Municipale, Rouen. Ph. Ellebé © Arch. Photeb.)

Tapisserie de Bayeux, fin XIe siècle (détail). (Conan remet les clefs de Dinan au Duc Guillaume (à gauche). Guillaume remet les armes à Harold (à droite). Centre Guillaume le Conquérant, avec l'autorisation spéciale de la ville de Bayeux. Ph. © Giraudon. Arch. Photeb.)

Notre Moyen Age littéraire s'étend sur quatre siècles, plus de temps qu'il ne s'en est écoulé depuis *Le Cid* (1636) jusqu'à nos jours. On verra d'autre part que la *Chanson de Roland* (début du XIIe siècle) s'inspire d'événements vieux de plus de trois cents ans.

Ces décalages dans le temps sont rendus sensibles par l'évolution des équipements. Les guerriers carolingiens (fin du IXe siècle), postérieurs aux compagnons de Roland, sont légèrement équipés et ne portent pas de heaumes. L'adoubement dont il est question dans la *Chanson de Roland* — trois siècles plus tard — devait être proche de celui des Normands dans la Tapisserie de Bayeux : ils portent la brogne, tunique à plaques métalliques — devenue ensuite le haubert ou cotte de mailles — et le heaume à nasal, sous lequel la tête et la nuque sont protégées par la coiffe. Beaucoup de nos miniatures sont du XIVe ou du XVe siècle (donc postérieures de plusieurs siècles à la *Chanson de Roland*) : leurs auteurs représentent avec des armures semblables à celles de leurs contemporains les héros des chansons de geste et des romans courtois.

INTRODUCTION

I. HISTOIRE ET CIVILISATION

Définition.
Quelques dates   Pour les historiens, le MOYEN AGE s'étend de la chute de l'Empire romain d'Occident (476) jusqu'à la prise de Constantinople par les Turcs (1453). Ces dix siècles constituent l'âge *intermédiaire* entre l'*Antiquité* et les *Temps modernes*. De fait, un monde nouveau semble naître pendant la 2e moitié du xve siècle : le système féodal tombe en désuétude ; la découverte de l'Amérique par Christophe Colomb (1492) et les voyages de Vasco de Gama ouvrent de vastes horizons ; à l'occasion des guerres d'Italie, l'esprit de la Renaissance italienne pénètre en France et y provoque bientôt un renouveau des lettres et des arts. Enfin, au début du xvie siècle, la Réforme brise l'unité religieuse de l'Occident et oppose l'esprit de libre examen au respect de la tradition et des autorités.

Mais notre Moyen Age *littéraire* n'a pas la même extension : la première œuvre littéraire de notre langue, la CANTILÈNE (ou SÉQUENCE) DE SAINTE EULALIE, date de la fin du ixe siècle seulement. D'autre part la Renaissance s'épanouit relativement tard en France, si bien que le mouvement littéraire du Moyen Age se prolonge chez nous jusqu'à la fin du xve siècle.

Principaux
faits historiques   L'histoire de la langue et de la littérature est étroitement liée à l'histoire politique de notre pays.
Ainsi HUGUES CAPET, fondateur de la dynastie qui porte son nom (987), est aussi le premier roi de France qui ait parlé non pas un idiome germanique, mais le « *roman* » qui deviendra le *français*. Plus tard le triomphe du « *francien* », dialecte de l'Ile-de-France, correspondra à l'extension progressive du domaine royal. La conquête de l'Italie du Sud et de la Sicile (1053), puis de l'Angleterre (1066) par les Normands étend considérablement le domaine de notre langue : de grandes œuvres furent rédigées en dialecte anglo-normand.

On verra aussi quelle influence ont eue sur notre littérature les *Croisades* (1096-1270) puis la *Guerre de Cent ans* (1337-1453). Celle-ci s'ouvre sur de grands revers qui ont pour écho une crise de notre littérature et même de notre langue. Mais de la Guerre de Cent ans date aussi chez nous, avec Jeanne d'Arc, le *sentiment national moderne*. La fin de cette guerre coïncide avec la prise de Constantinople : c'est un âge qui se termine.

La France eut, pendant cette période, de *grands rois*, LOUIS VI (1108-1137), PHILIPPE AUGUSTE (1180-1223), LOUIS IX (1226-1270), PHILIPPE LE BEL (1285-1314), CHARLES V (1364-1380) et LOUIS XI (1461-1483) qui contribuèrent, chacun selon son caractère et ses méthodes, à la constitution de l'unité nationale. Leurs règnes furent aussi marqués par une brillante *floraison des lettres et des arts*.

Les mœurs,   Le Moyen Age est l'époque de la *féodalité* (à partir
    la féodalité   du IXe siècle). Les institutions sociales et politiques
                 reposent sur le *lien de vassal à suzerain*, la condition
paysanne est fixée par le *servage*. Il s'agit d'une société militaire où les mœurs
sont très rudes à l'origine. Le système des fiefs entraîne l'esprit particulariste
et la variété des dialectes. Un fossé de plus en plus profond se creuse entre la
noblesse, qui devient une caste fermée, et les « *bourgeois* » des villes. A cette
division répond, dans les mœurs et la littérature, l'opposition entre *esprit
aristocratique* et *esprit bourgeois* ou populaire. D'un côté la grandeur chevaleresque, la délicatesse de l'amour courtois, une élégance et une distinction
de plus en plus raffinées. De l'autre, verve comique et satirique, bonne
humeur et réalisme.

La foi, les croisades   Le trait commun aux divers éléments de cette
                   société, c'est une *foi ardente*, intransigeante aussi, et
chez les meilleurs un mysticisme touchant ou sublime. De Saint Louis à Villon une
continuité s'établit. Les *Croisades* sont le signe de cet enthousiasme religieux.
Entreprises d'abord folles et absolument désintéressées, elles dérivent vers
l'esprit d'aventure et la soif de conquêtes matérielles ; puis Saint Louis leur
rend leur sens religieux. Elles ont introduit dans notre littérature l'*histoire* et
l'*exotisme*.

La culture,   A la « Renaissance carolingienne » (fin du VIIIe,
  les universités.   début du IXe siècle), succède un nouveau recul de
                 la culture latine, coïncidant avec des temps troublés.
Il faut attendre le milieu du XIe siècle pour retrouver les signes d'une vie
intellectuelle active : les clercs recommencent à puiser aux sources latines.
C'est alors, avec les CHANSONS DE GESTE, la véritable *éclosion de la littérature
française*. Au XIIe siècle l'enseignement théologique et philosophique d'ABÉLARD
connaît un grand succès. Le XIIIe siècle marque la naissance de nos
premières UNIVERSITÉS : l'Université de Paris est instituée par Philippe
Auguste en 1200. En 1252, Robert de SORBON lui adjoint le « Collège » auquel
elle devra son nom de Sorbonne. JEAN DE MEUNG, ARNOUL GRÉBAN, VILLON
seront des *gradués d'Université*. Hors de France, le XIIIe. siècle se signale
également par la « Somme théologique » de SAINT THOMAS D'AQUIN, qui
nourrira jusqu'à la Renaissance et même jusqu'à Descartes la pensée religieuse et la réflexion philosophique. Le XIVe siècle voit l'éclosion d'une poésie
nouvelle, savante et raffinée ; le XVe annonce, à tout point de vue, l'avènement
des temps modernes.

    L'art médiéval   Nous devons au Moyen Age les monuments de
                   l'architecture *romane* (XIe-XIIe siècles) et *gothique*
(à partir du milieu du XIIe siècle). Notre-Dame de Paris fut commencée en
1163. Les cathédrales gothiques, chefs-d'œuvre architecturaux, témoignages
du mysticisme de leurs bâtisseurs, nous ont transmis, avec leurs *statues*,
leurs *bas-reliefs* et leurs *vitraux*, de précieux documents sur le costume, les
mœurs, l'imagination même de nos aïeux.
    La *tapisserie* française du XVe siècle illustre à merveille la poésie de Charles
d'Orléans. Si la peinture médiévale paraît d'abord très pauvre, il ne faut oublier
ni les *fresques*, la DANSE MACABRE DE LA CHAISE-DIEU par exemple, ni les
enluminures des manuscrits ou les *miniatures* de FOUQUET.

Les manuscrits ;
l'imprimerie
Les œuvres littéraires du Moyen Age nous sont parvenues sur des *manuscrits* calligraphiés par des clercs avec minutie et amour. Ces monuments de culture sont aussi de véritables œuvres d'art par leurs enluminures aux fraîches couleurs et leurs majuscules finement enjolivées (voir notre illustration de Renard et de la Littérature Courtoise). Cet art atteint son plus haut degré avec les illustrations des « Très Riches Heures » du duc de Berry.

Découverte par Gutenberg en Allemagne, l'*imprimerie* fait ses débuts en France en 1470. La première édition de Villon date de 1489, celle de la Farce de Pathelin probablement de la même année.

JUGEMENT D'ENSEMBLE

Le Moyen Age
devant la postérité
Renié par la Renaissance, le Moyen Age fut *ignoré* au xviie siècle ou traité comme une *époque barbare*, un long sommeil de l'intelligence et de l'art entre la civilisation latine et la Renaissance : le terme même de « *gothique* », appliqué à son architecture, marque une intention méprisante. Le xviiie siècle le rejette à son tour, au nom des *lumières* et du *goût* : il n'y voit que *fanatisme* et *grossièreté*. Un revirement se produit au début du xixe siècle : dans le *Génie du christianisme*, Chateaubriand exalte la foi, l'art et l'âme du Moyen Age ; il réhabilite la *cathédrale gothique* et le « *merveilleux chrétien* ». Les romantiques se prennent d'un véritable engouement pour le Moyen Age, cette « *mer de poésie* » (Victor Hugo). Les historiens se tournent eux aussi vers le lointain passé de notre pays.

La réaction romantique est à l'origine du grand mouvement qui a conduit les érudits du xixe et du xxe siècle à étudier cette époque. Les travaux philologiques, critiques, historiques se sont multipliés et se poursuivent, rendant peu à peu à cette période de notre histoire son véritable visage.

État de la question
L'erreur longtemps commise a été de rejeter ou d'admirer d'un seul bloc une période aussi longue et aussi complexe. Sans doute certains traits se perpétuent tout au long du Moyen Age : c'est une époque de *foi*, c'est l'âge de la *féodalité* ; c'est pour notre langue, notre littérature, une *période de croissance, d'instabilité* : l'enfance et la jeunesse avant la maturité classique. Mais quelle illusion de voir dans le Moyen Age une longue nuit ou d'y chercher une succession ininterrompue de chefs-d'œuvre ! Crises et renaissances s'y succèdent. Après l'âge épique et courtois, deux siècles retiennent notre attention : le xiiie, et l'on parlerait volontiers d'un « *Siècle de Saint Louis* » devant cette riche floraison littéraire marquée par les œuvres de Rutebeuf, le Roman de la Rose, les Fabliaux, et couronnée au début du siècle suivant par le livre de Joinville ; le xve siècle aussi, avec le Mystère de la Passion, la Farce de Pathelin, Charles d'Orléans, Commynes et Villon.

Le Moyen Age est loin de nous à bien des égards, mais il nous charme si nous savons en deviner l'âme et y retrouver, derrière certains obstacles de langue, certaines naïvetés d'expression, *un art souvent accompli, des sentiments éternellement humains et la naissance de notre tradition nationale*.

II. LES ORIGINES DE NOTRE LANGUE

Les langues
romanes
Le *français* est une langue *romane*, c'est-à-dire dérivée du latin (l'adjectif « *roman* » vient de « *Romanus* » : Romain), au même titre que l'italien, l'espagnol, le portugais et le roumain. Naturellement la transformation ne s'est pas faite du jour au lendemain : il a fallu *de longs siècles* pour que la langue nouvelle se dégageât de l'ancienne. D'autre part, sur notre sol même, la latin n'a pas donné naissance à une seule langue, mais à un grand nombre de *dialectes*, d'abord d'importance à peu près équivalente, mais dont l'un, le «*francien*», s'est imposé peu à peu.

Les divers dialectes
Ces dialectes se divisent en deux rameaux : *langue d'oïl* («oui») au Nord (francien, picard, anglo-normand, etc...), *langue d'oc* au Sud : la frontière linguistique coupe la France d'Est en Ouest vers le milieu du Massif Central. Si les dialectes du Nord se sont effacés devant le français et ne subsistent plus que sous la forme de patois, l'un des dialectes d'oc a survécu comme langue littéraire, c'est le *provençal* des Félibres.

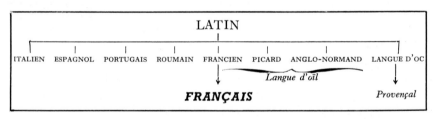

LATIN

| ITALIEN | ESPAGNOL | PORTUGAIS | ROUMAIN | FRANCIEN | PICARD | ANGLO-NORMAND | LANGUE D'OC |

Langue d'oïl

FRANÇAIS   *Provençal*

Les étapes
du français
1. ROMAN. — L'existence d'une langue différente du latin et du germanique est attestée dès le VIIIe siècle ; le premier texte est le Serment de Strasbourg (842). Lors du partage de l'Empire de Louis le Pieux entre ses fils, Louis le Germanique prononce le serment en « *roman* », de façon à être compris par les troupes de son frère Charles le Chauve (voir p. VIII). Le « *roman* » représente le *stade intermédiaire entre le latin et le français*.

2. ANCIEN FRANÇAIS. — Du « *roman* » se dégage, avec l'apparition des textes littéraires, l'*ancien français*, caractérisé par une autonomie plus grande à l'égard du latin, mais aussi par le maintien de la *distinction entre cas sujet et cas régime* (voir nos Éléments de grammaire à la fin du volume).

3. MOYEN FRANÇAIS. — Vers le début du XIVe siècle, cette distinction entre deux cas, menacée depuis longtemps déjà, disparaît généralement (il y aura pourtant de longues survivances). La syntaxe s'en trouve profondément modifiée ; *l'ordre des mots* dans la phrase doit indiquer la construction que précise un usage accru des *prépositions* : le français devient une langue *analytique*. Ainsi naît le *moyen français*. Le français moderne ne se fixera qu'au XVIIe siècle.

NAISSANCE DU " ROMAN "

Données ethniques   Les Gaulois, qui constituent le fond ethnique du peuple français, étaient des *Celtes*. La Gaule fut conquise par les *Romains*, puis ce furent les invasions *germaniques* et *nordiques* (Normands). Un élément germanique important vint se mêler au fond gallo-romain. Et pourtant notre langue ne doit presque rien au celtique, et les influences germaniques sont très secondaires dans sa formation. Le fait est notable et mérite d'être expliqué.

Le latin en Gaule   Au lendemain de la conquête de la Gaule par César (50 ans av. J.-C.), *on commença à parler latin* dans l'ensemble de notre pays, comme on le faisait depuis longtemps dans la Province romaine (notre *Provence*). Ainsi les Gallo-Romains possédaient une longue tradition latine lors des invasions barbares. En fait notre langue avait déjà commencé à se constituer.

Le latin vulgaire   Le latin que les Gaulois apprirent peu à peu des soldats et des marchands romains n'était pas celui de Cicéron. C'était un latin familier, vulgaire, bien différent de la langue écrite :
par le VOCABULAIRE : ainsi *caballus* = cheval (*equus*) ; *tabula* = table (*mensa*) ;

la DÉCLINAISON : ainsi on déclinait *corpus, corpi* (comme *dominus, i*) au lieu de *corpus, corporis* ; on employait *rosas* (*rosae*) comme nominatif pluriel de *rosa* ;

la CONJUGAISON : *sum amatus* (je suis aimé) au lieu de *amor* ; *amare habeo* (j'aimerai) pour *amabo* ; *habeo scriptum* (j'ai écrit) pour *scripsi* ;

la SYNTAXE : la proposition complément d'objet par *quod* (que) remplaçait la proposition infinitive.
C'est de ce latin qu'est issu le français.

Déformations phonétiques   Ce latin, presque tous les Gaulois l'apprennent *oralement*, dans les contacts quotidiens avec les Romains. C'est une *langue étrangère* dont ils saisissent mal les sonorités, qu'ils reproduisent plus mal encore. Nous avons beaucoup de peine à prononcer correctement l'anglais, et nous reconnaissons vite un étranger à son accent. De même les Gaulois sont habitués depuis des siècles à une langue celtique et à la longue leurs *organes vocaux* en ont reçu comme une *empreinte* : ils *déforment* donc constamment les sons de la langue latine. Ces déformations *se perpétuent* chez tous ceux qui ne sont pas lettrés, l'immense majorité. Elles *sont aggravées* à l'époque des invasions barbares, les Gaulois étant impressionnés par d'autres sonorités étrangères, et les Germains « romanisés » introduisant de nouvelles confusions phonétiques. Ainsi arrive à se constituer progressivement une langue issue du latin, mais qui s'en sépare de plus en plus. Complexe, confuse parfois, mais attachante et vivante, telle est *l'origine de la langue française*.

13

unu queq̃: uir̃r̃ absoluo · Cuq; karolus
haec cadē uerba · romana linguaporasset·
Lodhu uic̃ qr̃ maior natu erat · prior
haec deinde seseruatur ũ testatus ē·
Pro dõ amur & xpi an poblo & nr̃o cõmun
saluamẽto · dist di p̃n auant · inquantdr̃
sauir & podir medunat· sisaluarai eo ·
cist meon fradre karlo · & in ad iudha·
& in cad huna cosa · sicũ om p dreit son
fradra saluar dist· Jno quid il miatro
si fazet· Et ab ludher nul plaid nuquã
prindrai qui meon uol cist/ meon fradre
karle in damno sit· | Quod cũ lodhuuic̃
explesset· karolus teudisca lingua sic ec
eadē uerba testatus est·

(marginal notes, right) Juramentum Italica et Vulgari lingua

(marginal notes, bottom right) ... Germana ...

Le Serment de Louis le Germanique s'étend de la ligne 5 à la ligne 13.

ON LIT (noter les abréviations) :

Pro deo amur et pro christian poblo et nostro commun salvament, d'ist di in avant, in quant deus savir et podir me dunat, si salvarai eo cist meon fradre Karlo, et in adiudha, et in cadhuna cosa, sicum om per dreit son fradra salvar dift. In o quid il mi altresi fazet. Et ab Ludher nul plaid nunquam prindrai qui meon vol cist meon fradre Karle in damno sit.

C'EST-A-DIRE :

Pour l'amour de Dieu et pour le salut commun du peuple chrétien et le nôtre, de ce jour en avant (dorénavant), autant que Dieu m'en donne savoir et pouvoir, je défendrai mon frère Charles, ici présent, et par aide et en chaque chose, comme on doit, par (le) droit (naturel), défendre son frère ; à condition qu'il en fasse autant pour moi ; et avec Lothaire je ne traiterai jamais aucun accord qui soit, par ma volonté, au préjudice de mon frère Charles, ici présent.

LES CHANSONS DE GESTE

Jusqu'à la fin du XIᵉ siècle, notre littérature est pauvre, surtout faite de vies de saints : CANTILÈNE DE SAINTE EULALIE (IXᵉ siècle) ; VIE DE SAINT LÉGER ; PASSION DU CHRIST (Xᵉ siècle) ; VIE DE SAINT ALEXIS (XIᵉ siècle).
A partir du XIᵉ siècle au contraire, une abondante production épique s'épanouit pendant trois siècles. Ainsi, notre littérature, comme celles de l'antiquité grecque et latine, commence par *l'épopée*. Mais les raisons de cette éclosion sont particulières aux événements et aux façons de sentir du XIᵉ siècle.
Le *régime féodal* a exalté dans l'âme des seigneurs l'amour de la prouesse guerrière et le sentiment de l'honneur, fait de loyauté dans les relations entre vassal et suzerain. Au même moment, l'élan de la *première croisade* a exalté la foi religieuse et patriotique des chevaliers et des masses populaires. Ainsi se propage le goût des récits héroïques et des luttes contre les infidèles. Des « *trouvères* » écrivent alors des CHANSONS DE GESTE, du latin *gesta* (« actions ») qui désignait les exploits guerriers.

Les premières Chansons de Geste Il dut y avoir des chansons de geste dès le cours du XIᵉ siècle, mais les plus anciennes que nous connaissions remontent à la fin du XIᵉ ou au début du XIIᵉ siècle. Ce sont : la CHANSON DE ROLAND, la CHANSON DE GUILLAUME, GORMONT ET ISEMBART, et le PÈLERINAGE DE CHARLEMAGNE. Ces poèmes font revivre des personnages et des événements du VIIIᵉ ou du IXᵉ siècle ; mais si le point de départ est historique, les caractères et les faits eux-mêmes sont entièrement modifiés, et les héros carolingiens ressemblent aux barons et aux croisés du XIIᵉ siècle. Comment expliquer cette transformation et l'origine même des chansons de geste ? Problème délicat que, pour plus de clarté, nous examinerons à propos de la Chanson de Roland.
Ces premières chansons de geste sont divisées en strophes ou « *laisses* » de longueur variable, construites chacune, non sur une même rime, mais sur une même *assonance*. L'assonance, simple répétition de la dernière voyelle accentuée du mot (ex : *visage, face*), suffisait en effet à établir l'unité de la laisse pour un public qui ne lisait pas le poème, mais l'*entendait* déclamer. Ce dernier était récité, de château en château, sur les places, sur les champs de foire, par des *jongleurs* qui s'accompagnaient sur la vielle, sorte de violon à trois cordes.

LES REMANIEMENTS
DE L'ÉPOPÉE DU XIIᵉ AU XVᵉ SIÉCLE

Le genre connut vite un immense succès : il nous reste une *centaine* de chansons de geste. Mais l'accroissement d'un public avide d'aventures toujours nouvelles entraîna des remaniements, souvent malheureux, de la forme et de la matière de l'épopée.

La Forme Ces poèmes, surtout *destinés à la lecture* à partir du XIIIᵉ siècle, témoignent d'une plus grande recherche. L'assonance est remplacée par *la rime* qui frappe les yeux ; mais la recherche ingénieuse de la rime égare souvent le poète en des subtilités inutiles ; parfois le décasyllabe, presque traditionnel, fait place à *l'alexandrin* (12 syllabes) ou même à l'octosyllabe (8 syll.).

Nos premières chansons de geste étaient brèves, de composition simple et claire. De plus en plus, les auteurs *multiplient les épisodes*, compliquent le récit et allongent leurs épopées. Des remanieurs vont jusqu'à reprendre les vieilles *Chansons*, en amplifiant certains passages, en les « enrichissant » sans vergogne de développements rhétoriques de leur cru. Ainsi, la mort de la Belle Aude, qui dans la *Chanson de Roland* occupe 33 vers, est développée en 800 vers par un remanieur du XIIᵉ siècle.

Au XVᵉ SIÈCLE, nos épopées, de plus en plus délayées et destinées uniquement à la lecture, sont *mises en prose* et constituent des ROMANS. Ces derniers font les délices de la société raffinée, puis, à partir du XVIIᵉ siècle, du public populaire qui les connaît par la *Bibliothèque Bleue*. C'est par ces romans qu'au XIXᵉ siècle nos romantiques ont connu la littérature du Moyen Age qu'ils ont remise à la mode en réaction contre le classicisme.

La matière

De plus en plus *le romanesque* envahit l'épopée française, surtout à partir de la deuxième moitié du XIIᵉ siècle où la littérature *courtoise* est en vogue (voir p. 43-76) et du XIIIᵉ siècle où les principes de foi et d'honneur, armature de la société féodale, commencent à s'altérer.

La rude simplicité de nos premières Chansons fait place aux exploits étranges, aux *aventures extravagantes et merveilleuses* où le héros rencontre des magiciennes et des enchanteurs, lutte contre des monstres et voyage dans des pays féeriques. On retrouve partout les mêmes situations à succès, les mêmes *personnages conventionnels* : le héros, le lâche, le traître. L'*amour*, à peu près inexistant dans le ROLAND, jouera désormais un grand rôle : il y a beaucoup de femmes parmi les lecteurs ! La *ruse* occupe parfois autant de place que la prouesse ; et, auprès des nobles sentiments, s'épanouit un *héroïsme burlesque*, qui en est comme la parodie.

Constitution des cycles

Rien de commun en apparence entre ces épopées dégénérées et nos antiques Chansons de Geste. Cependant les trouvères du XIIIᵉ et du XIVᵉ siècle imaginèrent de les rattacher aux chansons primitives et de les grouper en *Cycles*.

Un *Cycle* (on dit aussi une *Geste*) est constitué par tous les poèmes, de divers auteurs et de diverses époques, au centre desquels on retrouve le même héros ou des membres de sa famille, souvent imaginaires : aïeux, parents, oncles, neveux et cousins. Ainsi, les lecteurs étaient incités à lire les *Chansons* d'un même cycle pour connaître les autres aventures de leur héros favori ou de ses parents. On distingua *trois principaux cycles* :

a) LA GESTE DU ROI, dont fait partie la *Chanson de Roland*, est dominée par la personnalité de *Charlemagne*.

LA JEUNESSE	L'EMPEREUR ET LE CROISÉ	LE DÉCLIN
Berte au Grand Pied (XIIIᵉ). La mère de Charles triomphe d'une machination.	*Le Pèlerinage de Charlemagne* (XIᵉ) (épisodes merveilleux et comiques).	*Huon de Bordeaux* (XIIᵉ).
Mainet (XIIᵉ). Le « petit Charlemagne » reconquiert son trône.	LUTTES CONTRE LES SARRASINS : *Roland* (XIᵉ), *Aspremont* (XIIᵉ), *Fiérabas* (XIIᵉ), *Otinel* (XIIIᵉ), *Guy de Bourgogne* (XIIIᵉ). CONTRE LES SAXONS : *Les Saisnes* (XIIᵉ).	*Le Couronnement de Louis* (XIᵉ) (la succession de Charlemagne).

b) LA GESTE DE GARIN DE MONGLANE, dont le héros central est l'arrière-petit-fils de Garin : *Guillaume d'Orange*. L'action de cette geste se déroule surtout dans le Languedoc et la Provence.

c) LA GESTE DE DOON DE MAYENCE, dont l'unité est constituée, non par un héros, mais par un thème central : celui des *luttes féodales* opposant les barons, soit entre eux, soit au roi.

LA CHANSON DE ROLAND

L a CHANSON DE ROLAND, la plus ancienne et la plus belle de nos chansons de geste, paraît remonter au *début du* XIIe *siècle*. Nous la connaissons, depuis 1837, par la publication du *manuscrit d'Oxford*, écrit vers 1170. Elle comprend 4.002 décasyllabes répartis en 291 laisses inégales. L'œuvre qui nous est parvenue est en *dialecte anglo-normand*. Peut-être a-t-elle été primitivement écrite dans un autre dialecte et transposée par la suite en anglo-normand.

DE L'HISTOIRE A LA LÉGENDE
L'ORIGINE DES CHANSONS DE GESTE

Le sujet de la Chanson de Roland remonte à un événement historique de faible importance paré de tous les embellissements de la légende. *Comment s'est fait le passage de l'histoire à la légende ?* Ce problème se pose pour la plupart des Chansons de geste, et nous allons l'étudier à propos de la CHANSON DE ROLAND.

L'histoire — Selon la *Vita Caroli* (en latin) d'Eginhard, le jeune roi Charles (36 ans, le futur Charlemagne), allié de chefs arabes en lutte contre d'autres musulmans, franchit les Pyrénées au printemps 778, soumet Pampelune, *ville chrétienne*, et assiège Saragosse. Rappelé en hâte par une attaque des Saxons et un soulèvement en Aquitaine, il lève le siège, rase Pampelune et repasse les Pyrénées. Le 15 août 778, son arrière-garde est surprise dans les défilés par des *montagnards basques* (chrétiens), qui massacrent les soldats, pillent les bagages et se dispersent impunis. Parmi les victimes notables se trouve ROLAND, « comte de la marche de Bretagne ».

La légende — Telle que nous la trouvons dans la Chanson, écrite trois siècles après l'événement, elle nous révèle les *transformations* et les *embellissements* qui conduisent des faits réels à l'épopée. ROLAND devient le *neveu* du vieil empereur Charlemagne « à la barbe fleurie », qui a deux cents ans, Le poète l'a doublé d'un personnage inventé : son ami OLIVIER. L'expédition est une *croisade* qui dure depuis sept ans. L'embuscade des montagnards devient l'attaque de 400.000 cavaliers sarrasins. Leur triomphe est dû à *la trahison de Ganelon*, beau-père de Roland. Charlemagne *venge son neveu* en écrasant les Sarrasins et en punissant Ganelon.

Le simple combat d'arrière-garde du VIIIe siècle devient donc une croisade où vibrent les sentiments des Français du XIe et du XIIe siècle : foi enthousiaste, amour des grands combats et des exploits chevaleresques, sens de l'honneur féodal, amour de la « douce France ». *Comment expliquer cette élaboration épique ?*

La théorie des Cantilènes — En faveur dans la deuxième moitié du XIXe siècle (GASTON PARIS), cette théorie résulte d'idées générales sur la naissance des épopées, développées notamment par les savants germaniques (Wolf). A l'origine de toutes les grandes épopées grecques, hindoues, persanes, se trouverait une floraison de *courts poèmes antérieurs*, chants primitifs créés *spontanément* par l'âme populaire dans l'émotion des victoires ou des défaites.

Dans ces poèmes, la réalité se transforme, la légende s'élabore et s'embellit. Plus tard, le rôle du poète épique a été de rassembler, d'organiser ces fragments épiques spontanés et de les fondre en grandes œuvres cohérentes.

Ainsi, l'enthousiasme des guerriers de Charlemagne aurait donné naissance, dès leur époque, à de rudes poésies exaltant certains héros et leurs exploits. Ces poèmes, transmis de l'un à l'autre, reçoivent divers embellissements : on imagine, par exemple, la trahison de Ganelon et l'attaque des Sarrasins pour expliquer honorablement la défaite de l'arrière-garde. Un jour, *les jongleurs*, poètes de métier, rattachent à un centre, ordonnent selon un plan ces poèmes populaires, et l'épopée naît enfin, au XIᵉ ou au XIIᵉ siècle.

Ces courts poèmes lyrico-épiques ont reçu le nom de « CANTILÈNES », du mot *cantilena*, qui, dans le latin du Moyen Age, servait à désigner les *Chansons de geste*.

Cette théorie, longtemps admise, fut progressivement battue en brèche, à mesure que l'étude minutieuse de nos épopées fournissait des arguments contraires. Le premier de ces arguments était évidemment que nous n'avons conservé aucune de ces cantilènes, et qu'il s'agit donc d'*hypothèses* purement gratuites.

La théorie des légendes épiques

Vers 1910 JOSEPH BÉDIER a souligné le rapport étroit qui paraît exister entre divers lieux cités dans les Chansons de geste et les étapes des grands *pèlerinages* où se pressaient les fidèles du XIᵉ siècle : de Paris à Saint-Jacques-de-Compostelle (Espagne), de Paris à Rome, de Paris à Jérusalem. Il suppose donc que les pèlerins trouvaient, dans les abbayes et les sanctuaires où ils se reposaient, le souvenir des héros du VIIIᵉ au Xᵉ siècle : sarcophages, inscriptions, vies de saints en latin. Les moines et les clercs enjolivent ces souvenirs qui piquent la curiosité de leurs hôtes ; ils leur montrent des reliques... parfois forgées à dessein pour attirer les visiteurs. *Les pèlerins diffusent la légende sur la route*, et même lui annexent des éléments héroïques recueillis sur d'autres routes, au cours de pèlerinages antérieurs. Ainsi se crée au XIᵉ siècle la *matière épique* dont la fermentation, un jour exploitée par un poète, donne naissance à la *Chanson de geste*.

Par exemple, avant 1100, sur la route de Blaye à Saint-Jacques-de-Compostelle, qui passe par Roncevaux, on parle de Charlemagne comme d'un héros et de Roland comme d'un martyr. On montre aux pèlerins et aux guerriers qui vont porter en Espagne la « guerre sainte », *la tombe* de Roland à Blaye, et son *olifant* à Saint-Seurin de Bordeaux. A Roncevaux, il y avait probablement, pour accueillir les voyageurs au terme d'une dure étape de montagne, des auberges et des sanctuaires dont les moines avaient tout intérêt à entretenir ou à susciter des traditions légendaires. Dans les imaginations enfiévrées des pèlerins et des guerriers, Roland et ses compagnons devenaient *des chevaliers* comme eux, animés de l'honneur féodal, des croisés en lutte contre les infidèles. Charlemagne devenait le *soldat de Dieu*, conscient de la mission héroïque de la France. La légende s'est ainsi créée par un développement continu, en plein XIᵉ siècle, jusqu'au jour où un poète de génie a transposé sur le mode épique les inventions des clercs et des pèlerins.

En résumé, pour Joseph Bédier, « *au commencement était la route* » avec ses sanctuaires, où naissent les légendes exploitées au XIᵉ et au XIIᵉ siècle par les poètes épiques.

La question reste entière

Si séduisante que soit cette théorie, elle n'en est pas moins discutée par les savants modernes. M. PAUPHILET montre (Romania, 1933) qu'avant 1100, date probable du Roland, les sanctuaires sont muets, et que l'apparition des documents signalés par Bédier (inscriptions, reliques...) se produit aussitôt après, comme si c'était la Chanson qui eût invité les moines à rattacher leurs sanctuaires à la légende de Charlemagne. Ce n'est donc pas le poème qui est né des légendes locales, mais *ce sont les légendes qui sont nées du poème*. Ainsi, notre épopée ne serait qu'un épisode de la légende de Charlemagne répandue à travers toute l'Europe, phénomène littéraire remontant à un pur travail de lettrés (Alcuin, Eginhard). Comme beaucoup d'autres épopées, elle serait l'aboutissement d'une longue élaboration artistique, supposant toute une production épique antérieure et peut-être plusieurs Chansons de Roland avant la nôtre.

Quant à MM. LOT et FAWTIER, ils s'attachent à prouver que, dès le Xᵉ siècle au plus tard, il y avait des chants relatifs à Roland et à Roncevaux, et que, si le pèlerinage a pu jouer un rôle important de diffusion, il y avait cependant dans la légende quelque chose d'*antérieur* au pèlerinage, par exemple un certain nombre de *traditions familiales locales*. On voit donc que le dernier mot est loin d'être dit sur l'origine de la *Chanson de Roland*, et, en général, de nos chansons de geste. Mais le point essentiel pour nous, admirablement mis en lumière par Bédier, c'est que la chanson de Roland est si habilement composée qu'elle est certainement *l'œuvre d'un seul artiste*, parfaitement conscient de son art.

L'auteur de la Chanson de Roland

Est-ce le Turold, dont il est question au dernier vers du poème : « *Ci falt* (finit) *la geste que Turoldus declinet* » ? Tout dépend du sens attribué au verbe *declinet* : s'agit-il de l'*auteur* (composer) ? d'un *chroniqueur* dont il suit le récit, ou d'un *copiste* (transcrire) ? d'un *jongleur* (réciter) ?

C'était *un homme cultivé*, en tout cas, car l'étude attentive du poème révèle qu'il connaissait peut-être les poètes épiques latins (Virgile, Lucain) et sûrement la Bible et les rituels de prières de son temps. L'examen même de son œuvre suffirait à nous prouver que c'était *un artiste de métier*.

L'ART DANS LA CHANSON DE ROLAND

Il est trop facile de souligner les défauts de cette vieille épopée : invraisemblances, contradictions, anachronismes, fantaisie dans la peinture du monde musulman. Mais la Chanson de Roland n'en est pas moins, à bien des égards, *une de nos grandes œuvres* et ses faiblesses ne doivent pas nous rendre insensibles à ses beautés.

La Composition

J. Bédier a admirablement mis en lumière cette composition *savante*. Le poète partait d'une donnée assez banale : la trahison et la punition du traître. Mais il a su enrichir ce mélodrame et en faire *un drame*, non de la fatalité, mais *de la volonté*. Roland et ses compagnons, loin de subir leur destinée, en sont les artisans volontaires.

L'EXPOSITION nous révèle déjà les *ressorts* de l'action : la lassitude des Français, surtout de Ganelon, et *la fougue de* Roland. S'il désigne Ganelon, c'est pour l'honorer, mais, égaré par quelque vieille haine familiale, ce dernier défie Roland et ses pairs, sans savoir encore où le mèneront ces menaces (laisses 18 à 26).

LA TRAHISON nous est présentée avec une fine *psychologie*. Dressé contre Roland par les propos insidieux de Blancandrin, Ganelon se montre cependant arrogant envers Marsile : c'est qu'il veut se venger tout en restant fidèle à Charles ; mais, cédant à sa passion de vengeance, il livre le secret qui perdra Roland. En le désignant pour l'arrière-garde, il montre clairement qu'il veut l'exposer : ainsi Roland, dominé par son orgueil, ne peut ni se dérober ni accepter du renfort. Sa *noblesse d'âme* a fait de lui le prisonnier de Ganelon (laisses 58 à 63).

A RONCEVAUX, Roland pourrait encore appeler Charlemagne. Il refuse de sonner du cor (83 à 89) parce qu'il a confiance en sa valeur, mais surtout parce que, *moralement, il ne peut pas appeler :* les Français doivent se montrer dignes de l'hommage que leur a rendu Ganelon en les désignant pour la mort : ils meurent sans protester. C'est seulement *quand le devoir est fait* que Roland sonne du cor : Charles peut revenir (128 à 136) et Roland peut mourir avec la sérénité du vainqueur, avec la paix du chrétien purifié par l'épreuve (173 à 176).

LA VENGEANCE DE CHARLEMAGNE n'est pas, comme on l'a dit, un épisode accessoire ! Sa victoire donne tout son sens au sacrifice de Roland : c'est *le triomphe du monde chrétien* sur le monde païen (258 à 262). Quant au jugement de Ganelon, il satisfait le lecteur en assurant *la punition du traître* (280 à 286).

La composition du poème est donc *simple, claire, équilibrée* ; selon une méthode qui sera chère à nos classiques, c'est du caractère même des personnages que dépend leur propre destin.

Les Caractères   Le vieux poète n'a pas le don de peindre des âmes complexes, le génie des analyses raffinées. Mais il a su dessiner, à larges traits, *quelques figures inoubliables*. Chacun de ses personnages a sa physionomie, son individualité, et cela suffit à nous les rendre *vivants*.

CHARLEMAGNE est une figure de légende, pleine de beauté et de noblesse. On lui obéit et on l'aime (18, 23, 24, 40 ; 129 à 132). C'est *un sage, un conquérant* qui juge les hommes à leur courage (18, 206, 209). C'est *un chrétien* (26), inspiré par Dieu : le soldat de Dieu. C'est aussi *un homme*, avec ses défaillances : il craint pour les siens (61, 63, 135) ; il pleure ses barons (205, 206) ; il mesure sa propre faiblesse (207, 208).

ROLAND est avant tout *un preux*. Sa force est prodigieuse et il le sait (104, 173 ; 83, 85, 88). Il méprise la mort (18, 59, 63, 88) et répand le sang avec allégresse (83). C'est le rempart de Charles (41, 173, 207). Son âme rude est néanmoins sensible aux douceurs d'une loyale *amitié* (148, 151). C'est *son orgueil* qui le perd (20, 59, 63, 83). Cet orgueil vient heureusement s'épurer dans le sentiment de *l'honneur* familial (63, 84, 85), national (84, 85, 86, 93, 129), féodal (88, 86, 93). Même dans la mort, son souci dominant est celui de l'honneur (174, 204). C'est aussi *un chrétien* (173, 176) : cet orgueilleux bat sa coulpe et demande pardon à Dieu, qui lui envoie ses anges comme à un saint (174, 176). Son ami OLIVIER fait ressortir sa témérité, son « panache », si français ! Il est aussi *preux* que Roland (18, 131, 132, 147-149) ; mais, de plus, il est « *sage* » (83, 87) : pour lui, la bravoure et l'honneur sont conciliables avec le bon sens (86, 131, 132).

GANELON, le traître, a fière allure (20). Il admire Charlemagne (22, 40). Mais il est *plus près de l'humanité moyenne :* las de guerroyer, il s'attendrit sur son fils (23).

Le poème moral   Avant de mourir, Roland se souvient « de douce France, des hommes de son lignage, de Charlemagne, son seigneur qui l'a nourri » (176). Voilà les sentiments d'un parfait chevalier, qui font du poème cette « *école de grandeur d'âme* » que Voltaire reconnaissait dans Corneille.

L'HONNEUR FÉODAL subordonne toutes les actions au service du *suzerain*. Roland le résume en formules admirables (88) et Ganelon lui-même s'y sent tenu (21, 22). Ces héros tournent toutes leurs pensées vers Charles, même au moment de mourir (59, 86, 130, 147-150). Ils luttent contre les païens pour les soumettre à *l'empereur*. Charlemagne, de son côté, a conscience de ses droits (23) : il sait que ses chevaliers meurent pour lui (210) et la faute de Ganelon est, avant tout, d'avoir trahi son seigneur (277).

L'HONNEUR FAMILIAL, rend l'homme solidaire de son *lignage*, aussi bien Roland (63, 84, 85) que Pinabel (284) ; les trente parents de Ganelon seront punis comme lui (286). C'est par tradition familiale que Thierry combat pour Charlemagne (277).

L'HONNEUR NATIONAL stimule ces chevaliers en terre étrangère. Roland représente la France (86) et ses hommes sont des Francs de France (63, 85). Cet amour pour la « *douce France* » est une des premières manifestations du patriotisme. Peut-être faut-il attribuer à notre poète le retour volontaire de ce thème émouvant, comme pour éveiller le sentiment, encore obscur à son époque, d'une patrie commune, la « *Terre des Aïeux* ».

LA PIÉTÉ des héros est aussi éclatante que leur bravoure : Charles a un rôle presque sacerdotal (26). Olivier, Roland se recommandent à Dieu (149, 174), vénèrent les reliques de leurs épées (173). Ils luttent pour *élargir la Chrétienté* (89). Charlemagne veut sauver l'âme de Marsile et il aimerait Baligant si celui-ci devenait chrétien.

Dieu intervient d'ailleurs en faveur des siens. Le duel judiciaire est le « *jugement de Dieu* », qui doit faire resplendir le droit (282) et c'est par *un miracle* que Thierry, échappant à la mort, peut abattre son adversaire (286).

Mais la grande beauté de la Chanson de Roland reste *l'alliance de la psychologie et de la grandeur épique*. A lire nos extraits des autres Gestes, dont l'intérêt est surtout documentaire ou pittoresque, on sentira *la supériorité* de la CHANSON DE ROLAND par son *art*, par sa *valeur humaine*, par sa *spiritualité* plus grande. Les mœurs y sont moins barbares, l'idéal chevaleresque plus pur. C'est comme si la dégradation même de la féodalité, contre laquelle réagira l'esprit courtois, se reflétait dans les épopées postérieures.

PREMIÈRE PARTIE :
LA TRAHISON DE GANELON (v. 1-813)

« Le roi CHARLES, notre empereur, le Grand, sept ans tous pleins est resté en Espagne ». *Seule Saragosse lui résiste, sur sa montagne, tenue par le roi* MARSILE « qui n'aime pas Dieu ». *Grand conseil chez Marsile : comment obtenir le départ de l'empereur ?* « Par la ruse », *répond le subtil* BLANCANDRIN : *que Marsile promette de se convertir, qu'on envoie présents et otages, et Charles repassera les monts. Et voilà Blancandrin en route avec son escorte de « barons » sarrasins. Il s'acquitte fort habilement de sa mission, offrant en otage son propre fils, pour décider Charlemagne à retourner en France.*

L'empereur est perplexe et les avis sont partagés. Déjà se heurtent deux hommes aux tempéraments opposés : ROLAND *et* GANELON, *son beau-père.* Roland se dresse et parle un fier langage : *les païens félons n'ont-ils pas déjà décapité deux messagers de Charles, Basant et Basile ?* « *Menez votre armée à Saragosse : mettez-y le siège, toute votre vie s'il le faut, et vengez ceux que le félon a fait occire.* » *Mais* Ganelon penche pour la conciliation *et parle un langage assez injurieux pour son beau-fils :* « *Conseil d'orgueil ne doit pas l'emporter. Laissons les fous et tenons-nous aux sages !* »

ROLAND DÉSIGNE GANELON

Scène essentielle *où se noue le drame.* A l'origine, un *malentendu :* GANELON, depuis longtemps en désaccord avec ROLAND, et irrité par la discussion, se méprend sur ses intentions. Ces deux caractères opposés se heurtent vivement et, insensiblement, Ganelon se trouve obligé d'accepter la mission dont il redoute les dangers. Le poète a su, avec un *art déjà classique,* engager l'action par le seul jeu des *caractères.*

« Seigneurs barons, qui pourrons-nous envoyer au Sarrasin qui tient Saragosse ? » Roland répond : « Je peux très bien y aller ! » — « Vous ne le ferez certes pas, dit le comte Olivier ; votre cœur est terrible et orgueilleux : je craindrais que vous n'en veniez aux mains. Si le roi le veut, je peux bien y aller [1]. » Le roi répond : « Taisez-vous tous les deux ! ni vous ni lui n'y porterez les pieds. Par cette barbe que vous voyez blanchie, malheur à qui désignera les douze pairs ! » Les Français se taisent : les voilà immobiles [2].

XIX. Turpin de Reims s'est levé de son rang, et dit au roi : « Laissez
10 en paix vos Francs ! En ce pays vous êtes resté sept ans : ils ont eu

---

— 1 Préciser, d'après ces paroles, le ca- | ractère d'Olivier. — 2 Etudier l'art du dialogue dans cette laisse.

beaucoup de peines et d'ahan.[1] Donnez-moi, sire, le bâton et le gant[2] ; j'irai, moi, vers le Sarrasin d'Espagne et je vais voir à quoi il ressemble. » L'empereur répond avec courroux : « Allez vous asseoir sur ce tapis blanc ! N'en parlez plus, si je ne vous le commande[3] ! »

XX. « Francs chevaliers, dit l'empereur Charles, élisez-moi donc un baron de ma marche, pour qu'à Marsile il porte mon message ». Roland dit : « Ce sera Ganelon, mon parâtre[4]. » Les Français disent : « Il peut bien le faire. Si vous l'écartez, vous n'en enverrez pas de plus sage. » Et le comte Ganelon en fut saisi d'angoisse. De son cou, il rejette ses 20 grandes peaux de martre et reste en son bliaut[5] de soie. Il a les yeux vairs[6] et très fier le visage ; noble est son corps et sa poitrine large ; il est si beau que tous ses pairs le contemplent[7]. Il dit à Roland : « Fou ! pourquoi cette rage ? On sait bien que je suis ton parâtre, et pourtant tu m'as désigné pour aller chez Marsile. Si Dieu me donne d'en revenir, il t'en naîtra si grand dommage qu'il durera toute ta vie. » Roland répond : « Orgueil et folie ! On sait bien que je n'ai cure de menaces ; mais c'est un homme sensé qu'il faut pour un message : si le roi le veut, je suis prêt à y aller à votre place ! »

XXI. Ganelon répond : « Tu n'iras pas à ma place ! Tu n'es pas mon 30 vassal et je ne suis pas ton seigneur. Charles commande que je fasse son service : j'irai à Saragosse, vers Marsile. Mais je ferai quelque folie avant d'apaiser ma grande colère. » Quand Roland l'entend, il se met à rire.

XXII. Quand Ganelon voit que Roland se rit de lui, il en a un tel deuil qu'il manque éclater de colère ; peu s'en faut qu'il ne perde le sens. Il dit au comte : « Je ne vous aime point : vous avez perfidement tourné vers moi le choix. Droit empereur, me voici présent : je veux remplir mon commandement.

XXIII. A Saragosse, je sais bien que je dois aller. Qui va là-bas ne 40 peut s'en retourner. Par-dessus tout, j'ai pour femme votre sœur, et d'elle un fils, le plus beau qui soit. C'est Baudouin », dit-il, « qui sera un preux. A lui, je laisse mes terres et mes fiefs. Gardez-le bien : je ne le verrai plus de mes yeux[8]. » Charles répond : « Vous avez le cœur trop tendre. Puisque je le commande, vous devez y aller. »

XXIV. Le roi dit : « Ganelon, avancez et recevez le bâton et le gant. Vous l'avez entendu, c'est vous que les Francs désignent. — Sire, dit

---

— 1 *Ahan :* fatigue (mot aujourd'hui vieilli). — 2 Ce sont les insignes des messagers. — 3 Comment vous apparaît Charlemagne dans ces deux laisses ? — 4 *Parâtre :* beau-père (second mari de la mère de Roland). | — 5 *Bliaut :* sorte de courte tunique. — 6 *Vairs :* gris (lat. : *varius :* varié). — 7 Que veut nous montrer l'auteur par cette description ? — 8 Montrez ce qu'il y a d'humain dans ce caractère.

Ganelon, c'est Roland qui a tout fait ! Je ne l'aimerai jamais de mon vivant, ni Olivier, parce qu'il est son compagnon. Les douze pairs, parce qu'ils l'aiment tant, je les défie ici, sire, devant vous [1]. » Le roi dit : « Vous avez trop de colère. Vous irez, certes, puisque je le commande. — J'y puis aller, mais sans le moindre garant, pas plus que Basile, ni son frère Basant. »

XXV. L'empereur lui tend son gant, le droit ; mais le comte Ganelon aurait voulu ne pas être là : au moment où il allait le prendre, le gant tomba par terre. Les Français disent : « Dieu ! qu'en résultera-t-il ? De ce message nous viendra grande perte. — Seigneurs, dit Ganelon, vous en entendrez des nouvelles ! »

XXVI. « Sire, dit Ganelon, donnez-moi votre congé. Puisque je dois aller, je n'ai plus à tarder. » Le roi dit : « Pour Jésus et pour moi ! » De sa main droite il l'a absous et signé du signe de la croix, puis lui a livré le bâton et le bref.

- *Quelle est l'intention de Roland en désignant son beau-père ? Comment réagit Ganelon ?*
- *Montrez comment, à partir du malentendu initial, la discussion s'envenime entre Roland et Ganelon.*
- *Comment définiriez-vous le caractère de Roland d'après cet épisode ?*
- *Portrait physique et moral de Ganelon : différence avec la figure du traître de roman (ou de western).*
- *Le défi de Ganelon et le mauvais présage (chute du gant) compromettent-ils l'intérêt pour la suite (justifiez votre réponse) ? Quelles questions se pose le lecteur à l'issue de l'épisode ?*
- **Groupe thématique : Suzerain et vassaux,** a) d'après la *Chanson de Roland* ; – b) d'après les pages 41-42.

GANELON n'est donc pas un traître de mélodrame. Le poète a savamment marqué l'évolution qui le conduit, par haine de Roland, à trahir son empereur. Ce sont d'abord ses compagnons qui, à son départ, attisent sa rancune : « Le comte Roland n'aurait pas dû penser à vous, qui êtes issu d'un très haut lignage ». Puis voici qu'en chevauchant, Blancandrin s'arrange pour exciter sa haine : ils finissent par échanger la promesse de faire tuer Roland.

LES VOICI DEVANT MARSILE : *Ganelon se souvient qu'il est messager de Charles et retrouve sa fierté de noble baron, tenant tête à Marsile, au péril de sa vie : « Voici ce que vous mande Charlemagne, le baron : recevez la sainte loi chrétienne et il vous donnera en fief la moitié de l'Espagne. Si vous ne voulez accepter cet accord, vous serez pris et lié de force ; à son siège, à Aix [2], vous serez emmené et là, par jugement, vous finirez ; là, vous mourrez dans la honte et l'humiliation. »*

Pourquoi cette raideur *inattendue, qui dépasse les instructions de Charles ? C'est que Ganelon voudrait concilier son* admiration *pour l'empereur* avec sa *haine pour Roland. Il risque sa vie à ce jeu, mais ce danger le réhabilite à ses propres yeux : en exposant Roland, il ne fera que lui rendre son dû.*
Il répète les conditions de Charles, — ce qui a le don d'irriter les païens, — et Marsile, brisant la négociation, se retire dans son verger. Mais Blancandrin, le rusé, l'invite à appeler le Français : on peut s'entendre avec lui. Alors commence ce dialogue, si adroitement mené, où Ganelon se laisse peu à peu entraîner par sa haine et consomme la trahison.

— 1 Ganelon sait-il déjà quelle forme prendra sa vengeance ? — 2 Aix-la-Chapelle.

LA « *LAIDE TRAHISON* »

C'est ainsi que J. BEDIER traduit librement l'expression du poète : *la traïsun seinz dreit*. On notera avec quelle *sûre psychologie* l'auteur a conduit ce dialogue. D'un côté la *ruse insinuante* de Marsile qui pousse insensiblement Ganelon à la trahison ; de l'autre *l'adresse du traître :* il dissuade Marsile d'engager ses forces contre Charles, parvient à concentrer sur Roland la colère du roi et indique avec précision le mécanisme de la surprise.

« Beau sire Ganelon », lui dit Marsile, « je vous ai traité avec légèreté quand, prêt à vous frapper, j'ai montré ma grande colère. Je m'y engage par ces peaux de zibeline [1], qui valent plus de cinq cents livres d'or : avant demain soir vous en aurez une belle amende [2]. » Ganelon répond : « Je ne refuse pas. Que Dieu, s'il lui plaît, vous en récompense [3]. »

XL. Marsile dit : « Ganelon, en vérité, sachez-le, j'ai le désir de beaucoup vous aimer. Je veux vous entendre parler de Charlemagne. Il est très vieux, il a usé son temps ; à mon idée, il a deux cents ans passés. Par tant de terres il a mené son corps, il a reçu tant de coups sur son
10 bouclier ; tant de riches rois qu'il a conduits à mendier ! Quand sera-t-il lassé de guerroyer ? » Ganelon répond : « Charles n'est pas ainsi. Quiconque le voit et sait le connaître dit que l'empereur est un preux. J'aurais beau le vanter et le louer : il y a en lui plus d'honneur et de vertu que je ne saurais dire. Sa grande valeur, qui pourrait la conter ? Dieu l'a illuminé de tant de noblesse qu'il aimerait mieux mourir que d'abandonner ses barons [4]. »

XLI. Le païen dit : « Je m'émerveille de Charlemagne, qui est vieux et chenu ! A mon idée, il a deux cents ans et plus. Par tant de terres, il a fatigué son corps ; il a reçu tant de coups de lances et d'épieux [5] ; tant de
20 riches rois qu'il a conduits à mendier ! Quand sera-t-il recru de guerroyer ? — Pas aussi longtemps, dit Ganelon, que vivra son neveu. Il n'y a tel vassal sous la chape du ciel. Très preux aussi est son compagnon Olivier ; les douze pairs, que Charles aime tant [6], forment l'avant-garde, avec vingt mille chevaliers. Charles est en sûreté et ne craint aucun homme. »

XLII. Le Sarrasin dit : « Je m'émerveille grandement de Charlemagne qui est chenu et blanc ! A mon idée, il a plus de deux cents ans. Par tant de terres il est allé en conquérant ; il a reçu tant de coups de bons épieux tranchants ; tant de riches rois qu'il a tués et vaincus sur le champ de
30 bataille ! Quand sera-t-il lassé de guerroyer ? — Pas aussi longtemps, répond Ganelon, que vivra Roland : il n'y a tel vassal d'ici en Orient.

— 1 Fourrure brune, très recherchée, d'un petit mammifère des régions nordiques. — 2 Réparation. — 3 Pourquoi cette attitude pleine de dignité ? — 4 Tracer le portrait du Charlemagne de la légende. — 5 *Epieu :* sorte de lance plus grosse et plus courte. — 6 Cf. laisses XVIII et XXIV.

Très preux aussi est Olivier, son compagnon ; les douze pairs, que
Charles aime tant, forment l'avant-garde avec vingt mille Français.
Charles est en sûreté, et ne craint homme vivant. »

XLIII. « Beau sire Ganelon, dit le roi Marsile, j'ai une telle armée que
vous n'en verrez pas de plus belle ; je puis avoir quatre cent mille
chevaliers : puis-je combattre Charles et les Français ? » Ganelon répond :
« Pas pour cette fois ! Vous y perdriez beaucoup de vos païens. Laissez
la folie ; tenez-vous à la sagesse ! Donnez à l'empereur tant de richesses
40 qu'il n'y ait Français qui ne s'en émerveille. Pour vingt otages que vous
lui enverrez, en douce France s'en retournera le roi ; il laissera son
arrière-garde derrière lui. Il y aura son neveu, le comte Roland, je crois,
et Olivier, le preux et le courtois. Ils sont morts, les deux comtes, si l'on
m'en croit. Charles verra son grand orgueil tomber ; il n'aura plus jamais
le désir de guerroyer contre vous. »

XLIV. « Beau sire Ganelon, dit Marsile, comment pourrai-je faire
périr Roland ? » Ganelon répond : « Je sais bien vous le dire. Le roi
sera aux meilleurs ports [1] de Cize ; il aura mis derrière lui son arrière-
garde. Il y aura son neveu, le comte Roland, le puissant, et Olivier, en qui
50 tant il se fie. Ils ont vingt mille Français en leur compagnie. De vos
païens envoyez-leur cent mille, qui leur livreront une première bataille ;
la gent de France y sera blessée et meurtrie, et il y aura, je ne le nie pas,
grand massacre des vôtres. Livrez-leur de même une seconde bataille : de
l'une ou de l'autre, Roland n'échappera pas. Alors vous aurez fait un
bel exploit et vous n'aurez plus de guerre en toute votre vie.

XLV. Si Roland pouvait y trouver la mort, Charles perdrait le bras
droit de son corps et les merveilleuses armées resteraient en paix. Charles
n'assemblerait plus de si grandes forces et la Terre des Aïeux [2] resterait
en repos. » Quand Marsile l'entend, il l'a baisé au cou, puis il commence à
60 offrir ses trésors...

– En quoi consiste l'habileté de Marsile ?
– Distinguez les trois étapes de la trahison ; quels renseignements Ganelon donne-t-il à chaque étape ? Quel est, pour
Marsile, le plus important ?
– Pourquoi Ganelon insiste-t-il sur la puissance de Charles et sur la valeur de Roland ? A quels sentiments de Marsile
s'adresse-t-il pour le décider ?
– Ganelon se contente-t-il d'informer Marsile ? Pourquoi veut-il ramener des otages ? Parvient-il, selon vous, à concilier
son attachement à Charlemagne et sa haine pour Roland ?
– Repérez les répétitions d'une laisse à l'autre : a) quelle intention psychologique traduisent-elles ? – b) appréciez ce
procédé du point de vue artistique.
• **Comparaison.** La désignation de Roland (p. 12) et de Ganelon (p. 7-9) : ressemblances et différences.

Alors les païens le comblent de présents : l'un lui donne une épée, l'autre son heaume,
l'autre des bijoux. Et chacun de lui répéter comme un refrain : « Faites mettre Roland à
l'arrière-garde ! »
De retour au camp de Charlemagne, Ganelon rend compte du succès de sa mission. Charles
remercie Dieu, et l'armée commence à faire route « vers dulce France ». L'empereur, dans son
sommeil, a des songes étranges : il rêve que Ganelon lui arrache sa lance du poing ; puis qu'il
est attaqué par un ours et un léopard, mais défendu par un lévrier...

— 1 *Port :* col pyrénéen (lat. *portus :* passage). — 2 Expliquer d'après la laisse CXXXIV.

Roland à l'arrière-garde

Les rôles sont renversés : cette fois c'est Ganelon qui désigne Roland, en feignant de vouloir l'honorer. *Personne n'est dupe*. Charlemagne voudrait sauver son neveu, mais c'est la conscience même du péril qui précipite la perte de Roland. Son *orgueilleux honneur* exige qu'il brave le danger et refuse tout secours, comme l'avait prévu Ganelon : s'il donne dans le piège, c'est *en toute lucidité*, et il le marque en insultant son ennemi. Jouissance intérieure du traître, qui approuve cet héroïsme funeste !

LVIII. La nuit s'écoule et l'aube claire apparaît. Parmi l'armée, l'empereur très fièrement chevauche : « Seigneurs barons, dit l'empereur Charles, voyez les ports et les étroits passages : désignez-moi qui tiendra l'arrière-garde. » Ganelon répond : « Roland, mon fillâtre [1] : vous n'avez baron d'aussi grande bravoure. » Le roi l'entend et le regarde farouchement. Il lui dit : « Vous êtes le diable en personne. Au corps vous est entrée une mortelle rage. Et qui sera devant moi, à l'avant-garde ? » Ganelon répond : « Ogier [2] de Danemark : vous n'avez baron qui mieux que lui le fasse ».

LIX. Le comte Roland, quand il s'entend nommer, lui parle en chevalier :
10 « Sire parâtre, je dois beaucoup vous chérir : vous m'avez désigné pour l'arrière-garde ! Charles, le roi qui tient la France, n'y perdra, je crois, palefroi ni destrier, mulet ni mule qu'il doive chevaucher, il n'y perdra ni roussin [3] ni cheval de somme, sans qu'à l'épée on l'ait d'abord disputé. » Ganelon répond : « Vous dites vrai, je le sais bien. »

LX. Quand Roland entend qu'il sera à l'arrière-garde, il répond, plein de colère, à son parâtre : « Ah ! misérable, mauvais homme de basse naissance : croyais-tu que le gant me tomberait des mains, comme à toi le bâton, devant Charles ?

LXI. Droit empereur, dit Roland le baron, donnez-moi l'arc que vous tenez
20 au poing. On ne me reprochera pas, je crois, de l'avoir laissé choir, comme Ganelon de sa main droite, quand il reçut le bâton. » L'empereur tient la tête baissée ; il tire sa barbe et tord sa moustache ; il ne peut s'empêcher de pleurer.

LXII. Ensuite est venu Naimes : il n'y a pas de meilleur vassal, à la cour. Il dit au roi : « Vous l'avez entendu ; le comte Roland est plein de courroux. On l'a désigné pour l'arrière-garde : vous n'avez baron qui puisse y rien changer [4]. Donnez-lui l'arc que vous avez tendu, et trouvez-lui qui très bien le soutienne ! » Le roi lui donne l'arc, et Roland l'a reçu.

LXIII. L'empereur s'adresse à son neveu Roland : « Beau sire neveu, vous le savez vraiment, je vous laisserai la moitié de mon armée ; gardez-la, c'est votre
30 salut. » Le comte dit : « Je n'en ferai rien. Dieu me confonde, si je démens ma race ! Je garderai vingt mille Français bien vaillants. Passez les ports en toute sûreté : vous ne craindrez nul homme, moi vivant ! »

— 1 Ce seul mot suffirait à trahir l'intention de Ganelon. — 2 Ogier le Danois sera le héros d'une chanson de geste. — 3 Le *palefroi* est un cheval de voyage, le *destrier* un cheval de bataille, le *roussin* un cheval qui porte les bagages. — 4 C'est l'orgueil de Roland qui s'y oppose.

DEUXIÈME PARTIE :
RONCEVAUX (v. 814-2396)

ROLAND prend donc le commandement de l'arrière-garde et sous sa protection les Français passent les défilés, *s'attendrissant à la vue de la terre de France :* « Quand ils parviennent à la Terre des Aïeux et voient la Gascogne, la terre de leur seigneur, ils se souviennent de leurs fiefs et de leurs domaines, de leurs filles et de leurs nobles femmes. Pas un qui n'en pleure de tendresse. Plus que tous les autres, Charles est plein d'angoisse : aux ports d'Espagne, il a laissé son neveu. » *(LXVI). Pris d'un pressentiment, il pleure et* « *cent mille Français s'attendrissent sur lui et tremblent pour Roland* » ; *pendant ce temps le poète nous montre la chevauchée de* 400.000 *païens à la poursuite de l'arrière-garde dont ils aperçoivent au loin les gonfanons.*

Le neveu de Marsile réclame l'honneur de tuer Roland et choisit douze preux *pour provoquer les* douze pairs. *Devant lui défilent de hauts seigneurs qui, à tour de rôle, jurent de tuer Roland et de conquérir sa bonne épée Durendal.*

D'une hauteur, OLIVIER *aperçoit les armures étincelantes des ennemis. Pris d'inquiétude, il songe à appeler Charlemagne qui passe les défilés. Mais* Roland acceptera-t-il de sonner du cor ?

ROLAND REFUSE DE SONNER DU COR

Ingénieuse péripétie qui renouvelle l'intérêt. L'opposition des deux caractères fait mieux ressortir *l'héroïque folie de Roland.* Sans doute pèche-t-il par excès de confiance, mais sa témérité n'est pas aveugle : *de hautes raisons* l'empêchent d'appeler au secours. Pouvait-il imposer son propre sacrifice aux Français ? Il les juge *prisonniers de leur honneur,* tout comme lui-même (LXXXVIII).

Olivier dit : « Les païens sont en force ; et nos Français, ce me semble, sont bien peu ! Compagnon Roland, sonnez de votre cor ; Charles l'entendra et l'armée reviendra. » Roland répond : « J'agirais comme un fou ! En douce France j'en perdrais mon renom. Je vais frapper, de Durendal[1], de grands coups ; sanglante en sera la lame jusqu'à l'or du pommeau. Pour leur malheur les félons païens sont venus à ces ports : je vous le jure, tous sont frappés de mort ».

LXXXIV. « Compagnon Roland, sonnez votre olifant[2] : Charles l'entendra et fera retourner l'armée ; il nous secourra, avec son 10 baronnage. » Roland répond : « Au Seigneur Dieu ne plaise que pour moi mes parents soient blâmés, ni que France la douce tombe

— 1 *Durendal :* l'épée de Roland qu'il a conquise, encore adolescent, sur un roi païen : l'empereur la lui a confiée en le faisant chevalier (*Chanson d'Aspremont*) ; l'épée de Charlemagne a nom *Joyeuse*, celle d'Olivier, *Hauteclaire*. — 2. *Olifant :* cor d'ivoire (fait d'une défense d'éléphant).

en déshonneur ! Mais je frapperai de Durendal, ma bonne épée que j'ai
ceinte au côté : vous en verrez la lame ensanglantée. Pour leur malheur
les félons païens se sont ici rassemblés : je vous le jure, ils sont tous livrés
à la mort ».

LXXXV. « Compagnon Roland, sonnez votre olifant : Charles
l'entendra, qui passe les ports. Je vous le jure, les Français reviendront.
— A Dieu ne plaise, répond Roland, qu'il soit dit par homme vivant que
pour des païens j'aie sonné du cor ! Jamais mes parents n'en auront le
20 reproche. Quand je serai dans la grande bataille, et que je frapperai mille
coups et sept cents ¹, de Durendal vous verrez l'acier sanglant. Les
Français sont braves et frapperont vaillamment : ceux d'Espagne ne
sauraient échapper à la mort. »

LXXXVI. Olivier dit : « Je ne sais où serait le blâme. J'ai vu les
Sarrasins d'Espagne : couvertes en sont les vallées et les montagnes et les
landes et toutes les plaines. Grandes sont les armées de cette gent étrangère et nous n'avons qu'une bien faible troupe. » Roland répond : « Mon
ardeur s'en augmente. Ne plaise au Seigneur Dieu ni à ses anges que
pour moi France perde sa valeur ! Mieux vaut mourir que tomber dans
30 la honte. C'est parce que nous frappons bien que l'empereur nous
préfère. »

LXXXVII. Roland est preux et Olivier est sage. Tous deux ont une
merveilleuse vaillance : puisqu'ils sont à cheval et en armes, même pour
la mort ils n'esquiveront pas la bataille. Braves sont les comtes et leurs
paroles hautes. Les païens félons chevauchent en grande fureur. Olivier
dit : « Roland, voyez leur nombre : ceux-ci sont près de nous, mais
Charles est trop loin. Votre olifant, vous n'avez pas daigné le sonner ; le
roi serait ici et nous n'aurions ² pas de dommage. Regardez là-haut, vers
les ports d'Espagne : vous pouvez voir bien triste arrière-garde. Qui fait
40 celle-ci, jamais n'en fera d'autre. » Roland répond : « Ne dites pas un tel
outrage ! Maudit le cœur qui, dans la poitrine, se relâche ³ ! Nous
tiendrons ferme, sur place. C'est de nous que viendront les coups et les
combats. »

LXXXVIII. — Quand Roland voit qu'il y aura bataille, il se fait plus
fier que lion ou léopard. Il s'adresse aux Français, il appelle Olivier :
« Sire compagnon, ami, n'en parlez plus ! L'empereur, qui nous laissa
les Français, a mis à part ces vingt mille hommes, sachant qu'il n'y avait
pas un couard. Pour son seigneur on doit souffrir de grands maux et
endurer le grand froid, le grand chaud ; on doit perdre du sang et de la

---

— 1 Expression toute faite, signifiant : | conditionnel ? — 3 Roland veut-il insulter
« *une multitude de coups* ». — 2 Pourquoi ce | Olivier ? Quelle est son intention ?

50 chair. Frappe de ta lance et moi de Durendal, ma bonne épée que le roi me donna. Si je meurs, il pourra dire, celui qui l'aura, qu'elle fut à un noble vassal. »

LXXXIX. D'autre part est l'archevêque Turpin. Il éperonne son cheval et monte sur un tertre. Il appelle les Français et leur adresse un sermon : « Seigneurs barons, Charles nous a laissés ici : pour notre roi nous devons bien mourir. Aidez à soutenir la Chrétienté ! Vous aurez bataille, vous en êtes bien sûrs, car de vos yeux vous voyez les Sarrasins. Battez votre coulpe [1] et demandez à Dieu merci [2] ; je vous absoudrai pour sauver vos âmes. Si vous mourez, vous serez de saints martyrs, vous 60 aurez des sièges dans le grand paradis. » Les Français descendent de cheval, s'agenouillent à terre, et l'archevêque, au nom de Dieu, les bénit : pour pénitence il leur commande de frapper [3].

– *Quelle est l'importance de la décision de Roland pour l'issue de la bataille ?*
– *En quoi Olivier est-il sage ? Est-il moins brave et moins soucieux du devoir que Roland ? Pourquoi abandonne-t-il progressivement la discussion ?*
– *Quelles raisons invoque Roland ? Distinguez celles qui se rattachent à l'honneur familial, à l'honneur féodal, à l'honneur national, à l'orgueil personnel.*
– *Montrez que Turpin parle à la fois en preux et en chrétien.*
– *La répétition épique. a) Y a-t-il répétition exacte des termes ? – b) Quelle intention traduit-elle ?*
– *Débat. Exposez les deux conceptions de l'honneur qui s'affrontent ; donnez votre opinion à ce sujet.*
– *Essai. Étudiez l'amitié de Roland et d'Olivier dans la* Chanson de Roland.
• **Comparaison.** Armée chrétienne et armée païenne, d'après l'analyse page 13 et l'extrait pages 16-17.

LA BATAILLE *Elle se déroule en trois temps. Selon le conseil de Ganelon, deux vagues successives viennent s'abattre sur l'arrière-garde et chaque fois l'entamer plus durement. C'est d'abord une armée de cent mille hommes, conduite par le neveu de Marsile avec ses douze pairs. Ils sont anéantis l'un après l'autre ; les Français aussi subissent de lourdes pertes.*

Voici maintenant l'armée de Marsile, précédée de « sept mille clairons » qui sonnent la charge. La mêlée est opiniâtre et l'archevêque Turpin n'est pas le dernier à frapper, tout en promettant le paradis aux Français qui tombent : « Le saint paradis vous est grand ouvert ; vous y serez assis auprès des Innocents. » *Les Français portent de grands coups, mais sont accablés sous le nombre et, au dernier assaut, il n'en reste que* soixante.

Le poète se plaît à répéter ces descriptions de coups prodigieux, à évoquer inlassablement cette ivresse du sang *qui flattait les instincts farouches de son public :* « La bataille est merveilleuse ; elle se fait plus précipitée. Les Français y frappent avec vigueur, avec rage. Ils tranchent les poings, les flancs, les échines, les vêtements jusqu'aux chairs vives ; sur l'herbe verte le sang coule en filets clairs... Si vous aviez vu tant de souffrance, tant d'hommes morts, blessés et sanglants ! Ils gisent l'un sur l'autre, face au ciel, face contre terre... » (CXXV-CXXVI).

Ces combats singuliers présentent, pour la plupart, le même déroulement, avec de légères variantes. Quelques laisses suffiront à en donner une idée.

— 1 Confessez vos fautes (*mea culpa*), en vous frappant la poitrine. — 2 *Merci :* grâce (cf. « *sans merci* »). — 3 Tableau sobre et net où s'expriment les sentiments dominants de ces chevaliers.

Prélude à la bataille

Combats singuliers contés selon une technique commune : échange initial d'injures ; coups formidables dont on suit avec précision le trajet dans le corps de la victime ; et, pour terminer, quelques paroles bien senties du vainqueur à son adversaire. Noter cependant les *variantes* du procédé.

L e neveu de Marsile — il a nom Aelroth — tout le premier chevauche devant l'armée. Sur nos Français il va disant de vilains mots : « Félons [1] Français, aujourd'hui nous allons nous mesurer. Il vous a trahis, celui qui devait vous garder. Fol est le roi qui vous laissa aux ports. En ce jour, France la douce [2] perdra sa gloire, et Charles le Grand, le bras droit de son corps ! » Quand Roland l'entend, Dieu ! quelle grande douleur ! Il pique son cheval, le laisse courir à fond, va frapper Aelroth autant qu'il peut. Il lui brise l'écu et lui ouvre le haubert [3], lui tranche la poitrine, lui rompt les os et lui sépare l'échine du dos. De son épieu il lui jette l'âme dehors ; il l'enfonce bien, lui ébranle le corps ; à pleine lance il
10 l'abat, mort, de son cheval : en deux moitiés il lui a rompu le cou. Il ne laissera point, pourtant, de lui parler : « Non, misérable, Charles n'est pas fou, et jamais il n'aima la trahison. Il a agi en preux quand il nous laissa aux ports. En ce jour, France la douce ne perdra pas sa gloire. Frappez, Français, le premier coup est pour nous ! Nous avons le droit et ces gloutons [4] ont tort ! »

XCIV. Un duc est là, qui a nom Falsaron. Il était frère du roi Marsile : il tenait la terre de Dathan et d'Abiron. Sous le ciel il n'y a pire félon. Entre les deux yeux il a le front très large : on peut y mesurer un grand demi-pied. Saisi de douleur quand il voit mort son neveu, il sort de la presse et s'élance en avant en poussant le cri de guerre des païens. Envers les Français il est plein d'inso-
20 lence : « En ce jour, France la douce perdra son honneur ! » Olivier l'entend et en a grande colère. Il pique son cheval de ses éperons d'or, va le frapper d'un coup de vrai baron. Il lui brise l'écu, lui rompt le haubert, lui enfonce dans le corps les pans de son gonfanon [5] ; à pleine lance il l'abat mort, hors des arçons. Il regarde à terre, voit le glouton gisant, et lui dit alors fièrement : « De vos menaces, misérable, je ne me soucie. Frappez, Français, car nous les vaincrons très bien ! » « Monjoie ! », s'écrie-t-il : c'est l'enseigne de Charles [6]...

CIV. La bataille est merveilleuse et générale. Le comte Roland ne se ménage pas. Il frappe de son épieu tant que dure la hampe : au quinzième coup il l'a brisée et rompue. Il tire Durendal, sa bonne épée, toute nue, pique son cheval, et
30 va frapper Chernuble. Il lui brise le heaume [7] où luisent les escarboucles, tranche la coiffe et la chevelure, tranche les yeux et le visage, et le blanc haubert dont la

---

— 1 Insulte que païens et chrétiens se rejettent volontiers. — 2 Remarquer que les païens usent aussi de cette épithète. — 3 L'écu (du latin *scutum*) est un bouclier triangulaire allongé ; le *haubert* est une longue chemise de mailles métalliques. — 4 Terme de mépris. — 5 *Gonfanon* (ou *gonfalon*) : bannière qui flotte sous le fer de la lance. — 6 *Monjoie Saint-Denis*, cri de ralliement dont nous ne savons pas l'origine exacte. — 7 *Heaume* : casque à *nasal*, orné de pierres précieuses, et uni au haubert par des lacets de cuir. Le haubert se prolonge d'une *coiffe* qui couvre la tête et la nuque, sous le heaume.

maille est menue, et tout le corps jusqu'à l'enfourchure. A travers la selle qui est incrustée d'or, l'épée atteint le cheval, tranche l'échine sans chercher de jointure et les abat morts, homme et cheval, dans le pré, sur l'herbe drue. Puis il dit : « Misérable, c'est pour votre malheur que vous êtes venu ! De Mahomet vous n'aurez aucune aide. Un tel glouton ne gagnera pas aujourd'hui la bataille ! »

Au caractère surhumain des coups s'ajoute celui du merveilleux : *des prodiges semblables à ceux qui marquèrent la mort du Christ accompagnent la mort des preux.*

CX. En France s'élève une étrange tourmente : une tempête de tonnerre et de vent, de pluie et de grêle, démesurément. La foudre tombre et menu et souvent, et la terre tremble, en vérité. De Saint Michel du Péril [1] jusqu'aux Saints de
40 Cologne, de Besançon jusqu'au port de Wissant [2], il n'y a maison dont les murs ne crèvent. A l'heure de midi, il y a de grandes ténèbres : point de clarté, sauf quand le ciel se fend. Nul ne le voit sans grande épouvante. Beaucoup disent : « C'est la fin, la fin du monde que nous voyons ». Ils ne savent pas, ils ne disent point vrai : c'est la grande douleur pour la mort de Roland [3].

ROLAND SONNE DU COR

Effet de *symétrie* comme les aime notre vieux poète (Cf. laisses 83 à 89). C'est à Roland de vouloir sonner du cor, à Olivier de refuser, avec une *ironie tragique*. Mais cette reprise n'est pas un simple jeu d'artiste : rien n'est plus émouvant que le *silence douloureux* de Roland. Le drame progresse d'ailleurs sur un autre plan : dans l'âme de Charles aussi se livre *une lutte,* car Ganelon essaie de parfaire sa trahison. Il faut lire « Le Cor » de VIGNY : le poète a admirablement tiré parti de cette situation qu'il ne connaissait qu'indirectement.

L e comte Roland voit qu'il y a grande perte des siens ; il appelle
Olivier, son compagnon : « Beau Sire, cher compagnon, pour Dieu, que vous en semble ? Voyez tant de bons vassaux qui gisent à terre ! Nous pouvons plaindre France la douce, la belle : de tels barons, comme elle reste déserte ! Ah ! roi, mon ami, que n'êtes-vous ici ? Olivier, frère, comment pourrons-nous faire ? Comment lui mander de nos nouvelles ? » Olivier dit : « Je ne sais comment l'appeler. Mieux vaut mourir que d'attirer sur nous la honte [4]. »

CXXIX. Roland dit : « Je sonnerai l'olifant. Charles l'entendra,
10 qui passe les ports. Je vous le jure, les Français reviendront [5]. » Olivier dit : « La honte serait grande, et l'opprobre sur tous vos parents : cette honte durerait toute leur vie [6] ! Quand je vous l'ai dit, vous n'en avez rien fait ; vous ne le ferez pas avec mon assentiment : si vous sonnez

---

— 1 *Saint Michel du Péril*, honoré au Mont Saint-Michel, — près de la Bretagne, la « marche » de Roland. — 2 *Wissant*, port du Pas-de-Calais, près de Boulogne. —

3 L'auteur atteint au sublime par un effet de contraste : précisez. — 4 Cf. laisse LXXXVI. Pourquoi aucun des deux n'a-t-il parlé de l'olifant ? — 5 Cf. laisse LXXXV. — 6 Cf. laisses LXXXIV et LXXXV.

du cor, ce ne sera pas d'un vaillant [1]. Mais vous avez déjà les deux bras sanglants [2]! » Le comte répond : « J'ai frappé de beaux coups ! »

CXXX. Roland dit : « Notre bataille est rude ; je sonnerai du cor, le roi Charles l'entendra. » Olivier dit : « Ce ne serait pas d'un brave ! Quand je vous l'ai dit, compagnon, vous n'avez pas daigné. Si le roi eût été ici, nous n'aurions pas subi de désastre. Ceux qui sont là n'en
20 doivent pas avoir de blâme [3]. Par ma barbe, si je puis revoir ma gente sœur Aude [4], vous ne serez jamais dans ses bras ! »

CXXXI. Roland dit : « Pourquoi cette colère contre moi ? » L'autre répond : « Compagnon, c'est vous le responsable, car la vaillance sensée n'est pas la folie : mieux vaut mesure que présomption. Les Français sont morts par votre légèreté. Jamais plus nous ne serons au service de Charles. Si vous m'aviez cru, mon seigneur serait revenu ; cette bataille, nous l'aurions remportée ; ou pris ou mort serait le roi Marsile. Votre prouesse, Roland, c'est pour notre malheur que nous l'avons vue ! Charles le Grand ne recevra plus notre aide. Il n'y aura plus un tel
30 homme jusqu'au jugement dernier. Mais vous allez mourir et la France en sera honnie [5]. Aujourd'hui va finir notre loyale amitié : avant ce soir notre séparation sera bien douloureuse [6]. »

CXXXII. L'Archevêque les entend se quereller ; il pique son cheval de ses éperons d'or pur, vient jusqu'à eux et se met à les reprendre : « Sire Roland, et vous, Sire Olivier, pour Dieu, je vous en prie, ne vous querellez pas ! Sonner du cor ne nous servirait plus ; et cependant cela vaudrait mieux : vienne le roi, il pourra nous venger ; ceux d'Espagne ne doivent pas s'en retourner joyeux. Nos Français descendront de cheval ; ils nous trouveront morts et déchirés ; ils nous mettront en bière et
40 nous emporteront sur leurs chevaux ; ils nous pleureront, pleins de deuil et de pitié ; ils nous enterreront dans la cour des moutiers [7]. Ni loups, ni porcs, ni chiens ne nous mangeront. » Roland répond : « Sire, vous dites bien. »

CXXXIII. Roland a mis l'olifant à sa bouche ; il l'enfonce bien, sonne avec grande force. Hauts sont les monts et la voix porte loin : à trente grandes lieues on l'entendit se répercuter [8]. Charles l'entend, et tous ses compagnons. Le roi dit : « Nos hommes livrent bataille ! » Ganelon lui répliqua : « Si un autre l'eût dit, cela paraîtrait grand mensonge ! »

— 1 Cf. laisse LXXXVII. — 2 Pourquoi ce détail au terme d'une réplique très ironique ? — 3 Cf. laisse LXXXVIII. — 4 Fiancée de Roland depuis son combat singulier contre Olivier (Cf. L'épisode de *Girard de Vienne* imité par V. HUGO dans « Le Mariage de Roland »). — 5 Cf. laisses LXXXIV et LXXXVI. — 6 Précisez, d'après cette laisse, la rude leçon de sagesse d'Olivier. En quoi le trait de la fin adoucit-il ses reproches ? — Comment interprétez-vous le silence de Roland ? — 7 Monastères. — 8 Exagération épique !

50 CXXXIV. Le comte Roland, à grand'peine, à grand effort, à grande douleur, sonne son olifant. De sa bouche jaillit le sang clair ; de son chef la tempe se rompt [1]. Du cor qu'il tient, le son porte fort loin : Charles l'entend, qui passe les ports. Le duc Naimes [2] l'entend, et tous les Français l'écoutent. Le roi dit : « J'entends le cor de Roland ! Jamais il n'en sonnerait s'il ne livrait bataille. » Ganelon répond : « De bataille, il n'y en a pas ! Vous êtes déjà vieux, tout fleuri et tout blanc ; par de telles paroles vous ressemblez à un enfant. Vous connaissez bien le grand orgueil de Roland : c'est merveille que Dieu le souffre si longtemps. Il a déjà pris Noples sans votre ordre... Pour un seul 60 lièvre il va sonnant du cor, tout un jour. Devant ses pairs, il doit encore s'amuser. Il n'y a pas homme sous le ciel qui ose le provoquer. Chevauchez donc ! Pourquoi vous arrêter ? La Terre des Aïeux est encore bien loin devant nous. »

CXXXV. Le comte Roland a la bouche sanglante. De son chef la tempe s'est rompue. Il sonne l'olifant, à grande douleur, à grand'peine. Charles l'entend, et ses Français l'entendent. Le roi dit : « Ce cor a longue haleine ! » Le duc Naimes répond : « C'est qu'un baron y prend peine ! Il y a bataille, j'en suis sûr. Celui-là l'a trahi qui vous en veut détourner. Armez-vous, lancez votre cri de ralliement et secourez votre noble 70 maison [3] : vous entendez assez que Roland se lamente ! »

CXXXVI. L'empereur a fait sonner ses cors. Les Français mettent pied à terre, et s'arment de hauberts et de heaumes et d'épées ornées d'or. Ils ont des écus et des épieux grands et forts, et des gonfanons blancs, vermeils et bleus. Tous les barons de l'armée montent sur leurs destriers. Ils éperonnent aussi longtemps que durent les défilés [4]. Pas un qui ne dise à l'autre : « Si nous voyions Roland avant qu'il ne soit mort, avec lui nous donnerions de grands coups. » Mais à quoi bon ? Ils ont trop attendu [5].

– *Pour quelles raisons Roland accepte-t-il de sonner du cor ? Regrette-t-il de ne pas l'avoir fait plus tôt ? Justifiez votre réponse.*
– *Comment s'exprime la détresse de Roland ? La trouvez-vous émouvante ? Pourquoi ?*
– *En quoi les répliques d'Olivier sont-elles ironiques ? D'où vient son amertume ? Cette ironie est-elle dictée par la rancune ?*
– *En quoi Turpin vous paraît-il plus sage que ses compagnons ?*
– *Distinguez les quatre arguments de Ganelon pour détourner Charles de revenir sur ses pas.*
– *Dans les laisses 133 à 135, comment se justifie le changement de lieu ? Qu'y a-t-il de pathétique ?*
– **Discussion.** *Que pensez-vous de l'attitude de Roland et de celle d'Olivier devant le danger ?*
• **Comparaison.** Ressemblances et différences entre cet épisode et celui des pages 13-15.

— 1 Pourquoi Roland mourra-t-il d'une blessure qu'il se fait lui-même ? — 2 Vieil ami et sage conseiller de Charles (Cf. laisse LII). — 3 Ensemble des hommes qui sont au service d'un roi ou d'un seigneur. — 4 Quelle impression vous laisse ce tableau pittoresque ? — 5 Le poète, en intervenant ici, a-t-il tari la curiosité du lecteur ?

La bataille reprend, *toujours plus acharnée : cent mille païens s'enfuient. Mais ils sont aussitôt remplacés par des troupes fraîches, des noirs d'Éthiopie conduits par l'oncle de Marsile,* Marganice. *Ce dernier frappe Olivier par derrière, en plein dos.*

La mort d'Olivier

Cette amitié, digne des épopées antiques (Cf. Achille et Patrocle ; Nisus et Euryale), nous vaut l'épisode le plus *humain*, et peut-être le plus *émouvant*, de la CHANSON. Ces deux âmes farouches trouvent des mots d'une extrême *délicatesse*, dans leur simplicité, pour se dire leur estime et leur affection, avant de se séparer. Roland surtout montre une douceur, une « *gentillesse* » que nous ne lui connaissions pas ; l'auteur a voulu traduire *physiquement* l'intensité de sa douleur. Il a peint avec un admirable *réalisme* les derniers moments d'Olivier.

> Oliver sent qu'il est a mort nasfret.
> De lui venger ja mais ne li ert sez.
> En la grant presse or i fiert cume ber,
> Trenchet cez hanstes e cez escuz buclers
> 5 E piez e poinz e seles e costez.
> Ki lui veïst Sarrazins desmembrer,
> Un mort sur altre geter,
> De bon vassal li poüst remembrer.
> L'enseigne Carle n'i volt mie ublier :
> 10 « Munjoie ! » escriet e haltement e cler.
> Rollant apelet, sun ami e sun per :
> « Sire cumpaign, a mei car vus justez !
> A grant dulor ermes hoi desevrez. »
>
> Rollant reguardet Oliver al visage :
> 15 Teint fut e pers, desculuret e pale.
> Li sancs tuz clers par mi le cors li raiet :
> Encuntre tere en cheent les esclaces.
> « Deus ! » dist li quens, « or ne sai jo que face.
> Sire cumpainz, mar fut vostre barnage !
> 20 Jamais n'iert hume ki tun cors cuntrevaillet.

Olivier sent qu'il est blessé à mort. Jamais il ne saurait assez se venger. En pleine mêlée, maintenant, il frappe comme un baron. Il tranche les épieux et les boucliers et les pieds et les poings et les selles et les poitrines. Qui l'aurait vu démembrer les Sarrasins, abattre un mort sur un autre, pourrait se souvenir d'un bon vassal. Il n'oublie pas le cri de guerre de Charles : « Monjoie ! », crie-t-il, à voix haute et claire. Il appelle Roland, son ami et son pair : « Sire compagnon, venez donc près de moi : à grande douleur nous serons aujourd'hui séparés. »

CXLVIII. Roland regarde Olivier au visage : il est blême et livide, décoloré et pâle. Le sang tout clair lui coule par le milieu du corps : sur la terre tombent les caillots. « Dieu ! dit le comte, je ne sais plus que faire. Sire compagnon, votre vaillance fut votre malheur ! Jamais il n'y aura homme d'aussi grande valeur.

---

(2) De *lui* venger = de *se* venger. La forme forte (lui) remplace le réfléchi *soi* (lui = lui-même). — (6) Ki *lui* veïst = *le* (cp. : « je l'ai vu faire » et « je le *lui* ai vu faire »). —

(12) Car + impératif = *donc* (rend l'exhortation plus pressante. Cf. v. 41). — (13) A grant dulor = *avec* (manière). — (18) que *face* = subj. délibératif (que faire).

Étude du texte original *

A. — LE FRANÇAIS VIENT DU LATIN

I. *Expliquer le traitement de la partie du mot latin en italique :*

II a : bónum > bon (8) ; mórtem > mort (1) ; préssam > presse (3) ; séllas > seles (5) ; appéllat > apelet (11) ; dolórem > dulor (13), clárus > clers (16) ; córpus > cors (16) ; térram > tere (17).

II b : érimus > ermes (13) ; álterum > altre (7) ; re + * conóscere > reconoistre (29) ; cóllocat > culchet (49).

III b : remémoráre > remembrer (8) ; duraménte > durement (50). *Comparer* ámbos dúos > ansdous (47) *avec* ámbas > ambes (51).

VI : Dóminum déum > Damnedeu (40).

VIII : grándem > grant (3) ; préssam > presse (3) ; córpus > cors (16) ; núllus > nuls (29) ; pártem > part (70) ; téstam > teste (33).

IX : sátis > sez (2), párem > per (11) ; clárus > clers (16) ; mé > mei (12) [fr : moi] ; érit > iert (20), férit > fiert (3), amícum > ami (11), vólet > volt (9) [anglo-normand pour *vuelt*] ; báro > ber (3) ; * védet > veit (60) [fr *voit*] ; pédes > piez (5) ; cór > coer (55) [anglo-normand pour *cuer* — français : cœur] ; dolórem > dulor (13) et dulur (66) [*o, u,* graphies anglo-normandes du son *ou*) ; amórem > amur (45) ; súper > sur (7) (anglo-normand pour *sor*) ; aúrum > or (31).

X : mánum > main (51) , cómes > quens (18) , únum > un (7).

XI a : vindicáre > venger (2) [anglo-normand pour *vengier*] ; jacére > gesir (61). > XI b : médium > * miei > mi (16) ; précat > priet (52) ; hódie > hoi (13) [anglo-normand pour *hui*], óculi > oil (27) [anglo-normand pour *uil*] ; lóngius > loinz (28) ; * conóscere > conoistre (29).

XII a : caballum > cheval (24) ; cádunt > cheent (17) [l'anglo-normand réduit *ie* à *e*]. — XII c : vásta > guaste (21).

XIII a : cádunt > cheent (17) ; paradísum > pareis (52) ; * précat > priet (52) ; caballum > cheval (24) ; - b Comparer compánio > cumpaign (12) [pron. compañ) et companiónem > cumpaignun (30).

XIII c : séllas > seles (5) , hóminem > hume (29) [anglo-normand pour *home*], damnáticum > damage (23), gemmátum > gemet (31).

XIV a : hàb(e)r(e) hábet > avrat (23 = *aura*) ; de + * séperátos (= *separatos*) > desevrez (13) ; áltum > halt (50 = *haut*). *Expliquez de même comment* colp (34) > coup ; dulce (21) > douce.

XIV c, d : ámbos > ans (47) ; remémoráre > remembrer (8) ; remàn(e)r(e) hábes > remendras (21) , re + * conósc(e)re > reconoistre (29).

II. Expliquer entièrement les mots suivants :

séllas > seles (5) [VIII, XIII c, II a] ; míca > mie (9) [IX, XIII a, II a], térram > tere (17) [VIII, XIII c, II a] ; oblít(um) áre > ublier (v. 9) [anglo-normand pour *oblier*, cf. V, XIV a, IX, XIII, III b] ; appéllat > apelet (11) [V, XIII c, VIII, II a] ; érimus > ermes (13) [VIII, II b] ; mortálem > mortel (29) [V, IX, II a] ; amáre > amer (37) [V, IX, II a] ; núllam > nule (38) [VIII, XIII c, II a) ; aúdio > oi (39) [IX, XIII a, II a].

E ! France dulce, cun hoi remendras guaste
De bons vassals, cunfundue e desfaite !
Li emperere en avrat grant damage. »
A icest mot sur sun cheval se pasmet.

25 As vus Rollant sur sun cheval pasmet
E Oliver ki est a mort naffret.
Tant ad seinet li oil li sunt trublet.
Ne loinz ne près ne poet vedeir si cler
Que reconoistre poisset nuls hom mortel.
30 Sun cumpaignun, cum il l'at encuntret,
Sil fiert amunt sur l'elme a or gemet,
Tut li detrenchet d'ici que al nasel ;
Mais en la teste ne l'ad mie adeset.
A icel colp l'ad Rollant reguardet,
35 Si li demandet dulcement e suef :
« Sire cumpain, faites le vos de gred?
Ja est ço Rollant, ki tant vos soelt amer !
Par nule guise ne m'aviez desfiet !
Dist Oliver : « Or vos oi jo parler.
40 Jo ne vos vei, veied vus Damnedeu !
Ferut vos ai, car le me pardunez ! »
Rollant respunt : « Jo n'ai nient de mel.
Jol vos parduins ici e devant Deu. »
A icel mot l'un a l'altre ad clinet.
45 Par tel amur as les vus desevred.

Ah ! France douce, comme aujourd'hui tu resteras dépouillée de bons vassaux, confondue et déchue ! L'empereur en aura grand dommage. » A ces mots, sur son cheval, il se pâme.

CXLIX. Voilà Roland, sur son cheval, pâmé, et Olivier qui est blessé à mort. Il a tant saigné que ses yeux sont troublés. Ni loin ni près il ne peut voir assez clair pour reconnaître homme mortel. Il rencontre son compagnon et le frappe sur son heaume gemmé d'or : il le lui tranche jusqu'au nasal, mais il n'a pas atteint la tête. A ce coup, Roland l'a regardé et lui demande doucement, amicalement : « Sire compagnon, l'avez-vous fait exprès ? C'est moi, Roland, qui vous aime tant ! Vous ne m'aviez pourtant pas défié ! » Olivier dit : « Maintenant je vous entends parler. Je ne vous vois pas : que le Seigneur Dieu vous voie ! Je vous ai frappé, pardonnez-le-moi ! » Roland répond : « Je n'ai pas de mal. Je vous pardonne ici et devant Dieu. » A ces mots ils s'inclinent l'un vers l'autre. C'est en tel amour qu'ils se séparent.

---

(20) : *ton corps* = toi — (27) *Que* consécutif peut être omis après *tant* ou *si*. — (29) Qu'il *puisse* reconnaître... — (37) *Soelt* = a coutume (solet). — (41) *le me* pardunez : noter l'ordre des pronoms, cf. « *Jol* (je le) *vos parduins* » (43) et « *ne jo nel* (ne le) *te forsfis* » (65). — (43) Les formes *me, te, se, le* pouvaient s'appuyer sur le mot précédent et perdre leur voyelle finale : *Jol* = *jo le* (43) ; *Sil* = *si le* (58) ; *Nem* = *ne me* ; *Nel* = *ne le* (65).

B. — Particularités grammaticales

I. L'orthographe n'est pas encore fixée.

Le scribe essaie de reproduire les sons par certaines lettres, mais ne s'impose pas toujours les mêmes conventions. Comparer : *Sire cumpaign* (12), *Sire cumpainz* (19 et *Sire cumpain* (36) ; *dulor* (13) et *dulur* (66).

Exercice : Chercher, de même, deux mots écrits différemment, aux vers 24 et 68 ; 2 et 20 ; 21 et 30 ; 30 et 33 ; 42 et 65 ; 60 et 66 ; 1 et 26. — Trouver, dans le vers 40, deux orthographes différentes du même mot.

Particularités du dialecte anglo-normand :

a) Le son *o* est généralement noté par un *u* : comparer *tuz* (16) et *vus* (12) avec Yvain, *Complainte des tisseuses* (p. 69) : *toz* (1) et *vos* (16).

b) L'infinitif de Iᵉ conjugaison est en —*er*, au lieu de la forme courante en —*ier*. Comparer « venger » (2) et « *mangier* » (p. 69, v. 6).

II. Cas sujet et cas régime :

1. Emplois normaux du cas sujet :
   — Sujet : *Li sancs* (16) [c. s. sing., cf. XVII a] ; *li oil* (27) [c. s. plur., cf. XVII a] ; *li emperere* (23) [c. s. sing., sans *s final*, cf. XVII b].
   — Attribut du sujet : « *morz* est li quens » (57) [c. s. sing., cf. XIX a] ; « li oil li sunt *trublet* » (27) [c. suj. plur., cf. XIX a].
   — Apostrophe : *Sire compaign* (12) [c. s. sing., cf. XVII c].

2. Emplois normaux du cas régime :
   — Ct d'objet direct : « un mort sur altre geter » (7) [c. r. sing., XVII a].
   — Ct de nom, sans préposition : « L'enseigne *Carle* » (9) [= de Charles].
   — Ct construit avec une préposition : « de *bons vassals* » (22) [c. r. plur., cf. XIX a et XVIIa] ; « sur *sun cheval* » (24) [c. r. sing.] ; « en la *grant presse* » (3) ; « a *grant dulor* » (13) ; « par *tel amur* » (45) ; [remarquer, dans ces trois derniers exemples, le *féminin* de l'adjectif *sans e final*, cf. XIX b].

3. Triomphe du cas régime sur le cas sujet [cf. XVI] :
   Comparer « *mort* (c. r. sing.) est sun ami » (60) et « *morz* (c. s. sing.) est li quens » (57), ou encore « *li oil* (c. s. plur., cf. XIX a) li sunt trublet » (27) et « *les oilz* (c. r. plur.) en la teste li turnent » (47).
   Curieux mélanges de c. s. et de c. r. : « *nuls* (c. s.) *hom* (c. s.) *mortel* » (c. r.) [vers 29] et « *Rollant* (c. r.) *li ber* » (c. s.) [vers 58]. A quel cas devrait être chacun de ces deux énoncés ?
   Exercices : 1. Expliquer l'usage régulier des formes : *tuz* (c. s. vers 16) et *tut* (c. r. vers 32) [déclinaison, XIX a] ; *cumpaign* (c. s. vers 12) et *cumpaignun* (c. r. vers 54) [déclinaison XVII c].
   2. Les noms propres *Oliver, Rollant* sont toujours au cas régime. Relever les phrases où l'emploi de ces noms au cas régime est régulier, et celles où il faudrait le cas sujet (*Olivers, Rollanz*).

III. Emploi du subjonctif :

veïst (6) et poüst (8) : aurait vu, aurait pu... Dans les *phrases hypothétiques* on trouve en ancien français l'*imp. du subj.* là où nous employons le *conditionnel* (et, dans la subordonnée par si, l'*imp. ou le plus-que-parf. de l'indic.*). C'est un souvenir du latin.

Oliver sent que la mort mult l'angoisset.
Ansdous les oilz en la teste li turnent,
L'oïe pert e la veüe tute ;
Descent a piet, a la tere se culchet,
50 *Durement halt si recleimet sa culpe,*
Cuntre le ciel ambesdous ses mains juintes,
Si priet Deu que pareïs li dunget
E beneïst Karlun e France dulce,
Sun cumpaignun Rollant sur tuz humes.
55 *Falt li le coer, le helme li embrunchet,*
Trestut le cors a la tere li justet.
Morz est li quens, que plus ne se demuret.
Rollant li ber le pluret, sil duluset ;
Jamais en tere n'orrez plus dolent hume.

60 *Or veit Rollant que mort est sun ami,*
Gesir adenz, a la tere sun vis.
Mult dulcement a regreter le prist :
« Sire cumpaign, tant mar fustes hardiz !
Ensemble avum estet e anz e dis,
65 *Nem fesis mal ne jo nel te forsfis.*
Quant tu es mor, dulur est que jo vif. »
A icest mot se pasmet li marchis
Sur sun ceval que cleimet Veillantif.
Afermet est a ses estreus d'or fin :
70 *Quel part qu'il alt, ne poet mie chaïr.*

CL. Olivier sent que la mort l'étreint. Les deux yeux lui tournent en la tête, il perd l'ouïe et toute la vue ; il descend de cheval, se couche contre terre. Péniblement, à haute voix, il dit sa coulpe, les deux mains jointes vers le ciel ; il prie Dieu de lui donner le paradis et de bénir Charles et France la douce, et son compagnon Roland, par-dessus tous les hommes. Le cœur lui manque, son heaume s'incline, tout son corps s'étend à terre. Il est mort, le comte ; il ne s'attarde pas plus longtemps. Roland le baron le pleure et le regrette : jamais, sur terre, vous n'entendrez homme plus accablé de douleur.

CLI. Roland voit que son ami est mort, gisant la face contre terre. Très doucement, il se prit à dire son regret : « Sire compagnon, c'est pour votre malheur que vous fûtes hardi ! Nous avons été ensemble et des ans et des jours : tu ne me fis jamais de mal, et jamais je ne t'en fis. Quand tu es mort, c'est douleur que je vive. » A ces mots, le marquis se pâme sur son cheval, qu'il nomme Veillantif. Mais il tient ferme sur ses étriers d'or fin : où qu'il aille, il ne peut pas tomber.

---

(46) *l'angoisset* = « l'étreint à la gorge » (cf. *angoisse*). — (51) Cette construction est l'équivalent d'un ablatif absolu latin. — (52) *Si* = et (cf. v. 58 : sil = *si* le = et le). — (53) *Karlun* = c. rég. — (55) *le coer, le helme* : c. r. pour c. s.

— (57) *que* = car (cf. *Appendice*, fin). — (61) *adenz* : cf. « sur les dents ». — (62) *regreter le : le* est ct de *regreter*. — (66) Passage brusque du « *vous* » au tutoiement, courant au M. A. — (69) Dans cette laisse à assonance en *i* comment devait se prononcer *fin*?

LES ÉLÉMENTS PERTURBATEURS : Se garder de croire que le passage du latin au français s'explique toujours aussi simplement. On se heurte parfois à des *obstacles irréductibles*, car toutes sortes d'actions viennent perturber les « *lois* » phonétiques : influence savante, place habituelle du mot, analogie avec d'autres mots, dissimilation, etc...

LES MOTS D'ORIGINE ÉTRANGÈRE AU LATIN SONT RARES : Dans notre texte, *vassal* (8) est d'origine celtique ; et les mots *helme* (55 : heaume), *estreus* (69 : étriers), et *nasfret* (1 : blessé, cf. navré) sont de source germanique.

★

Il ne reste plus que trois hommes vivants, contre quarante mille qui n'osent les approcher. Roland sonne du cor, faiblement. Là-bas, dans la montagne, soixante mille clairons lui répondent : Charles galope à son secours. Il a fait enchaîner Ganelon.

Gautier est tué, Turpin est blessé : ROLAND *reste seul. Les païens, tenus à distance par la crainte, lui lancent des milliers de dards, d'épieux, de lances, puis s'enfuient vers l'Espagne. Roland range les corps de ses pairs devant l'archevêque qui les bénit avant de mourir. Mais ses forces le trahissent :* il s'évanouit. *Il trouve encore l'énergie d'assommer d'un coup d'olifant un Sarrasin qui voulait s'emparer de Durendal. Sentant venir la mort, il s'efforce de briser son épée, pour lui épargner de tomber aux mains « d'un homme qui fuit devant un autre. »*

LA MORT DE ROLAND

Le poète a su ordonner les événements pour préparer cette mort de ROLAND, resté seul, s'élevant jusqu'à Dieu par un suprême effort. Ses derniers actes et ses dernières pensées nous révèlent, après les grands coups d'épée, *la vie intérieure du héros.* Par sa vaillance et son sentiment de l'honneur, il s'est mis au-dessus de ses compagnons et DIEU reconnaît la valeur de son *sacrifice*, car c'est *la foi* qui nourrit la chevalerie.

Roland frappe contre une pierre bise, plus en abat que je ne vous sais dire [1]. L'épée grince, mais elle n'éclate ni ne se brise ; vers le ciel elle rebondit. Quand le comte voit qu'il ne la brisera pas, très doucement, il la plaint en lui-même : « Ah ! Durendal, comme tu es belle et sainte ! Dans ton pommeau doré, il y a beaucoup de reliques : une dent de saint Pierre, du sang de saint Basile [2] et des cheveux de Monseigneur saint Denis [3], et du vêtement de sainte Marie. Il n'est pas juste que des païens te possèdent : c'est par des chrétiens que vous devez être servie. Ne vous ait homme atteint de couardise ! Par vous,
10 j'aurai conquis tant de vastes terres, que Charles tient, qui a la barbe fleurie ! Et l'empereur en est puissant et riche. »

CLXXIV. Roland sent que la mort le pénètre : de la tête, elle lui descend vers le cœur [4]. Sous un pin [5] il est allé, en courant. Sur l'herbe verte, il s'est couché, face contre terre ; sous lui il place son épée et

---

— 1 Selon la légende, ces coups d'épée auraient ouvert la « *Brèche de Roland* ». — 2 Père de l'Eglise grecque (IVe siècle). — 3 Premier évêque de Paris, martyr du IIIe siècle. — 4 Appréciez cette expression. — 5 Montrez que ce paysage se réduit à quelques éléments symboliques comme chez les artistes primitifs.

l'olifant[1]. Il a tourné sa tête vers la gent païenne : il veut que Charles dise, et toute son armée, qu'il est mort, le gentil comte, en conquérant. Il bat sa coulpe et menu et souvent ; pour ses péchés il tend vers Dieu son gant [2].

CLXXV. Roland sent que son temps est fini ; tourné vers l'Espagne,
20 il est sur un tertre aigu ; d'une main il frappe sa poitrine : « Dieu, mea culpa [3], par ta puissance, pour les péchés, grands et menus, que j'ai commis depuis l'heure où je suis né jusqu'à ce jour où je suis frappé à mort ! » Il a tendu vers Dieu son gant droit. Les anges du ciel descendent vers lui.

CLXXVI. Le comte Roland se couche sous un pin : vers l'Espagne il a tourné son visage. De bien des choses lui vient le souvenir : de tant de terres qu'il a conquises, le baron, de douce France, des hommes de son lignage, de Charlemagne, son seigneur, qui l'a nourri [4] ; il ne peut s'empêcher d'en pleurer et d'en soupirer [5]. Mais il ne veut pas
30 s'oublier lui-même ; il bat sa coulpe et demande à Dieu merci : « Vrai Père, qui jamais ne mentis [6], qui ressuscitas des morts saint Lazare et sauvas Daniel [7] des lions, sauve mon âme de tous les périls, pour les péchés que j'ai faits en ma vie ! » Il a offert à Dieu son gant droit. Saint Gabriel [8] l'a pris de sa main. Sur son bras, il tient sa tête inclinée ; les mains jointes, il est allé à sa fin. Dieu lui envoie son ange chérubin [9] et saint Michel du Péril [10] ; avec eux y vint saint Gabriel. Ils portent l'âme du comte en paradis.

– *Indiquez les étapes du récit et leur enchaînement ; le trouvez-vous vraisemblable ? Pourquoi ?*
– *Roland meurt en chevalier : relevez les pensées et les actes qui traduisent son sentiment de l'honneur : a) féodal ; b) familial ; c) national.*
– *Ce héros d'exception vous semble-t-il hors de l'humanité ? Sur quels souvenirs s'attendrit-il ? N'a-t-il rien oublié (p. 29) ?*
– *Comment se manifestent les sentiments chrétiens de ce mourant ? A quoi voyez-vous que le service de Dieu est pour lui le prolongement du service féodal ?*
– *Étudiez : a) la justesse des attitudes ; – b) le naturel dans l'évocation du merveilleux.*
• **Groupe thématique : Le merveilleux** a) chrétien (p. 17 ; 25-26 ; 29 ; 32) ; – b) païen (p. 33-35, 61).
Sujets de synthèse : exposés ou essais.
– *Le personnage de Roland, d'après les extraits de la* Chanson de Roland.
– *Le héros épique d'après les extraits de la* Chanson de Roland *et d'Aliscans (p. 36-39).*
– *Les devoirs du bon chevalier d'après les extraits de la* Chanson de Roland, *d'Aliscans, (p. 36-39) et de* Raoul de Cambrai *(p. 40-42).*
– *Les Sarrasins vus par leurs adversaires – et par les trouvères – d'après les extraits des chansons de geste.*

— 1 Pourquoi cette précaution ? — 2 Geste d'hommage du vassal à son suzerain. — 3 « C'est ma faute ». (Cf. l. 17 et 30 « il bat sa coulpe »). — 4 Le jeune noble est nourri par le seigneur qui lui apprend le métier des armes et l'armera chevalier. — 5 Roland vous paraît-il moins héroïque parce qu'il pleure ? — 6 Pourquoi ce rappel ? — 7 Lazare fut ressuscité par Jésus-Christ ; le prophète Daniel jeté dans la fosse aux lions par Nabuchodonosor fut épargné par les fauves. — 8 C'est l'intermédiaire habituel entre Dieu et les hommes. — 9 Saint Raphaël. — 10 *Saint Michel du Péril :* voir page 17, note 1.

TROISIÈME PARTIE :
LE TRIOMPHE DE CHARLEMAGNE

VICTOIRE
SUR MARSILE
Arrivé sur le champ de bataille, Charles pleure ses barons mais entreprend aussitôt la poursuite des païens. *Par l'intermédiaire de son ange, « celui qui a coutume de lui parler »,* il obtient que Dieu arrête le soleil *(souvenir biblique), et refoule les païens vers* l'EBRE, *où tous périssent, sauf Marsile, dans une immense* noyade. *La nuit tombe alors et Charles, dormant tout armé, a* deux songes prophétiques, *où un lévrier vient le défendre contre trente ours.*

BALIGANT AU
SECOURS
DE MARSILE
Marsile rentre à Saragosse, *vaincu, la main droite tranchée, maudissant ses faux dieux. Mais* BALIGANT *vient à son secours, l'émir de Babylone, « qui vécut plus que Virgile et qu'Homère ». Marsile lui cède l'Espagne, et l'Émir promet* de le venger : « pour son poing perdu, je lui livrerai la tête de l'empereur ». *Pendant ce temps, Charlemagne victorieux est retourné à Roncevaux pour honorer ses morts.*

Charlemagne à Roncevaux

Scène très *humaine*, très *émouvante* dans sa simplicité. Dans son regret funèbre, Charles tire la leçon de cette mort. L'auteur a su placer dans la bouche du vieil empereur quelques mots poignants pour exprimer son *sentiment de solitude et de faiblesse*. La douleur lui inspire un *souhait pathétique* et sincère : il ne peut survivre à tous ces chevaliers qui sont morts pour lui.

A Roncevaux Charles est parvenu. Sur les morts qu'il trouve il commence à pleurer. Il dit aux Français : « Seigneurs, allez au pas, car je dois moi-même aller devant, pour mon neveu que je voudrais trouver. J'étais à Aix, un jour de fête solennelle ; mes vaillants chevaliers se vantaient de grandes batailles, de rudes assauts en rase campagne. J'entendis Roland déclarer que, s'il mourait en royaume étranger, on le trouverait plus avant que ses hommes et ses pairs, la tête tournée vers l'ennemi : il finirait en conquérant, en vrai baron [1]. Plus loin qu'on ne peut lancer un bâton, en avant des autres, Charles est monté sur un tertre.

10 CCV. En cherchant son neveu, l'empereur trouva dans le pré tant d'herbes dont les fleurs sont vermeilles du sang de nos barons ! La pitié le prend ; il ne peut s'empêcher de pleurer. Il est parvenu sous deux arbres : il reconnaît les coups de Roland sur trois rochers : sur l'herbe verte, il voit son neveu gisant. Ce n'est pas merveille si Charles est plein de douleur ! Il descend de cheval, il y va en courant. Il prend le comte entre ses bras et se pâme sur lui, tant il est plein d'angoisse [2].

— 1 Ce trait s'accorde bien avec ce que nous savons du caractère de Roland. —

2 Décor sobrement évoqué ; le récit est simple, mais les réactions du personnage sont d'une grande vérité.

CCVI. L'empereur revient de pâmoison. Le duc Naimes et le comte Acelin, Geoffroi d'Anjou et son frère Thierry prennent le roi, le redressent sous un pin. Il regarde à terre, voit son neveu gisant. Très doucement, il lui dit son regret :
20 « Ami Roland, que Dieu ait pitié de toi ! Jamais nul homme ne vit chevalier tel que toi pour engager et gagner de grandes batailles. Mon honneur tourne vers le déclin. » Charles se pâme ; il ne peut s'en défendre.

CCVII. Le roi Charles revient de pâmoison ; par les mains le tiennent quatre de ses barons. Il regarde à terre, voit son neveu gisant. Il a le corps intact, mais il a perdu sa couleur ; ses yeux sont virés et tout pleins de ténèbres [1]. Charles le plaint par foi et par amour : « Ami Roland, que Dieu mette ton âme dans les fleurs, en paradis, entre les glorieux ! Tu es venu en Espagne sous un mauvais seigneur ! Jamais il n'y aura de jour sans que je souffre à ta pensée. Comme vont tomber ma force et ma joie ! Je n'aurai plus personne qui soutienne mon
30 honneur : sous le ciel je ne crois plus avoir un seul ami ; j'ai des parents, mais aucun d'aussi preux. » Il arrache ses cheveux, à pleines mains ; cent mille Français en ont si grande douleur qu'il n'en est pas un seul qui n'en pleure amèrement.

CCVIII. « Ami Roland, je m'en irai en France. Quand je serai à Laon [2], dans mon domaine, de plusieurs royaumes viendront les vassaux étrangers. Ils me demanderont : « Où est le comte capitaine ? » Je leur dirai qu'il est mort en Espagne. En grande douleur je tiendrai désormais mon royaume : je n'aurai plus de jour sans pleurer et gémir.

CCIX. « Ami Roland, ô preux, belle jeunesse, quand je serai à Aix, en ma chapelle, mes hommes viendront, demanderont des nouvelles. Je les leur dirai,
40 étranges et cruelles : « Il est mort, mon neveu, qui m'a fait tant de conquêtes. » Contre moi se révolteront les Saxons et les Hongrois et les Bulgares et tant de peuples ennemis, les Romains, ceux de Pouille et tous ceux de Palerme, et ceux d'Afrique et ceux de Califerne [3] : alors commenceront mes peines, mes souffrances ! Qui conduira mes armées avec cette énergie, quand celui-là est mort, qui toujours nous conduisait ? Ah! France, comme tu restes déserte ! J'ai si grand deuil que je ne voudrais plus être ! » Alors, il tire sa barbe blanche ; de ses deux mains, il arrache les cheveux de sa tête. Cent mille Français se pâment contre terre [4].

CCX. « Ami Roland, Dieu ait de toi merci ! Que ton âme soit mise en paradis !
50 Qui t'a tué a mis la France au désespoir. J'ai si grand deuil que je ne voudrais plus vivre : toute ma maison qui, pour moi, est abattue ! Dieu me donne, le fils de sainte Marie, avant que j'arrive aux maîtres ports de Cize, que mon âme soit aujourd'hui séparée de mon corps et placée entre les leurs, et que ma chair soit enterrée auprès d'eux ! » Ses yeux pleurent, il tire sa barbe blanche. Et le duc Naimes dit : « Charles a une grande douleur ! »

— 1 Poésie et réalisme de cette brève description. — 2 Laon est la capitale des derniers Carolingiens ; Aix fut la capitale de Charles... après Roncevaux ! — 3 Il y a de la fantaisie dans cette énumération de peuples dont le dernier nous est inconnu. — 4 Ne pas lire ce trait avec une ironie trop facile, mais s'efforcer de sentir la naïve grandeur de la vieille épopée.

Déjà surgissent les avant-gardes des païens. La bataille s'annonce terrible. On sent que, dans l'esprit du poète, ce choc est celui de deux mondes, de deux religions. *Il énumère les peuples : aux côtés de Charles, cent mille Français qui ont, comme lui, leur barbe blanche étalée sur la poitrine. Baligant est son digne adversaire ; certains de ses guerriers sont effrayants : des géants, couverts de soies de porc, qui ont le cuir dur comme fer. Chaque côté invoque son dieu ; puis c'est une formidable* mêlée, *décrite par l'artiste avec un enthousiasme toujours renouvelé.*

Vers le soir, Charlemagne est aux prises avec l'émir. La partie serait égale entre les deux adversaires, si Dieu ne soutenait les siens. Cette lutte à mort est une sorte de Jugement de Dieu : *la victoire de Charlemagne montre de quel côté se trouve le droit. Mais cette victoire ne peut survenir sans l'intervention divine.*

« Charles chancelle, bien près de tomber. Mais Dieu ne veut pas qu'il soit tué ni vaincu. Saint Gabriel [1] est revenu vers lui, et lui demande : « Roi Magne, que fais-tu ? ». Quand Charles entend la sainte voix de l'ange, il n'a plus peur, il ne craint pas de mourir. Il retrouve vigueur et connaissance. Il frappe l'émir *de l'épée de France* [2] ; il lui brise le heaume où les gemmes flambent, lui fend la tête d'où s'épand la cervelle, et tout le visage jusqu'à la barbe blanche : il l'abat mort, sans recours. » (CCLXII).

Les païens s'enfuient. Marsile en meurt de désespoir. Saragosse est prise et convertie de force au christianisme. La victoire de CHARLES *est la vengeance de Roland en même temps que celle de Dieu : ainsi sont liées étroitement les deux parties du poème* [3].
Charlemagne s'en revient en France, ramenant les corps de Roland, d'Olivier et de Turpin qu'il dépose à Blaye, « en de blancs cercueils ». Le voici de retour à Aix-la-Chapelle.

LA MORT DE LA BELLE AUDE

L'*amour* n'occupe guère de place dans les Chansons de Geste : avant de mourir, Roland n'a pas eu une pensée pour sa fiancée. Ce court récit évoque pourtant — avec des moyens fort différents — une *passion* aussi fatale, aussi totale que celle de *Tristan et Iseut* (Cf. nos extraits). Ici, pas d'analyse compliquée, peu de pittoresque, mais quelle *sobriété pathétique !* Une question angoissée, une réponse brutale, une femme qui tombe morte, et qui d'ailleurs ne *voulait* pas survivre : dans ce poème où l'on meurt stoïquement pour l'honneur, on meurt aussi, sans une plainte, par amour.

L'empereur est revenu d'Espagne. Il vient à Aix [4], le meilleur siège [5] de France. Il monte au palais, il est entré dans la salle. Vers lui est venue Aude [6], une belle demoiselle. Elle dit au roi : « Où est Roland le capitaine, qui me jura de me prendre pour femme [7] ? » Charles en a douleur et peine. Ses yeux pleurent ; il tire sa barbe blanche : « Sœur, chère amie, c'est d'un homme mort que tu t'enquiers [8]. Je

— 1 Qu'a voulu montrer l'auteur par cette brève intervention du merveilleux ? — 2 Montrer la valeur symbolique de cette expression. — 3 Voir l'Introduction, p. 5. — 4 Aix-la-Chapelle. — 5 Siège du pouvoir, capitale. On le voit, la « *France* » a, dans cette épopée, des limites fort larges (relire la laisse XC). — 6 Sœur d'Olivier (cf. laisse CXXX), et fiancée de Roland (cf. *Girard de Vienne*). — 7 Que traduit cette première, cette unique question ? — 8 La brutalité de la nouvelle n'est-elle pas atténuée par le ton ? Précisez.

t'en donnerai un plus considérable en échange [1] : c'est Louis [2], je ne peux mieux te dire, c'est mon fils et c'est lui qui tiendra mes marches. » Aude répond : « Cette parole m'est étrange [3]. Ne plaise à Dieu, ni à
10 ses saints, ni à ses anges, qu'après Roland je demeure vivante [4] ! » Elle perd la couleur, tombe aux pieds de Charlemagne : elle est morte. Dieu ait pitié de son âme ! Les barons français en pleurent et la plaignent.

CCLXIX. Aude la Belle est à sa fin allée. Le roi croit qu'elle s'est évanouie ; il a pitié d'elle, il pleure, l'empereur. Il la prend par les mains, il la relève. Sur ses épaules elle a la tête penchée [5]. Quand Charles voit qu'elle est morte, il mande aussitôt quatre comtesses : elles la portent dans un moutier [6] de nonnes : toute la nuit elles la veillent, jusqu'au jour. Au pied d'un autel, on l'enterre magnifiquement : le roi lui a rendu de grands honneurs [7].

20 CCLXX. L'empereur est revenu à Aix. Ganelon, le félon, dans des chaînes de fer, est dans la cité, devant le palais. Les serfs [8] l'ont attaché à un poteau. Ils lui lient les mains avec des courroies en cuir de cerf. Ils le battent violemment à coups de bâtons et de fouets. Il n'a pas mérité d'autre bienfait. A grande douleur il attend là son jugement.

– a) *Comment l'auteur renouvelle-t-il l'intérêt ? – b) Comment expliquez-vous le passage de la laisse 269 à 270 ?*
– *Comment se manifeste, dans les paroles et dans les faits, l'amour d'Aude pour Roland ? Comment réagissent : a)*
Charlemagne ; – b) les barons ? Qu'en pensez-vous ?
– *Ce bref récit vous semble-t-il pathétique (précisez le sens de ce terme) ? Justifiez votre opinion.*
– *En quoi cet épisode aggrave-t-il la faute de Ganelon ?*
– *Relevez les précisions pittoresques dans la laisse 270. Sont-elles aussi nombreuses et de même nature dans les deux*
laisses précédentes ? Tentez d'expliquer cette différence.
Sujets de synthèse : *exposés ou essais.*
– *Le personnage de Charlemagne d'après les extraits de la* **Chanson de Roland.**
– *La société féodale, ses usages, d'après les extraits des Chansons de geste (p. 7-32 ; 36-39 ; 40-42).*
– *Les caractères principaux de l'épopée médiévale d'après les extraits des Chansons de geste.*
– *Les actes héroïques et la technique de l'évocation des combats singuliers dans la* **Chanson de Roland.**
– *Littérature et cinéma. Si vous étiez metteur en scène, quel type de film, quelles séquences concevriez-vous pour*
transposer les épisodes contenus dans les extraits de la **Chanson de Roland ?**

L'empereur convoque ses vassaux pour juger Ganelon, le traître, enchaîné et malmené par les serfs. Ganelon invoque un différend familial qui demeure assez vague : il n'a pas voulu trahir l'empereur mais se venger de Roland. Trente de ses parents tiennent pour lui et l'un d'eux, PINABEL, provoque quiconque proposera la mort de Ganelon. Les barons se dérobent et invitent Charles à la clémence. Mais THIERRY D'ANJOU relèvera le défi.

— 1 Cette offre n'a rien d'insultant pour la jeune fille ni pour la mémoire de Roland : dans la société féodale, le « *seigneur* » est avant tout le protecteur du fief et de sa dame (cf. *Yvain*, p. 64). — 2 Louis le Débonnaire (cf. *Le Couronnement de Louis*, p. 35). En réalité il n'était pas encore né ! — 3 Incompréhensible. — 4 Expliquez ce sentiment (cf. *Tristan*, p. 53). — 5 Appréciez ce détail. — 6 Monastère. — 7 Pourquoi ces honneurs ? — 8 Quel est l'intérêt de ce détail ?

Le Châtiment de Ganelon

Ganelon est *coupable* envers Charlemagne : Thierry le prouve par une *argumentation serrée* et le soutient les armes à la main, selon la coutume médiévale du duel judiciaire. Ici encore la victoire du droit n'est due qu'à un miracle. C'est vraiment le « *Jugement de Dieu* », dont l'issue satisfait aux exigences morales des auditeurs.

Quand Charles voit que tous lui ont failli, il baisse la tête et le visage, de douleur : il se sent bien malheureux [1]. Mais devant lui, voici Thierry, un chevalier, frère de Geoffroi, duc Angevin. Il avait le corps mince, grêle, élancé, les cheveux noirs et le visage assez brun ; il n'est pas très grand, ni trop petit non plus. Courtoisement, il dit à l'empereur : « Beau sire roi, ne vous désolez pas ainsi ! Vous savez que je vous ai bien servi. Pour mes ancêtres, je dois relever ce défi. Quelque faute que Roland ait commise envers Ganelon, il était à votre service, et cela suffisait à le protéger. Ganelon est félon en ce qu'il l'a trahi : c'est envers vous qu'il s'est parjuré et mal conduit. Voilà pourquoi je
10 juge qu'on doit le pendre et le mettre à mort, comme un félon qui a fait une félonie. S'il a un parent qui veuille m'en donner le démenti, de cette épée que j'ai ceinte ici, je suis prêt à soutenir mon jugement, sur-le-champ [2]. » Les Francs répondent : « Voilà qui est bien dit [3] ! » (CCLXXVII).

Le « Jugement de Dieu » décidera du sort de Ganelon.

CCLXXX. Puisqu'ils sont prêts à la bataille, ils sont bien confessés, absous et bénis. Ils entendent leurs messes et communient. Ils envoient de grandes offrandes aux églises [4]. Devant Charles, tous deux sont revenus. Ils ont chaussé leurs éperons ; ils revêtent leurs hauberts blancs, forts et légers, ils assurent leurs heaumes clairs sur leurs têtes, ceignent leurs épées à la garde d'or pur ; à leurs cous, ils pendent leurs écus à quartiers [5] ; en leurs poings droits ils tiennent leurs
20 épieux tranchants, puis montent sur leurs destriers rapides. Alors pleurèrent cent mille chevaliers qui, en l'honneur de Roland, ont pitié de Thierry. Dieu sait bien quelle en sera la fin.

CCLXXXI. Au-dessous d'Aix, il y a une large prairie. C'est là que les deux barons sont aux prises. Ils sont preux et de grande vaillance, et leurs chevaux sont rapides et prompts. Ils les éperonnent, lâchent toutes les rênes, et de toutes leurs forces ils se frappent l'un l'autre. Leurs écus se brisent en éclats, leurs hauberts se déchirent et leurs sangles sont en pièces, les selles tournent et tombent à terre. Cent mille hommes pleurent, qui les regardent.

— 1 Le poète a volontairement retardé l'intervention de Thierry pour ménager l'intérêt. On trouverait un procédé semblable, et peut-être inspiré de ce passage, dans *Aimeri de Narbonne*. — 2 Nous retrouvons chez Thierry les sentiments de fidélité à l'honneur féodal et familial qui faisaient de Roland un parfait chevalier. — 3 Peut-être un soupir de soulagement de ces Francs qui n'osaient proclamer leur sentiment ! — 4 Remarquer la piété des deux champions : c'est Dieu qui sera leur juge. — 5 Écus à quartiers : cf. p. 41, note 2.

CCLXXXII. Les deux chevaliers sont à terre. Vivement, ils se redressent sur
30 leurs pieds. Pinabel est fort, agile et léger. L'un cherche l'autre ; ils n'ont plus
de destriers [1]. De leurs épées à la garde d'or pur, ils frappent à coups redoublés
sur leurs heaumes d'acier : les coups sont puissants, à trancher les heaumes. Les
chevaliers français se lamentent fort. « Ah ! Dieu, dit Charles, faites éclater le
droit ! »

CCLXXXIII. Pinabel dit : « Thierry, reconnais ta défaite ! Je serai ton vassal,
en tout amour, en toute foi ; à ton plaisir, je te donnerai mon avoir, mais réconcilie
Ganelon avec le roi ! » Thierry répond : « Je n'y songerai même pas. Je serais
un félon si j'y consentais ! Que Dieu montre aujourd'hui, entre nous deux, le
droit [2]. »

40   **CCLXXXIV.** Thierry dit : « Pinabel, tu es un vrai baron, tu es grand et fort,
et ton corps est bien musclé ; tes pairs te connaissent pour ta vaillance. Laisse
donc cette bataille ! Je te mettrai d'accord avec Charlemagne. Quant à Ganelon,
on lui rendra une telle justice que jamais on ne cessera d'en parler. » Pinabel dit :
« Au Seigneur Dieu ne plaise ! Je veux soutenir toute ma parenté. Je ne me
rendrai pour nul homme mortel ; j'aime mieux mourir que d'encourir un tel
reproche [3]. » De leurs épées, ils recommencent à frapper sur leurs heaumes qui
sont gemmés d'or ; contre le ciel volent les étincelles, toutes claires. Il n'est plus
possible de les séparer : sans homme mort, le combat ne peut se terminer.

CCLXXXV. Pinabel de Sorence est très preux. Il frappe Thierry sur le
50 heaume de Provence : le feu jaillit, et enflamme l'herbe. De son épée d'acier il
lui présente la pointe. En plein front il la lui fait descendre, jusqu'au milieu du
visage. Il en a la joue droite toute sanglante, et le haubert, dans le dos et sur la
poitrine. Dieu le protège : il n'est pas renversé mort.

CCLXXXVI. Thierry voit qu'il est frappé au visage : le sang tout clair coule
sur l'herbe du pré. Il frappe Pinabel sur son heaume d'acier bruni : jusqu'au
nasal il le lui fend et lui fait jaillir la cervelle de la tête ; il redouble son coup et
l'abat mort. A ce coup la bataille est gagnée. Les Francs s'écrient : « Dieu a
fait un miracle ! Il est tout à fait juste que Ganelon soit pendu, et ses parents qui
ont répondu pour lui [4]. »

En conséquence, Ganelon est écartelé. *Il meurt « comme un misérable félon. » Quant
à ses parents, ils sont tous pendus.* « Quiconque trahit se perd, et les autres avec
lui », *conclut le poète.*
*Ainsi finit la chanson de Roland. Mais l'*aventure *de Roncevaux n'est qu'un
épisode de la légende de Charlemagne, l'éternel croisé : l'ange Gabriel lui apparaît
en songe, et lui ordonne d'aller secourir « le roi Vivien, dans sa cité d'Imphe que les
païens assiègent. » « Dieu, que de peines en ma vie ! » gémit le vieil empereur.* *

— 1 Toujours la précision du trait qui nous
permet d'imaginer clairement les phases successives du combat. — 2 La fin de ces deux
dernières laisses insiste sur la même idée. | Pourquoi ? — 3 Montrer que Pinabel, de son
côté, est un chevalier conscient de son devoir.
— 4 Noter la barbarie de ces mœurs qui font
partager à tous ses parents le sort du traître.

* *Lire le texte original de la Chanson de Roland, accompagné d'une belle traduction, dans
l'édition Bédier (Piazza).*

HUON DE BORDEAUX

Le jeune HUON, *attaqué par Charlot, fils et héritier de Charlemagne, l'a tué sans le connaître.*
L'empereur le condamne, *sous peine de pendaison, à se rendre* à Babylone : *il devra trancher la tête du premier païen qu'il rencontrera dans le palais, et rapporter à Charles la barbe blanche et les quatre dents « mâchelières » de l'émir. Après un certain nombre d'aventures il souffre de la faim, avec ses treize compagnons, dans la forêt du nain* OBÉRON.

Obéron l'Enchanteur

Fin du XIIe ou début du XIIIe siècle : l'auteur a dû subir l'influence de la littérature *bretonne* car il fait une grande place au *merveilleux.* On pourra comparer le merveilleux chrétien et édifiant de la *Chanson de Roland* à ce merveilleux féerique qui s'adresse uniquement à l'imagination. L'enchanteur OBÉRON, qui est peut-être le « Roi des Elfes » de l'épopée germanique, reparaîtra dans le *Songe d'une nuit d'été* de Shakespeare et inspirera, au XIXe siècle, un opéra de Weber.

Pendant qu'ils parlaient ainsi, un petit homme vint par le bois touffu. Il était tel que je vais vous dire : aussi beau que soleil en été, vêtu d'un manteau brodé orné de trente bandes d'or pur et lacé sur les côtés avec des fils de soie. Il portait un arc dont il savait se servir : la corde en était de soie naturelle, et la flèche aussi était d'un très grand prix. Dieu ne fit aucune bête de si grand pouvoir, qu'il ne puisse, si cela lui plaît, la prendre à sa volonté. Il avait au cou un cor d'ivoire clair, cerclé de bandes d'or, ouvrage des fées dans une île de la mer.

L'une d'elles fit à Obéron ce don : qui entend le cor retentir et sonner, s'il est
10 malade, retrouve aussitôt la santé : il n'aura plus si grande infirmité ! Une autre fée lui donna mieux encore : qui entend le cor, sans mentir, s'il a faim, est tout rassasié, et s'il a soif, est tout désaltéré ! La troisième fée lui donna mieux encore : il n'est pas un homme, si malheureux soit-il, s'il entend le cor retentir et sonner, qui, au son du cor, ne se mette à chanter ! La quatrième fée voulut mieux le doter quand elle lui donna ce que je vais vous dire : il n'y a marche ni pays ni royaume, jusqu'à l'Arbre-Sec [1] ni par delà la mer, si l'on y fait sonner et retentir le cor, qu'Obéron ne l'entende, à Monmur, sa cité.

Le petit homme se mit à sonner et les quatorze commencent à chanter : « Ah ! Dieu ! dit Huon, qui nous vient visiter ? Je ne sens ni faim ni souffrance. — C'est

— 1 Arbre de Palestine, vieux comme le monde, qui serait devenu sec à la mort du Christ.

20 le nain bossu, dit Géraume ; par Dieu, je vous en prie, sire, ne lui parlez pas, si vous ne voulez demeurer avec lui. — Non, dit Huon, avec l'aide de Dieu ! » Voici donc le petit bossu qui se mit à leur crier d'une voix forte : « Holà ! les quatorze hommes qui traversez mon bois, salut, au nom du roi du monde ! Je vous conjure, par le Dieu de Majesté, par l'huile et le saint chrême [1], par le baptême et par le sel, par tout ce que Dieu a fait et établi, je vous conjure de me saluer. »

Mais les quatorze ont pris la fuite. Le petit homme en fut très irrité ; d'un de ses doigts il a heurté le cor : une tempête s'élève, accompagnée d'un orage. Il fallait voir pleuvoir et venter, les arbres se briser et se rompre en éclats, les
30 bêtes fuir (elles ne savent où aller), et les oiseaux parmi les bois voler ! Pas un homme créé par Dieu qui ne soit épouvanté !...

Obéron coupe la route aux fuyards, lance à leur poursuite quatre cents chevaliers qu'il fait sortir de terre : Huon doit s'avouer vaincu.

Sire, dit Huon, soyez le bienvenu ! » Obéron dit : « Dieu te puisse honorer ! Huon, beau frère, tu m'as bien salué ; jamais salut, en vérité, ne fut, par le Dieu de Majesté, mieux récompensé que ne sera le tien ! — Sire, dit Huon, dites-vous vrai ? Je me demande fort pourquoi vous me poursuivez ainsi. — Par Dieu, dit Obéron, vous le saurez : je vous aime tant, pour votre grande loyauté, que je vous aime plus qu'homme de mère né. Tu ne sais pas quel homme tu as rencontré, mais tu le sauras sans plus attendre. Jules César m'a élevé bien tendrement ; la fée Morgue [2], qui eut tant de beauté, fut ma mère,
40 Dieu me puisse sauver ! Ils n'eurent pas d'autre enfant en toute leur vie ; à ma naissance, ce fut une grande fête : ils invitèrent tous les barons du royaume. Les fées y vinrent rendre visite à ma mère. L'une d'elles fut mécontente et me donna le don que vous voyez : je serais un petit nain bossu. Et je suis ainsi, j'en ai le cœur outré : je n'ai plus grandi après trois ans passés. Quand elle me vit ainsi tourné, elle voulut reprendre sa parole ; elle me donna le don que je vais vous dire : je serais le plus bel homme fait de chair qui fut jamais après Notre-Seigneur. Je suis donc tel que vous me voyez ici : je suis aussi beau que soleil en été. Une autre fée me donna mieux encore : je connais de l'homme le cœur et les pensées, et je sais dire comment il s'est conduit. La troisième fée me donna mieux encore ;
50 pour m'améliorer et pour me corriger, elle me donna le don que je vais vous dire : il n'y a marche ni pays ni royaume, jusqu'à l'Arbre-Sec, aussi loin qu'on puisse aller, si je le souhaite au nom de Dieu, que je ne m'y trouve, tout à ma volonté, aussitôt que je l'ai désiré. Et quand je veux bâtir un palais à plusieurs chambres et à grands piliers, je l'obtiens aussitôt, vous auriez tort d'en douter, et toute nourriture que je peux désirer, et toute boisson que je veux demander. Je suis né dans la ville de Monmur : elle est bien à quatre cents lieues d'ici, sans mentir : j'y suis plus tôt allé et venu qu'un cheval ne parcourt un arpent. »

Obéron ajouta : « Je suis né à Monmur, une cité qui fut à mon ancêtre : j'y suis plus tôt allé et venu qu'un cheval n'a un champ parcouru. Huon, beau frère,

---

— 1 Huile sacrée servant à administrer les légendes celtiques qui ont inspiré les romans sacrements. — 2 On la retrouve dans les de la Table Ronde.

60 sois le bienvenu! Tu n'as pas eu de nourriture depuis trois jours ou plus : tu
en auras, Dieu me protège! Veux-tu manger au milieu de ce pré herbu, ou dans
une grande salle de pierre ou de bois ? — Sire, dit Huon, par la vertu de Jésus,
à votre volonté ! — Bien répondu ! dit Obéron. Huon, écoutez-moi. Je n'ai pas
encore conté tout ce que les fées me donnèrent. La quatrième fit une chose
admirable ; elle me donna le don que je vais vous dire : il n'est oiseau, bête ni
sanglier, si sauvage et si cruel soit-il, si je veux de ma main l'appeler, qui ne
vienne à moi volontiers, de plein gré. Et avec cela, elle me donna encore autre
chose : du Paradis je sais tous les secrets, et j'entends les anges au ciel, là-haut,
chanter. Je ne vieillirai jamais de ma vie, et à la fin, quand je voudrai finir, auprès
70 de Dieu j'ai mon siège placé. — Sire, dit Huon, c'est merveilleux ! Qui a reçu
un tel don doit bien l'aimer ! — Petit Huon, dit Obéron, quand tu m'as parlé,
tu as agi sagement, en homme d'expérience ; car, par Celui qui souffrit sur la
croix, jamais si beau jour ne te fut donné. Tu n'as pas mangé depuis trois jours
passés? Tu en auras, en quantité, et la nourriture que tu voudras ! — Hélas !
dit Huon, où trouver du pain? — Tu en auras beaucoup, dit Obéron. Mais,
dis-moi, en toute franchise, veux-tu manger dans le bois ou dans le pré ? — Sire,
dit Huon, Dieu me puisse sauver ! peu m'importe, pourvu que j'aie dîné ! »
Obéron l'entend et éclate de rire : « Ami, dit-il, écoutez-moi donc : couchez-vous
à terre, dans ce pré, vous et les hommes que vous avez amenés : de Dieu viendra
80 tout ce que vous verrez ! »

Obéron dit : « Seigneurs, couchez-vous à terre. » Ils le font de bon gré,
volontiers. Et Obéron se met à formuler un souhait. En moins de temps que le
trait d'un archer, il leur dit : « Levez-vous ! » Ils obéissent, sans tarder : les
voilà debout sur leurs pieds : devant eux, ils virent un grand palais princier !*

*Désormais Obéron protègera Huon en toutes circonstances : il lui confie son cor d'ivoire,
pour l'appeler à chaque difficulté. Au terme de multiples épreuves, HUON finit par accomplir
sa mission. De retour en France, il trouve son héritage usurpé par son frère, mais fait reconnaître son droit grâce à Obéron. Ce dernier décide de remonter en Paradis, à la droite de Dieu.*

LE COURONNEMENT
DE LOUIS

*Cette épopée du XIIe siècle nous montre le déclin
de Charlemagne. Le vieil empereur se dispose à transmettre sa couronne à son fils Louis, âgé de quinze ans,
à la condition qu'il s'engage à respecter tous ses devoirs.
Mais Louis reste figé à sa place et n'ose prendre la couronne, au grand désespoir de
Charles. L'ambitieux Arnéïs d'Orléans revendique alors le pouvoir en attendant la
majorité de Louis. Le jeune héritier serait dépossédé de sa couronne si GUILLAUME
D'ORANGE, revenant de la chasse et prévenu par son neveu, n'intervenait vigoureu-
ement, assommant sur place l'usurpateur.*

*En mourant, Charles confie son fils à la protection de Guillaume. Ce dernier, en pèlerinage à
Rome, trouve la ville assiégée par les Sarrasins. Un combat singulier doit décider de l'issue
de la guerre : Guillaume, champion du Pape, triomphe d'un roi sarrasin plein de fougue qui,
dans la lutte, lui tranche le bout du nez. D'où son surnom de GUILLAUME AU COURT NEZ.
Il deviendra le héros principal de la GESTE DE GARIN DE MONGLANE. On voit donc
qu'il n'y a pas de cloison étanche entre les deux cycles.*

---

* Lire le texte intégral de Huon dans l'éd. Guessard.

ALISCANS

Arrière-petit-fils de Garin de Monglane, qui a donné son nom à toute une geste, Guillaume d'Orange est un héros prestigieux. Nous l'avons vu maintenir Louis sur le trône de France (*Couronnement de Louis*) ; il s'empare de Nîmes, ville sarrasine (*Le Charroi de Nîmes*, xiie s.), puis d'Orange, où il épouse la femme du sarrasin Thibaud, Orable qui se convertit et prend le nom de Guibourc (*Prise d'Orange*, xiie). Vaincu par les Sarrasins à *Aliscans-sur-Mer*, il reprend la lutte et finit par triompher. Accablé par la mort de Guibourc, il se fait moine, à Gellone (*Moniage Guillaume*, xiie). Surtout au xiiie et au xive siècle, les *jongleurs* ont consacré d'autres chansons aux parents, ascendants ou collatéraux de Guillaume, créant ainsi de toutes pièces *une vaste famille de héros*.

Deuxième moitié du xiie siècle. La bataille des Aliscans (près d'Arles), qui donne son nom à l'épopée, paraît un souvenir de la bataille de l'Orbieu, où, à la fin du viiie siècle, le duc d'Aquitaine Guillaume fut vaincu par les Sarrasins. L'auteur (*Jendeu de Brie ?*) a fait un *émouvant tableau de la défaite*, mais la convenance morale et le souci artistique l'ont conduit à imaginer, dans une deuxième partie, une *revanche de Guillaume* qui n'eut jamais lieu.

Dans la plaine des Aliscans, le comte Guillaume d'Orange *livre une bataille désastreuse. Son armée est en déroute. Il trouve son neveu* Vivien *qui s'est conduit en héros, mais qui meurt, le ventre ouvert : il lui donne la communion avant qu'il ne meure. Guillaume, assailli par de nombreux Sarrasins, doit abandonner le corps de Vivien et* revêtir l'armure d'un ennemi *pour atteindre plus facilement sa ville d'Orange. Le voici devant les portes de la ville.*

UNE FAROUCHE GARDIENNE

L'auteur a su exploiter habilement cette *situation dramatique*. Le déguisement de Guillaume, qui a assuré son salut, risque maintenant de le perdre. Il lui permet néanmoins d'apprécier *la vertu* (trop grande, à son gré !) de son épouse, et c'est la *défiance* de Guibourc qui l'entraîne à reprendre avec succès le combat, servi de nouveau par son déguisement. A la fin du passage, c'est Guibourc qui supplie son seigneur de rentrer ! Cette cascade d'incidents tragiques n'est pas dépourvue d'un certain *humour*.

Le comte Guillaume s'est vivement hâté. Il dit au portier : « Ami, ouvrez la porte ! Je suis Guillaume, vous auriez tort de ne pas le croire. » Le portier dit : « Un peu de patience ! » Il descend rapidement de sa tourelle. Il entre dans le palais de Gloriette [1], vient à Guibourc et lui crie d'une voix forte : « Noble comtesse, pour Dieu, hâtez-vous ! Il y a dehors un chevalier armé, sur son cheval : jamais on n'en vit de pareil. Son corps est revêtu d'armes païennes. Il est très grand, en armes, sur son cheval. Il dit qu'il est Guillaume au Court Nez. Venez, dame, pour Dieu, et vous le verrez [2]. » Guibourc l'entend :

— 1 Le palais de Guillaume d'Orange. — | 2 Relevez ici les éléments d'indécision qui sont à l'origine de cette scène dramatique.

10 elle en a le sang troublé ! Elle descend du palais seigneurial, vient aux meurtrières, là-haut, au-dessus des fossés. Elle dit à Guillaume : « Vassal, que demandez-vous ? » Le comte répond : « Dame, ouvrez la porte, promptement, et abaissez-moi le pont ! Car voici que me pourchassent Baudus et Desramé [1], et vingt mille païens aux heaumes verts gemmés. S'ils m'atteignent ici, je suis mort, sans rémission. Noble comtesse, pour Dieu, ouvrez la porte promptement, et hâtez-vous [2]. » Guibourc répond : « Vassal, vous n'entrerez pas ! Je n'ai avec moi aucun homme, sauf ce portier et un clerc ordonné, et un enfant qui n'a pas quinze ans passés. Il n'y a ici que des femmes,
20 le cœur plein d'angoisse pour leurs maris, que mon seigneur a menés à Aliscans, contre les païens infidèles. Il n'y aura porte ni guichet ouverts jusqu'au retour de Guillaume, le gentil comte, qui est aimé de moi. Dieu le garde, qui fut tourmenté sur la croix ! » Guillaume l'entend ; il incline son visage vers la terre ; il pleure de tendresse, le marquis plein d'honneur : l'eau lui coule, goutte à goutte, le long du nez [3]. Il s'adresse à Guibourc, quand il s'est relevé : « C'est moi, dame, vous auriez tort d'en douter ; je suis Guillaume, vous auriez tort de ne pas le croire [4]. » Mais Guibourc réplique : « Sarrasin [5], vous mentez ! Par saint Denis, qui est mon protecteur, je verrai votre chef
30 désarmé avant d'ouvrir cette porte, Dieu me protège !... »
Le comte Guillaume était pressé d'entrer. Ce n'est pas merveille ! car il a bien à craindre : derrière lui il entend le chemin frémir [6] de cette gent qui ne peut aimer Dieu. « Noble comtesse, dit Guillaume le baron, vous me faites trop longtemps attendre. Voyez ces tertres se couvrir de Sarrasins : s'ils m'atteignent, je suis voué à la mort. — Vraiment, dit Guibourc, j'entends bien, à votre langage, que vous ne devez guère ressembler à Guillaume : je ne le vis jamais, pour des Turcs, s'épouvanter [7]. Mais, par saint Pierre que je dois vénérer, il n'y aura porte ni guichet ouverts avant que je voie votre chef désarmé :
40 il y a tant d'hommes qui se ressemblent fort ! » Le comte l'entend, baisse sa ventaille [8], puis lève haut le heaume vert gemmé. Comme Guibourc allait le reconnaître, parmi la plaine elle vit cent païens errer... Ils emmènent trente captifs, qui sont tous bacheliers, et trente dames au clair visage... Les païens les battent, puisse Dieu les punir ! De la chair ils leur font voler le sang. Dame Guibourc les a entendus crier et implorer de toutes leurs forces le Seigneur Dieu. Elle dit à Guillaume : « Maintenant, j'ai une bonne preuve : si vous étiez sire Guillaume le preux, le « fière brace » [9], dont on fait tant d'éloges, vous ne laisseriez

---

— 1 Rois sarrasins. *Desramé* est le père de Guibourc. Avant de devenir l'épouse chrétienne de Guillaume, elle se nommait Orable et était la femme du roi sarrasin Thibaud, à qui Guillaume l'a ravie. — 2 A quel noble sentiment s'adressent ces paroles ? — 3 Apprécier la valeur de ce trait. —

4 Guillaume n'aurait-il pas d'autres moyens de se faire reconnaître ? — 5 Pourquoi ce terme ? — 6 Valeur dramatique de ce détail ? — 7 Quel est l'effet de ces paroles sur l'âme de Guillaume ? — 8 Partie mobile de la visière par où l'on respirait. — 9 « *Aux bras vaillants* », un des surnoms de Guillaume.

pas les païens emmener vos gens. — Dieu ! dit le comte, maintenant
50 elle veut m'éprouver ! Je ne saurais rester, dût-on me couper la tête,
sans aller, sous ses yeux, les combattre [1]. Pour son amour je dois bien
me garder ; pour exalter et grandir la loi de Dieu, je dois fatiguer et
peiner mon corps ». Il relace sont heaume, lâche la bride à son cheval,
et le laisse galoper, sous lui, autant qu'il peut. Il va rejoindre et frapper
les ·païens : au premier il a troué le bouclier, il a rompu et terni le
haubert. A travers le corps il lui passe le fer et le fût et lui fait ressortir
l'enseigne de l'autre côté : il l'étend mort, les jambes en l'air. Puis,
il tire son épée au pommeau d'or niellé [2] ; il fait voler la tête d'un
Sarrasin ; il en pourfend un autre jusqu'au nœud du baudrier ; puis il
60 en renverse mort un troisième ; il en frappe un quatrième sans lui
laisser le temps de parler [3]. Les païens le voient et sont pleins d'épouvante.
Ils se disent les uns aux autres : « C'est le roi Aerofle [4], l'oncle de
Cadroer, qui revient de piller et de ravager Orange. Il est en grand
courroux : c'est nous qui l'avons irrité parce que nous ne sommes pas
en Aliscans. Je crois qu'il nous le fera payer cher ! » Ils prennent la
fuite pour sauver leurs vies ; ils laissent tranquilles tous les prisonniers.
Le preux Guillaume revient sur eux pour les frapper, et les autres le
fuient, qui n'osent demeurer ! Guibourc le voit : elle se prend à pleurer ;
à haute voix elle se met à crier : « Venez-vous-en, sire, maintenant
70 vous pouvez entrer ! »

                                        Aliscans (vers 1526-1633).

- *Distinguez les phases du récit ; comment l'auteur procède-t-il pour renouveler l'intérêt dramatique ?*
- *Analysez les sentiments qui empêchent Guibourc d'ouvrir la porte ; quelles en sont les conséquences ?*
- *En quoi l'attitude de Guibourc est-elle, pour Guillaume : a) émouvante ? – b) tragique ?*
- *Quels sont les traits qui pourraient relever de l'influence de la littérature courtoise (cf. p. 62-63) ?*
- *Relevez des éléments comiques dans la deuxième moitié du texte.*
- **Exposé.** *L'insertion d'éléments comiques dans les extraits d'Aliscans (p. 36-39).*
- **Groupe thématique : Les figures de femmes** a) dans cet extrait et celui de la page 29 ; – b) dans
  la littérature courtoise : *Tristan et Iseut* (p. 51-56) ; – *Lancelot* (p. 62) ; – *Yvain* (p. 64-69).

---

*Déjà les Sarrasins assiègent la ville. Guibourc conseille à son seigneur d'aller à Saint-Denis
demander secours au roi Louis, époux de la sœur de Guillaume : en attendant son retour,
Guibourc et les dames de la ville, revêtues de hauberts, défendront la cité. Guillaume, arrivé
à la cour, est assez mal accueilli par le roi et par sa sœur. Mais·il y trouve son père Aimeri, sa
mère et ses frères, qui le réconfortent, et le roi finit par lui accorder cent mille hommes.*

   *Dès lors, cette chanson de geste, jusque-là si pleine de noblesse et si émouvante, tourne
curieusement à la bouffonnerie héroïque. Au premier plan va se détacher la figure de
RAINOUART, géant à la force prodigieuse, acheté par le roi Louis à des marchands d'esclaves
et relégué dans les cuisines royales. Il demande à Guillaume de le prendre à son service.*

— 1 Pour ce sentiment, cf. *Lancelot*, p. 63 — | la variété des coups. — 4 C'est le Sarrasin
2 Orné de motifs gravés en creux. — 3 Notez | dont Guillaume a revêtu l'armure.

Rainouart au Tinel

L'auteur a su camper un personnage *pittoresque* et *sympathique*. Force et naïveté, un appétit généreux et un héroïsme inconscient, autant d'éléments dont l'alliage assurera toujours le succès d'un *type littéraire* auprès de l'âme *populaire*. Nous retrouverons la même veine dans Rabelais, en lisant les exploits du *bon géant Gargantua*.

Rainouart abat un sapin et s'en fait un gigantesque « tinel » (une massue). Il met en fuite les cuisiniers et engloutit le contenu de leurs marmites.
Mais la cuisine n'est pas l'unique théâtre de ses exploits. Dans la bataille qui reprend, le tinel fait merveille. Voici notre géant qui vient de délivrer des prisonniers français et se met en devoir de leur fournir des chevaux, de fort curieuse façon : avec une si prodigieuse massue, comment tuer le cavalier sans atteindre le cheval ?

Voici un païen éperonnant son cheval. Sire Rainouart le frappe au passage, en plein sur le heaume luisant d'or : jusqu'à la selle il réduit tout en poussière, et abat devant lui tout le reste. « En vérité, dit Bertrand, si vous frappez de la sorte, nous n'aurons jamais, par vous, de chevaux. » Rainouart lui dit : « Patientez donc un peu ! Vous en aurez un merveilleux et rapide. » Il en frappe un autre sur son heaume luisant : le tinel s'abat avec un bruit de tonnerre et écrase tout contre terre. « Dieu ! dit Bertrand, il me faut trop attendre ! Jamais je n'aurai ce que j'espère. » Rainouart dit : « Je suis bien ennuyé que mes païens s'écrasent de plus en plus ! Sire Bertrand, ne grognez pas ainsi ! Le tinel pèse, car son fût est très

10 grand : quand j'ai mesuré mon coup en le levant, il redescend avec une telle force que je ne puis le retenir ni peu ni prou. » Bertrand dit : « Sire, heurtez du bout seulement : ainsi vous n'aurez pas à affaiblir vos coups ! » Rainouart dit : « Je frapperai en pure perte : tous mes coups vont donner dans le vide. »

Il prend son tinel et le lève bien haut ; en plein sur le heaume il l'abat sur un Turc : jusqu'à la selle il a tout écrasé, et tranché le cheval par le milieu. « Vraiment, dit Bertrand, je sais maintenant en toute vérité, sire Rainouart, que tu nous as pris en haine... Tu as encore oublié totalement de frapper du bout. » Rainouart dit : « Je ne le fais pas exprès... Je n'ai pas l'habitude de frapper du bout... Désormais, je ferai comme vous le désirez. » Il prend son tinel et le fait

20 un peu basculer ; sous son aisselle il serre le petit bout et tourne le gros vers l'avant. A ce moment l'émir Estifle qui venait de nous abattre mort un chrétien. Avant qu'il ait pu tourner son cheval vair, Rainouart l'a frappé de son tinel, si violemment, sur le côté, qu'il lui crève le cœur et l'abat sur le pré, mieux qu'avec une lance. Il prend le cheval, le présente à Bertrand, et dit : « Celui-ci vous convient-il ? — Parfaitement, sire, je l'aime mieux qu'une cité ! »

RAINOUART s'empare, lui aussi, d'un cheval, mais, faute d'habitude, il est ridiculement désarçonné ! Dans l'ardeur du combat, il brise son tinel. On lui confie une épée et il s'émerveille de la facilité avec laquelle une telle arme entre dans les païens ! C'est à son action que Guillaume doit la victoire. Après la bataille, Rainouart révèle qu'il est le fils du roi sarrasin Desramé, et par conséquent le propre frère de Guibourc. Vendu comme esclave, traité ignominieusement dans les cuisines, il s'est réhabilité et on lui accorde avec joie les honneurs qu'il mérite *.

---

* *Lire le texte intégral de cette épopée dans l'éd. Rolin ou l'éd. Jonckbloët, et l'adaptation de G. Chacornac (Lanore).*

RAOUL DE CAMBRAI

La GESTE DE DOON DE MAYENCE, ou *Geste des traîtres*, est consacrée aux *vassaux rebelles* à Charlemagne ou à leur suzerain. Elle comprend *plusieurs groupes :* le plus important conte les aventures des *quatre fils d'Aymon de Dordone* (le fils de Doon de Mayence) en lutte contre l'empereur dont ils ont tué le neveu ; ils finissent par obtenir leur pardon (*Renaud de Montauban*, XIIIᵉ siècle). Citons encore *Gormont et Isembart* (début du XIIᵉ siècle), *Garin le Lorrain* (XIIᵉ siècle), *Girard de Roussillon* (XIIᵉ siècle), et surtout *Raoul de Cambrai* (XIIᵉ siècle). Cette dernière Chanson de Geste a pour base historique les luttes qui opposèrent au milieu du Xᵉ siècle, dans le Nord de la France, les maisons de Cambrésis et de Vermandois.

RAOUL, *dépossédé, dès son enfance, du fief de son père, se présente, suivi de son écuyer* BERNIER, *devant l'empereur qui le nomme son sénéchal et lui promet la première terre vacante. C'est le fief de Herbert de Vermandois que Raoul exige au détriment des héritiers, les fils de Herbert, qui sont parents de Bernier. Ce dernier abandonne, la mort dans l'âme, celui qui l'a fait chevalier, et se retire auprès de son père. Les deux partis se heurtent devant Saint-Quentin.* ERNAUD DE DOUAI *reproche à Raoul d'avoir tué son neveu* Bertolai *et d'avoir favorisé le meurtre de ses deux enfants. Les deux barons s'affrontent en une lutte acharnée.*

La mort de Raoul

Cette scène est d'une *farouche grandeur*. On l'a souvent rapprochée de la poursuite d'Hector par Achille dans l'Iliade. Elle a probablement inspiré la poursuite sauvage d'Angus par Tiphaine dans l'*Aigle du Casque*, de VICTOR HUGO *(Légende des Siècles)*. C'est dire que ce thème constitue l'un des sujets les plus émouvants de la poésie épique. Deux des sentiments les plus *violents* de l'âme humaine s'expriment ici, si l'on peut dire, à l'état pur : la *fureur aveugle* de Raoul qui ne peut s'assouvir que par le meurtre ; l'*instinct de conservation* qui pousse Ernaud à fuir jusqu'à l'épuisement de ses forces et à s'abaisser jusqu'aux pires abdications.

Le comte Raoul était d'une très grande force. En sa main il tenait sa bonne épée aiguisée : il frappe Ernaud au milieu de son heaume pointu, si fort qu'il en abat les fleurs et les pierres. La lame glisse du côté gauche : très habilement il cherche à l'atteindre au corps. Il lui tranche le poing gauche qui tombe à terre avec son écu. Quand Ernaud se voit ainsi mutilé, quand il voit à terre son écu et son poing gauche resté dans les énarmes [1], et son sang vermeil à terre répandu, la peur agite tout son sang : il vient à son cheval qui l'attendait, y monte tout éperdu ; il s'enfuit le long du taillis épais. Raoul le poursuit et le serre de près.

10   Ernaud s'enfuit et Raoul le poursuit. Ernaud le comte est pris d'une grande terreur, car son destrier, sous lui, se fatigue, et celui de Raoul se rapproche dangereusement. Ernaud pense à demander grâce : au milieu du chemin il s'arrête un instant ; à voix claire et haute, il s'écrie : « Pitié, Raoul, pour Dieu le Créateur ! Si vous m'en voulez de vous avoir frappé, je serai à vous comme il vous plaira. Je vous abandonne tout le Brabant et le Hainaut ; jamais mon héritier n'en tiendra un demi-pied [2] ». Raoul jure que jamais il n'y pensera avant l'heure où il l'aura tué.

— 1 Anses de cuir dans lesquelles on passait le bras pour maintenir le bouclier devant son corps. Noter la précision réaliste de l'évocation. — 2 Etudier comment se traduit la détresse du personnage.

Ernaud s'enfuit à force d'éperons ; Raoul le poursuit, le cœur félon. Ernaud regarde là-bas, au bout de la plaine sablonneuse, et voit Rocoul, le noble baron, qui tient la terre vers le val de Soissons. C'était le neveu d'Ernaud, le cousin de
20 Bernier. Avec lui venaient mille nobles barons. Ernaud le voit, pique vers lui, à bride abattue [1]. Il l'implore et l'appelle au secours.

Ernaud s'écrie, car il a peur de mourir : « Beau neveu Rocoul, vous me devez protection contre Raoul qui ne veut pas me laisser. Il m'a pris ce qui devait me protéger, mon poing gauche qui tenait mon écu. Maintenant il me menace de me trancher la tête. » Rocoul l'entend, il croit perdre le sens : « Oncle, dit-il, vous n'avez pas à fuir : Raoul aura bataille, sans faute, aussi fière, aussi rude qu'il pourra l'endurer. »

Rocoul était un merveilleux chevalier, fort et hardi à manier les armes : « Oncle, dit-il, ne vous effrayez pas. » Il pique son cheval de ses éperons d'or pur ; il
30 brandit sa lance en bois de pommier et frappe Raoul sur son écu à quartiers [2]. Raoul le lui rend ; il ne veut pas l'épargner : sur la boucle il lui brise et lui perce son écu. Ils ont de bons haubers et ne peuvent les déchirer. Ils passent outre ; leurs lances se brisent : aucun des deux ne vide les étriers. Raoul le voit et pense en perdre le sens : plein de fureur, il saisit son épée d'acier et frappe Rocoul sur son heaume d'or pur ; il en fait tomber les pierres et les fleurs ; du côté gauche glisse l'épée d'acier : il lui rogne tout l'écu de haut en bas ; il abat l'épée sur l'étrivière et lui tranche le pied, au-dessous du genou : il l'abat sur le sable, avec l'éperon. Raoul le voit : son cœur s'emplit de joie. Il lui adresse un abominable sarcasme : « Je vous donnerai un merveilleux métier : Ernaud est manchot et
40 tu auras une jambe de bois : l'un sera guetteur, et de l'autre je fais un portier [3]. Vous ne pourrez jamais venger votre honte. — Vraiment, dit Rocoul, et j'en suis d'autant plus irrité. Oncle Ernaud, je croyais vous aider ; mais mon secours ne vous sera pas utile. » Ernaud s'enfuit, plein de terreur ; Raoul le pourchasse, car il ne veut pas le lâcher.

Ernaud s'enfuit, à force d'éperons ; Raoul le poursuit, le cœur félon. Il jure, par Dieu qui souffrit la passion, que pour tout l'or de Dieu il n'évitera pas d'avoir la tête tranchée sous le menton. Ernaud regarde vers le bas de la plaine sablonneuse. Il voit venir sire Herbert d'Hirson, Eudes de Roie, Louis et Sanson, le comte Ibert, père de Bernier. Ernaud les voit, pique vers eux, à bride abattue,
50 il les implore et les appelle au secours [4].

Raoul a le dessous : il se sent perdu, quand survient son oncle GUERRI LE SOR (*le « Roux »*) *à la tête de 400 cavaliers. C'est une effroyable mêlée et Raoul est délivré. La poursuite reprend, toujours plus farouche. Ernaud a beau implorer Raoul, lui abandonner ses fiefs, son ennemi est implacable. Par bonheur, Ernaud voit venir son neveu Bernier, l'ancien écuyer de Raoul. Il l'appelle à son secours.*

BERNIER est le type du *parfait chevalier*. Son âme noble est en proie à un *drame de conscience*. Raoul est son seigneur qui l'a nourri, équipé, exercé aux armes et armé chevalier : Bernier lui a juré fidélité sur l'Évangile. Depuis, Raoul a commis des fautes impardonnables, mais Bernier ne peut se décider à l'accabler. Il consentirait à tout oublier pour sauver Ernaud, et aussi pour n'avoir pas à *frapper son suzerain*. Quand il l'aura tué, il en éprouvera une immense douleur, et, par la suite, le remords le poursuivra, en dépit d'un pèlerinage expiatoire, car « *Qui trahit son seigneur renie Dieu.* »

— 1 Relever les détails qui créent l'impression d'une fuite éperdue. — 2 Bandes métalliques qui fixent le cuir sur le bois du bouclier. — 3 Comment se traduit ici le triomphe de Raoul ? — 4 Quel est le rôle des répétitions dans cette première partie ?

Quand Raoul l'entend, il croit en perdre la raison ; il se redresse à faire ployer les étriers : sous lui son destrier fléchit : « Bâtard, fait-il, vous savez bien plaider, mais vos flatteries ne vous serviront pas : vous n'en partirez pas sans la tête tranchée. — Vraiment, dit Bernier, j'ai bien sujet de m'irriter : je ne veux plus m'humilier en ce jour ! »

Quand Bernier voit que Raoul, le belliqueux, ne tient aucun compte de sa prière, il éperonne sa monture avec force, et Raoul vient sur lui, à force d'éperons. Ils se donnent de grands coups sur leurs écus et les pourfendent sous la boucle. Bernier le frappe, qui a pour lui le droit [1] : il lui plonge dans le corps sa bonne
60 lance et le gonfanon, si bien qu'il l'arrête net. Raoul le frappe si violemment que ni bouclier ni haubert ne le protègent. Il l'aurait tué, sachez-le bien ; mais Dieu et le droit aident si bien Bernier que le fer lui frôle seulement le côté. Bernier se retourne, furieux, et frappe Raoul sur son heaume brillant, si fort qu'il en abat les fleurs et les pierres. Il tranche la coiffe du bon haubert et lui enfonce l'épée jusqu'à la cervelle. La tête en avant, Raoul tombe de cheval. Les fils de Herbert en sont pleins d'allégresse. Mais tel en est joyeux qui par la suite en fut chagrin, comme vous l'entendrez si je vous chante longtemps.

Le comte Raoul essaie de se redresser ; il tire violemment sa lame d'acier. Si vous l'aviez vu brandir son épée vers le ciel ! Mais il ne trouve où employer
70 son coup : son bras s'abat jusqu'à terre et y enfonce l'épée d'acier tout entière. Il ne l'arrache qu'à grand'peine. Déjà sa belle bouche se serre, et ses yeux brillants s'obscurcissent [2]. Il invoque Dieu, le tout puissant : « Glorieux père, suprême justicier : comme je vois mon corps s'affaiblir ! Il n'y a pas homme sous le ciel, si je l'avais atteint hier, qui aurait pu se relever de mes coups. Pour mon malheur j'ai vu le gant qui m'a donné la terre [3] : de celle-ci ni d'une autre je n'aurai plus besoin. Secourez-moi, douce dame du ciel [4] ! » Bernier l'entend : il pense en perdre le sens. Sous son heaume, il se met à pleurer ; il s'adresse à Raoul à haute voix : « Ah ! sire Raoul, fils de noble femme, c'est toi qui m'as armé chevalier, je ne puis le nier ; mais depuis tu me l'as fait payer bien cher. Tu as brûlé ma
80 mère dans un moutier, et tu m'as brisé la tête. Tu m'en as offert réparation, je ne puis le nier ; je ne cherche pas d'autre vengeance. » Le comte Ernaud se mit à crier : « Laisse cet homme mort venger son poing ! — Vraiment, dit Bernier, je ne puis vous l'interdire, mais il est mort : à quoi bon y toucher ? » Ernaud répond : « J'ai raison de m'irriter. » Il tourne son destrier sur la gauche ; du poing droit, il tient son épée d'acier et frappe Raoul sans ménagement, sur le heaume : il en fait sauter la plus grosse pierre, tranche la coiffe du haubert double et lui plonge son épée dans la cervelle. Cela ne lui suffit pas : il retire son épée d'acier et la lui plonge dans le corps tout entière [5]. L'âme du noble chevalier s'en va : que le Seigneur Dieu la reçoive si l'on peut l'en prier ! »

GUERRI LE SOR *jure solennellement de venger Raoul. Puis le temps passe : Bernier se trouve maintes fois en lutte avec Gautier, héritier de Raoul, sans résultat. Enfin l'empereur réconcilie les adversaires et la fille de Guerri, qui aime Bernier, l'épouse. Or, un jour, revenant du pèlerinage de Compostelle avec son beau-père Guerri le Sor, Bernier évoque le souvenir de Raoul : le vieillard s'irrite et tue Bernier d'un violent coup d'étrier à la tête* *.

— 1 Quelle est l'importance de ce détail ? — 2 Apprécier le réalisme de cette brève description. — 3 Dans la cérémonie de l'hommage, le suzerain remettait à son vassal une poignée de terre, représentant le fief qu'il lui confiait. — 4 Qu'y a-t-il d'émouvant dans la prière de cet homme brutal ? — 5 Que pensez-vous de ce dernier épisode ?

* *Lire le texte intégral de cette épopée dans l'éd. Meyer et Longnon.*

L'esprit épique

Scène de bataille. (« Livre de Messire Lancelot du Lac », miniature, XIVe siècle. Ph. © Bibl. Nat., Paris — Photeb.)

Roland tranche le poing droit de Marsile. (« Grandes Chroniques de France », miniature, XIVe siècle. Ph. © Bibl. Nat., Paris — Arch. Photeb.)

Le mot *geste* désigne les exploits guerriers (cf. **p. 1**) : le climat des chansons de geste est celui de l'**héroïsme**. Roland et ses compagnons, Charlemagne lui-même s'imposent à l'admiration par leurs hauts faits. L'auditoire des jongleurs ne se lassait pas d'entendre évoquer les rudes assauts où les cavaliers s'affrontent par centaines de milliers (cf. **p. 13, 15**) et les combats singuliers où, par des coups « merveilleux », les chevaliers pourfendent leurs adversaires (cf. **p. 16**). Ce fut de tout temps le propre de l'épopée.

Mais notre épopée médiévale tire son caractère spécifique du lien féodal entre les héros (cf. **p. 8**). Les prouesses du vassal sont dictées par le désir de bien servir son suzerain, de se montrer digne de sa confiance et de son estime (cf. **p. 14**). De son côté, le suzerain est conscient de ses devoirs envers ses vassaux (cf. **p. 27 et 31**). Dans la *Chanson de Roland*, c'est cette psychologie qui noue le drame, c'est elle qui en fait la beauté et la grandeur.

Charlemagne retrouve le corps de Roland (cf. p. 27), par Jean Fouquet. (« Chroniques de Saint-Denis », miniature, XVe siècle. Ph © Bibl. Nat, Paris. Arch. Photeb.)

Charlemagne dans la bataille (cf. p. 29), par Jean Fouquet. (« Grandes Chroniques de France », miniature, vers 1460. Ph. © Bibl. Nat., Paris — Photeb.)

L'héroïsme

L'artiste a retenu quelques traits significatifs de la mort de Roland (cf. **p. 25**). Comme il l'avait annoncé (cf. **p. 27**), le héros est allongé en avant des autres, la tête tournée vers l'ennemi : il veut que Charles dise qu'il est mort « en conquérant ». L'empereur en prière déplore la mort de son neveu. Mais la lutte continue : dans une composition simultanée, Fouquet représente, de l'autre côté du tertre, l'affrontement furieux entre chrétiens et païens.

L'empereur, qui veut venger son neveu, prend lui-même une part décisive dans le combat. C'est l'affrontement entre deux civilisations et Dieu interviendra pour donner la victoire à Charlemagne (cf. **p. 29**).

La mort de la belle Aude. (« Karl der Grosse », miniature, XIVᵉ siècle. Universitätsbibliothek, Tübingen. Ph. © Staatsbibliothek Preussischer Kulturbesitz, Berlin.)

La mort la plus saisissante de notre littérature

Apprenant la mort de Roland, Aude ne saurait lui survivre (cf. **p. 29**) : « "Ne plaise à Dieu, ni à ses saints, ni à ses anges qu'après Roland je demeure vivante". Elle perd la couleur, tombe aux pieds de Charlemagne : elle est morte. [...] L'empereur la prend par les mains, il la relève. Sur ses épaules elle a la tête penchée... »

La Communion du chevalier. (Pierre, fin XIIIe siècle. Cathédrale Notre-Dame, Reims. Ph. © X — Arch. Photeb.)

La foi

L'héroïsme est une valeur en soi ; mais dans l'épopée médiévale, il est inséparable de la **foi chrétienne**. Beaucoup de chansons de geste relatent les luttes contre les sarrasins pour défendre la chrétienté (cf. **p. 35 et 36**). Le lien féodal envers Charlemagne se double d'une allégeance envers le soldat de Dieu (cf. **p. 29**). Les chevaliers portent des reliques dans le pommeau de leur épée. L'archevêque Turpin — un rude combattant ! — les bénit avant le combat, et « pour pénitence il leur commande de frapper » (cf. **p. 15**). Au moment de mourir, Roland s'adresse à Dieu comme au suzerain suprême, et Dieu lui envoie ses anges qui « portent son âme en paradis » (cf. **p. 26**). C'est la foi qui soutient la chevalerie.

L'âme de Roland est emportée au ciel par deux anges. («Grandes Chroniques de France », miniature, XIVᵉ siècle. Ph. © Bibl. Nat., Paris — Arch. Photeb.)

Cette miniature traduit en image les indications de la « Chanson de Roland » (cf. p. 26). Roland porte l'armure du XIVᵉ siècle ; dès l'instant de sa mort, sa tête est nimbée de l'auréole du saint.

« Saint Olivier et saint Roland » en armes. («Chroniques du Pseudo Turpin », dessin colorié, fin XVᵉ siècle. Ph. © Bibl. Nat., Paris — Arch. Photeb.)

L'extension d'une légende

Roland meurt en héros et en chrétien ; l'épisode merveilleux invitait à faire de lui un saint de légende. Sur ce point, le rôle du pèlerinage de Compostelle est attesté par la miniature où l'on voit, revêtus d'armures du XVᵉ siècle, « saint Olivier et saint Roland » accompagnés de dessins représentant des églises dédiées à saint Jacques. Les héros de la *Chanson de Roland* sont vénérés comme des saints : on montrait dans les sanctuaires l'olifant de Roland, son épée, son tombeau ; Roland et Olivier sont représentés en Italie sur le portail de la cathédrale de Vérone.

Roland sonne du cor et tente de briser son épée. (Vitrail dit de Charlemagne, détail, XIIIᵉ siècle. Cathédrale Notre-Dame, Chartres. Ph. © Belzeaux-Rapho.)

Fécondité de la légende

Issue d'un événement historique assez mince (cf. **p. 3**), la légende de Roland est devenue un extraordinaire ferment de création artistique. On a pu admirer dans les illustrations précédentes quelques-unes des nombreuses miniatures qu'elle a inspirées. En littérature, le personnage de Roland revit dans un immense poème de chevalerie (le *Roland amoureux*, de Bolardo, au XVᵉ siècle), dans un long poème héroï-comique (le *Roland furieux* de l'Arioste, au XVIᵉ siècle), dans *Le Cor* de Vigny, dans la *Légende des Siècles* de V. Hugo (« Le Mariage de Roland » ; « Le Petit Roi de Galice »).

On voit enfin, avec ce détail d'une verrière de Chartres, le parti qu'ont su tirer de la légende les « maîtres de la lumière », auteurs des merveilleux vitraux que nous a légués le Moyen Age.

L'esprit courtois

Tristan ramène Iseut à son oncle le roi Marc. (« Roman de Tristan », miniature par Everard d'Espinques, vers 1480. Bibl. du Musée Condé, Chantilly. Ph. H. Josse © Photeb.)

La fatalité de la passion. Par rapport aux chansons de geste, la littérature courtoise reflète une évolution sensible de l'esprit et des mœurs. Sans doute l'héroïsme romanesque occupe une grande place dans la légende de *Tristan et Iseut* (cf. **p. 48-50**). Mais c'est maintenant l'amour qui passe au premier plan, une passion fatale, symbolisée par l'action toute-puissante du philtre magique, absorbé par erreur, qui contraint les deux héros à devenir amants contre toutes les lois divines et humaines, et contre le désaveu de leur propre conscience (cf. **p. 51-52**). Pourtant, par noblesse d'âme, ils s'imposent une conduite loyale envers le roi Marc à qui Tristan avait mission de ramener Iseut.

La mort de Tristan. (« Roman de Tristan », miniature par Everard d'Espinques, vers 1480. Bibl. du Musée Condé, Chantilly. Ph. H. Josse © Photeb.)

L'invincible amour

Après bien des défaillances, Tristan et Iseut décident de vivre éloignés l'un de l'autre, pour rester dans le devoir. Mais ils ne parviendront jamais à extirper de leur cœur la passion qui les obsède (cf. **p. 53**). Quand elle sait que Tristan va mourir, autant de désespoir que de sa blessure, Iseut accourt, mais trop tard. Ils seront réunis dans la mort, et par delà la mort, comme leurs cœurs n'avaient cessé de l'être durant leur vie (cf. **p. 54**).

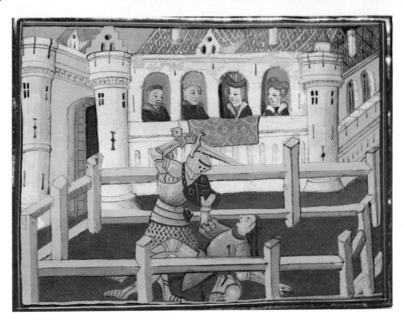

Lancelot accepte le déshonneur de monter dans la charrette d'infamie (cf. p. 59). (« Livre de Messire Lancelot du Lac » de Gautier Map, miniature, XIVᵉ siècle. Ph © Bibl. Nat., Paris — Arch. Photeb.)

Lancelot terrasse Méléagant sous les yeux de sa Dame (cf. p. 62-63). (« Livre de Messire Lancelot du Lac » de Gautier Map, miniature, XVᵉ siècle. Ph. © Bibl. Nat., Paris — Arch. Photeb.)

L'obéissance à la Dame

Dans les romans de Chrétien de Troyes, ce n'est plus, comme dans les chansons de geste, l'honneur et la foi qui dictent au héros sa conduite : tout dans son comportement est soumis aux volontés — et souvent aux caprices — de sa Dame (cf. analyse **p. 63**).

Lancelot passe le pont de l'épée (cf. p. 61).
(« Livre de Messire Lancelot du Lac » de Gautier Map, miniature, XIVᵉ siècle. Ph. © Bibl. Nat., Paris — Arch. Photeb.)

Chevalier combattant un dragon. (« Livre de Messire Lancelot du Lac » de Gautier Map, miniature, 1470. Ph. © Bibl. Nat., Paris — Photeb.)

Le merveilleux et la prouesse

Dans la littérature courtoise, la prouesse est commandée par le désir de plaire à la Dame, de la rejoindre, de mériter ses attentions. Elle revêt un caractère plus ingénieux, plus romanesque que dans les chansons de geste : le preux affronte des monstres, des épreuves en tous genres, et le merveilleux intervient souvent pour dresser des obstacles sur sa route ou pour les dissiper (cf. **p. 61**).

Entrevue courtoise.
(« Livre de Messire Lancelot du
Lac » de Gautier Map, miniature,
XVᵉ siècle. Ph. © Bibl. Nat., Paris
Photeb.)

*Le premier baiser de
Lancelot à la reine
Guenièvre.* (« Livre de Mes-
sire Lancelot du Lac » de Gautier
Map, miniature, XIVᵉ siècle.
Ph. © Bibl. Nat., Paris —
Photeb.)

La récompense

Quand le héros s'est montré « obéissant » et a su, en surmontant toutes les épreuves, gagner le cœur
de sa Dame, il peut prétendre à la récompense. Pour le Chevalier au Lion, ce sera l'amour de Laudine
et tout finira par le mariage (cf. **p. 67-68**). Pour Lancelot, ce sera le baiser de la reine Guenièvre, qui
deviendra son amante. Les héros des romans courtois ne sont pas, en effet, des amoureux transis comme
dans certains lais de Marie de France (cf. **p. 46**) : Guenièvre n'est pas un modèle de fidélité.

L'apparition du Graal aux chevaliers de la Table Ronde. (« Livre de Messire Lancelot du Lac » de Gautier Map, miniature, XVe siècle. Ph. © Bibl. Nat., Paris — Arch. Photeb.)

De l'amour courtois à l'amour mystique

Moment capital pour les chevaliers de la Table Ronde. L'apparition du Saint Graal (cf. **p. 73**) invite les héros à se lancer dans la quête de cette précieuse relique. Les épreuves dont ils devront triompher dans cette « chevalerie célestienne » symbolisent la dure ascèse des mystiques qui aspirent à la vision de Dieu.

LA LITTÉRATURE COURTOISE

Dans la *deuxième moitié du* XIIe *siècle*, les Chansons de Geste trouvent des auditoires enthousiastes sur les places et sur les routes des pèlerinages. Mais l'aristocratie, qui a évolué dans sa structure et dans ses mœurs, se tourne vers des œuvres moins rudes.

1. L'ADOUCISSEMENT DES MŒURS : La noblesse devient une classe héréditaire de plus en plus fermée. Sous l'influence de l'Église (Paix de Dieu et Trêve de Dieu), des sentiments de *générosité* et de *politesse* viennent adoucir les mœurs. Une *vie mondaine* se crée : les dames imposent des habitudes plus raffinées et les beaux usages se codifient.

2. LES ŒUVRES COURTOISES : Les écoles épiscopales et monastiques forment un public de lecteurs attirés par des ouvrages en latin et surtout *en français*. Ces œuvres, écrites spécialement pour une élite plus civilisée, content des aventures *sentimentales* et présentent des tableaux de la *vie élégante* et *luxueuse*.

Cette littérature « *courtoise* » (destinée à un public « de cour ») se rattache à trois courant essentiels : influence antique, influence bretonne, influence méridionale.

Les romans antiques

Au XIIe siècle, la *littérature latine* connaît un renouveau. Les « clercs » (savants) recopient et commentent les œuvres des historiens et des poètes : *Virgile*, *Stace*, et surtout *Ovide*, poète de l'amour et des légendes mythologiques.

Entre 1130 et 1165, ce sont les « ROMANS ANTIQUES » qui ont la faveur de l'aristocratie. Le *Roman d'Alexandre* (vers 1150), remaniement d'un *Alexandre* antérieur, est écrit en vers de douze pieds (d'où leur nom d'*alexandrins*). A la même époque, le *Roman de Thèbes* (en octosyllabes), inspiré de la *Thébaïde* de STACE, conte l'histoire d'Œdipe et de ses enfants. En 1160 le *Roman d'Eneas* tire de l'Enéide un conte romanesque et galant. Cette production antique aboutit, en 1165, à l'énorme ROMAN DE TROIE (30.000 vers) de Benoît de Sainte-Maure, protégé de la reine Aliénor d'Aquitaine.

Ces œuvres adaptent au goût du jour les *légendes antiques*, sans souci des anachronismes : les héros anciens deviennent des chevaliers héroïques et galants ; les devins sont des évêques, etc. Elles constituent une sorte de *transition entre l'épopée et le roman courtois :*

a) *Comme les Chansons de Geste*, elles contiennent beaucoup de batailles, de sièges, et d'exploits chevaleresques.

b) *Comme les Romans Courtois*, elles font déjà une grande place au *merveilleux*, aux aventures *romanesques* : Alexandre descend au fond de la mer dans un tonneau de verre... Déjà *l'amour* occupe le centre du roman et parfois commande l'intrigue : les filles d'Œdipe sont amoureuses, mais leurs amants sont tués ; tel poète conte les amours d'Enée et de Didon, d'après Virgile, et, très longuement, les amours d'Enée et de Lavinie (1600 vers) ; Achille refuse de combattre les Troyens parce qu'il aime Polyxène, fille de Priam.

Ces intrigues amoureuses invitent les auteurs à pénétrer dans les âmes, à tracer des portraits, à présenter même, dans des monologues, des *analyses de sentiments*. Autre élément précurseur du Roman Courtois : *la peinture de la vie matérielle contemporaine*, surtout des vêtements, à la dernière mode, décrits avec un grand luxe de détails.

Ces Romans antiques eurent un immense succès pendant plusieurs siècles et ont exercé une influence très sensible sur la littérature proprement courtoise.

La « Matière de Bretagne »

Cette expression d'un poète du XIIIe siècle désigne *l'inspiration celtique*, et plus spécialement la *légende arthurienne* qui fournira le cadre des romans courtois.

En 1135, GEOFFROI DE MONMOUTH publie son *Historia regum Britanniae* (Histoire des Rois de Bretagne), en latin. Cette œuvre fut traduite librement, en octosyllabes, pour la reine ALIENOR, par l'anglo-normand WACE, chanoine de Bayeux, dans son *Roman de Brut* (1155).

Wace révélait notamment aux Français la légende du *roi* ARTHUR, chef celtique de la résistance bretonne contre l'invasion saxonne au VIe siècle. Ce chef était très populaire en Grande-Bretagne : on mêlait ses exploits aux légendes de la mythologie nationale et on attendait toujours son retour miraculeux. La légende en a fait un roi puissant et raffiné, tenant une cour luxueuse, et entouré des vaillants *chevaliers de la Table Ronde ;* ces derniers siégeaient autour d'une table circulaire pour éviter les querelles de préséance.

Nos romanciers courtois puiseront abondamment à cette source. Ils lui doivent leurs héros, le cadre de leurs aventures (la « *Bretagne* » : Cornouailles, Galles, Irlande, Armorique), les détails romanesques et féeriques, caractéristiques de la mythologie celtique. Ces éléments apparaissent déjà dans des œuvres antérieures au développement de nos romans courtois, comme les *Lais de Marie de France* (p. 46) ou le roman de *Tristan et Iseut* (p. 48).

L'influence provençale

Le Midi de la France a connu avant le Nord les douceurs d'une civilisation plus aimable. Jouissant d'un climat moins rude et d'une vie moins belliqueuse, initiés par la croisade aux splendeurs orientales, les seigneurs du Midi s'habituèrent à une *vie plus douce*, dans un cadre plus luxueux où la femme occupait une place importante. Ils attiraient à eux les artistes et eux-mêmes furent poètes ou « *troubadours* ».

Les principaux de ces poètes sont *Jaufré Rudel, Bertran de Born, Raimbaut de Vaqueyras, Bernard de Ventadour* et *Giraut de Borneil*, à qui certains attribuent la paternité lointaine du sonnet. Leurs œuvres, surtout *lyriques*, chantent le printemps, les fleurs, l'amour heureux, l'amour lointain (p. 184), l'amour perdu.

Dans la *deuxième moitié du XIIe siècle*, ces mœurs plus polies ont gagné lentement le Nord de la France. C'est ALIENOR D'AQUITAINE qui paraît avoir le plus contribué à y acclimater la courtoisie du Midi, d'abord comme reine de France (épouse de Louis VII), puis comme reine d'Angleterre, deux ans après son second mariage avec Henri Plantagenet, comte d'Anjou et duc de Normandie, devenu roi d'Angleterre en 1154. Aliénor aimait les artistes et s'entourait d'une *cour* cultivée et raffinée. Cette influence fut encore élargie par ses deux filles, *Aélis de Blois*, et surtout MARIE, *comtesse de Champagne*. Cette dernière, protectrice de Chrétien de Troyes, lui imposait même certains thèmes courtois ; elle organisait, dit-on, des « *tribunaux* » ou « *Cours d'amour* » où l'on discutait de subtils problèmes de sentiment, prélude aux salons de nos précieuses du XVIIe siècle.

La Courtoisie

Elle apparaît dans les romans à la rencontre de ces trois influences, et place *la préoccupation amoureuse* au centre de toute activité humaine.

1. LE SERVICE D'AMOUR : Les chevaliers sont aussi vaillants, aussi aventureux que dans les Chansons de Geste. Mais leurs exploits ne sont plus dictés par leur fidélité à Dieu ou à leur suzerain : ils sont désormais dictés par le « *service d'amour* », soumission absolue du chevalier à sa « dame », souveraine maîtresse (le mot vient du latin *domina*, maîtresse).

2. LE CODE DE L'AMOUR COURTOIS : Ce service d'amour se codifie en un certain nombre de *règles charmantes* et artificielles qui honorent l'amour terrestre de tous les rites de l'amour divin. C'est pour plaire à sa dame que le chevalier recherche *la perfection :* en lui, la vaillance et la hardiesse s'allient à l'élégance de l'homme de cour. La dame ennoblit son héros en le soumettant à des *épreuves*, pour lui permettre de manifester sa valeur : l'amour qui peut faire agir contre la raison et même contre l'honneur (p. 59) est aussi la *source de toute vertu* et de toute prouesse (p. 61, 62, 63).

Mais les exploits ne suffisent pas à fléchir une dame altière et inaccessible : il faut encore *savoir aimer* et souffrir en silence, avec discrétion et patience, être ingénieux pour exprimer sa passion, s'humilier pour traduire son adoration. C'est seulement quand le chevalier a souscrit aux caprices despotiques de son idole qu'il est récompensé de sa constance et payé de retour (p. 63, analyse).

Cette « *courtoisie* » était-elle à l'image des mœurs qui régnaient, même dans l'élite ? Certainement pas : c'était *un idéal* capable de séduire l'élément féminin et peut-être de contribuer à adoucir les mœurs d'une société où, selon le mot de Lanson, c'était « *le règne des femmes* » qui commençait.

MARIE DE FRANCE

Notre première femme poète

Elle vécut, dans la seconde moitié du XIIe siècle, à la cour brillante de Henri II d'Angleterre et d'ALIENOR D'AQUITAINE. Elle était cultivée, connaissait le latin et l'anglais, et aussi la littérature française contemporaine. Elle a écrit un ISOPET (recueil de fables ésopiques), et surtout des LAIS.

Le mot *lai*, qui signifie « *chanson* », a d'abord désigné une œuvre musicale, exécutée par les musiciens bretons sur un thème tiré des vieilles légendes de leur pays. L'œuvre créatrice de Marie de France a consisté à raconter ces mêmes légendes en de *brefs poèmes narratifs*, qui sont aux grands romans courtois ce qu'est la nouvelle à nos romans modernes. Il nous en reste une douzaine, en octosyllabes rimés, de longueur variant entre 100 et 1.000 vers.

Les lais de Marie de France

Ils présentent deux aspects dominants : le *merveilleux* romanesque et féerique, et la peinture de l'*amour*.

1. LE MERVEILLEUX est l'élément proprement *breton*, que nous retrouverons, humanisé et plus « littéraire », dans la légende de Tristan et dans les romans arthuriens. L'intérêt de ces lais est, pour nous, de rester plus proches du *fantastique* primitif, issu de l'âme rêveuse des Celtes et des Gallois. Marie de France nous transporte dans un monde *mystérieux* où les hommes se muent en animaux (Yonec, Bisclavaret), où les bêtes parlent, où les objets s'animent, où règnent les fées et les magiciens, et où les héros accomplissent des exploits surhumains.

2. LA PEINTURE NUANCÉE DE L'AMOUR est vraiment la grande originalité de cet auteur. Ce n'est pas encore l'amour « courtois » codifié par les amoureux transis de la poésie provençale, ni l'aveuglement des chevaliers soumis aux caprices d'une dame impassible, comme dans Chrétien de Troyes. Ce n'est pas non plus la passion fatale, violente et tragique, de Tristan et Iseut. C'est la peinture très délicate, *très féminine*, de sentiments tendres, d'une émotion voilée et doucement mélancolique. Dans ces lais, la femme est une créature aimante et fidèle, prête à se sacrifier pour le bonheur de l'être aimé. Le *rêve* tient dans cet amour plus de place que les réalités (Laostic).

Marie de France n'a ni l'aisance d'un conteur comme Chrétien de Troyes (p. 57-58), ni la subtilité psychologique de Thomas (p. 53-56). Ses récits sont parfois grêles, d'une précision un peu sèche ; mais *la composition* en est habituellement *claire* et bien agencée, et sa gaucherie naïve ne manque pas de *grâce*.

Le lai du Laostic

Certains lais, parmi les plus émouvants, sont *faits « de rien »*, du bonheur délicat et douloureusement éphémère de deux âmes qui se sentent en communion. On étudiera la *mélancolie* émue, le *pathétique* voilé de ce récit, l'art de *suggérer les sentiments* les plus fins par des symboles, des contrastes, des harmonies. Ce court poème a pour nous le charme délicat d'une fleur séchée qu'on respire, avec mélancolie, entre les pages d'un livre.

« Je vous dirai une aventure dont les Bretons ont fait un lai. Son nom est Laostic, je crois : c'est ainsi qu'ils l'appellent, en leur pays. C'est *rossignol* en français, et *nihtegale* en bon anglais ».

Un jeune baron, héroïque et courtois, s'éprend de la femme de son voisin, mais ne peut l'approcher car elle est étroitement gardée. Les deux amants sont constamment à leur fenêtre, à se contempler et à se parler, mais gardent jalousement le secret de leur amour.

Ils s'aimèrent ainsi, longtemps, d'amour réciproque, jusqu'à un soir d'été, quand les bois et les prés reverdissent et que les vergers sont fleuris. Les oiselets, en grande douceur, chantent leur joie parmi les fleurs [1]. Celui qui aime selon son désir, est-ce étonnant qu'il s'y livre entièrement ? Du chevalier je vous dirai la vérité : il s'y livre de tout son pouvoir ; et la dame aussi, de son côté, toute en parlers et en regards ! La nuit, quand la lune luisait et que son seigneur était couché, souvent elle se levait et s'enveloppait de son manteau [2]. Elle venait se mettre à la fenêtre, car, elle le savait, son ami était à la sienne : il veillait la plus grande partie de la nuit. Ils avaient du moins le plaisir de se voir puisqu'ils ne
10 pouvaient avoir davantage.

Elle se tint si souvent à la fenêtre, elle se leva si souvent, que son seigneur s'en irrita et maintes fois lui demanda pourquoi elle se levait et où elle allait : « Sire, lui répond la dame, il ne connaît pas le bonheur de ce monde celui qui n'entend pas le laostic chanter : voilà pourquoi je me tiens ici. Je l'entends si doucement, la nuit, que cela me semble un grand plaisir [3]. Il me charme si bien, je désire tant l'entendre, que je ne puis en fermer l'œil ! » Quand le seigneur entend ce langage, de colère et de méchanceté il se met à rire [4]. Il lui vient une idée : il prendra le laostic. Il n'est valet dans sa maison qui ne prépare engin, rets ou lacet : ils les placent dans le verger. Pas un coudrier, pas un châtaignier qui ne soit muni de
20 lacets ou de glu : le voilà pris et retenu.

Quand ils ont pris le laostic, ils le remettent, tout vif, à leur seigneur. Il fut plein de joie quand il le tint. Il vint à la chambre de la dame : « Dame, fait-il, où êtes-vous ? Avancez ! parlez-moi ! J'ai pris à la glu le laostic, pour lequel vous avez tant veillé ! Désormais vous pourrez dormir en paix : il ne vous éveillera plus ! » Quand la dame l'a entendu, elle est dolente [5] et affligée : elle le demande à son seigneur. Mais, de colère, il le tua. Il lui brisa le cou de ses deux mains : ce fut grande vilenie ! Il jeta sur la dame le corps de l'oiseau, et lui tacha sa robe, un peu, devant, sur la poitrine [6]. Puis, il sort de la chambre.

— 1 Souligner l'harmonie entre cette évocation de la nature et le thème sentimental. — 2 On a dit que ce lai était à l'origine un conte facétieux, dans la veine de nos fabliaux. Cherchez dans le texte d'autres éléments qui confirment cette impression. — 3 Valeur symbolique du chant du rossignol ? — 4 Le caractère du seigneur ? Montrer que l'auteur a recherché un effet de contraste. — 5 Accablée de douleur (*doleo*). — 6 Valeur symbolique de ce détail ?

La dame recueille le petit corps. Elle pleure amèrement, elle maudit ceux qui
30 ont pris le laostic avec leurs engins et leurs lacets, car ils l'ont privée d'un grand
bonheur : « Hélas ! fait-elle, quel malheur ! Je ne pourrai plus me lever la nuit,
ni me tenir à la fenêtre où j'ai coutume de voir mon ami. Je sais une chose, à
coup sûr : il croira que je me dérobe. Il faut donc que j'avise : je lui enverrai
le laostic et lui ferai savoir cette aventure ! » En une pièce de satin brodé de lettres
d'or, elle enveloppe l'oiselet. Elle appelle un valet, le charge de son message et
l'adresse à son ami. Il arrive auprès du chevalier, le salue de la part de sa dame,
lui transmet son message et lui offre le laostic.

Quand il eut tout dit, tout montré, le chevalier qui l'avait bien écouté fut
désolé de l'aventure, mais ne se montra ni vilain [1] ni lent : il fait forger un coffret,
40 non pas de fer ni d'acier, mais tout d'or fin, orné de belles pierres infiniment
précieuses, d'une immense valeur ; le couvercle en était fort bien ajusté. Il y
plaça le laostic, puis il a fait sceller la chasse [2] : toujours il la fait porter avec lui.

Cette aventure se répandit : on ne put longtemps la celer. Les Bretons en
firent un lai qu'on appelle « Le Laostic » *.

LAI D'YONEC
*Un mari jaloux tient sa femme enfermée dans une tour ;
mais elle reçoit la visite d'un beau seigneur qui prend la forme
d'un* autour *pour franchir sa fenêtre, d'un coup d'aile. Le mari, soupçonneux, fait disposer
sur la fenêtre des broches qui transpercent l'oiseau. Il s'enfuit et la dame, suivant la trace de
son sang, parvient à un magnifique château où elle trouve son chevalier mourant. Il lui donne
un anneau qui fera tout oublier à son mari, et son épée pour la remettre un jour à leur fils*
YONEC. *Quand Yonec est jeune homme, la dame le conduit devant le tombeau de son père,
lui révèle le secret de sa naissance, lui remet l'épée de la vengeance, et tombe morte. Yonec
tranche la tête du mari jaloux. C'est le thème de notre conte populaire de l'*OISEAU BLEU.

LAI DU BISCLAVARET
*Un chevalier, ami du roi, est tendrement aimé de sa femme.
Il s'absente trois jours par semaine. Elle finit par lui faire
avouer que, pendant son absence, il devient «* bisclavaret *»*
(loup-garou) : *il le resterait s'il ne retrouvait pas les vêtements qu'il dépouille au moment de
sa métamorphose. Effrayée, la dame charge un de ses amis de s'emparer de ces vêtements ; son
mari reste* changé en loup *errant dans les bois. La «* veuve *» se remarie avec son «* sauveur *».
Un jour de chasse, le roi prend le loup qui lui fait mille marques d'amitié : flatté, le prince
garde dans son château cette bête, d'une inaltérable fidélité, toujours très douce envers chacun.
Mais un jour, voyant parmi les invités sa femme avec son complice, le loup blesse le mari et
arrache le nez de la dame. On soupçonne un mystère ; mise à la question, la dame avoue sa
faute. On isole le loup dans une chambre avec ses vêtements, et lorsqu'on rouvre la porte, on
découvre sur le lit le* chevalier *endormi. Joie du prince qui retrouve son ami ; désespoir de la
mauvaise épouse qui est chassée avec son complice.*

LAI DU CHÉVREFEUILLE
Tristan, exilé loin de la reine *Iseut, sa bien-aimée,
dépose sur son passage un délicat signe de reconnaissance :
une branche de coudrier enlacée d'un brin de* chèvrefeuille,
*symbole de leurs destins inséparables. La reine reconnaît le signe, pénètre dans le
bois, retrouve Tristan et lui indique comment il pourra se réconcilier avec le roi.
(cf. l'analyse de* TRISTAN ET ISEUT).

— 1 Animé de sentiments vulgaires. | Comment le mot a-t-il pris ce sens ? — 2 Expliquez ce délicat symbole.

* Lire le texte intégral des « Lais *» dans l'éd. Hoepffner ou dans l'éd. Lévi, et l'adaptation
Tuffrau (Piazza).*

TRISTAN ET ISEUT

La légende celtique de TRISTAN ET ISEUT a connu une large diffusion dans toute l'Europe. Aucun ouvrage original ne nous la présente dans son ensemble. C'est en confrontant patiemment des fragments des versions française, anglaise, italienne, scandinave, allemande, que M. BÉDIER a pu reconstituer « *Le Roman de Tristan et Iseut* », dont nous donnons l'analyse.

Dans la deuxième moitié du XIIe siècle, s'inspirant semble-t-il d'un roman antérieur, BÉROUL et THOMAS ont, chacun de son côté, écrit un *Tristan*. Il nous en reste des fragments assez importants (environ 3.000 vers pour chacun), mais d'inspiration fort différente.

Béroul

C'était peut-être un jongleur ; il devait être plus proche de la légende primitive et s'adresser à un auditoire assez fruste. Dans la partie centrale du roman qui nous est parvenue, il rappelle la manière *simple, rude* et *poignante* des Chansons de Geste, par exemple quand il nous peint l'âpre bonheur des amants dans la forêt du Morois.

Thomas d'Angleterre

Plus cultivé, il a vécu, comme Marie de France, à la cour de la reine Aliénor. Le dénouement de son roman nous montre qu'il s'agissait d'une œuvre destinée à une société raffinée. Son art se caractérise par *l'agencement dramatique* du récit, la recherche du *pathétique* (Mort de Tristan, p. 55-56) et surtout la subtilité de *l'analyse psychologique*. Son effort pour pénétrer dans les âmes passionnées de ses deux héros aboutit à des passages parfois monotones, parfois trop ingénieux. Mais il a réussi à rendre le *caractère obsédant de la passion* qui consume deux êtres, occupe inlassablement leur esprit et ne peut leur laisser d'autre paix que celle de la mort.

LA FATALITÉ DE LA PASSION, voilà l'originalité de cette légende : l'amour s'est emparé de Tristan et d'Iseut en dépit de leur raison, en dépit de leur volonté. Il s'impose à eux avec une fatalité tragique, malgré leurs remords, malgré leurs efforts pour s'en libérer. Victimes de leur passion, ils se sentent coupables, ils luttent, et pourtant ne peuvent s'empêcher de goûter, dans l'amertume, le bonheur défendu. Les causes mystérieuses de cette passion irrésistible — et si profondément humaine ! — sont symbolisées par l'action du *philtre magique*, limitée à trois ans dans la légende primitive. L'idée géniale de Thomas a été de préciser la valeur symbolique du mythe, en attribuant à ce philtre une *influence illimitée*, dans la vie et dans la mort.

Cette histoire, où passe le souvenir des mythes antiques de *Thésée* et du *Minotaure*, a inspiré au musicien RICHARD WAGNER son admirable *Tristan et Isolde*.

EXPLOITS ROMANESQUES

Orphelin et neveu du roi Marc de Cornouailles, TRISTAN DE LOONOIS *est élevé en parfait chevalier par l'écuyer Gorneval. Habile à tous les exercices physiques, charitable et loyal, il sait chanter, jouer de la harpe, il est expert en vénerie. A peine arrivé à la cour du roi* MARC, *il accomplit son premier exploit : il tue en duel le* MORHOLT, *géant venu exiger, au nom du roi d'Irlande, un tribut de 300 garçons et de 300 filles. Empoisonnées par l'épée du géant, les blessures de Tristan s'enveniment et dégagent une puanteur si odieuse que le malheureux, promis à la mort, s'abandonne, dans une barque, aux hasards de la mer.*

Jeté sur la côte d'Irlande, il est guéri par les philtres magiques de la reine, sœur du Morholt, et de sa fille ISEUT LA BLONDE. *Mais il craint d'être reconnu comme le meurtrier du géant, et s'empresse de retourner en Cornouailles. A Tintagel, Tristan a toute l'affection du roi Marc qui n'a pas d'enfant ; il paraît destiné à lui succéder, mais les barons jaloux imposent au roi de prendre femme. Pour déjouer le piège, Marc décide d'épouser la femme à qui appartient un* cheveu d'or *apporté le matin même par deux hirondelles. Qui la retrouvera? Les barons restent interdits, mais Tristan, soupçonné de basse ambition, veut se laver de cette injure et se souvient d'Iseut la Blonde :* il ramènera *la Belle aux cheveux d'or.*

Déguisé en marchand, il aborde en Irlande et délivre le royaume d'un dragon *qui dévore les jeunes filles. Il tranche la langue empoisonnée du monstre, la glisse dans sa chausse et tombe évanoui à ce contact. Or Iseut la Blonde était promise à qui triompherait du dragon. Le sénéchal du palais trouve la bête morte, lui tranche la tête et se pose en libérateur du pays : il réclame la main de la jeune fille. Mais elle retrouve Tristan évanoui et le guérit une seconde fois, espérant que ce beau chevalier qu'elle admire confondra l'imposteur. Hélas ! l'épée de son héros est ébréchée, et elle découvre qu'un fragment retrouvé autrefois dans la tête du Morholt s'y adapte parfaitement.* La princesse devine qu'elle a sauvé TRISTAN DE LOONOIS, *le meurtrier de son oncle. Furieuse, elle va le tuer dans son bain, de sa propre épée, mais le jeune homme sait lui parler si raisonnablement, il est si séduisant, qu'elle lui fait grâce. Il l'épousera, pense-t-elle, puisqu'il est le vainqueur du monstre. Mais non, Tristan obtient la main d'Iseut...* pour son oncle, *le roi Marc de Cornouailles : la déception d'Iseut est inexprimable.*

LE PHILTRE   *Mais voici que, sur la nef du retour, ils boivent par erreur*
D'AMOUR   *un* philtre magique *destiné à unir d'un amour éternel Iseut la Blonde au roi Marc son futur époux. C'en est fait : Tristan et Iseut se sentent invinciblement attirés l'un vers l'autre. Ils seront unis, malgré leur volonté,* dans la vie et dans la mort.

Par loyauté pour le roi Marc qui vient d'épouser Iseut, ils luttent contre leur folle passion, mais ne peuvent s'empêcher de se rencontrer en secret. Un jour, le roi, prévenu par les barons jaloux, surprend les amants et les condamne au bûcher.

Cependant Tristan parvient à se sauver *(cf. ci-dessous :* Le Saut de la Chapelle). *Iseut est abandonnée aux lépreux. Tristan la délivre et ils se réfugient, en compagnie de l'écuyer Gorneval, dans la forêt du Morois.*

Le saut de la chapelle

De *Tristan et Iseut* on ne retient d'ordinaire que le roman d'une passion exigeante et fatale ; mais, surtout dans l'œuvre de BÉROUL, Tristan nous apparaît aussi comme un *beau chevalier d'aventure* dont les exploits romanesques devaient ravir un public encore sensible à la rudesse de la vieille épopée.

Oez, seignors, de Dam-le-Dé	Écoutez, seigneurs, du Seigneur Dieu
Comment il est plains de pité,	Comme il est plein de pitié
Ne vieut pas mort de péchéor :	Et ne veut pas la mort du pécheur :
Recéu out le cri, le plor	Il entendit le cri, le pleur
5 *Que faisoient la povre gent*	Que faisaient les pauvres gens 5
Por ceus qui eirent a torment.	Pour ceux qui étaient à la torture.
Sor la voie par ou cil vont	Près du chemin par où ils vont
Une chapele est sor un mont,	Une chapelle est sur un mont,
U coin d'une roche est asise,	Au coin d'une roche assise,
10 *Sor mer ert faite devers bise.*	Dominant la mer, face à la bise. 10
La part que l'en claime chantel	La partie qu'on appelle chantel
Fu asise sor un moncel ;	Était posée sur un monticule.
Outre n'out rien fors la faloise.	Au delà, plus rien : la falaise.

---

(10) *devers* = tournée vers. — (11) *chantel :* balustrade séparant le chœur de la nef et, par | suite, *le chœur* lui-même. — (13) *fors* = saut (cf. *hors*).

Cil mont est plain de pierre a aise.	Ce mont est tout plein de pierre.
15 *S'un escureus de lui sausist,*	Si un écureuil eût sauté de là, 15
Si fust-il mort, ja n'en garist.	Il eût péri, sans rémission.
En l'adube out une verrine	Dans l'abside était une verrière
Q'un sainz i fist por péritie.	Qu'un saint y fit avec habileté.
Tristran ses menéors apele :	Tristan dit à ceux qui le mènent :
20 « *Seignors, vez-ci une chapele.*	« Seigneurs, voici une chapelle. 20
Por Deu ! quar m'i laisiez entrer.	Pour Dieu ! Laissez-moi entrer.
Près est mes termes de finer ;	Ma vie approche de son terme ;
Preerai Deu qu'il merci ait	Je prierai Dieu qu'il ait pitié
De moi, quar trop li ai forfait.	De moi, qui l'ai tant offensé.
25 *Seignors, n'i a que ceste entrée.*	Seigneurs, il n'y a que cette entrée. 25
A chascun voi tenir s'espée :	Chacun de vous tient son épée :
Vos savez bien ne pus issir,	Vous savez que je ne peux sortir
Par vos m'en estuet revertir ;	Sans repasser devant vous ;
Et quand je Dé proié aurai,	Et quand j'aurai prié Dieu,
30 *A vos ici lors revendrai.* »	Alors, je reviendrai ici, vers vous. » 30
Or a l'un d'eus dit a son per :	L'un d'eux dit à son compagnon :
« *Bien le poon laisier aler.* »	« Nous pouvons bien l'y laisser aller. »
Les lians sachent ; il entre enz.	Ils ôtent ses liens ; il entre.
Tristran ne vait pas comme lenz :	Tristan ne va pas lentement !
35 *Triès l'autel vint a la fenestre,*	Derrière l'autel, il va à la fenêtre, 35
A soi l'en traist a sa main destre,	La tire à lui de sa main droite
Par l'overture s'en saut hors.	Et, par l'ouverture, il saute dehors.
Mex veut sallir que ja ses cors	Plutôt sauter que [de voir] son corps
Soit ars, voiant tel aünée.	Brûlé, sous les yeux de telle assemblée!
40 *Seignors, I. grant pierre lée*	Seigneurs, une grande pierre large 40
Out u mileu de cel rochier.	Était au milieu de ce rocher.
Tristran i saut molt de légier.	Tristan y saute très légèrement.
Li vens le fiert entre les dras,	Le vent s'engouffre dans ses habits
Qui'l defent qu'il ne chie a tas.	Et l'empêche de tomber lourdement.
45 *Encor claiment Cornevalan*	Les Cornouaillais appellent encore 45
Cele pierre « le Saut Tristran »...	Cette pierre « Le Saut de Tristan »...
Tristran saut sus, l'araine ert moble...	Tristan saute : le sable était mou...
Cil l'atendent defors l'iglise,	Les autres l'attendent devant l'église,
Mais por noient : Tristran s'en vet !	Mais en vain : Tristan s'en va !
50 *Bele merci Dex li a fait.*	Dieu lui a fait une belle grâce. 50
La rivière granz sauz s'enfuit :	Sur le rivage, à grands sauts, il s'enfuit :
Molt par ot bien le feu qui bruit !	Il entend bien le feu qui bruit !
N'a corage que il retort :	Il n'a pas le cœur à retourner :
Ne puet plus corre que il cort.	Il ne peut courir plus vite qu'il ne court.

Ed. F. Michel, t. I (v. 873-928).

---

(14) *a aise* = cf. « à foison », et (44) : *a tas.* — (15-16) Subj. dans une phrase hypothétique (cf. Appendice : XXII, II). — (16) *garir* = protéger, réchapper (cf. guérir). — (19) *apele* = adresse la parole (appellare). — (21) *quar* devant impératif (cf. Roland, p. 20, v. 12). — (22) *finer* = finir. — (26) « Je vois chacun tenir... ». — (27) *issir* (lat. *exire*) = sortir (cf. issue). — (28) « Par vous il me *faut* revenir ». — (29) Noter l'ordre des mots. — (33) *enz* = dedans (*intus*). — (35) *Triès* (picard pour *tres*) = au delà de (*trans*). — (37) *s'en saut :* cf. « s'en aller ». — (38) *Mex* = mieux. — (39) *Voiant* (= voyant) = équivalent d'un abl. absolu latin. — *tel* (et au v. 40 : *grant*) = adj. fém. sans *e* (cf. Appendice : XIX, b). — (43) : *fiert* = frappe. — (49) *por noient* = pour rien (cf. *néant*).

Étude du texte original *

A. — LE FRANÇAIS VIENT DU LATIN

I. *Expliquer le traitement de la partie en italique du mot latin :*
rĕm (= chose) > rien (13) [IX] ; bĕne > bien (27) [IX] ; audit (= il entend)
> ot (52) [IX] ; video (je vois) > voi (26) [IX, XIII a] ; vadit (il va) > vait (34)
[XIII a] ; pŏtet (lat. cl : potest = il peut) > puet (54) [IX] ; currit (= il court)
> cort (54) [IX].

Expliquer le *traitement différent de a tonique* dans : mare > mer (10) [IX] et
partem > part (11) [VIII] ; le *traitement différent de o* dans : homo (= homme)
> an (11) [VI] et corpus (= corps) > cors (38) [VIII].

Expliquer comment la forme *saut* peut provenir de sàlit (= il saute) (42)
[IV b, XIV a] et aussi de sàltum (= saut) (46) [XIV a, II a].

II. *Expliquer entièrement la formation des mots suivants :*
Dŏminum (maître) > Dam (1) [II a et b, VI] ; pĕccatorem (= pécheur)
> pecheor (3) [III b, XII a, XIII a IX] ; viam > voie (7) [IX, II a] ; clàmat
(= appelle) > claime (11) [X a, II a, XV a] ; pĕtram > pierre (14) [IX, XIV
a, II a], sànctus (= saint) > sainz (18) [X a, XV b] ; làta (= large) > lée (40)
[IX, XII a, III a] ; mercĕdem > merci (50) [V, XI a, II a, XV a].

B. — PARTICULARITÉS GRAMMATICALES

1. *Relever les c. s. sing.* prenant un s final, là où le mot français ne prend pas d's.
2. *Cas régime* à valeur de Ct de nom : « le saut Tristan » (46) ; à valeur de Ct
circonstanciel : *la rivière granz sauz* s'en fuit » (51) = sur le rivage (Ct de lieu),
à grands sauts (Ct de manière).
3. *Cas régime employé au lieu du cas sujet :* Seignors (1, 20, 25).

L'amour plus fort que les lois divines et humaines

On étudiera comment BÉROUL a su poser les données du *problème moral*. L'ermite souligne les
exigences de la loi humaine et de la religion. Tristan défend sa cause : comment se repentir si
l'on n'est pas *responsable* ? D'ailleurs les deux amants pourraient-ils vivre séparés ? La passion qui
les torture l'un et l'autre s'affirme, farouche et douloureuse. La scène, fort bien conduite, est
pathétique : l'ermite, d'abord affectueux, devient de plus en plus rude, et l'angoisse des deux amants,
bouleversés, se fait encore plus déchirante.

Seigneurs, vous avez bien ouï comment Tristan avait sauté du haut du
rocher. Gorneval, sur le destrier, s'en fut promptement, car il craignait
d'être brûlé si Marc le tenait. Tristan nourrit ses amis de venaison [1]. Longuement
ils séjournent en ce bocage où la nuit ils se retirent et d'où ils sortent le matin.
En l'ermitage de frère Ogrin, ils vinrent un jour par aventure. Ils mènent une
vie âpre et dure. Mais ils s'entr'aiment si grand amour qu'ils ne sentent pas la
douleur [2].
L'ermite reconnut Tristan. Il était appuyé sur sa béquille. Il l'interpelle :
« Écoutez, Tristan, le grand serment qu'on a juré en Cornouailles : Quiconque
10 vous livrera au roi sans faute aura cent marcs de récompense. En cette terre il

---

— 1 Chair de bêtes sauvages. Tristan est | 2 Etudier dans tout le passage, comment
en compagnie d'Iseut et de Gorneval. — | s'exprime la puissance de cette passion.

Signes conventionnels : voir p. 21, note.

n'y a baron qui ne lui ait promis solennellement de vous livrer mort ou vif ».
Ogrin lui dit avec bonté : « Sur ma foi, Tristan, à qui se repent par foi et par
confession, Dieu pardonne son péché. »

Tristan lui dit : « Sire, en vérité, si elle m'aime de toute sa foi, vous n'en
connaissez pas la raison : si elle m'aime, c'est par le breuvage [1]. Je ne puis me
séparer d'elle, ni elle de moi, sans mentir. » Ogrin lui dit : « Quel réconfort peut-on
donner à homme mort ? Il est bien mort celui qui, longuement, gît dans le péché ;
s'il ne se repent, on ne peut donner nulle pénitence à un pécheur sans repentance... »

L'ermite Ogrin les exhorte longuement et leur conseille de se repentir.
20 Il leur répète souvent les prophéties de l'Écriture et leur rappelle
souvent l'heure du jugement. A Tristan il dit avec rudesse : « Que feras-tu ?
Réfléchis ! » — « Sire, j'aime Iseut de façon si étonnante que je n'en dors ni ne
sommeille. Ma décision est toute prise : j'aime mieux, avec elle, être mendiant
et vivre d'herbes et de glands que d'avoir le royaume du roi Otran [2]. Je ne veux
pas entendre parler de l'abandonner, car je ne le puis. »

Iseut pleure aux pieds de l'ermite ; elle change maintes fois de couleur en peu
de temps ; souvent elle lui crie miséricorde : « Sire, au nom de Dieu tout-puissant,
il ne m'aime et je ne l'aime que par un philtre dont je bus et dont il but : ce fut
notre erreur. C'est pour cela que le roi nous a chassés ». L'ermite lui répond
30 aussitôt : « Allons, que Dieu qui fit le monde vous donne un vrai repentir ! »

Sachez vraiment, sans en douter, que cette nuit ils dormirent chez l'ermite :
pour eux il fit une exception à sa règle. Au matin, Tristan s'éloigne. Il se tient
dans les bois, hors de la plaine cultivée. Le pain leur manque, quelle pitié ! Des
cerfs, des biches, des chevreuils, il en abat beaucoup par le bocage. Là où ils
prennent leur repos, ils font leur cuisine avec un grand feu. Ils ne passent qu'une
seule nuit au même endroit [3].

Tristan et Iseut (v. 1315-1394).

*Pendant trois ans, en révolte contre les lois humaines et divines, ils goûtent, malgré leur vie
misérable, l'âpre bonheur de s'aimer. Au cours d'une chasse, le roi Marc les surprend endormis,
mais il leur fait grâce et signale son passage en leur laissant ses gants, son épée et son anneau.
Pris de remords, les deux amants décident de se séparer. Tristan rend Iseut à son oncle, et
s'exile.*

L'AMOUR PLUS FORT QUE L'EXIL

*Iseut pense sans cesse à Tristan, et Tristan ne peut oublier
Iseut. Pour vaincre sa fatale passion, il a beau épouser, en
Bretagne,* Iseut aux blanches mains, *le poison subtil de
l'amour est plus fort que sa volonté. Déguisé en pèlerin, en lépreux, en fou, il retourne invinciblement vers son amante ; il lui envoie des présents ; il se manifeste secrètement en imitant le
chant des oiseaux, comme autrefois dans la forêt, ou encore en plaçant sur le chemin de la reine
une branche de coudrier enlacée d'un brin de chèvrefeuille, symbole de leur amour indes-
tructible ! (C'est le thème du* Lai du Chèvrefeuille, *de Marie de France). Au roman
d'amour se mêlent d'ailleurs les échos de cruelles légendes celtiques : un à un leurs ennemis
périssent, terriblement frappés.*

L'AMOUR PLUS FORT QUE LA MORT

*De nouveau blessé par une arme empoisonnée, le héros ne
veut pas mourir sans revoir Iseut la Blonde. Son beau-frère
Kaherdin ira chercher la reine : s'il la ramène, la voile sera
blanche ; sinon, elle sera noire. Bravant toutes les conventions humaines, Iseut la Blonde
n'hésite pas un instant à suivre le messager.*

— 1 Le philtre magique. Que symbolise-t-il ? — 2 Roi sarrasin, prodigieusement riche | (*Le Charroi de Nîmes*). — 3 Dégager l'intention de l'auteur dans ce dernier alinéa.

L'AMOUR PLUS FORT QUE L'EXIL

Ce passage permettra d'apprécier *la force du sentiment* qui unit les deux héros. Iseut n'hésite pas à voler au secours de Tristan. A travers l'espace, en dépit de la tempête, un *mystérieux accord* s'établit, dramatiquement, entre ces deux âmes également torturées. Le poète a su peindre *l'inquiétude de Tristan* et les mille formes de la pensée qui l'obsède. Peut-être tombe-t-il dans la subtilité pour avoir voulu analyser dans tous ses replis la pensée d'Iseut ; mais il faut s'abandonner à ce monologue, avec ses contradictions, ses alternatives de certitude et d'inquiétude, pour saisir *l'impression finale de désarroi*, au seuil de la mort, que le poète THOMAS D'ANGLETERRE a voulu créer.

Tristan, immobilisé par sa blessure, gît plein de langueur, en son lit. Rien ne peut le réconforter : il n'est pas de remède qui puisse rien lui faire ou l'aider. Il désire la venue d'Iseut, il ne convoite rien d'autre : sans elle, il ne peut éprouver aucun bien. C'est pour elle qu'il vit : il languit ; il l'attend, en son lit, dans l'espoir qu'elle viendra et qu'elle guérira son mal. Il croit que sans elle il ne vivrait plus.

Tous les jours, il va à la plage pour voir si la nef revient : nul autre désir ne lui tient au cœur. Souvent il fait porter son lit au bord de la
10 mer pour attendre la nef, pour voir comment est la voile. Il ne désire rien d'autre que sa venue : là est toute sa pensée, tout son désir, toute sa volonté. Le monde ne lui est plus rien, si la reine à lui ne vient.

Iseut approche de la terre, mais une violente tempête la retient au large.

Iseut dit alors [1] : « Hélas ! malheureuse ! Dieu ne veut pas que je vive assez pour voir mon ami Tristan ; il veut que je sois noyée en mer. Tristan, si j'avais pu vous parler, peu m'importerait de mourir ensuite. Bel ami, quand vous apprendrez ma mort, je sais bien que plus jamais vous n'aurez de consolation [2]. De ma mort vous aurez une telle douleur, ajoutée à votre grande langueur, que jamais plus vous n'en pourrez
20 guérir. Il ne tient pas à moi que je vienne. Si Dieu l'eût voulu, je serais venue ; de votre mal j'aurais pris soin ; car, pour moi, je n'ai pas d'autre douleur que de vous savoir sans secours. C'est ma douleur et ma peine, la grande torture de mon cœur, de penser que, si je meurs, vous n'aurez, ami, aucun soutien contre votre mort. La mort ne me fait rien : si Dieu le veut, je la veux bien. Mais dès que vous l'apprendrez, ami, je sais bien que vous en mourrez.

— 1 Etudier dans ce discours l'art de présenter la psychologie du personnage : comment se traduit son amour pour Tristan ?

— 2 Cette certitude lui est-elle agréable ou désagréable ?

Tel est notre amour : je ne puis, sans vous, éprouver de douleur ; vous ne pouvez, sans moi, mourir, et je ne puis, sans vous, périr [1]. Si je dois périr en mer, c'est que vous devez aussi vous noyer. Or, vous
30 ne pouvez vous noyer en terre : c'est donc que vous êtes venu en mer me chercher [2]. Je vois votre mort devant moi, et je sais bien que je dois mourir bientôt. Ami, mon espoir est déçu, car je croyais mourir en vos bras, et être ensevelie avec vous en un même cercueil...

— Eh ! si Dieu le veut, il en sera ainsi [3] !

— En mer, ami, que chercheriez-vous ? Je ne sais ce que vous y feriez ! Mais moi, ami, j'y suis et j'y mourrai ; sans vous, Tristan, je vais me noyer. Ce m'est une belle, douce et tendre consolation que ma mort vous soit toujours ignorée. Loin d'ici, elle ne sera jamais connue : je ne sais personne, ami, qui vous la dise [4].

40 Après moi, vous vivrez longuement et vous attendrez ma venue. S'il plaît à Dieu, vous pouvez guérir : c'est ce que je désire le plus. Je souhaite bien plus votre santé que je ne désire aborder à terre. Mais pour vous j'ai si tendre amour, ami, que je dois craindre après ma mort, si vous guérissez, qu'en votre vie vous ne m'oubliiez ; ou que vous n'ayez l'amour d'une autre femme, Tristan, après ma mort [5]. Ami, certes, je crains au moins et je redoute Iseut aux blanches mains. Dois-je la redouter ? Je ne sais. Mais si vous étiez mort avant moi, après vous je vivrais peu de temps. Certes, je ne sais que faire, mais par-dessus tout, je vous désire. Dieu nous donne de nous réunir, pour que je puisse,
50 ami, vous guérir, ou que nous mourions tous deux de même angoisse ! »

                                   Tristan et Iseut (v. 1487-1694).

L'AMOUR PLUS FORT QUE LA MORT

Voici la page la plus *célèbre* et la plus *touchante* du roman. Thomas se révèle ici grand artiste par la *sûreté* et la *simplicité* de l'analyse. S'il a été parfois trop subtil, il se rachète admirablement par la *discrétion* de ces dernières scènes : les sentiments les plus forts s'y expriment autant par les attitudes que par les paroles. Seule *la mort* pouvait servir de terme à cette passion jalouse d'absolu, en marge de toutes les conventions humaines. Si le *philtre* n'a qu'une valeur symbolique, qui ne voit la *portée philosophique* — décevante sans doute — d'un tel dénouement ?

La tempête s'apaise ; on hisse la voile blanche, *car c'est le dernier jour du délai fixé par Tristan. Hélas ! il ne verra pas lui-même cette voile : son mal l'immobilise au palais. Pour comble d'infortune, les éléments s'acharnent à les séparer : en mer, c'est maintenant* le calme plat, *et le navire ne peut approcher du rivage, au grand désespoir d'Iseut.*

— 1 Marie de France, dans le *Lai du Chèvrefeuille*, exprime aussi en un distique émouvant cette union totale de deux êtres :
  « Belle amie, si est de nous :
  Ni vous sans moi, ni moi sans vous. »
— 2 Toujours le thème de l'amour indissoluble, mais traité avec une logique un peu trop subtile. Plus loin (dans le passage coupé), Iseut va jusqu'à imaginer que, tous deux naufragés, ils pourraient se retrouver dans le ventre d'un même poisson ! — 3 Qu'y a-t-il d'émouvant dans ce dialogue fictif ? — 4 Appréciez la délicatesse de ce sentiment. — 5 Quel est ce nouveau sentiment ?

Souvent Iseut se plaint de son malheur : ils désirent aborder au rivage, mais ne peuvent l'atteindre. Tristan en est dolent et las. Souvent il se plaint, souvent il soupire pour Iseut que tant il désire [1] : ses yeux pleurent, son corps se tord ; peu s'en faut qu'il ne meure de désir.

En cette angoisse, en cet ennui [2], Iseut, sa femme, vient à lui, méditant une ruse perfide [3]. Elle dit : « Ami [4], voici Kaherdin. J'ai vu sa nef, sur la mer, cingler [5] à grand'peine. Néanmoins, je l'ai si bien vue que je l'ai reconnue. Dieu donne qu'il apporte une nouvelle à vous réconforter
10 le cœur [6] ! » Tristan tressaille à cette nouvelle. Il dit à Iseut : « Belle amie, êtes-vous sûre que c'est la nef ? Dites-moi donc comment est la voile ? » Iseut répond : « J'en suis sûre. Sachez que la voile est toute noire [7]. Ils l'ont levée très haut, car le vent leur fait défaut [8]. »

Tristan en a si grande douleur que jamais il n'en eut et n'en aura de plus grande. Il se tourne vers la muraille [9] et dit : « Dieu sauve Iseut et moi ! Puisqu'à moi vous ne voulez venir, par amour pour vous il me faut [10] mourir. Je ne puis plus retenir [11] ma vie. C'est pour vous que je meurs, Iseut, belle amie. Vous n'avez pas pitié de ma langueur [12],
20 mais de ma mort vous aurez douleur. Ce m'est, amie, grand réconfort de savoir que vous aurez pitié de ma mort [13]. » « Amie Iseut ! » dit-il trois fois. À la quatrième il rend l'esprit [14].

Alors pleurent, par la maison, les chevaliers, les compagnons : leur cri est haut, leur plainte est grande. Chevaliers et serviteurs sortent ; ils portent le corps hors de son lit, puis le couchent sur du velours et le couvrent d'un drap brodé. Le vent s'est levé sur la mer et frappe la voile en plein milieu : il pousse la nef vers la terre [15]. Iseut est sortie de la nef ; elle entend les grandes plaintes dans la rue, les cloches des moutiers, des chapelles. Elle demande aux hommes les nouvelles : pourquoi sonner,
30 pourquoi ces pleurs ? Alors un ancien lui dit : « Belle dame, que Dieu m'aide, nous avons ici grande douleur : nul n'en connut de plus grande. Tristan le preux, le franc, est mort : c'était le soutien de ceux du royaume. Il était généreux pour les pauvres et secourable aux affligés. D'une plaie qu'il avait au corps, en son lit il vient de mourir. Jamais si grand malheur n'advint à notre pauvre peuple[16] ! »

— 1 Précisez le sens de ce tour archaïque. — 2 Sens primitif très fort : tourment, torture. — 3 Elle a surpris la conversation entre Tristan et son propre frère, et elle sait que le malade attend une voile blanche. C'est sa jalousie qui lui inspire cette « ruse perfide ». Montrer l'habileté de sa *ruse* ; souligner sa *perfidie*. — 4 Préciser le ton. — 5 Faire voile. — 6 Pourquoi ce souhait ? — 7 Dans la *légende de Thésée*, le héros oublie de hisser la voile blanche qui doit annoncer à son vieux père Egée sa victoire sur le Minotaure. Croyant son fils tué, le vieillard se jette dans la mer qui, depuis, porte son nom. En quoi la version de Tristan est-elle plus émouvante et plus dramatique ? — 8 Pourquoi ces précisions ? — 9 Comment interpréter ce geste ? — 10 Quelle idée s'exprime par les mots : *« puisque... il me faut »*? — 11 Expliquez le sens profond de cette belle expression. — 12 Epuisement physique qui use lentement l'organisme (cf. *Maladie de langueur*). — 13 Comparer avec le sentiment exprimé par Iseut, p. 53, l. 17-19. — 14 Comment se traduit la violence de son amour ? — 15 Montrer que les éléments semblent, obscurément, s'associer à la jalousie d'Iseut aux Blanches Mains. — 16 Relever les éléments pittoresques et souligner la vie de cet alinéa.

Dès qu'Iseut apprend la nouvelle, de douleur elle ne peut dire un mot. Cette mort l'accable d'une telle souffrance qu'elle va par la rue, vêtements en désordre [1], devançant les autres, vers le palais. Les Bretons ne virent jamais femme d'une telle beauté : ils se demandent, émerveillés, par la cité, d'où elle vient et qui elle est [2]. Iseut arrive devant le corps ; elle se tourne vers l'Orient [3] et, pour lui, elle prie, en grande pitié : « Ami Tristan, quand vous êtes mort, en raison je ne puis, je ne dois plus vivre. Vous êtes mort par amour pour moi, et je meurs, ami, par tendresse pour vous, puisque je n'ai pu venir à temps pour vous guérir, vous et votre mal [4]. Ami, ami ! de votre mort, jamais rien ne me consolera, ni joie, ni liesse, ni plaisir. Maudit soit cet orage qui m'a tant retenue en mer, ami, que je n'ai pu venir ici ! Si j'étais arrivée à temps, ami, je vous aurais rendu la vie ; je vous aurais parlé doucement de l'amour qui fut entre nous ; j'aurais pleuré notre aventure, notre joie, notre bonheur, la peine et la grande douleur qui ont été en notre amour [5] : j'aurais rappelé tout cela, je vous aurais embrassé, enlacé. Si je n'ai pu vous guérir, ensemble puissions-nous mourir [6] ! Puisque je n'ai pu venir à temps, que je n'ai pu savoir votre aventure et que je suis venue pour votre mort, le même breuvage [7] me consolera. Pour moi vous avez perdu la vie, et j'agirai en vraie amie : pour vous je veux [8] mourir également.

Elle l'embrasse ; elle s'étend, lui baise la bouche et la face ; elle l'embrasse étroitement, corps contre corps, bouche contre bouche. Aussitôt elle rend l'âme et meurt ainsi, tout contre lui, pour la douleur de son ami [9].

Ed. F. Michel, t. III (v. 558-680).

Le roi Marc, apprenant le secret de cet amour fatal, pardonne aux amants et les ensevelit dans deux tombes voisines. O merveille ! une ronce jaillit du tombeau de Tristan et s'enfonce dans celui d'Iseut. Elle repousse plus vivace chaque fois qu'on la coupe : Tristan et Iseut sont unis dans la mort comme dans la vie*.

– *Distinguez dans ce passage trois parties, de ton différent ; quelle impression en retirez-vous ?*
– *La mort de Tristan (l. 1-22). a) Relevez les manifestations physiques et morales de la détresse de Tristan ; – Quelles sont les plus émouvantes ? – Est-il mort de sa blessure ? – b) Le caractère et le rôle d'Iseut aux blanches mains.*
– *« La mort d'Iseut » (l. 36 à 59). a) Comment l'auteur a-t-il exprimé le désarroi d'Iseut en apprenant la mort de Tristan ? – b) Relevez les termes exprimant sa confiance en la toute-puissance de l'amour ; – c) Exprimez ce qu'il y a d'émouvant dans ses dernières paroles et dans sa mort.*
– **Entretien.** *Pourquoi la mort était-elle le seul dénouement possible à ce drame d'amour ?*
• **Groupe thématique : La passion qui tue.** XVIIe SIÈCLE, p. 292. – XIXe SIÈCLE, p. 36, 321. – XXe SIÈCLE, p. 718.
– **Essai.** *Vous étudierez la conception de l'amour et la peinture de la passion dans les extraits de Tristan et Iseut. Vous pourrez établir des rapprochements avec les lais de Marie de France (p. 45-47).*

— 1 Ne pas oublier qu'Iseut est une reine. Que traduit ce détail ? — 2 N'y a-t-il pas un effet de contraste entre la douleur d'Iseut et les réactions populaires ? Précisez l'intention de l'auteur. — 3 Pour prier : attitude rituelle. — 4 De quoi meurent, en réalité, ces deux êtres ?

— 5 Comment ces souvenirs douloureux auraient-ils pu rendre la vie à Tristan ? — 6 Cf. la dernière phrase du texte précédent. — 7 Expliquez ce terme imagé, rappel du philtre magique. — 8 Intérêt de ce verbe ? — 9 Que lui cause la mort de son ami.

* *Lire le texte intégral dans l'éd. F. Michel, l'éd. Muret (version de Beroul) ou l'éd. Bédier (version de Thomas), et le « Renouvellement » de Bédier (Piazza).*

CHRÉTIEN DE TROYES

CHRÉTIEN DE TROYES (1135 ?-1190 ?) est un des écrivains qui ont le plus fait pour que le mot *roman*, qui s'appliquait à l'origine à notre langue vulgaire, en vienne à désigner certains ouvrages écrits dans cette langue.

Vie et Formation　Ce que nous savons de lui explique en partie son œuvre par les diverses influences qu'il a subies.

1. L'INSPIRATION ANTIQUE l'invite à la littérature *amoureuse*. Il sait le latin ; il a écrit dans son jeune âge des adaptations des *Métamorphoses* et de l'*Art d'Aimer* d'OVIDE.

2. L'INSPIRATION BRETONNE : Avait-il, comme on le croit, fait dans sa jeunesse un voyage en Angleterre ? En tout cas il a vécu à la cour brillante de MARIE DE CHAMPAGNE, fille du roi de France Louis VII et d'Aliénor d'Aquitaine (cf. p. 44). Sa protectrice, férue de littérature, aimant discuter de subtils problèmes de sentiment, dut révéler au poète les *légendes bretonnes* avec leurs exploits chevaleresques et leur merveilleux féerique. Il fut le premier Français à tirer un roman de la légende du roi Arthur (*Erec et Enide*), et ses autres romans se rattachent tous au *cycle Arthurien*.

3. L'INSPIRATION PROVENÇALE : C'est encore sous l'influence de Marie de Champagne, séduite par la conception provençale de l'*amour* (cf. p. 44), que Chrétien de Troyes consacra ses romans à l'amour et au culte de la femme. Chrétien écrit pour une société polie où *les dames* tiennent une grande place. Pour elles il compose des romans où les chevaliers, soumis aveuglément aux caprices de leur dame, réalisent pour lui plaire les exploits qu'ils accomplissaient autrefois pour leur suzerain.

4. L'INSPIRATION MYSTIQUE : A la fin de sa vie (entre 1182 et 1190), Chrétien de Troyes est au service du COMTE DE FLANDRE, qui lui procure un livre où est contée en latin l'*histoire du Graal* (cf. p. 73). Il passe, toujours dans le genre romanesque et merveilleux, de l'inspiration galante à l'*inspiration mystique*, qui paraît s'exprimer dans le roman de PERCEVAL, mais sera surtout précisée par ses continuateurs.

L'œuvre :
le conflit de l'amour
et de l'aventure
　Une partie de son œuvre est perdue, notamment un *Tristan et Iseut*. Les romans qui subsistent nous le montrent soucieux de soutenir des *thèses courtoises*, probablement sous l'influence de sa protectrice. Son thème favori est de ceux qui divisent éternellement l'âme masculine : le conflit entre l'amour et le goût de l'aventure.

EREC nous montre un héros qui conquiert, par sa prouesse, la femme aimée, puis s'oublie dans les douceurs de la vie au foyer. Mais accusé de lâcheté, même par sa femme qui l'admirait pour ses exploits, il reprend la vie du chevalier aventureux et, pour se venger, impose à sa femme de partager ses épreuves : l'amour a cédé le pas à l'aventure.

LE CHEVALIER AU LION soutient la *thèse contraire :* YVAIN, coupable d'avoir sacrifié l'amour au goût des aventures, n'obtient son pardon qu'en acceptant de rester fidèlement au foyer (p. 64 à 69).

Dans LANCELOT, la thèse et le sujet sont dictés par Marie de Champagne : le parfait amant sacrifie son honneur (p. 59) et sa vie (p. 61) à l'amour d'une dame altière et tyrannique : l'amour devient l'unique objet de l'aventure.

Dans PERCEVAL enfin, œuvre mystique, c'est au devoir *religieux* qu'est subordonnée l'aventure.

Cette tendance à écrire des œuvres qui ont une portée, ce goût de la *thèse* et des *idées générales,* deviendront des traits essentiels du génie français.

L'art de Chrétien de Troyes

1. LA FERTILITÉ DE L'INVENTION : Dans chaque roman, l'intrigue, par son ingéniosité, sa variété, renouvelle sans cesse l'*intérêt.* Surprises, épreuves extraordinaires, chevaliers inconnus, obstacles qui s'accumulent, renversements de situations, combats singuliers, lions fidèles, enchantements..., tout l'arsenal des *légendes bretonnes* est parfaitement utilisé par notre conteur, — trop parfaitement même, s'il n'usait de ces artifices avec le *sourire amusé* d'un humoriste.

Il a mis à la mode un procédé qui a fait fortune dans le roman : celui des *intrigues entrelacées,* avec interruption du récit au moment le plus captivant. Il faut d'ailleurs convenir que ses romans *manquent d'unité :* on se perd dans ces cascades d'épisodes touffus qui retardent sans cesse le dénouement. Nos analyses, pourtant fort sommaires, pourront en donner une idée.

2. L'ANALYSE DES SENTIMENTS : Ne lui demandons pas une analyse fouillée de la passion comme dans *Tristan et Iseut.* Il ne descend pas dans les cœurs avec la pénétration et la sympathie de Thomas d'Angleterre. Ses amants, même dans leurs épreuves, ne nous émeuvent pas profondément : leurs sentiments sont *peints de l'extérieur,* comme intellectualisés. Mais le poète s'est amusé à observer, en spectateur *intelligent* et *malicieux,* tous les ingénieux manèges de l'amour : on a dit qu'il y avait en lui du MARIVAUX (p. 64-68). Il a su démonter le mécanisme de certaines âmes, et le faire clairement jouer devant nous. Sa vérité est justement dans *la précision* de cette analyse.

3. LA PEINTURE DE LA RÉALITÉ CONTEMPORAINE : Chrétien de Troyes n'a pas le sens du mystère, mais en revanche il excelle à peindre la *vie matérielle.* Dans l'irréel des légendes bretonnes et l'artifice de ses intrigues, cet *observateur* a su insérer beaucoup de la réalité de son temps. Il sait voir et décrire tout l'*extérieur de la vie :* châteaux, vêtements, meubles, cérémonies, tournois, coutumes, tout un aspect documentaire de la vie raffinée qui devait ravir les lecteurs contemporains.

4. LE DON DU STYLE. Souvent imagé, son style est *léger* et *élégant.* Ce conteur né écrit parfois des *dialogues* acérés, étincelants de vie et de finesse, et parfaitement agencés (*Yvain,* p. 68). Pour la première fois peut-être en son siècle, un écrivain se joue des difficultés de la *versification,* sait utiliser la ressource des *enjambements* expressifs. Jamais prolixe, toujours très précis, très *concis,* il a un sens aigu de *la formule* qui porte (p. 69). Il a largement aidé au triomphe du « *francien* » (dialecte de l'Ile-de-France) sur les autres dialectes comme le normand ou le picard.

CHRÉTIEN DE TROYES connut en son temps un *immense succès.* Ses imitateurs, ses continuateurs du XIIIe siècle ont exploité à fond la veine féconde des romans bretons du cycle arthurien. Avec lui était définitivement créé le genre du *roman :* par sa souplesse, son aptitude à accueillir tout ce qui peut séduire l'imagination, le cœur et l'intelligence, ce genre était promis à une prodigieuse fortune.

LANCELOT
OU LE CHEVALIER A LA CHARRETTE

En son château de Camaalot, le roi ARTHUR *tient cour plénière quand survient un* chevalier inconnu. *Il a fait prisonniers des chevaliers d'Arthur et offre de les rendre si un champion du roi vient lui disputer, dans la forêt, la reine* GUENIÈVRE *qu'il exige comme otage. Le sénéchal* Keu *accepte le combat, mais on voit bientôt revenir son cheval sans cavalier.*

GAUVAIN, *neveu du roi, part à la recherche de la reine ; en route, il prête un de ses destriers à* un autre chevalier inconnu, *dont le cheval est fourbu. Mais, quelque temps plus tard, il trouve le cadavre de ce destrier entouré d'armes brisées, comme s'il s'était produit un violent assaut. Il assiste alors à un* étrange spectacle.

UN DÉBAT « CORNÉLIEN »

SCÈNE CAPITALE qui a donné son titre au roman. L'auteur, dont le récit progresse allègrement, a su, sans s'attarder, poser avec une simplicité et une netteté toutes « cornéliennes » les éléments de ce *débat intérieur.* Pour comprendre l'hésitation de Lancelot, songer au *culte de l'honneur,* unique passion des chevaliers dans les anciennes Chansons de Geste. *Une autre passion* vient ici lui disputer la prééminence. Que de *chefs-d'œuvre* naîtront désormais de ce conflit sans cesse repris par les psychologues, au théâtre et dans le roman !

Il retrouva par aventure [1] le chevalier [2] tout seul, à pied, tout armé, le heaume lacé, le bouclier pendu au cou, l'épée ceinte : il venait d'atteindre une charrette. La charrette était alors ce que sont aujourd'hui les piloris : dans chaque bonne ville où il y en a maintenant plus de trois mille, il n'y en avait, en ce temps-là, qu'une seule, et elle était commune — tout comme les piloris — à ceux qui commettent meurtres ou trahisons, aux vaincus en duel judiciaire [3], et aux larrons qui ont eu le bien d'autrui par larcin ou qui l'ont pris de force sur les chemins. Qui était pris en faute était en charrette mis et mené par toutes les rues ;
10 puis il perdait tous ses droits et n'était plus ouï à la cour, ni honoré, ni fêté. Parce qu'en ce temps-là les charrettes étaient telles, et si cruelles,

---

— 1 Par hasard. — 2 On apprendra, bien | quoi figurent-ils dans cette énumération de
plus loin, qu'il s'agit de Lancelot. — 3 Pour- | criminels ?

on a dit d'abord : « Quand tu verras charrette et la rencontreras, signe-toi et souviens-toi de Dieu, que [1] mal ne t'en advienne [2]. »

Le chevalier, à pied, sans lance, après la charrette s'avance, et voit un nain [3] sur les brancards, qui tenait, comme un charretier, une longue verge en sa main. Le chevalier a dit au nain : « Nain, pour Dieu ! dis-moi donc si tu as vu par ici passer madame la reine. » Le nain, un misérable, de basse origine, ne veut pas lui en donner de nouvelle, mais lui dit : « Si tu veux monter sur la charrette que je mène, tu pourras
20 savoir d'ici demain ce que la reine est devenue. » Aussitôt il reprend sa route, sans l'attendre d'un pas ni d'une heure [4]. Deux pas seulement s'attarde le chevalier avant d'y monter. C'est pour son malheur qu'il le fit, pour son malheur qu'il craignit la honte et ne sauta pas aussitôt sur la charrette : il aura à s'en repentir [5].

Mais Raison [6], qui d'Amour se sépare, lui dit qu'il se garde bien d'y monter ; elle le gourmande et lui enseigne de ne rien faire ni entreprendre dont il ait honte ni reproche [7]. Ce n'est pas au cœur, mais sur la bouche que Raison ose lui dire cela. Mais Amour est au cœur enclos, qui lui commande et lui ordonne de monter aussitôt sur la
30 charrette. Amour le veut et il y saute, car de la honte peu lui chaut [8] puisqu'Amour le commande et le veut.

Messire Gauvain s'avance, éperonnant son cheval, après la charrette. Quand il y trouve assis le chevalier, il s'en émerveille [9], puis dit au nain : « Renseigne-moi, si tu sais quelque chose de la reine. » L'autre lui dit : « Si tu te hais [10] autant que ce chevalier qui est assis là-dessus, monte avec lui, s'il te convient, et je te conduirai avec lui. » Quand messire Gauvain entendit ce langage, il le tint pour grande folie et dit qu'il n'y monterait pas, car ce serait un trop vilain échange que celui d'un cheval pour une charrette : « Va donc où tu voudras ;
40 j'irai où tu iras [11]. »

Alors, ils se remettent en route, l'un chevauchant, les deux autres sur la charrette [12]. Le soir, ils arrivent à un château ; et sachez que ce château était fort riche et fort beau. Tous trois entrèrent par la porte ; du chevalier que l'on transporte s'étonnent les gens, mais ils ne cherchent pas à comprendre ; ils le huent, petits et grands, et les vieillards et les enfants, par les rues, à grandes huées ; le chevalier entend sur lui bien des vilenies et des mépris. Tous demandent : « A quelle torture sera ce chevalier conduit ? Sera-t-il écorché et pendu, noyé ou brûlé sur un

---

— 1 De peur que... — 2 D'après la suite du récit, pourquoi ces longues explications ? — 3 Noter la précision pittoresque du passage. Montrer l'accord entre la difformité du nain et le caractère infamant de cette charrette. — 4 Cette précipitation s'accorde-t-elle avec l'arrogance du personnage ? Quel en est l'intérêt dramatique ? — 5 Ces explications ont-elles affaibli ou avivé l'intérêt ? — 6 Le débat prend la forme d'une allégorie où les abstractions morales sont personnifiées (cf. *Roman de la Rose*, p. 191). — 7 C'est la définition de l'honneur chevaleresque. — 8 Peu lui importe la honte (tour archaïque). — 9 Il s'en *étonne*. Le mot *merveille* se rattache au latin *mirabilia* : prodige étonnant (cf. *mirari* : se demander avec étonnement). — 10 Expliquer ce mot. — 11 Quel trait de caractère se révèle ici ? — 12 Le texte original dit, très joliment : « *Cil chevauche, cil dui charretent* ».

feu d'épines ? Dis, nain, dis-nous, toi qui le traînes : en quel forfait
50 fut-il surpris ? L'a-t-on de larcin convaincu ? Est-il meurtrier ou
vaincu ?» Mais le nain garde le silence et ne répond ni à l'un, ni à
l'autre. Il mène le chevalier au château...

Le Chevalier à la Charrette (v. 318-424).

- *Distinguez les épisodes successifs; comment procède l'auteur pour raviver sans cesse l'intérêt ?*
- *Comment le romancier a-t-il préparé, puis exposé le débat psychologique ? Précisez les deux volets de ce* dilemme
  (cherchez la définition de ce terme).
- *A quelles épreuves successives est soumis Lancelot ? Comment se comporte-t-il ?*
- *Dans quelle mesure le sacrifice de Lancelot est-il mis en valeur par l'attitude de Gauvain ?*
- **Entretien.** *Expliquez pourquoi on qualifie ce débat de « Cornélien » : a) en vous référant à votre connaissance des
  tragédies de* CORNEILLE ; – b) *En consultant le* XVIIe SIÈCLE, p. 110 (Esquisse du conflit).
- **Comparaison.** L'attitude de Lancelot et de Roland (p. 13) devant les impératifs de l'honneur.
- **Exposé.** *D'après le* Roman de la Rose, *p. 191-198 expliquez ce qu'est une allégorie. Étudiez l'utilisation de
  ce procédé dans cet épisode et le suivant ; quels sont ses avantages et ses inconvénients ?*
- **Groupe thématique : Allégorie.** Pages 206-209. – XVIe SIÈCLE, p. 16 ; 28 ; 134. – XIXe SIÈCLE, p. 169 ;
  450 ; 512 ; 515. – XXe SIÈCLE, p. 349 ; 360.

*Après une nuit d'épreuve (une lance enflammée vient mettre le feu à son lit !), le mystérieux
chevalier aperçoit, d'une fenêtre, la reine Guenièvre, que* MELEAGANT, *fils du roi Bademagu,
emmène au pays de Gorre « d'où nul étranger ne retourne ». De désespoir, il se jetterait par
la fenêtre, si Gauvain ne le retenait*
Pour atteindre le pays de Gorre, deux voies périlleuses s'offrent à eux : le PONT-SOUS-
L'EAU, *et le* PONT DE L'ÉPÉE. *Gauvain prend la première et le « chevalier à la charrette »
choisit la seconde comme la plus directe. Au terme de multiples aventures, il arrive avec deux
compagnons au Pont de l'Epée.*

Le Pont de l'Épée

Page *romanesque* à souhait, où tout a l'attrait de l'*imprévu* : un fleuve effrayant, un pont extraordinaire, un enchantement redoutable qui s'évanouit devant la résolution du héros. Mais, à
travers la fantaisie de l'intrigue, sachons voir *la vérité de l'analyse*. Les dangers, les souffrances,
et même les craintes de ses compagnons mettent en lumière la *passion* de Lancelot. Le *merveilleux*
lui-même repose sur une *vérité morale* : cette hallucination symbolise les obstacles imaginaires qui
découragent les faibles et qui s'évanouissent, par enchantement, devant tout homme audacieux
et résolu.

L eur droit chemin vont [1] cheminant, tant que [2] le jour va déclinant,
et arrivent au Pont de l'Épée, après la neuvième heure, vers la soirée.
Au pied du pont, qui est fort dangereux, ils descendent de leurs chevaux
et voient l'onde traîtresse, rapide et bruyante, noire et épaisse, aussi laide et
épouvantable que si ce fût le fleuve du diable, si périlleuse et si profonde qu'il
n'est aucune chose au monde, si elle y tombait, qui ne fût engloutie, tout comme
en la mer salée [3].
Le pont qui est au travers était de tous autres différent : jamais il n'y en eut,
il n'y en aura, de semblable. Jamais il n'y eut, à vrai dire, si mauvais pont ni si
10 mauvaise planche : une épée fourbie et blanche servait de pont sur l'onde froide ;
mais l'épée était forte et roide et avait deux lances de long ; sur chaque rive était
un tronc où cette épée était clouée. Il n'y a pas à craindre qu'elle se brise ou
qu'elle ploie et fasse tomber le chevalier dans le gouffre : elle avait tant de résistance qu'elle pouvait porter un lourd fardeau.
Mais ce qui décourageait les deux chevaliers qui étaient avec lui, c'est qu'ils

— 1 Ils vont... — 2 Jusqu'à ce que... — 3 A quoi tend cette description pittoresque ?

croyaient voir deux lions ou deux léopards, au bout du pont, sur l'autre rive, liés à une grosse pierre. L'eau, le pont et les lions les mettent en telle frayeur qu'ils tremblent tous deux de peur, et disent : « Beau sire, prenez conseil de ce que vous voyez : c'est nécessaire, c'est grand besoin. Il est mal construit et mal
20 joint, ce pont, et mal charpenté. Si vous ne vous ravisez à temps, vous vous en repentirez trop tard... Pouvez-vous penser et croire que ces deux lions furieux, qui là-bas sont enchaînés, ne puissent vous tuer et vous sucer le sang des veines et vous manger la chair et vous ronger les os ?... Ayez donc pitié de vous et retournez-vous-en avec nous ! Vous seriez coupable envers vous-même, si en péril certain de mort vous vous mettiez volontairement [1]. » Mais il leur répond en riant : « Seigneurs, je vous remercie et je vous sais gré de tant vous émouvoir pour moi : ce sentiment vient de votre amitié et de votre loyauté. Je sais bien qu'à aucun prix vous ne voudriez mon malheur. Mais j'ai tant de foi et tant de croyance en Dieu qu'il me protégera partout. Ce pont et cette eau, je ne les
30 crains pas plus que cette terre dure ; je veux risquer l'aventure de passer outre, et de m'équiper. Mieux vaut mourir que retourner [2]. » Ils ne savent plus que lui dire, mais de pitié ils pleurent et soupirent, l'un et l'autre, très fort [3].

Mais lui, pour traverser le gouffre, du mieux qu'il peut il se prépare. Il fait une étrange merveille : il désarme ses pieds et ses mains ; il ne sera ni tout entier ni sain quand il arrivera sur l'autre rive. Il se sera solidement tenu sur l'épée plus tranchante qu'une faux, les mains nues, les pieds déchaussés. Car il n'avait laissé à ses pieds ni souliers ni chausses : il ne s'inquiétait guère de se blesser les pieds et les mains. Il aimait mieux se mutiler que de tomber du pont et s'enfoncer dans l'eau dont jamais il ne serait sorti. A grande douleur, — mais que lui
40 importe ! — il passe outre, en grande détresse, mains et genoux et pieds se blesse ; mais, ce qui l'encourage et le guérit, c'est Amour [4] qui le mène et le conduit, et tout lui est doux à souffrir !

Des mains, des pieds et des genoux, il fait tant qu'il arrive de l'autre côté. Alors, il se rappelle, il se souvient des deux lions qu'il croyait avoir vus quand il était sur l'autre bord : il regarde et n'y voit pas même un lézard ni la moindre chose dangereuse. Il découvre, puisqu'il n'y trouve aucun des deux lions qu'il croyait avoir vus, qu'il avait été enchanté et trompé, car il n'y avait âme qui vive... Le sang coule de ses plaies sur sa chemise. (v. 3017-3150).

Devant lui se dresse le château du roi BADEMAGU, *père de Méléagant. Guéri par le chirurgien du vieux roi plein de courtoisie, notre hardi chevalier obtient de disputer la reine, en champ clos, à son farouche ravisseur. La bataille est terrible, et Méléagant va l'emporter sur le champion de la reine qui, d'une fenêtre de la tour, assiste au combat... Mais une suivante de Guenièvre s'avise d'un stratagème et demande à sa maîtresse le nom de son défenseur : le lecteur l'apprend ainsi pour la première fois, vers le milieu du roman, selon un procédé cher à Chrétien de Troyes.*

L'amour source de prouesse

C'est un des thèmes de la littérature courtoise. Si l'*amour* peut conduire le héros à se déshonorer (cf. p. 59), il peut aussi lui inspirer les plus héroïques exploits. La seule *vue* de sa dame retrempe l'énergie de Lancelot : non content de prendre l'avantage sur son adversaire, il a la coquetterie de l'*humilier* sous les yeux de la reine. On pourra s'amuser à suivre sur *un croquis* les ingénieuses péripéties de ce combat décrit avec une *précision* non dénuée d'humour.

— 1 A quels sentiments s'adressent ces divers arguments ? — 2 Cette maxime n'annonce-t-elle pas l'art d'un écrivain du XVIIe siècle ? | — 3 Pourquoi l'auteur insiste-t-il sur le désarroi des chevaliers ? — 4 Allégorie, cf. p. 60, lignes 25-31. Préciser ce thème courtois.

« Demoiselle, fait la reine... Lancelot du Lac [1] est le nom du chevalier, je pense. — Dame, comme j'ai le cœur riant et gai ! fait la demoiselle. » Alors elle s'élance et l'appelle si haut, d'une voix si claire, que tout le peuple l'entend : « Lancelot ! retourne-toi ; regarde qui est là, et qui de toi prend garde [2] ! »

Quand Lancelot s'entend nommer, il ne tarde guère à se retourner : il se retourne et voit, là-haut, la créature que, de tout au monde, il désirait le plus revoir, assise aux loges de la tour. Depuis l'instant qu'il l'aperçut, il ne détourna d'elle ni ses yeux ni son visage, mais se défendit par derrière [3]. Et Méléagant le 10 pressait le plus qu'il pouvait, tout joyeux de penser qu'il n'était plus homme à se défendre...

Alors derechef [4] s'écria la demoiselle, de la fenêtre : « Ah ! Lancelot, comment se peut-il que si follement tu te conduises ? Il y avait jadis en toi tout l'honneur et toute la prouesse [5], et je ne pense pas, je ne crois pas que jamais chevalier eût pu se mesurer à ta valeur et à ton prix. Maintenant, nous te voyons si entrepris [6] que tu jettes en arrière tes coups et combats derrière ton dos. Tourne-toi, de manière à nous faire face et à regarder cette tour qu'il te fait si bon voir [7] ! »

Alors, Lancelot, pris de honte... bondit en arrière, tourne son adversaire, et, de vive force, place Méléagant entre lui et la tour. Méléagant s'efforce de retourner 20 de l'autre côté ; mais Lancelot court sur lui, le heurte avec tant de violence, de tout le corps sur tout le bouclier, quand il veut changer de côté, qu'il le fait virevolter deux fois ou plus à son vif dépit ; et force et courage lui viennent, car Amour lui est de grand secours... Lancelot, à grands coups, le refoule vers la tour où la reine était accoudée. Il l'arrête aussi près qu'il lui convient, car il ne la verrait plus s'il s'avançait trop près [8]. Ainsi, Lancelot, à maintes reprises, le menait en arrière, en avant, partout où il lui convenait, et s'arrêtait toujours devant la reine, sa dame, qui lui a mis au corps la flamme, parce qu'il la contemple passionnément ; et cette flamme le rendait si ardent [9] contre Méléagant que partout où il lui plaisait, il le menait et le chassait. Comme un aveugle et comme 30 un estropié, il le mène bon gré mal gré.

Le Chevalier à la Charrette (3673-3775).

A la demande de la reine, le héros " obéissant " fait grâce à son déloyal adversaire, Lancelot croit avoir mérité les grâces de sa dame, mais elle l'accueille durement et refuse de l'entendre. Est-ce pour être monté dans la charrette d'infamie? Au contraire, c'est pour avoir hésité « le temps de deux pas », avant d'y monter. Lancelot devra expier cette faute contre le code du parfait amour courtois. D'abord, il se verra enfermé dans une tour, et c'est GAUVAIN, enfin arrivé après mille périls par le Pont-sous-l'eau, qui aura l'honneur de ramener Guenièvre au roi Arthur. Puis, un tournoi solennel étant convoqué par Arthur, Lancelot, libéré sur parole, s'y rend sans se faire connaître. Il y remporte d'éclatants succès, jusqu'au moment où, sur l'ordre de la reine, il doit combattre « au pire », et se laisser vaincre honteusement, sous les huées de la foule. C'est seulement lorsqu'il s'est ainsi humilié pour obéir aux caprices de sa dame qu'il est autorisé à « faire au mieux », et à se couvrir de gloire.

Un an plus tard, Lancelot, revenu dans sa prison par fidélité à sa parole, est délivré par la propre sœur de Méléagant et arrive à la cour juste à temps pour y rencontrer le misérable qu'il tue devant le roi et devant sa dame *.

— 1 Il a été élevé par la « dame du Lac », la fée Viviane. — 2 « Qui s'intéresse à toi ». — 3 D'après le contexte, expliquez pourquoi. Où est l'humour du conteur ? — 4 De nouveau. — 5 Pourquoi ce rappel de sa valeur passée ? — 6 Embarrassé. — 7 Précisez l'allusion. — 8 Observation fort juste. Expliquez. — 9 Expliquez cette image précieuse.

* *Lire le texte intégral de ce roman dans l'éd. Foerster.*

YVAIN OU LE CHEVALIER AU LION

L'AMOUR *A la cour du roi Arthur,* Calogrenant *raconte la mésaventure qui lui est advenue dans la forêt de Brocéliande pour avoir répandu l'eau d'une fontaine merveilleuse. Le roi décide de s'y rendre avant quinze jours. De son côté* YVAIN *se rend à la fontaine, puise un peu d'eau et la verse sur le perron. Aussitôt s'élève une violente tempête, puis un chevalier inconnu attaque Yvain. Mais ce dernier blesse mortellement son adversaire et le poursuit jusque dans un château dont la porte se referme derrière eux. Yvain serait en grand péril si la servante* LUNETTE, *à qui il a jadis rendu service, ne lui donnait un anneau qui le rend invisible. Il assiste ainsi aux funérailles de son adversaire,* Esclados le Roux, *et s'émeut devant la douleur et la beauté de la veuve.*

Cette beauté est-elle le chef-d'œuvre de Dieu ou de la Nature? Pendant qu'Yvain agite cette subtile question, les portes se referment et notre chevalier reste prisonnier. *Peu lui importe d'ailleurs! Lunette vient lui demander ce qu'il désire et il lui laisse deviner ses sentiments pour sa maîtresse.*

LUNETTE OU LA DIPLOMATIE

Une authentique *scène de comédie*, au dialogue vif et spirituel : la rouerie de la servante, la pudeur de la dame et pourtant sa complaisance à écouter Lunette, la finesse de l'analyse, font songer à MARIVAUX. LA FONTAINE a traité le même thème dans *La Jeune Veuve* (Fables, VI, 21), et dans le joli conte de *La Matrone d'Ephèse*, inspiré de Pétrone.

La demoiselle [1] était si intime avec sa dame qu'elle ne craignait de rien lui dire, si grave que fût la chose ; car elle était sa suivante et sa gardienne. Pourquoi eût-elle redouté de consoler sa dame et de lui rappeler ses intérêts [2] ? D'abord elle lui dit à cœur ouvert : « Dame, je m'étonne de vous voir agir si follement. Croyez-vous donc recouvrer votre seigneur par ce grand deuil ? — Non, fait-elle, mais je voudrais être morte de douleur. — Pourquoi ? — Pour aller avec lui. — Avec lui ? Dieu vous en garde, et vous rende un aussi bon seigneur [3], comme il en a le pouvoir. — Jamais tu n'as dit un tel mensonge : il ne pourrait

10 m'en rendre un aussi bon ! — Un meilleur, si vous voulez le prendre : je vous le prouverai. — Fuis ! tais-toi ! Jamais je ne le trouverai [4]. — Vous le ferez, madame, si cela vous plaît. Mais, dites-moi, ne vous déplaise, votre terre, qui la défendra, quand le roi Arthur y viendra [5] ? Il doit venir, l'autre semaine, au perron [6] et à la fontaine... Vous devriez prendre conseil pour défendre votre fontaine ; et vous ne cessez de pleurer ! Vous n'auriez pas de temps à perdre, s'il vous plaît, ma chère dame ; car tous les chevaliers que vous avez ne valent pas, vous le savez bien, une chambrière. Même celui qui s'estime le plus brave

---

1 Lunette ; la dame se nomme Laudine. — 2 C'est l'idée directrice de la scène : montrez-le. — 3 Ce sens pratique est moins choquant au Moyen Age, où se marier est pour une veuve une nécessité sociale. Montrez-le d'après la suite du texte (cf. *Mort de la Belle Aude*, p. 30, l. 7 et 8). — 4 Ce défi est-il uniquement inspiré par le regret ? — 5 Deuxième argument. Préciser. — 6 Grosse pierre. Il s'agit de la margelle de la fontaine.

ne prendra ni écu ni lance. Vous avez beaucoup de mauvaises gens,
20 mais pas un seul homme assez fier pour monter à cheval [1], et le roi
vient avec une si grande armée qu'il vous prendra tout, sans défense. »
La dame sait fort bien que Lunette la conseille fidèlement ; mais
elle a en soi cette folie que toute femme porte en elle ; presque toutes
agissent de même : n'écoutant que leur folie, elles refusent ce qu'elles
désirent [2]. « Fuis, fait-elle, laisse-moi en paix ! Si jamais je t'en entends
reparler, tu feras bien de t'enfuir ! Tu parles tant que tu m'attristes.
— A la bonne heure, madame ! on voit bien que vous êtes femme qui
s'irrite quand elle entend qu'on lui donne un bon conseil [3] ! » Alors,
elle se retire et la laisse seule [4].
30 La dame y revient et se rend compte qu'elle avait eu grand tort.
Elle voudrait bien savoir comment la demoiselle pourrait prouver [5]
qu'on peut découvrir un chevalier meilleur que ne fut jamais son seigneur.
Bien volontiers elle le lui entendrait dire, mais elle le lui a défendu [6].
En cette pensée, elle a attendu le retour de Lunette. Celle-ci ne respecte
aucune défense et revient à la charge : « Ah ! dame, est-il raisonnable
de vous faire périr de chagrin ? Pour Dieu, dominez-vous et laissez
cela, au moins par honneur [7] ! Une si haute dame ne doit pas garder
le deuil si longtemps : souvenez-vous de votre rang et de votre grande
noblesse ! Croyez-vous que toute prouesse soit morte avec votre seigneur ?
40 Cent aussi bons et cent - meilleurs sont restés par le monde [8] ! — Si
tu ne mens, Dieu me confonde ! Et cependant, nomme-m'en un seul
qui soit réputé aussi vaillant que mon seigneur en toute sa vie. — Vous
m'en sauriez mauvais gré, vous vous en courrouceriez, vous me détes-
teriez. — Je n'en ferai rien, je te l'assure. — Que ce soit pour votre bonheur,
qui adviendra, si cela vous convient ; et Dieu veuille que cela vous
plaise [9] ! Je ne vois pas pourquoi me taire puisque nul ne nous entend,
nul ne nous écoute [10]. Vous me tiendrez pour bien hardie, mais je dirai
volontiers, ce me semble : quand deux chevaliers en sont venus aux
prises, en combat, lequel croyez-vous qui mieux vaille, quand l'un a
50 vaincu l'autre ? Pour moi, je donne le prix au vainqueur. Et vous [11] ?
— Je crois que tu me tends un piège, et que tu veux me prendre à mes
paroles. — Par ma foi ! vous pouvez bien comprendre que je suis
dans le vrai, et je vous prouve, par nécessité, que mieux vaut celui
qui a vaincu votre seigneur. Il l'a vaincu et pourchassé hardiment
jusqu'ici et l'a enfermé dans sa maison [12]. — J'entends, dit-elle, la
déraison la plus grande qui jamais fut dite. Fuis, mauvais esprit ; fuis,

---

— 1 A qui songe Lunette ? — 2 Jolie notation psychologique. — 3 Montrez que ces paroles portent leurs fruits. — 4 N'y a-t-il pas une habileté tactique à la laisser seule ? — 5 Quel est ce nouveau sentiment ? — 6 Qu'y a-t-il de plaisant dans cette remarque ? — 7 Nouvel argument qui fait appel à un autre sentiment. Expliquez. — 8 Sommet drama-tique de la scène. Pourquoi cette franchise brutale ? — 9 Intérêt psychologique et habileté de ces longueurs ? — 10 Pourquoi souligne-t-elle ce détail ? — 11 A quoi tend cette question ? Pourquoi Laudine se dérobe-t-elle ? — 12 Lunette ne pouvait présenter tous ces éléments dès le début de la conver-sation. Pourquoi ?

fille folle et insupportable ! Ne dis jamais pareille sottise ! Ne reviens
jamais devant moi pour me parler encore de lui [1] ! — Certes, dame
je savais bien que vous ne m'en sauriez pas gré ; je vous l'avais bien dit
60 avant. Mais vous m'aviez promis que vous ne m'en voudriez pas, et
que vous n'en auriez pas de colère. Vous avez mal tenu votre promesse.
Ainsi qu'est-il advenu ? vous m'avez dit ce qu'il vous a plu, et j'ai perdu
une bonne occasion de me taire [2]. 　　Le Chevalier au Lion (v. 1589-1726).

– *Par quelle progression Lunette rappelle-t-elle à la veuve la nécessité de se remarier ? La trouvez-vous adroite, et*
pourquoi ? – Montrez qu'elle dévoile sa pensée par une savante gradation.
– *A quels sentiments féminins s'adresse successivement l'habile suivante ?*
– *a) Relevez les éléments comiques de cette scène ; – b) A quoi tient la vie du dialogue ?*
– **Entretien.** *Sur quelle conception du mariage se fonde l'argumentation de Lunette ? Qu'en pensez-vous ?*

LA NUIT PORTE CONSEIL

On admirera la *souplesse du récit* où la psychologie revêt les formes les plus diverses : analyse, monologue, dialogue. *De plus en plus vivant !* L'auteur souligne en *humoriste* les étapes
du revirement de Laudine. La fin de notre extrait constitue une fine *comédie de caractère.*

Cependant la dame, toute la nuit, fut en grande dispute avec
elle-même, car elle était en grand désir de protéger sa fontaine [3].
Elle commence à se repentir d'avoir blâmé Lunette, de l'avoir injuriée
et maltraitée. Elle est sûre et certaine que si elle a plaidé pour le chevalier
ce n'est ni pour de l'argent, ni par reconnaissance, ni par amour pour
lui ; elle aime sa maîtresse plus que lui et ne la conseillerait pas pour
sa honte ou pour son malheur : c'est une trop fidèle amie [4]. Voilà donc
la dame retournée : celle qu'elle a maltraitée, elle n'aurait jamais cru
en venir à l'aimer de bon cœur ; et celui qu'elle a refusé, elle accorde,
10 par la raison et par le droit, qu'il n'a aucun tort envers elle [5]. Elle raisonne
avec lui comme s'il était là, devant elle. Elle commence ainsi son procès :
« Va, fait-elle, peux-tu nier que par toi mon mari fut tué ? — Cela, dit-il,
je ne peux y contredire, et je le reconnais. — Dis-moi donc pourquoi.
Est-ce pour me faire mal, par haine ou par dépit ? — Que je meure sans
attendre, si j'ai voulu vous faire mal. — Donc, envers moi tu n'as pas
forfait ; et envers lui, tu n'eus aucun tort, car s'il l'avait pu, il t'aurait
tué. Ainsi, me semble-t-il, je crois que j'ai bien et droitement jugé [6]. »
Ainsi, elle se prouve à elle-même, avec justice, bon sens et raison [7],
qu'elle n'a nul droit de le haïr. Elle se paie des arguments qui lui
20 plaisent [8] ; elle s'enflamme d'elle-même, comme la bûche qui fume si
bien que la flamme s'y met sans qu'on y souffle, sans qu'on l'attise [9].

— 1 Comment interpréter cette réaction ?
— 2 Lunette croit-elle vraiment avoir perdu
son temps ? — 3 Est-ce le vrai motif ? —
4 Pourquoi pense-t-elle d'abord à Lunette et
non au chevalier ? Peut-elle aimer ce dernier ?
— 5 Comment s'est fait ce revirement ?

— 6 L'interrogatoire est-il mené de façon à
accabler l'inculpé ? Expliquer. — 7 N'y a-t-il
aucune ironie dans cette énumération ? —
8 Appliquez cette formule au dialogue précédent.
La chose vous paraît-elle psychologiquement
bien observée ? — 9 Appréciez cette comparaison.

Maintenant, si la demoiselle venait, elle gagnerait la cause pour laquelle elle a tant plaidé qu'elle en a été fort malmenée.

Elle revint au matin et recommença son latin là où elle l'avait laissé. La dame tenait la tête baissée, qui se savait coupable de l'avoir maltraitée : mais elle veut se racheter, et du chevalier demander le nom, l'état et le lignage. Elle s'humilie, en femme sage, et dit : « Je veux vous demander pardon de ce grand outrage et des paroles orgueilleuses que je vous ai dites follement ; je m'en remets à votre expérience [1]. Mais, dites-moi,

30 si vous savez, le chevalier dont vous m'avez parlé si longuement, quel homme est-il ? de quelle famille ? S'il est digne de moi, à condition qu'il ne me dédaigne pas, je le ferai, je vous l'accorde, seigneur de ma terre et de moi. Mais il faudra agir de sorte qu'on ne puisse me le reprocher et dire : « C'est celle qui a épousé le meurtrier de son mari [2] ».

— Au nom de Dieu, dame, il en sera ainsi. Vous aurez le mari le plus noble, le plus vaillant et le plus beau qui fut jamais issu de la race d'Abel [3] — Quel est son nom ? — Messire Yvain. — Ma foi, ce n'est pas un vilain ; il est très noble, je le sais bien : c'est le fils du roi Urien. — Ma foi, dame, vous dites vrai. — Et quand pourrons-nous l'avoir ?

40 — D'ici cinq jours [4]. — C'est trop tarder : je le voudrais déjà ici. Qu'il vienne cette nuit, ou demain au plus tard ! — Dame, je ne crois pas qu'un oiseau puisse, en un jour, tant voler. Mais j'y enverrai un garçon qui court très vite, et qui sera à la cour du roi Arthur, j'espère, au moins demain soir ; d'ici là, on ne peut le trouver. — C'est bien trop long ! Les jours sont longs : dites-lui que demain soir il soit de retour, plus tôt que de coutume, car, s'il veut bien se forcer, il fera de deux journées une. Chaque nuit luira la lune : qu'il fasse de la nuit le jour ! Je lui donnerai, au retour, tout ce qu'il désirera [5]. — Laissez-moi faire : vous l'aurez entre vos mains dans trois jours au plus tard ! »

Le Chevalier au Lion (v. 1734-1844).

- *Distinguez les diverses étapes du revirement de la dame.*
- *Étudiez le caractère de Laudine : en quoi son rôle s'est-il modifié depuis la scène précédente ?*
- *Montrez l'ironie et l'observation du conteur rapportant le dialogue intérieur de la dame.*
- *A quoi tient le comique dans le dialogue final ?*
- **Comparaison** : scènes des pages 64-67 et *Jeu de l'Amour et du Hasard*, II, 7-8 (XVIIIᵉ SIÈCLE, p. 50).

Entrevue courtoise

Lunette est arrivée à ses fins. Elle ne peut s'empêcher de *mystifier Yvain*, dont le manque d'assurance, au début de la scène, est assez divertissant. *L'entrevue courtoise*, très habilement construite, nous montre le chevalier agenouillé aux pieds de sa dame : de telles scènes devaient faire les délices des lectrices du XIIᵉ siècle. Le dialogue tend vers un *échange de répliques brillantes* qui sont autant de pointes *précieuses*. Mais la déclaration d'Yvain s'exprime avec une *force* et une *spontanéité* plus proches de la vraie nature. — *La rusée Lunette va retrouver Yvain, le fait magnifiquement habiller. Puis elle conduit, auprès de* LAUDINE *impatiente, le jeune chevalier, en le menaçant des* rigueurs de la dame *pour cet inconnu qui s'est introduit chez elle.*

— 1 Est-ce simplement pour se racheter que Laudine s'humilie ainsi ? — 2 Quels sentiments veut-elle concilier ? — 3 Pourquoi tarde-t-elle à le nommer ? — 4 Pourquoi ce long délai ? — 5 Comment se traduit l'ardeur de Laudine ?

Il fut tellement saisi de crainte qu'il se crut trahi et se tint immobile, à l'écart, jusqu'au moment où Lunette s'écria : « Aux cinq cents diables l'âme de celle qui mène dans la chambre d'une belle dame un chevalier qui n'ose s'en approcher et qui n'a langue ni bouche, ni esprit pour l'aborder [1] ! » A ces mots elle le tire par le bras et lui dit : « Avancez-là, chevalier, et ne craignez pas que ma dame vous morde [2] ! Demandez-lui paix et concorde, et je l'en prierai avec vous : qu'elle vous pardonne la mort d'Esclados le Roux, qui était son seigneur. » Messire Yvain joint ses mains, se met à genoux [3] et dit loyalement : « Dame, je ne vous demanderai pas merci [4], mais je vous
10 remercierai pour tout ce que vous voudrez me faire ; car rien, de vous, ne me saurait déplaire. — Vraiment, sire ? Et si je vous tue ? — Dame, grand merci à vous. Vous n'entendrez jamais d'autre parole. — Jamais, dit-elle, je n'ai entendu telle réponse : vous vous remettez à merci, entièrement en mon pouvoir, sans que je vous y force ? — Dame, nulle force n'est aussi forte, sans mentir, que celle qui me commande de consentir à votre volonté, en toute chose. Je ne crains pas de faire telle action qu'il vous plaira de me commander ; et si je pouvais réparer ce meurtre, dans lequel je n'eus aucun tort, je le réparerais sans discussion. — Comment ? fait-elle. Prouvez-le moi, et je vous tiens quitte de réparation, s'il est vrai que vous n'aviez aucun tort quand vous avez tué
20 mon seigneur [5]. — Dame, fait-il, je vous en prie, quand votre seigneur m'attaqua, quel tort eus-je de me défendre ? Quand un homme veut en tuer ou en prendre un autre, si celui qui se défend le tue, dites s'il a commis une faute. — Non, si l'on regarde le droit. Et je crois qu'il ne servirait à rien de vous faire mettre à mort. Mais je voudrais bien savoir d'où peut venir cette force qui vous commande d'obéir, sans réserve, à tout mon vouloir. Je vous tiens quitte de tout tort et de tout méfait ; mais, asseyez-vous et contez-nous comment vous êtes ainsi dompté [6]. — Dame, fait-il, la force vient de mon cœur, qui dépend de vous ; c'est mon cœur qui m'a mis en votre pouvoir. — Et qui y a mis le cœur, beau doux ami ? — Dame, ce sont mes yeux. — Et les yeux, qui ? — La grande beauté que j'ai vue
30 en vous. — Et la beauté, quel est son crime ? — Dame, c'est elle qui me fait aimer. — Aimer, et qui ? — Vous, dame chère [7]. — Moi ? — Oui, vous. — De quelle manière ? — De manière telle qu'il ne peut être un plus grand amour ; telle que mon cœur ne vous quitte jamais, et que jamais je ne le sens ailleurs, telle que je ne puis penser à autre chose, telle que je me donne tout à vous, telle que je vous aime plus que moi, telle que, s'il vous plaît, pour vous je veux mourir ou vivre. — Et oseriez-vous entreprendre, pour moi, de défendre ma fontaine ? — Oui, Madame, contre tous les hommes. — Sachez donc que nous sommes réconciliés.

Le Chevalier au lion (v. 1955-2048).

– Par quels états d'âme successifs Yvain passe-t-il de la timidité à la déclaration passionnée ?
– Précisez le rôle et le caractère de Lunette au début de la scène.
– Comment se traduit la parfaite soumission d'Yvain au « vouloir » de sa dame ?
– Laudine fait-elle beaucoup de difficultés pour admettre l'innocence d'Yvain ? Pourquoi ?
– Étudiez la différence de nature et de ton entre la déclaration d'Yvain et le dialogue qui la précède.
– **Essai.** En adaptant les textes des pages 64-68, composez une petite comédie (dialogue ; mise en scène).

— 1 Lunette s'amuse. N'est-elle pas responsable de cette timidité ? — 2 A quoi tient la saveur pittoresque de l'expression ? — 3 Quelles habitudes féodales vous rappelle cette attitude ? — 4 *Pardon.* L'auteur joue sur les mots *merci* et *remercier.* — 5 Les choses se passent comme Laudine l'avait rêvé (cf. p. 66, l. 10-17). — 6 Brusque changement de thème. La chose est-elle bien observée ? — 7 Par quels détours précieux l'aveu a-t-il été amené ? Montrez que Laudine se prête à ce jeu.

L'AVENTURE   *Yvain épouse la veuve, mais entraîné par Gauvain, il se laisse reprendre par le goût de l'aventure : Laudine consent à le laisser partir, à condition qu'il revienne au bout d'un an. L'année écoulée, Yvain oublie son serment et sa dame lui interdit de reparaître. Yvain est alors pris de folie ; il erre dans les bois, demi-nu.* Il sauve un lion *aux prises avec un serpent ; la noble bête s'attache à lui, l'accompagne partout et combat ses ennemis. Pour tous il est désormais le* « CHEVALIER AU LION », *dont les exploits se multiplient. Il libère* les tisseuses de soie *des maîtres sans cœur qui leur imposent des travaux épuisants.*

Complainte des Tisseuses de soie

Dans la légende primitive, ces ouvrières, captives de deux diables dans le CHATEAU DE PESME-AVENTURE [1], étaient, croit-on, des *âmes* prisonnières de l'Enfer : le héros devait les délivrer, comme dans tant de légendes mythologiques. CHRÉTIEN DE TROYES aurait transposé dans la claire réalité la brumeuse légende celtique,et c'est la *complainte des tisseuses de soie,* dans les ateliers de Champagne ou d'Artois, qu'il nous fait entendre. La poésie y perd peut-être de son mystère, mais quelle *émouvante protestation* — chez ce poète de la belle société — contre la misère ouvrière au XIIe siècle !

Toz jorz dras de soie tistrons	Toujours draps de soie tisserons [2] :
Ne ja n'an serons miauz vestues.	Jamais n'en serons mieux vêtues.
Toz jorz serons povres et nues	Toujours serons pauvres et nues
Et toz jorz fain et soif avrons ;	Et toujours faim et soif aurons ;
Ja tant gaeignier ne savrons,	Jamais tant gagner ne saurons
Que miauz an aiiens a mangier.	Que mieux en ayons à manger.
Del pain avons a grant dangier	Du pain avons à grand *dangier* [3],
Au main petit et au soir mains,	Au matin peu et au soir moins :
Que ja de l'uevre de noz mains	Jamais de l'œuvre de nos mains
10 *N'avra chascune por son vivre*	N'aura chacune pour son vivre 10
Que quatre deniers de la livre.	Que quatre deniers de la livre [4].
Et de ce ne poons nos pas	Et de ce ne pouvons-nous pas [5]
Assez avoir viande et dras ;	Assez avoir viande [6] et draps ;
Car, qui gaaigne la semainne	Car, qui gagne [dans] la semaine
Vint souz, n'est mie fors de painne.	Vingt sous [7], n'est mie [8] hors de peine.
Et bien sachiez vos a estroz	Et sachez vraiment *a estrouz* [9]
Que il n'i a celi de nos	Qu'il n'y a celle [10] d'entre nous
Qui ne gaaint vint sous ou plus,	Qui ne gagne vingt sous au plus :
De ce seroit riches uns dus !	De cela serait riche un duc [11] !
20 *Et nos somes an grant poverte,*	Et nous sommes en grand' *poverte* [12] : 20
S'est riches de nostre deserte	S'enrichit de notre *deserte* [13]
Cil por cui nos nos traveillons.	Celui pour qui nous travaillons.
Des nuiz grant partie veillons	Des nuits grand'partie nous veillons
Et toz les jorz por gaeignier ;	Et tout le jour, pour [y] gagner ;
Qu'an nos menace a maheignier	On nous menace *a maheignier* [14]
Des manbres, quant nos reposons,	Nos membres, quand nous reposons,
Et por ce reposer n'osons.	Et pour ce reposer n'osons [15].

Le Chevalier au Lion (v. 5298-5327).

— 1 « La *Pire*-Aventure » (*pessima*). — 2 Le texte est modernisé et très légèrement adapté. On remarquera la netteté éloquente de ces formules antithétiques et parfois l'accent très moderne de la protestation. — 3 Peine. — 4 Pour une livre d'ouvrage. — 5 Nous ne pouvons pas. — 6 Nourriture (prononcer : *vi-ande*) ; *draps :* vêtements. — 7 Effet obtenu par le rejet ? —
8 Pas. — 9 *Clairement ;* nous utilisons, pour la rime, la forme *estrouz* qui existe, à côté de *estroz*. — 10 Pas une. — 11 Exclamation ironique. — 12 Pauvreté. — 13 Mérite, service. — 14 De maltraiter, de mutiler. — 15 M. G. Cohen rapproche ce poème de la célèbre « Chanson de la Chemise » (Song of the Shirt) du poète anglais Thomas Hood (1843).

L'AMOUR TRIOMPHE DE L'AVENTURE — *La fidèle Lunette parvient, toujours par la ruse, à réconcilier Yvain et sa dame. Un* mystérieux chevalier *vient, en effet, tous les jours, troubler la fontaine merveilleuse et déchaîner les tempêtes. Seul, dit Lunette, le* Chevalier au Lion *pourrait défendre la fontaine. Sa maîtresse accepte de le recevoir, et découvre alors que le Chevalier au Lion, l'audacieux inconnu, et Yvain, ne sont qu'un seul et même héros. Les deux époux se réconcilient. Le héros, vaincu par l'amour, renonce définitivement à l'aventure ∗.*

PERCEVAL OU LE CONTE DU GRAAL

L'APPEL DE LA VOCATION

On admirera dans ce début « *frais comme un matin de printemps* » (G. Cohen) le caractère *alerte* et *enjoué* du récit, le *pittoresque* des évocations, l'étonnante *vivacité* du dialogue. L'auteur s'entend à merveille à varier le ton, à peindre les attitudes, en un mot à *éveiller l'intérêt* du lecteur.

C'était au temps où les arbres fleurissent, où les bocages se couvrent de feuilles, où les prés verdissent, où les oiseaux en leur latin doucement chantent au matin, où toute chose s'enflamme de joie [1]. Le fils de la dame veuve, qui vivait dans la grande forêt solitaire, se leva. Sans tarder, il sella son cheval de chasse, prit trois javelots et, ainsi, sortit hors du manoir de sa mère. Il eut l'idée d'aller voir les herseurs que sa mère avait et qui lui hersaient ses avoines : ils avaient douze bœufs et six herses. Ainsi, il entre dans la forêt. Et aussitôt, son cœur, dans sa poitrine, pour le doux temps [2] se réjouit, et pour le chant qu'il
10 entendit, des oiseaux qui étaient en joie : toutes ces choses lui plaisaient ! Cédant à la douceur du temps serein, il ôta au cheval son frein et le laissa aller paissant par l'herbe fraîche et verdoyante. Et lui, qui savait bien lancer ses javelots, il les allait lançant autour de lui, un en arrière, un en avant, un en bas, un autre en haut [3].

Tout à coup, il entendit, parmi le bois, venir cinq chevaliers armés, de toutes armes équipés ; elles faisaient grand bruit, les armes de ceux qui venaient, car souvent leurs armures heurtaient les branches des chênes et des charmes. Les lances heurtaient les écus et tous les hauberts frémissaient : sonnait le bois, sonnait le fer et des écus et des hauberts [4].
20 Le garçon les entend, mais ne voit pas ceux qui viennent à grande allure. Il s'en émerveille et dit : « Par mon âme, ma mère m'a dit vrai, ma

---

— 1 Apprécier cette évocation du printemps. — 2 Sens de ce tour archaïque ? — 3 Quel est l'état d'âme du jeune homme ? Le poète a-t-il su vous le faire partager ? — 4 Effet recherché dans cette phrase par le rythme et par les sons ?

∗ *Lire le texte intégral du « Chevalier au Lion » dans l'éd. Foerster et l'adaptation de A. Mary (Boivin).*

dame, qui me dit que les diables sont les êtres les plus effrayants du monde : c'était pour m'enseigner que pour eux [1] on doit se signer [2]. Mais je dédaignerai cet avis et je ne me signerai pas ! Je frapperai si bien le plus fort, d'un des javelots que je porte, qu'aucun des autres n'approchera de moi, à ce que je crois [3]. » Ainsi se parlait à lui-même le valet [4] avant qu'il les vît. Mais quand il les vit à ciel ouvert, et qu'ils débouchèrent du bois, quand il vit les haubers frémissants et les heaumes clairs et luisants et les lames et les écus que jamais encore
30 il n'avait vus, et qu'il vit le vert et le vermeil reluire contre le soleil et l'or et l'azur et l'argent [5], il fut tout émerveillé et s'écria : « Ah ! Sire Dieu, pardon ! ce sont des anges [6] que je vois ici. Ah ! oui, j'ai commis un grand péché et je me suis mal comporté en disant que c'étaient des diables. Ma mère ne m'a pas conté de fable en me disant que les anges étaient les plus belles choses qui soient, hormis Dieu, qui est plus beau que tous. Et je vois le Seigneur Dieu lui-même, je crois, car j'en vois un si beau que les autres, Dieu me garde ! n'ont pas le dixième de sa beauté. Ma mère m'a dit aussi qu'on doit croire en Dieu et l'adorer, le supplier et l'honorer : je vais adorer celui-ci
40 et tous les autres avec lui. » Aussitôt il se lance vers la terre et dit tout son credo et les oraisons qu'il savait, toutes celles que sa mère lui avait apprises.

Le chef des chevaliers le voit et dit : « Restez en arrière : ce garçon est tombé à terre, de peur, à notre vue. Si nous allions tous ensemble vers lui, il aurait, ce me semble, si grand'peur qu'il en mourrait et ne pourrait répondre à aucune de mes demandes [7]. » Ils s'arrêtent et le chef s'avance vers le valet, à grande allure ; il le salue et le rassure, et lui dit : « Valet, n'aie pas peur. — Je n'ai pas peur, par le Seigneur en qui je crois [8]. Êtes-vous Dieu ? — Non, par ma foi ! — Qui êtes-vous
50 donc ? — Je suis un chevalier. — Je n'ai jamais connu de chevalier, fait le valet ; je n'en ai jamais vu ; je n'en ai jamais entendu parler ; mais vous êtes plus beau que Dieu. Que ne suis-je aujourd'hui comme vous, ainsi luisant et ainsi fait [9] ! » A ce mot, le chevalier s'approche de lui et lui demande : « As-tu vu aujourd'hui, sur cette lande, cinq chevaliers et trois demoiselles ? » Mais le valet a d'autres questions à lui faire et entend les lui poser ! Vers la lance, il tend sa main, la prend et dit : « Beau cher seigneur, vous qui avez nom chevalier, qu'est ceci que vous tenez ? — Me voilà bien avancé, fait le chevalier, ce m'est avis ; je croyais, beau doux ami, apprendre de toi des nouvelles
60 et tu veux en savoir de moi ! Je vais te le dire : c'est ma lance. — Dites-

---

— 1 A leur approche. — 2 Faire le signe de la croix. — 3 Quel trait de caractère se révèle ici ? — 4 Jeune homme (*vaslet*, diminutif de *vassal*). — 5 Les haubers et les écus sont peints de couleurs éclatantes. Quelle impression veut produire le poëte par cette description ? — 6 Cf. plus haut. Qu'y a-t-il d'amusant dans ce contraste ? Montrez que l'admiration du jeune homme ira croissant. — 7 Comment l'auteur a-t-il rendu vraisemblables la douceur et la patience du seigneur ? — 8 Montrez que le caractère se précise. — 9 Comment se révèle ici chez le jeune homme l'éveil de la vocation ?

vous, fait l'autre, qu'on la lance comme je fais mes javelots ? — Nenni,
valet, tu es trop sot ! mais on en frappe en la tenant en main. — Alors,
mieux vaut un de ces trois javelots que vous voyez ici ; car autant que
je veux je tue des oiseaux et des bêtes, au besoin ; et je les tue d'aussi
loin qu'on pourrait tirer une flèche [1]. — Valet, de cela je n'ai que faire ;
mais réponds-moi sur les chevaliers : dis-moi si tu sais où ils sont ; et
les demoiselles, les as-tu vues ? » Le garçon saisit le bas de l'écu [2]
et dit à cœur ouvert : « Qu'est ceci ! et à quoi cela vous sert-il ? — Valet,
fait-il, tu te moques, de me parler d'autre chose que ce que je te demande.
70 Je croyais, Dieu me pardonne ! apprendre de toi des nouvelles plutôt
que t'en apprendre ; et tu veux que je t'en apprenne ! Je te le dirai,
quoiqu'il advienne, je te l'accorde volontiers : écu est le nom de ce que
je porte. — Écu ? — Oui, dit-il, et je ne dois pas en faire fi [3], car il
m'est si fidèle que si l'on tire sur moi, il se présente devant tous les
coups : c'est le service qu'il me rend [4]. »

   *Les autres chevaliers s'impatientent, mais leur chef s'obstine à inter-
roger le Gallois* [5] : « Valet, dit-il, sans vouloir te vexer, dis-moi,
les cinq chevaliers et les demoiselles, les as-tu rencontrés ou vus ? »
Mais le garçon le prend par le pan de son haubert, et le tire : « Dites-moi,
80 beau sire, de quoi êtes-vous vêtu ? — Valet, fait l'autre, ne le sais-tu
pas ? — Moi ? non. — Valet, c'est mon haubert : il est aussi pesant
que du fer. — Est-il de fer ? — Tu le vois bien ! — De cela, fait-il,
je ne sais rien ; mais il est bien beau, Dieu me protège ! Qu'en faites-vous ?
A quoi sert-il ? — Valet, c'est facile à dire : si tu voulais me lancer
un javelot ou me tirer une flèche, tu ne me ferais aucun mal. — Seigneur
chevalier, que de tels hauberts Dieu garde les biches et les cerfs ! Je
ne pourrais plus en tuer un seul, ni jamais courir après eux. » Et le
chevalier lui répète : « Valet, par Dieu, peux-tu me dire des nouvelles
des chevaliers et des demoiselles ? » Mais le garçon qui n'avait guère
90 de sens lui dit : « Êtes-vous né ainsi ? — Mais non, valet, il est impossible
qu'on puisse naître ainsi. — Qui vous a donc ainsi équipé ? — Valet,
je te dirai bien qui. — Dites-le donc. — Très volontiers : il n'y a pas
cinq jours entiers que ce harnois [6] me fut donné par le roi Arthur,
qui m'adouba [7] ».

                                           Perceval (v. 69-290).

– Le début de ce roman vous plaît-il ? A quelles qualités êtes-vous surtout sensible ?
– Comment s'enchaînent les diverses scènes ? Comment est éveillé et ravivé l'intérêt ?
– Par quels traits se révèle la naïveté du garçon ? Pouvez-vous l'expliquer ?
– A quelles réactions découvre-t-on le caractère d'un futur héros ?
• **Groupe thématique : Printemps.** Cf. p. 194 ; 209. – XVIᵉ SIÈCLE, p. 141. – XVIIᵉ SIÈCLE, p. 388 – .
   XIXᵉ SIÈCLE, p. 113 ; 212.

— 1 Nouvel aspect de ce caractère. Pré- | d'un objet ? — 5 Cette phrase en italique
cisez. — 2 La scène se répètera. Quel est | résume une coupure de 23 vers. — 6 Armure.
l'effet obtenu ? — 3 Le mépriser. — 4 Le | — 7 *Adouber :* remettre son armure et ses
chevalier parle-t-il de son bouclier comme | armes à un nouveau chevalier.

BON SANG NE PEUT MENTIR

Aussitôt de retour, le jeune Perceval raconte à sa mère la rencontre de ces êtres plus beaux « que Dieu ni anges à la fois ». La pauvre veuve essaie en vain de le mettre en garde. Elle lui révèle que son père et ses deux frères aussi étaient des chevaliers, mais qu'ils ont péri par les armes. Depuis, elle a élevé son dernier enfant loin du monde, des tournois et de la guerre. Mais c'est peine perdue : Perceval affirme sa volonté d'aller « au roi qui fait les chevaliers ». La pauvre mère doit s'incliner ; elle équipe de son mieux le jeune homme, et lui prodigue ses conseils : être pieux, homme d'honneur et servir les dames. Il s'est à peine éloigné qu'elle tombe morte.

LE ROI PÊCHEUR

A la cour d'ARTHUR, Perceval se couvre de gloire : il est armé chevalier. Un soir, accueilli dans le mystérieux château du « ROI-PÊCHEUR [1] », il assiste à un étrange spectacle : un jeune homme passe, portant une lance ensanglantée ; puis, précédées de deux riches flambeaux, ce sont deux jeunes filles, portant l'une un GRAAL (vase) étincelant de pierreries, l'autre un plateau d'argent. Il n'ose interroger son hôte, couché auprès de lui, sur le sens de ce mystère. Il a manqué ainsi une merveilleuse occasion qui s'offrait à lui. Comme il l'apprendra en effet, une fois hors du château, s'il avait posé la question, le Roi-pêcheur, qui était paralysé, eût pu être guéri, et lui-même en aurait reçu mille félicités.

LA « QUÊTE DU GRAAL »

Dès lors, il n'a de cesse qu'il n'ait retrouvé le GRAAL, et son ami Gauvain essaie, de son côté, d'en pénétrer le secret. Au bout de cinq ans de cette « quête » inlassable, notre héros est amené à se confesser à un ermite. Celui-ci se trouve être l'oncle du Roi-pêcheur et le frère de la propre mère de Perceval : il révèle à ce dernier que le père du Roi-pêcheur ne soutient plus sa vie que grâce à l'hostie qu'on lui apporte dans le Graal. Ainsi s'éclaire un peu du mystère inclus dans ce conte si émouvant, si poétique, du Graal. Si Perceval avait été initié, l'immense bonheur du salut éternel s'ouvrait à lui... Mais nous n'en saurons pas plus long sur les intentions de Chrétien, qui voulait sans doute donner un sens mystique à certaines légendes arthuriennes. La mort de l'auteur a laissé l'ouvrage inachevé, en dépit de ses 10.000 vers *.

Le cycle du Graal

Au XIIIe siècle, où tous nos romans en vers du siècle précédent sont mis en prose, les œuvres de Chrétien de Troyes sont reprises et remaniées par des inconnus dans l'immense LANCELOT EN PROSE, ou *Corpus Lancelot-Graal*. Il comprend cinq parties : *l'Estoire del Saint-Graal, l'Estoire de Merlin l'enchanteur*, le *Livre de Lancelot du Lac*, la *Queste del Saint-Graal*, et *La Mort le roi Artu*.

Le sens *mystique* et *eucharistique* du SAINT GRAAL y est nettement précisé : c'est le vase qui servit à la Cène, et dans lequel Joseph d'Arimathie aurait recueilli le sang de Jésus. Ses descendants le gardent en *Terre Foraine* [2], inaccessible à ceux qui ne sont pas purs de tout péché. Désormais ce sont les *chevaliers de la Table Ronde* qui s'attachent à la quête du Graal, symbole de la vie mystique, de l'aspiration à la perfection chrétienne qui mène à Dieu. Tous les exploits de leur « chevalerie terrienne », dédiés autrefois à leur suzerain ou à leur dame, se consacrent maintenant à cette « chevalerie célestienne » : leurs aventures deviennent des *allégories mystiques de la vie surnaturelle*. Mais les plus hardis échoueront, même Lancelot, même Perceval, parce qu'ils vivent dans le péché. C'est *Galaad*, fils de Lancelot du Lac, chevalier pur de toute atteinte de l'amour terrestre, qui pourra conquérir le Graal et, avant de quitter cette terre, le contempler en une extase qui symbolise le bonheur mystique. A l'époque moderne, la *légende du Graal* a inspiré à R. WAGNER son opéra de *Parsifal* (1882).

— 1 Perceval l'a rencontré en train de pêcher dans une rivière. Mais ce terme a proba- | blement aussi un sens symbolique. — 2 Etrangère (cf. anglais : *foreign*).

* *Lire le texte intégral de Perceval dans l'éd. Hilka.*

AUCASSIN ET NICOLETTE

L'originalité de cette gracieuse « *chantefable* » (première moitié du XIIIe siècle) est dans l'alternance, sans autre exemple au Moyen Age, de *morceaux en prose* et de *laisses lyriques* assonancées, dont le manuscrit nous indique la mélodie. Laisses et prose font également partie du récit et sont coupées de *dialogues* et de *monologues*.

Le thème de ce conte idyllique est sans doute fréquent au Moyen Age : *les amours contrariées* de deux adolescents qui finissent par s'épouser. Mais cette œuvre, bien composée (en trois « *actes* »), a de nombreux mérites :

1. FRAICHEUR POÉTIQUE : Évocation, naïve et pure, du sentiment qui pousse l'un vers l'autre deux êtres jeunes et spontanés ; sens délicat de la nature.

2. VÉRITÉ ET VARIÉTÉ DES CARACTÈRES : Opposition entre Aucassin, paralysé par sa passion, et Nicolette, énergique et rusée ; silhouettes, tracées avec naturel, de pâtres méfiants, et surtout d'un bouvier rude, malheureux et résigné, pour qui le poète montre une sympathie émue.

3. IRONIE toujours présente d'un auteur qui n'est pas dupe de son sujet, *parodiant* burlesquement les épisodes des romans courtois et s'amusant à nous peindre finement le joli manège de l'amour.

LES AMOURS CONTRARIÉES

Le vieux comte Garin de Beaucaire *est attaqué par le comte de Valence. Son fils unique, le bel* AUCASSIN, *n'a aucun goût pour les armes. Il languit d'amour pour* NICOLETTE *au beau visage, captive achetée à des Sarrasins par le vicomte de la ville, qui l'a baptisée et en a fait sa filleule. Le comte Garin ne veut pas entendre parler de cette mésalliance. Il ordonne au vicomte d'éloigner sa filleule, et ce dernier l'enferme étroitement dans une chambre de son palais. On la croit perdue. Aucassin la réclame vainement au vicomte.*

Aucassin accepte alors de guerroyer pour mériter qu'on lui rende Nicolette : il fait prisonnier le comte de Valence, mais le relâche, puisque son père ne tient pas parole et refuse de lui accorder Nicolette. Le vieux comte, irrité, enferme Aucassin dans une chambre souterraine.

LA FUITE DES AMANTS

Mais voilà qu'une nuit de mai, Nicolette s'évade *par une fenêtre, à l'aide d'une corde faite de draps noués. Elle passe près de la tour où gît Aucassin, l'entend gémir, et s'entretient avec lui. Elle lui annonce son intention de quitter le pays pour échapper au danger. Mais on entend les gardes de nuit : heureusement le guetteur prévient adroitement Nicolette.*

Elle parvient à quitter la ville, se réfugie *dans une forêt voisine et confie à des pastoureaux un message pour Aucassin. Puisque Nicolette a disparu, ce dernier est délivré par son père et l'on célèbre une grande fête pour consoler le jeune homme. Pour dissiper sa tristesse, il chevauche dans la forêt et, renseigné par les pastoureaux, il retrouve Nicolette* (cf. p. 75).

LES AVENTURES ET LE RETOUR

Ils arrivent au bord de la mer et s'embarquent. Ils abordent dans l'étrange pays de Torelore, *où tout se fait à l'inverse de nos usages et où ils vivent heureux. Hélas ! une razzia de Sarrasins les jette*, prisonniers, *dans des nefs différentes, dispersées par la tempête.* AUCASSIN *sur une épave, aboutit à Beaucaire : ses parents étant morts, il devient seigneur du pays, inconsolable d'avoir perdu son amie. Quant à* NICOLETTE, *reconnue et fêtée par son père, le roi de Carthage, elle s'enfuit pour ne pas épouser un roi païen. Déguisée en jongleur, le visage noirci, elle revient à Beaucaire, et devant Aucassin accablé de tristesse, elle chante leur propre histoire, en s'accompagnant de la vielle. Les deux amants se reconnaissent ; leur mariage est célébré dans la joie et le luxe. Aucassin et Nicolette ont enfin trouvé le bonheur* *.

---

* Lire le texte intégral dans l'éd. M. Roques (Champion) et l'adaptation de G.Michaut (De Boccard).

AUCASSIN A LA RECHERCHE DE NICOLETTE

Aucassin, plein d'inquiétude, recherche Nicolette dans le bois ; il souffre *physiquement* et *moralement*. Dans ce récit courtois et charmant, le ton s'élève soudain : Aucassin rencontre un homme *peut-être plus malheureux que lui*. Sa propre souffrance l'aide à comprendre la détresse de ce « *frère* », et la bénédiction du misérable lui portera bonheur.

Par un vieux chemin herbeux, il chevauchait. Il regardait devant lui au milieu de la voie, quant il vit un jeune homme tel que je vais vous dire. Il était grand, étrange, laid et hideux. Il avait une grande hure [1] plus noire qu'une charbonnée, plus d'une pleine paume de large entre les deux yeux, de grandes joues, un immense nez plat, d'énormes narines ouvertes, de grosses lèvres plus rouges qu'une grillade et de grandes dents jaunes et laides. Il était chaussé de houseaux [2] et de souliers de cuir de bœuf, lacés d'écorce de tilleul jusqu'au-dessus du genou ; il était affublé d'une chape [3] à deux envers et s'appuyait
10 sur une grande massue [4].
Aucassin se trouva brusquement devant lui et eut grand'peur [5] quand il l'aperçut : « Beau frère, Dieu te protège ! — Dieu vous bénisse ! fait l'autre. — Dieu te protège ! que fais-tu ici ? — Que vous importe ? fait l'autre. — Rien, fait Aucassin. Je ne vous le demande qu'à bonne intention. — Mais pourquoi pleurez-vous, fait l'autre, et menez-vous si grand deuil ? Certes, si j'étais aussi riche que vous l'êtes, rien au monde ne me ferait pleurer [6]. — Bah ! me connaissez-vous ? fait Aucassin. — Oui, je sais bien que vous êtes Aucassin, le fils du comte, et si vous me dites pourquoi vous pleurez, je vous dirai ce que je fais ici.
20 — Certes, fait Aucassin, je vous le dirai bien volontiers. Je suis venu, ce matin, chasser en cette forêt : j'avais un lévrier blanc, le plus beau du monde, je l'ai perdu, et c'est pour cela que je pleure [7]. — Comment ? fait l'autre, par le cœur que Notre-Seigneur eut en sa poitrine [8] ! pleurer pour un chien puant ? Maudit soit qui jamais vous estimera, quand il n'y a si puissant homme en cette terre, si votre père lui en demandait dix, ou quinze, ou vingt, qui ne les lui envoyât très volontiers, et trop heureux encore ! Mais moi je dois pleurer et me lamenter. — Et de quoi, frère [9] ? — Sire, je vous le dirai. J'étais loué à un riche vilain [10] ; je poussais sa charrue : il y avait quatre bœufs. Or, voilà trois jours,
30 il m'advint un grand malheur, car j'ai perdu le meilleur de mes bœufs, Rouget, le meilleur de ma charrue, et je le vais cherchant. Je n'ai mangé

---

1 Tête velue (cf. la *hure* d'un sanglier). —
2 Jambières de cuir. — 3 Manteau ample, à capuchon. L'étoffe peut se retourner. —
4 Relever les éléments pittoresques de ce portrait. Vous paraît-il tiré de la réalité ? —
5 Comment s'exprime ce sentiment dans le dialogue qui va suivre ? — 6 Comment ce bouvier conçoit-il le bonheur ? Est-ce exact en ce qui concerne Aucassin ? — 7 Quel est le rapport de ce conte avec la réalité ? — 8 Le langage du bouvier est très vigoureux. Chercher d'autres exemples de ce réalisme. — 9 Commenter ce mot. Que nous révèle-t-il ? — 10 Paysan.

ni bu depuis trois jours passés, et je n'ose aller à la ville : on me mettrait en prison, car je n'ai pas de quoi le payer. De tout l'avoir du monde, je n'ai vaillant [1] que ce que vous voyez sur moi. J'avais une pauvre mère ; pour tout bien elle n'avait qu'un mauvais matelas : on [2] le lui a tiré de dessous et elle gît sur la paille nue. J'en souffre plus pour elle que pour moi, car « l'avoir » va et vient [3] : je perds aujourd'hui, je gagnerai demain ; et je paierai mon bœuf quand je pourrai : ce n'est pas pour cela que je pleurerai [4]. Et vous, vous pleurez pour une saleté

40 de chien ! Maudit soit qui jamais vous estimera ! — Certes, tu es de bon réconfort, beau frère. Béni sois-tu ! Et que valait ton bœuf ? — Sire, c'est vingt sous qu'on m'en demande ; je n'en puis faire rabattre une seule maille [5]. — Eh bien ! tiens, fait Aucassin, voici vingt sous que j'ai ici en ma bourse : paie ton bœuf [6]. — Sire, fait-il, grand merci ! Dieu vous fasse trouver ce que vous cherchez ! »

Aucassin erra tant qu'il vint près de la fourche des sept chemins, et vit devant lui la loge [7] que, comme vous savez, Nicole avait faite [8]...

Il mit le pied hors de l'étrier pour descendre ; son cheval était grand et haut : il pensait tant à Nicolette, sa très douce amie, qu'il tomba

50 durement sur une pierre et se démit l'épaule. Il se sentit fort blessé, mais s'efforçant du mieux qu'il put, il attacha son cheval, de l'autre main, à un buisson d'épines, et se traînant sur le côté, il parvint à se coucher sur le dos, dans la loge [9]. Il regarda par un trou de la loge et vit les étoiles dans le ciel : il en vit une plus claire que les autres et se mit à dire :

XXV. — Maintenant on chante

« Estoilete [10], je te voi,	Pleüst ore al sovrain roi [16]],
que la lune trait [11] a soi ;	que je fust du recaoir [17],
Nicolete est aveuc [12] toi,	que fuisse lassus [18] o toi :
m'amïete o le blont poil [13].	ja te baiseroie estroit [19].
Je quid Dix [14] la veut avoir	Se j'estoie fix [20] a roi,
por la lumiere de soir,	s'afferriés vos bien a moi [21],
[que par li plus bele soit [15].	suer douce amie. »

– *Précisez les sentiments d'Aucassin : a) devant le bouvier ; – b) devant sa misère. Expliquez sa conduite.*
– *Étudiez l'opposition entre les deux personnages : a) leur physique ; – b) leur condition sociale ; – c) leur langage ; – d) leurs caractères. – Tirez la leçon morale de cette rencontre.*
– *Étudiez : a) le réalisme ; – b) la poésie ; – c) l'ironie ; – d) le mélange de ces divers registres.*
• **Groupe thématique. Les classes populaires au Moyen Age :** pages 69 ; 75 ; 80 ; 88 ; 98 ; 101 ; 108 ; 183 ; 186 ; 188 ; 190 ; 197.

— 1 « Qui ait une valeur ». — 2 Qui ? — 3 Proverbe. — 4 Dégager du dialogue le portrait moral de ce manant. — 5 Monnaie de très faible valeur. Le sou vaut 12 deniers, et le denier 2 mailles (cf. « *n'avoir ni sou ni maille* »). — 6 Pourquoi cette générosité ? — 7 Petite cabane de feuillage. — 8 Aucassin décide de s'y reposer une nuit : thème courtois. — 9 Étudier la vérité du récit dans tout ce passage. — 10 « *Etoilette* » : petite étoile (antécédent de *que* du vers suivant). — 11 Tire — 12 Avec. — 13 Ma petite amie aux blonds cheveux. — 14 Je crois que Dieu... — 15 « Pour que, par elle, (la lumière) soit plus belle ». — 16 Passage restitué : le manuscrit, déchiré, présente une lacune. — 17 Plût à Dieu, le souverain roi, quel que (soit le danger) de retomber (*re-cadere*). — 18 Là-haut *avec* (o). — 19 Je t'embrasserais étroitement. — 20 Fils d'un roi. — 21 Vous me conviendriez bien.

LA LITTÉRATURE SATIRIQUE

Les Chansons de Geste et les Romans Courtois s'adressaient surtout à la société aristocratique avant d'intéresser, au XIIIe siècle, le *public bourgeois et populaire*. Mais dès le XIIe siècle, la bourgeoisie, dont l'influence sociale ne cesse de croître, a sa littérature propre, parfaitement adaptée à ses goûts : littérature *narrative, malicieuse* et *satirique, pittoresque* et même *réaliste*, souvent *grivoise*, parfois *morale*. Les monuments de cette littérature sont le ROMAN DE RENARD et les FABLIAUX.

LE ROMAN DE RENARD

Cette œuvre se compose de 27 « *branches* » ou *récits* indépendants, en octosyllabes rimés. L'unité de ces poèmes, très divers et pour la plupart d'auteurs différents, tient à leur héros central, le *goupil* [1], surnommé RENARD, et aux péripéties de sa lutte contre le loup YSENGRIN.

Les origines

Ces narrations peuvent se rattacher à la fois à des traditions *populaires* et à des sources *littéraires*.

1. LES TRADITIONS POPULAIRES : La plupart des épisodes du Roman paraissent remonter à des contes qui se retrouvent dans le *folklore* de nos provinces ou même des pays les plus lointains (Russie, Finlande). On suppose donc que les auteurs ont puisé leur matière dans les *récits oraux* de nos campagnes.

2. LES SOURCES LITTÉRAIRES : Le Moyen Age a connu, en latin, des fables imitées des auteurs anciens (*Phèdre* et *Esope*) ; puis, en vers français, les ISOPETS (*mot dérivé d'Esope*), recueils de récits moralisateurs destinés aux écoles, dont le plus célèbre est celui de *Marie de France*. Dans ces contes les animaux se comportaient comme les hommes, et quelques épisodes du *Roman de Renard* paraissent s'en inspirer (Renard et Chantecler, p. 88 ; Renard et le Corbeau, p. 86). D'autre part, du Xe au XIIe siècle, certains *poèmes en latin* contenaient la lutte du goupil et du loup. La plus importante de ces œuvres est l'YSENGRIMUS (milieu du XIIe siècle), du flamand Nivard. On y trouve déjà les épisodes essentiels du Roman de Renard, avec comme principaux héros des animaux nommés *Reinardus, Ysengrimus,* etc... Peut-être d'ailleurs ces poèmes latins remontent-ils à la tradition orale.

---

[1] *Goupil* était le nom commun de l'animal (lat. *vulpecula*, diminutif de *vulpes*). Le nom propre du goupil qui, dans cette œuvre, est *Renard*, a fini par devenir nom commun.

L'œuvre   Tributaires de la tradition populaire ou des sources
littéraires, les auteurs du Roman de Renard n'en ont pas
moins fait *œuvre personnelle*. Ils ont mis *en vers* ces épisodes ; ils les ont enrichis de leur
invention, de leur *observation*, de leur *art*. De ces auteurs, quelques noms seulement nous
sont parvenus. Les deux branches les plus anciennes (II et Va, entre 1174 et 1177) sont
de PIERRE DE SAINT-CLOUD ; la branche IX est du prêtre de la CROIX-EN-BRIE ;
la branche XII de RICHARD DE LISON.

Un *premier recueil* réunit, dès le début du XIIIᵉ siècle, les plus anciennes branches, écrites
entre 1174 et 1205. Malicieuses sans amertume, ce sont de *bonnes histoires* destinées à
amuser le public et non à moraliser.

Un *deuxième cycle* groupe les autres branches, échelonnées dans la première moitié
du XIIIᵉ siècle : l'intention *morale* et *satirique* y est beaucoup plus sensible.

Les « *suites* » données au Roman de Renard à la fin du XIIIᵉ siècle et au début du
XIVᵉ siècle sont avant tout *satiriques*. Les diverses branches sont de longueur fort variable
(entre 90 et 3.500 vers). L'ensemble des récits consacrés à Renard comprend plus de
100.000 vers *.

L'épopée animale   On a souvent dit que cette œuvre disparate était « *l'épopée
animale* » du XIIᵉ siècle. Nous assistons en effet à des luttes
opposant des animaux entre eux (et, plus rarement, aux hommes). *C'est le goupil qui est
au centre*. Généralement vaincu par les êtres plus faibles que lui, il triomphe au contraire
des plus forts, et en particulier du loup dont la force n'a d'égale que sa naïveté. Ce *triomphe
de l'esprit et de la ruse* sur la force brutale était la revanche du bourgeois et du peuple
écrasés par la noblesse.

1. LA SOCIÉTÉ ANIMALE : Dans ces œuvres, le monde des bêtes est organisé
à l'image de la société française du temps. Chaque espèce s'y trouve représentée par un
animal doté d'un nom propre souvent en rapport avec son aspect ou son caractère traditionnel : *Renard* (le goupil), *Ysengrin* (le loup), *Noble* (le lion), *Chantecler* (le coq), *Tardif*
(le limaçon), *Couard* (le lièvre), etc... Ces personnages sont ainsi nettement individualisés,
avec leurs caractères, leurs mœurs, leur histoire. Chacun a *une famille* normalement
constituée : Renard a trois fils de son épouse Hermeline ; Ysengrin est le mari de Hersent
et le frère de Primaut ; Chantecler est le seigneur de Pinte, la poule, et le père d'une
nombreuse famille.

Autour de *Noble*, le roi, et de *Fère*, son épouse, vit une cour de seigneurs comme
Ysengrin, Renard, Brun (l'ours) ; plus bas dans la hiérarchie, *Chantecler, Tibert* (le chat),
Grimbert (le blaireau), etc... ; plus bas encore le menu peuple : *Tardif, Couard, Frobert*
(le grillon), etc... Certains d'entre eux ont une *fonction sociale* déterminée : le Roi
commande les armées et rend la justice ; Ysengrin est son connétable ; Brun son messager
et Bernard, l'âne, son archiprêtre.

2. LA TRANSPOSITION DU MONDE ANIMAL AU MONDE HUMAIN :
Ces animaux parlent et agissent le plus souvent comme des hommes. Nous voilà donc en
pleine *fiction !* A la cour de Noble, règne la paix entre les représentants des espèces
ennemies : Ysengrin le loup et Belin le mouton y font bon ménage. Renard est le seul à
ne pas respecter cette loi : il happerait volontiers la mésange, Tiécelin le corbeau ou
Chantecler le coq ; il croque d'ailleurs allègrement dame Copée, la sœur de Pinte (p. 91).

Parfois cependant reparaissent les *appétits* et les *instincts :* c'est ainsi que Brun, l'ours,
est si friand de miel qu'il en oublie ses devoirs de messager royal (p. 93). Ce mélange de
l'élément animal et de l'élément humain est d'un *humour* fort séduisant dans les branches
les plus réussies, quand l'auteur sait respecter la mesure. C'est le cas du *Jugement de
Renard* (p. 91). Tout l'art consiste à parodier la comédie humaine sans jamais nous laisser

---

* On lira le texte intégral dans l'éd. Martin (Leroux) ou de préférence dans le volume de la
collection Les Grands Maîtres (Bordas) préfacé par Henri Poulaille. — Il existe de nombreuses
adaptations du Roman de Renard, par Mme Jeanroy (de Boccard) ; L. Chauveau (Payot) ;
R. Busquet (Lanore).

oublier qu'il s'agit d'animaux. L'auteur y parvient, comme plus tard LA FONTAINE, en prêtant aux bêtes des sentiments en accord avec leur nature : Pinte, la poule, est dolente et accablée ; Noble, le lion, a de terribles colères et Brun, l'ours, se laisse lourdement duper. Par malheur, le plus souvent, surtout dans les *branches postérieures*, les auteurs, cédant à des intentions satiriques, ont poussé jusqu'à *l'absurde* l'assimilation des animaux à des hommes. La satire sociale est alors plus vive, mais, pour nous, l'intérêt artistique s'évanouit.

L'aspect satirique C'est une œuvre essentiellement satirique, bien faite pour séduire l'*esprit populaire*. Selon les épisodes cette satire peut prendre une forme *légère* (parodie littéraire, peinture malicieuse de la comédie humaine), ou devenir une *critique acerbe* des vices sociaux.

1. LA PARODIE LITTÉRAIRE : Ces auteurs populaires s'amusent visiblement à singer la *littérature aristocratique* des CHANSONS DE GESTE et des ROMANS COURTOIS. Même dans les parties les plus sobres, comme le *Jugement de Renard*, les animaux sont des « barons » qui chevauchent des destriers. La parodie est souvent plus appuyée : Renard soutient des sièges dans sa forteresse pourvue d'une herse et d'un pont-levis ! Il se bat en duel judiciaire contre Ysengrin (branche VI) et contre Chantecler qui implore le secours de « sainte Copée » (br. XVII). Parfois, comme dans *Renard empereur* (p. 95) il s'agit d'une véritable épopée mettant aux prises « chrétiens » et « païens ». Le poète peut d'ailleurs obtenir d'excellents *contrastes héroï-comiques*, par exemple lorsqu'il nous montre la bravoure de Couard, le lièvre, ou le chameau prisonnier de Frobert, le grillon (p. 96). Mais trop souvent nous oublions qu'il s'agit d'animaux et nous tombons, par suite, en pleine absurdité.

2. LA PEINTURE MALICIEUSE DU MONDE HUMAIN : Les contes du *premier recueil* n'ont d'autre objet que de nous amuser par les aventures de leurs héros et l'assimilation des bêtes aux hommes. La peinture du monde humain qui résulte de cette transposition est *malicieuse, humoristique*, sans tomber dans la protestation ni la révolte.

Certains *caractères* sont *finement tracés* : Renard, l'universel trompeur, esprit cynique, sans scrupule, ancêtre de *Pathelin* et de *Panurge* ; Ysengrin, aussi stupide que vigoureux ; Chantecler, orgueilleux et parfois subtil ; la Mésange, qui aime jouer avec le danger ; le Lion, majestueux et crédule ; le Lionne, coquette et courtoise... A tout instant nous rencontrons, dessinées d'un *crayon sobre* et *précis*, des attitudes pleines de *vérité*, des réactions si bien observées qu'elles nous amusent. LES HOMMES eux-mêmes apparaissent çà et là : hobereaux maladroits ; bourgeois âpres au gain ; riches fermiers bien pourvus ; moines charitables et hantés par l'idée du salut, etc... C'est *toute une époque* avec ses mœurs et ses conditions sociales qui se dresse devant notre imagination.

Le Roman de Renard nous attache surtout par cet *art de conter avec vie*, par cette *observation* précise de la campagne et des mœurs villageoises, par cette *caricature* humoristique des hommes et de la société contemporaine.

3. LA SATIRE SOCIALE : On verra dans l'extrait *Renard pèlerin* (p. 93) comment l'auteur s'attaque à certains croisés et pèlerins qui expient leurs fautes en se promenant, sans pour autant améliorer leurs âmes. La *parodie* même des mœurs aristocratiques et féodales, des coutumes judiciaires, de la vie religieuse, est d'ailleurs une forme légère de la satire sociale. Mais c'est surtout dans les *branches écrites au XIIIᵉ siècle* que la prédication *morale* et la gravité *didactique* prennent le pas sur la bonne humeur et la raillerie sans conséquence. Le caractère de Renard devient symbolique : il représente la *ruse* et l'*hypocrisie* triomphantes.

4. LES TRANSFORMATIONS DU GENRE : A la fin du XIIIᵉ et au début du XIVᵉ siècle, l'immense succès de cette œuvre a poussé des écrivains à couler dans ce moule commode leur verve satirique. Des « *suites* » du Roman de Renard en font un *genre allégorique*, où l'on attaque les ordres mendiants et l'hypocrisie religieuse comme dans *Renard le Bestourné* (le contrefait) de RUTEBEUF, ou *Renard le Nouvel*, de JACQUEMART GELÉE, ou encore le *Couronnement de Renard* (d'auteur inconnu) qui dénonce la « renardie », triomphe du mensonge hypocrite, et la toute-puissance de l'argent.

RENARD LE TROMPEUR

Les *branches III* et *IV*, dont nous citons la majeure partie, nous montrent RENARD *toujours vainqueur*, soit qu'il dupe les hommes et leur dérobe sa nourriture, soit qu'il joue les pires tours à son « oncle » YSENGRIN le loup.

RENARD ET LES ANGUILLES

A l'entrée de l'hiver, RENARD, travaillé par la faim, est en quête de nourriture... La *Faim,* tel est, dans cette épopée animale, le puissant mobile de toutes actions. Mais Renard, comme plus tard le *Panurge* de RABELAIS, a « *soixante et trois manières d'en trouver toujours à son besoin* » ! Cette histoire permettra d'apprécier sa *fertilité d'invention.* A sa bonne humeur, à son pittoresque de conteur, l'artiste a joint un rien d'*ironie,* surtout dans le passage où les marchands vendent déjà la peau... du renard au moment même où il déguste leurs anguilles.

Voici venir à grande allure des marchands qui transportaient du poisson et qui venaient de la mer. Ils avaient des harengs frais en quantité, car la bise favorable avait soufflé toute la semaine [1]. Ils ont aussi d'autres bons poissons, à profusion, grands et petits, dont leurs paniers sont bien remplis. Leur charrette était chargée de lamproies et d'anguilles qu'ils avaient achetées dans les villages. Renard, l'universel trompeur [2], était à une portée d'arc. Quand il voit la charrette chargée d'anguilles et de lamproies, il s'enfuit au devant, sur la route, pour les tromper sans qu'ils s'en doutent. Alors, il se
10 couche au milieu du chemin.
Écoutez maintenant comme il les trompe ! Il se vautre sur le gazon et fait le mort. Renard qui trompe tout le monde ferme les yeux, serre les dents ; il retient son haleine en prison [3]. Vit-on jamais pareille trahison ? Il reste là, gisant. Voici les marchands qui arrivent sans y prendre garde. Le premier qui le voit le regarde, puis appelle son compagnon : « Regarde, là : c'est un goupil [4], ou un chien ! » L'autre le voit et s'écrie : « C'est le goupil ! Vite, attrape-le ; garde qu'il ne t'échappe : il sera bien malin, Renard, s'il ne nous laisse sa peau [5]. » Le marchand presse l'allure, et son compagnon après lui, jusqu'à
20 ce qu'ils soient près de Renard. Ils trouvent le goupil étendu sur le dos, le tournent et le retournent, sans crainte d'être mordus : ils lui pincent le dos, puis la gorge [6]. L'un dit : « il vaut trois sols » ; et l'autre : « Dieu me garde, il en vaut bien quatre, et c'est pour rien ! Nous ne sommes pas trop chargés : jetons-le sur notre charrette. Vois comme sa gorge est blanche et nette ! »

— 1 Ce trait et les suivants nous renseignent-ils sur l'auteur, sa formation, son milieu ? — 2 Cette épithète revient constamment dans le *Roman de Renard.* — 3 Langue imagée, pittoresque et savoureuse. Cherchez-en d'autres exemples dans l'extrait. — 4 *Goupil :* cf. note p. 77. — 5 Quelles sont les qualités de ce dialogue ? — 6 Pourquoi ? Toutes ces réactions vous paraissent-elles bien observées ?

A ces mots, ils s'avancent, le lancent sur leur charrette, puis se remettent en route. Ils sont en grande joie, tous deux, et disent : « Pour l'instant, nous n'y touchons pas, mais, cette nuit, chez nous, nous lui retournerons la casaque [1] ! » Cette histoire ne leur déplaît pas. Mais
30 Renard ne fait qu'en rire : il y a loin entre faire et dire [2] ! Il s'allonge sur les paniers, en ouvre un avec les dents, et en tire, sachez-le bien, plus de trente harengs : il vide presque le panier. Il en mange très volontiers, sans regretter ni sel ni sauge [3]. Avant de s'en aller, jettera-t-il encore son hameçon [4] ? N'en doutons pas ! Il s'attaque à l'autre panier, y met son museau et ne manque pas d'en tirer trois colliers [5] d'anguilles. Renard qui connaît maintes ruses passe sa tête et son cou dans les colliers, puis les dispose sur son dos : il en est tout couvert [6].

Maintenant, il peut s'en aller. Mais il faut trouver une ruse pour sauter à terre : il n'y a ni planche ni échelle. Il s'agenouille pour voir
40 comment sauter sans dommage. Puis, il s'est un peu avancé, et, des pieds de devant, se lance hors de la charrette au milieu du chemin. Autour de son cou, il porte sa proie. Puis, quand il a fait son saut, il crie aux marchands : « Dieu vous garde ! toutes ces anguilles sont à moi,... et le reste est pour vous [7] ! »

Ébahis, les marchands se lancent à sa poursuite : trop tard ! Quel accueil à Maupertuis, dans la maison de Renard !

Branche III (v. 22-114).

– Distinguez les phases successives de cet épisode. Quelle leçon se dégage de l'aventure ?
– Montrez : a) que l'artiste nous présente dès le début les éléments utiles à l'action ; – b) qu'il souligne chaque fois avec netteté les intentions de Renard.
– Étudiez comment le conteur nous fait voir et surtout entendre ses personnages.
– À quoi tend l'intervention de l'auteur dans son récit ? À quel moment intervient-il ? À quel public vous paraît-il s'adresser ?
– Étudiez le caractère pittoresque des descriptions ; sont-elles développées ? pourquoi ?
– Relevez les traits où se manifeste une connaissance précise de la vie pratique et des mœurs de la campagne.
– Essai. Vous étudierez les qualités du conteur dans les extraits du Roman de Renard.
• **Groupe thématique : Renard.** Portrait moral de Renard d'après les extraits de l'œuvre.

LA TONSURE D'YSENGRIN

Hermeline, *femme de Renard, ses deux fils :* Percehaie *et* Malebranche, *tout le monde s'occupe de faire rôtir les anguilles sur la braise. Alléché par l'odeur,* YSENGRIN, *le loup, le ventre creux, voudrait sa part du festin. «* Impossible ! » *réplique Renard par la porte entrebâillée, «* ce sont des moines *qui se restaurent chez nous ; nul ne peut partager leur repas à moins d'être tonsuré ». Pour décider le loup, Renard lui fait déguster un bout d'anguille et lui promet qu'il sera bientôt abbé. Ysengrin consent à être tonsuré et passe la tête par un guichet. Renard lui verse sur le crâne une pleine marmite d'eau bouillante. Ysengrin proteste, en hurlant, que la tonsure est trop large ! Mais il faut en passer par là ; il faut même, selon la règle de l'ordre, commencer par une nuit d'épreuve :* Renard mène le loup jusqu'au vivier.

---

1 C'est-à-dire « nous *l'écorcherons* ». Mais cette expression imagée ne traduit-elle pas l'état d'esprit des marchands ? Précisez. — 2 Proverbe où s'exprime la sagesse de Renard. — 3 Ironique. Que veut dire l'auteur ? —

4 Appréciez la valeur ironique de cette image dans ce passage. — 5 On enfilait les anguilles, par la tête, autour d'un collier. — 6 Ceci est-il vraisemblable ? — 7 Ce besoin de souligner ironiquement son triomphe est un trait de son caractère.

LA PÊCHE D'YSENGRIN

YSENGRIN est l'éternelle victime de Renard. Nous le voyons toujours avec lui, toujours dupé. Il représente *la force unie à la bêtise*. C'est une des revanches de l'âme populaire que d'assister au *triomphe de l'intelligence* sur la force et la puissance. Cet épisode est un chef-d'œuvre d'humour, de vie, d'observation et de poésie.

C'était un peu avant Noël, quand on met les jambons dans le sel. Le ciel était clair et étoilé, et le vivier [1], où Ysengrin devait pêcher, était si gelé qu'on aurait pu danser dessus : il n'y avait qu'une ouverture que les vilains y avaient faite pour y mener leur bétail, chaque soir, se délasser et boire. Ils y avaient laissé un seau [2]. Là vint Renard, à toute allure. Il regarda son compère : « Sire, fait-il, venez par ici ! c'est là qu'il y a du poisson en abondance, et voici l'engin avec lequel nous [3] pêchons les anguilles et les barbeaux, et d'autres poissons bons et beaux [4]. » Ysengrin dit : « Frère Renard, prenez-le donc, et attachez-le
10 moi bien fort [5] à la queue ! » Renard prend le seau et le lui attache à la queue de son mieux [6]. « Frère, fait-il, maintenant, il faut rester immobile pour faire venir les poissons [7]. » Alors, il s'est blotti près d'un buisson, le museau entre les pattes [8], de façon à voir ce que fera Ysengrin. Et Ysengrin est sur la glace. Le seau est dans la fontaine, plein de glaçons, à volonté. L'eau commence à geler et enserre le seau qui était attaché à la queue. Il est pris dans la glace. La queue est dans l'eau gelée et scellée dans la glace [9]. Ysengrin s'efforce bien de se soulever et de tirer à soi le seau : il s'y essaie de cent façons et ne sait que faire ; il s'émeut. Il commence à appeler Renard, car il ne peut plus se cacher, et déjà
20 l'aube se met à poindre. Renard a levé la tête. Il le regarde, ouvre les yeux [10] : « Frère, fait-il, laissez-donc cet ouvrage ! allons-nous-en, beau doux ami, nous avons pris assez de poissons [11]. » Et Ysengrin lui crie : « Renard, il y en a trop ! J'en ai tant pris que je ne sais comment faire [12] ! » Et Renard se met à rire, puis lui dit sans détour [13] : « Qui tout convoite perd le tout. »

La nuit passe, l'aube pointe : le soleil du matin se lève ; les routes étaient blanches de neige. Messire Constant des Granges, un vavasseur [14] fort aisé qui habitait près de l'étang, s'était levé, avec sa maisonnée pleine de joie et de liesse. Il prend son cor, appelle ses chiens, fait seller

---

— 1 Pièce d'eau où l'on conserve les poissons vivants. — 2 Montrer que nous connaissons, dès maintenant, les éléments essentiels du récit. Sont-ils vraisemblables ? — 3 « Les moines ». — 4 A quels sentiments fait-il appel ? — 5 Qu'y a-t-il de comique dans cette recommandation ? — 6 Le mot n'est-il pas à double sens ? — 7 Est-ce, pour Renard, la vraie raison ? — 8 Que traduit cette attitude ? — 9 Depuis quelques phrases il n'est plus question d'Ysengrin ni de Renard. Que veut suggérer l'auteur ? Caractériser ce comique. — 10 Dormait-il ? Quels étaient ses sentiments ? — 11 Où est l'ironie ? — 12 D'où vient le comique de cette réplique ? — 13 Préciser ce trait de caractère (cf. texte précédent, note 7). — 14 Homme de petite noblesse (*vassus vassorum :* vassal de vassaux).

30 son cheval : sa maisonnée pousse des cris et des huées [1]. Renard l'entend et prend la fuite jusqu'à sa tanière où il se blottit. Et Ysengrin reste sur place : de toutes ses forces il secoue. il tire ; peu s'en faut que sa peau ne se déchire. S'il veut se tirer de là, il faudra qu'il abandonne sa queue.

Tandis qu'Ysengrin se démène, voici venir au trot un valet tenant en laisse deux lévriers. Il voit Ysengrin tout gelé sur la glace avec son crâne pelé [2]. Il le regarde, puis s'écrie : « Ah ! le loup ! le loup ! Au secours ! au secours ! » Les veneurs, l'entendant, bondissent hors de la maison avec leurs chiens, franchissent la haie. Ysengrin n'est pas

40 à son aise, car sire Constant les suivait sur un cheval au grand galop et s'écriait : « Lâchez, vite, lâchez les chiens ! » Les valets découplent les chiens, et les braques [3] étreignent le loup : Ysengrin est tout hérissé. Le veneur excite les chiens et les gronde durement. Ysengrin se défend bien et les mord de toutes ses dents : mais que faire ? Il aimerait bien mieux la paix [4] !

Sire Constant a tiré son épée : il s'apprête à bien le frapper. Il descend de cheval et vient vers le loup, sur la glace. Il l'attaque par derrière, veut le frapper, mais il manque son coup. Le coup porte de travers, et sire Constant tombe à la renverse, si bien que la nuque lui saigne.

50 Il se relève, à grand'peine. Plein de colère, il revient à la charge. Écoutez la belle bataille ! Il croit l'atteindre à la tête, mais c'est ailleurs qu'aboutit son coup : l'épée glisse vers la queue et la coupe tout ras, sans faute [5].

Ysengrin le sent bien : il saute de côté et détale, mordant tour à tour les chiens qui s'accrochent cent fois à sa croupe [6]. Il leur laisse sa queue en gage ; cela lui pèse et le désole : peu s'en faut que son cœur, de rage, ne crève !...

Sans s'attarder, Ysengrin s'enfuit droit vers le bois à grande allure : il se regarde, par derrière ! Il parvient au bois ; il jure qu'il se vengera de Renard, et que jamais il ne l'aimera.

Branche III (v. 377-510).

- *Donnez un titre à chaque épisode de ce récit.*
- *Relevez les traits où s'expriment la ruse et l'ironie de Renard. Comment s'y prend-il pour décider Ysengrin ? Comment se traduisent la sottise et l'avidité du loup ?*
- *Étudiez l'observation précise : a) des paysans ; – b) des choses de la campagne.*
- *Relevez les éléments comiques et classez-les : mots, attitudes, situations.*
- **Groupe thématique : La campagne et le monde rustique** d'après les extraits du *Roman de Renard.*
- **Groupe thématique : Bestiaire.** Les animaux dans les extraits du *Roman de Renard.*
- **Groupe thématique : Réalité et fantaisie** dans les épisodes du *Roman de Renard.*

— 1 Quelle impression produisent ces préparatifs ? Cf. *La Fontaine* (IV, 4). *L'embarras des chasseurs succède au déjeuné. Chacun s'anime et se prépare : Les trompes et les cors font un tel tintamarre...* — 2 Cf. Analyse : *La tonsure d'Ysengrin.* — 3 Chiens de chasse aux oreilles pendantes. — 4 Quelle est la qualité dominante de ce passage ? — 5 Préciser le caractère de cette scène. — 6 Remarquer la vérité de ce bref croquis.

Renard et Ysengrin dans le puits

La *Branche IV*, une des plus anciennes (environ 1178) est consacrée à une aventure unique (478 vers), en deux épisodes : *Renard dans le puits ; Renard hors du puits.* C'est une variante intéressante des triomphes de Renard : nous le voyons d'abord victime et cela nous fait mieux apprécier son *ingéniosité.* Il se tire d'un mauvais pas, tout en jouant un bon tour à Ysengrin, son trop crédule ennemi. Cf. La Fontaine : *Le Loup et le Renard* (xi, 6), et *Le Renard et le Bouc* (iii, 5).

Une fois de plus, voici Renard « baîllant de faim », en quête de pitance. Il est « grêle, maigre et ébahi. De temps en temps il s'étire, et son ventre, et ses boyaux qui sont dedans, se demandent ce que font ses pieds et ses dents. Il gémit d'angoisse, de détresse et de faim. Alors, il se dit qu'il fait mauvais attendre en lieu où l'on ne peut rien prendre... » Il franchit le guichet d'une abbaye, se glisse dans une cour et dévore trois volailles. Tout ragaillardi, mais avide de se désaltérer, il s'arrête devant le puits du couvent.

Seigneurs, écoutez cette merveille ! En ce puits, il y avait deux seaux : quand l'un monte, l'autre descend. Renard, qui a fait tant de mal, s'est accoté contre le puits, désolé et marri, et tout pensif. Il se met à regarder dans le puits et à observer son image : il croit que c'est Hermeline, sa femme, qu'il aime d'un vif amour, qui se trouve enfermée là-dedans. Renard en est pensif et dolent. Il lui demande, à pleine voix : « Dis-moi, que fais-tu là-dedans ? » La voix, du puits, remonte vers lui. Renard l'entend, dresse le front. Il la rappelle une autre fois : de nouveau remonte la voix [1] ! Renard l'entend et s'émerveille : il met ses pieds dans un seau, et, sans savoir comment, il descend. Le voilà mal
10 en point ! Quand il fut dans l'eau, il comprit bien qu'il s'était trompé [2].

Renard est en mauvaise posture : les diables l'ont pris en ce piège. Il s'est appuyé contre une pierre : il préférerait être mort et en bière. L'infortuné souffre un grand tourment. Il a la peau toute mouillée : il est à l'aise pour pêcher [3] ! Nul ne pourrait l'en tirer. Il ne prise pas deux boutons [4] sa sagesse.

Seigneurs, il advint en ce temps, en cette nuit et en cette heure, qu'Ysengrin, sans demeure, sortit d'une grande lande pour quérir sa nourriture, car la faim le torture atrocement...

[*Il découvre Renard au fond du puits...*]

« Qui es-tu ? dit Ysengrin.

« Je suis votre bon voisin, qui fut jadis votre compère : vous m'aimiez plus
20 que votre frère [5] !

Maintenant, on m'appelle « feu Renard, qui tant savait [6] de ruses et de tours. »

— J'en suis ravi, dit Ysengrin ; quand donc es-tu mort ?

— Avant-hier, répond l'autre. Si je suis mort, que nul ne s'en étonne : ainsi mourront tous ceux qui sont en vie. Il faudra bien qu'ils passent par la mort, quand Dieu voudra. Maintenant Il attend mon âme, Notre-Seigneur qui m'a tiré de ce martyre [7]. Je vous prie, beau doux compère, de me pardonner les motifs de colère qu'autrefois je vous ai donnés [8].

— Je vous l'accorde, dit Ysengrin : que tout vous soit pardonné, compère, ici et devant Dieu. Mais votre mort me laisse plein de douleur.
30 — Moi, j'en suis heureux, dit Renard.

— Heureux ? Vraiment, par ma foi, beau compère, dites-moi pourquoi.

— 1 Remarquer la vérité des attitudes et la poésie du passage. — 2 Précisez le ton. — 3 Faut-il attribuer cette remarque ironique au conteur ou à Renard ? — 4 Expression populaire. — 5 Préciser le ton et l'intention. 6 Cet imparfait n'a-t-il pas ici une saveur particulière ? A quoi reconnaissez-vous la fertilité d'invention de Renard, ici et dans la suite du conte ? — 7 La vie. Pourquoi ce terme ? — 8 Expliquez cette humilité.

— Mon corps gît dans une bière, chez Hermeline, en ma tanière, mais mon âme est en Paradis, assise aux pieds de Jésus : compère, j'ai tout ce que je veux. J'ai abandonné tout orgueil. Si tu es au royaume terrestre, moi, je suis au Paradis céleste. Ici sont les fermes, les plaines, les prairies, ici les riches troupeaux ; ici l'on peut voir mainte génisse, et mainte ouaille [1] et mainte chèvre ; ici tu peux voir lièvres, bœufs, vaches, et moutons, éperviers, autours et faucons [2]. » Ysengrin jure par saint Sylvestre qu'il voudrait bien être là-dedans.

— Laissez cela, dit Renard, vous ne pouvez entrer ici. Le Paradis est céleste
40 et n'est pas ouvert à tous [3]. Tu as toujours été tricheur, félon, traître et trompeur... Tu m'as accusé faussement d'avoir mal agi envers toi...

— Je vous en crois, dit Ysengrin ; je vous pardonne, en bonne foi. Mais faites-moi entrer.

— Laissez cela, dit Renard ; nous n'avons cure, ici, de tapage. Vous voyez, là, cette balance ? » Seigneurs, écoutez cette merveille ! De son doigt [4], il lui montre l'autre seau. Renard sait si bien user de son intelligence qu'il lui fait vraiment croire que c'est la balance du bien et du mal.

« Par Dieu le Père, telle est la puissance de Dieu, que quand le bien est assez pesant, il descend ici tout droit, et tout le mal reste là-haut. Mais nul, s'il
50 n'est confessé, ne saurait descendre ici, je t'assure. As-tu confessé tes péchés [5] ?

— Oui, dit l'autre, à un vieux lièvre et à dame H... la chèvre, très bien, et très saintement. Compère, sans plus attendre, faites-moi entrer là-dedans !

— Il faut maintenant prier Dieu, et très saintement lui rendre grâces pour qu'il vous accorde le vrai pardon et la rémission de vos péchés : ainsi vous pourrez entrer ici.

Ysengrin ne veut plus tarder. Il tourne le derrière vers l'Orient et la tête vers l'Occident [6] ; il se met à crier et, très fortement, à hurler. Renard qui fait mainte merveille était en bas, dans l'autre seau, au fond du puits, car la pire destinée l'avait couché là-dedans. A la fin Ysengrin s'impatiente et s'écrie : « J'ai prié
60 Dieu. »

— Et moi, dit Renard, j'ai rendu grâces à Dieu [7]. Ysengrin, vois-tu ces merveilles, ces cierges [8] qui brûlent devant moi ? Jésus t'accordera pardon véritable et très douce rémission. »

Ysengrin l'entend : il s'efforce d'attirer le seau vers la margelle ; il joint les pieds, bondit dans le seau [9]. Ysengrin était le plus lourd : il descend vers le fond. Écoutez maintenant le beau vacarme ! Dans le puits, ils se rencontrent. Ysengrin l'interpelle :

« Compère, pourquoi t'en vas-tu ? » Et Renard lui a répondu : « Ne fais donc pas la grimace. Je vais t'expliquer les usages : quand l'un y va, l'autre revient.
70 C'est toujours la coutume. Je vais en Paradis, là-haut ; et toi, tu vas en Enfer, en bas. J'ai échappé au démon et tu t'en vas aux diables. Tu es tombé en vilain lieu et j'en suis sorti, sache-le bien. Par Dieu le Père, là-dessous, ce sont les diables [10] ! » Dès que Renard est sur la terre, il est tout joyeux de ce bon tour...

Branche IV (v. 151-364).

— 1 Brebis. — 2 A quoi tend cette énumération ? — 3 Pourquoi Renard ne profite-t-il pas aussitôt du désir d'Ysengrin ? — 4 Que pensez-vous de ce terme ? — 5 Cet épisode était-il indispensable ? Préciser l'intention satirique de l'auteur. —

6 L'inverse de ce qui se faisait normalement. — 7 L'expression a-t-elle le même sens pour les deux personnages ? — 8 Ce sont les étoiles qui se reflètent dans le puits. — 9 Les attitudes sont-elles bien observées ? — 10 Toujours les sarcasmes de Renard lorsqu'il triomphe !

En venant puiser de l'eau, le cuisinier du couvent remonte Ysengrin : tous les moines accourent, assomment l'animal, et le loup ne s'en tire qu'en faisant le mort. Dès qu'on a le dos tourné, il s'enfuit en jurant, une fois de plus, de se venger de Renard.

RENARD ET LE CORBEAU

La *flatterie* est, dans le Roman de Renard, l'arme principale du trompeur. Cette aventure du Renard et du Corbeau est devenue un *thème traditionnel* chez les fabulistes : déjà traité notamment par Esope, par Phèdre, par Marie de France, il sera repris par La Fontaine. Le conteur du Moyen Age supporte avantageusement la comparaison avec ses prédécesseurs et son successeur, par ses dons d'*observation* et par la richesse d'*invention* qu'il prête au trompeur dans ces deux épisodes. On comparera le langage flatteur de Renard à celui de *Pathelin* (p. 169).

Renard, affamé, attend sa nourriture sous un arbre. Le corbeau, plus entreprenant, dérobe un fromage *malgré les insultes de la fermière.*

Tiécelin, le corbeau, vient tout droit au lieu où était sire Renard. Les voilà réunis à cette heure, Renard dessous, l'autre sur l'arbre. La seule différence c'est que l'un mange et l'autre bâille [1]. Le fromage est un peu mou ; Tiécelin y frappe de si grands coups, du bout du bec, qu'il l'entame. Malgré la dame qui tant l'injuria quand il le prit [2], il en mange, et du plus jaune et du plus tendre. Il frappe de grands coups, avec force ; à son insu, une miette tombe à terre, devant Renard qui l'aperçoit. Il connaît bien pareille bête et hoche la tête. Il se dresse pour mieux voir : il voit Tiécelin, perché là-haut, un de ses vieux
10 compères, le bon fromage entre ses pattes [3]. Familièrement, il l'interpelle : « Par les saints de Dieu, que vois-je là ? Est-ce vous, sire compère ? Bénie soit l'âme de votre père, sire Rohart, qui si bien sut chanter ! Maintes fois je l'ai entendu se vanter d'en avoir le prix en France. Vous-même, en votre enfance, vous vous y exerciez. Ne savez-vous donc plus vocaliser [4] ? Chantez-moi une rotrouenge [5] ! » Tiécelin entend la flatterie, ouvre le bec, et jette un cri. Et Renard dit : « Très bien ! Vous chantez mieux qu'autrefois. Encore, si vous le vouliez, vous iriez un ton plus haut. » L'autre, qui se croit habile chanteur, se met derechef à crier. « Dieu ! dit Renard, comme s'éclaire maintenant, comme s'épure
20 votre voix ! Si vous vous priviez de noix, vous seriez le meilleur chanteur du monde. Chantez encore, une troisième fois ! »
L'autre crie à perdre haleine, sans se douter, pendant qu'il peine, que son pied droit se desserre ; et le fromage tombe à terre, tout droit devant les pieds de Renard [6].

— 1 Expliquez ce mot pittoresque. — | — 4 « *Orguener* » dit le texte (Jouer de
2 Pourquoi ce rappel, au moment où il | l'orgue). — 5 Chanson munie d'un refrain.
déguste le fromage ? — 3 « *Tenait en son* | — 6 Comparer cette scène avec *Renard*
bec un fromage » dit La Fontaine. Comparez. | *et Chantecler* (p. 88) *et la Mésange* (p. 90).

Le glouton qui brûle et se consume de gourmandise n'en toucha pas une miette ; car, s'il le peut, il voudrait aussi tenir Tiécelin. Le fromage est à terre, devant lui. Il se lève, clopin-clopant : il avance le pied dont il cloche, et la peau, qui encore lui pend. Il veut que Tiécelin le voie bien : « Ah Dieu ! fait-il, comme Dieu m'a donné peu de joie en cette vie ! Que ferai-je, sainte Marie ! Ce fromage pue si fort et vous dégage une telle odeur que bientôt je suis mort. Et surtout, ce qui m'inquiète, c'est que le fromage n'est pas bon pour les plaies ; je n'en ai nulle envie, car les médecins me l'interdisent. Ah ! Tiécelin, descendez donc ! sauvez-moi de ce mal ! certes, je ne vous en prierais pas, mais j'eus l'autre jour la jambe brisée dans un piège, par malheur. Alors m'advint cette disgrâce : je ne peux plus aller et venir ; je dois maintenant me reposer, mettre des emplâtres et me refaire, pour guérir. » Tiécelin croit qu'il dit vrai parce qu'il le prie en pleurant. Il descend de là-haut : quel saut malencontreux si messire Renard peut le tenir ! Tiécelin n'ose approcher. Renard vois sa couardise et commence à le rassurer : « Pour Dieu, fait-il, avancez-vous ! Quel mal vous peut faire un blessé ? » Renard se tourne vers lui. Le fou, qui trop s'abandonna, ne sut ce qu'il fit quand l'autre sauta. Renard crut le saisir et le manqua, mais quatre plumes lui restèrent entre les dents.

Branche II (v. 895-992).

– *Comment est organisée la progression du récit ? Comment l'auteur en renouvelle-t-il l'intérêt ?*
– *A quels sentiments s'adresse Renard pour décider Tiécelin : a) à chanter ; – b) à se rapprocher de lui ?*
– *Relevez les traits où se reconnaît le caractère réaliste du récit ; quels sont ceux où apparaît néanmoins la fantaisie du conteur ?*
● *Comparaison. Comparez ce récit à la fable de* La Fontaine (I, 2).
– *Essai. A partir de ces extraits, étudiez dans un recueil des* Fables *de la Fontaine le souvenir et l'utilisation des épisodes du* Roman de Renard.
– *Exposé. Renard et Pathelin, p. 169-171.*
● **Groupe thématique : Renard et les oiseaux.** Pages 86 ; 88 ; 90 : ressemblances et différences.

LE TROMPEUR TROMPÉ

Comme dans La Fontaine où, si l'on y prend garde, il est presque aussi souvent trompé que trompeur, Renard trouve parfois son maître. En *combat singulier,* il doit s'incliner devant la puissance d'Ysengrin (Branche VI) ou la fougue belliqueuse de Chantecler (Branche XVII). Mais les épisodes les plus intéressants sont ceux qui nous le montrent *vaincu avec ses propres armes* par des animaux plus *faibles* et plus *rusés* que lui. Témoins les deux textes suivants qui, avec l'aventure du Renard et du Corbeau, constituent l'essentiel de la *Branche II.* C'est, semble-t-il, la plus ancienne de toutes (entre 1174 et 1177) : on l'attribue à Pierre de Saint-Cloud.

RENARD ET CHANTECLER

D'emblée, en un début plein de saveur rustique, l'auteur nous introduit en pleine réalité campagnarde. Deux temps, dans l'aventure « à retournement » de Renard et de Chantecler : ce dernier, pris au piège de son amour-propre, sait à son tour tendre le même piège à son ravisseur. Et nous partageons son rire triomphant, « car c'est double plaisir de tromper le trompeur » (La Fontaine, II, 15).

Renard découvre une brèche dans la palissade et se glisse dans le clos de maître Constant des Noues. Il surprend Chantecler le coq, qui sommeille ; il bondit, mais Chantecler saute de côté et lui échappe.

Quand Renard voit qu'il l'a manqué, il se tient pour bien malchanceux. Alors il commence à se demander comment il pourrait « embobiner » Chantecler : s'il ne le mange, il a perdu sa peine. « Chantecler, dit Renard, ne fuis pas, ne crains rien ! Quelle joie de te voir en bonne santé, car tu es mon cousin germain [1]. » Chantecler, alors, se rassura et de joie chanta un air. Renard dit à son cousin : « Te souvient-il de Chanteclin [2], ton bon père qui t'engendra ? Jamais coq ne chanta comme lui. On l'entendait d'une grande lieue. Il chantait si bien, si haut, et il avait si longue haleine ! Les deux yeux clos [3], il avait une
10 voix puissante ! On l'admirait d'une lieue quand il chantait son refrain [4]. » Chantecler dit : « Cousin Renard, vous voulez m'attirer par ruse ? — Certes non ! dit Renard. Mais chantez donc, vous aussi, en fermant l'œil [5] ! Nous sommes de même chair, de même sang ; j'aimerais mieux être estropié que de te voir dans le malheur : tu es mon tout proche parent ! » Chantecler dit : « Je ne t'en crois guère. Écarte-toi un peu de moi, et je te chanterai une chanson. Pas un voisin, aux environs, qui bien n'entende mon fausset [6] ! » Alors Renardet sourit : « Allons, très haut ! chantez cousin ! Je saurai bien si Chanteclin, mon oncle, fut vraiment votre père [7]. » Alors, Chantecler prit très haut, puis jeta
20 un cri : il avait un œil clos, l'autre ouvert, car il redoutait fort Renard ; souvent, il regarde de son côté. Renard dit : « Cela ne vaut rien. Chanteclin chantait autrement, à long trait, les yeux fermés : on l'entendait bien dans vingt enclos. » Chantecler croit qu'il dit vrai. Alors il laisse aller sa mélodie, les yeux fermés, de toutes ses forces. Renard ne veut plus patienter : de dessous un chou rouge, il s'élance, le prend par le cou et s'enfuit, tout joyeux...

Affolement de PINTE, *la poule, qui se lamente sur le sort de son « seigneur ».*

La bonne femme de la métairie ouvre la porte de sa basse-cour. C'était le soir et elle voulait rentrer ses poules. Elle appela Pinte, Bise et Roussette. Ni l'une, ni l'autre ne rentre. Étonnée, elle se demande

---

— 1 Commentez l'adresse de ce langage. — 2 Le nom lui-même évoque son habitude de cligner des yeux (-clin) en chantant. — 3 Importance du détail ? — 4 A quels sentiments s'adresse ce langage ? — 5 Devant la méfiance du coq, cette insistance est-elle habile ? — 6 Une voix de fausset est une voix aiguë. — 7 A quel nouveau sentiment fait-il appel ?

30 ce qu'elles font : elle appelle de nouveau son coq, à grande haleine.
Elle aperçoit Renard qui l'emmène. Alors elle s'élance pour le délivrer.
Le goupil se met à courir : quand elle voit qu'elle ne pourra le reprendre,
l'idée lui vient d'appeler, et elle crie : « Haro [1]! », à pleine gorge. Les
vilains qui l'entendent crier accourent tous de son côté et lui demandent
ce qu'elle a. En soupirant, elle conte l'aventure : « Hélas! Quel malheur
m'est advenu! — Comment? font-ils. — J'ai perdu mon coq que le
goupil emporte! ». Alors, Constant des Noues : « Sale vieille [2]! comment
avez-vous fait pour ne pas le prendre? — Sire, fait-elle, quelle question!
Par les saints de Dieu, je n'ai pas pu le prendre. — Pourquoi? — Il
40 n'a pas voulu m'attendre. — Si vous l'aviez frappé? — Je n'avais
rien. — Et ce bâton? — Par Dieu, je n'ai pas pu, car il file à si grande
allure que deux chiens bretons n'y suffiraient pas. — Par où s'en va-t-il?
— Par ici, tout droit. » Les vilains courent, en toute hâte. Tous s'écrient :
« Par là! par là! » Renard l'entend, qui file devant : il arrive au trou
de la barrière et bondit si haut qu'il tombe le derrière à terre. Les autres
ont entendu le saut. Tous s'écrient : « Par ici! par ici! » Constant leur
dit : « Vite, sur lui! » Les vilains courent à toutes jambes. Constant
appelle son mâtin [3] que l'on nomme Mauvoisin : « Bardol, Travers,
Humbaut, Rebors [4], courez après Renard le Roux! » Ils courent si
50 bien qu'ils aperçoivent Renard ; tous s'écrient : « Le goupil! » Chantecler
est en péril s'il ne trouve à son tour une ruse ingénieuse. « Comment,
fait-il, sire Renard, n'entendez-vous pas les insultes [5] de ces vilains
qui crient si fort après vous? Constant vous suit au grand galop :
lancez-lui donc une de vos moqueries [6] en passant cette porte. Quand
il dira : *Renard l'emporte! — Malgré vous!* pourriez-vous répondre ;
vous ne sauriez mieux le confondre! » Il n'est si sage qui ne fasse
folie [7] : Renard, qui trompe tout le monde, fut trompé cette fois. Il
s'écria à haute voix : « Malgré vous, de celui-ci j'emporte ma part. »
Quand Chantecler sent se desserrer la bouche, il bat des ailes, se dégage,
60 et s'envole sur un pommier. Renard est en bas, sur un tas de fumier,
triste et marri, et penaud d'avoir laissé échapper le coq. Chantecler
lui jeta un éclat de rire...   Branche II (v. 297-351 et 369-441).

- *Étudiez comment Renard triomphe progressivement de la méfiance de Chantecler.*
- *Dans l'épisode de la poursuite, quelles sont les qualités dominantes du récit (exemples) ?*
- *Qu'y a-t-il d'amusant dans la ruse de Chantecler ?*
• **Comparaison.** Comparez ce récit à la fable de LA FONTAINE (II, 15).
- *Enquête. Le trompeur trompé : a) dans le* Roman de Renard ; *b) dans* Pathelin *(p. 169-180 ; c) chez* LA FONTAINE.
• **Groupe thématique : La geste de la ruse** dans les extraits du *Roman de Renard.*

— 1 Cri qu'on poussait pour appeler à
l'aide (cf. *La Fontaine,* VII, 1 : « A ces mots
on cria haro sur le baudet »). — 2 Les paysans
du Roman de Renard et des Fabliaux
n'ont pas lu les romans courtois ! — 3 Gros
chien de garde. — 4 Noms de chiens. —
5 A quel sentiment s'adresse-t-il à son tour ?
— 6 Montrez, d'après les pages précédentes,
que c'est en effet une habitude du Goupil.
— 7 Valeur de cette formule ?

Renard et la Mésange

C'est au tour de Renard de fermer les yeux pour donner confiance à la mésange. Mais le preste oiselet s'amuse à le faire languir et le crible de traits *ironiques*. Les thèmes du baiser de paix et de la fuite devant les chasseurs seront repris par La Fontaine dans *Le Coq et le Renard* (ii, 15); mais dans la fable, c'est le coq qui annonce l'approche des lévriers et met ainsi en fuite le Renard.

Renard, torturé par la faim, s'efforce de faire descendre d'un chêne la mésange qui veille sur ses œufs. Il lui raconte que, par décision de Messire Noble, *le lion, la gent animale a juré d'observer une* paix éternelle. *En conséquence Renard invite la mésange à venir lui donner le* baiser d'amitié, *mais elle évente le piège.*

Quand Renard voit que la commère ne veut pas croire son compère :
« — Dame, fait-il, écoutez-moi donc ! Puisque vous me redoutez, je vous donnerai le baiser les yeux fermés. — Par ma foi, fait-elle, je le ferai ; fermez-les donc ! » Il cligne les yeux et la mésange a saisi une pleine « poignée » de mousse et de feuilles. Elle n'a aucune envie de l'embrasser et se met à lui frotter les moustaches : quand Renard croit la saisir, il n'y trouve que la feuille qui lui est restée aux moustaches.

La mésange lui crie : « Ah ! Renard, quelle paix est-ce là ! Vous auriez vite rompu la trêve si je ne m'étais tirée en arrière ! Vous disiez que la paix était
10 conclue et jurée. Votre seigneur l'a mal jurée ! »

Renard se met à rire et lui jette une plaisanterie. « Certes, dit-il, je voulais rire, et c'était pour vous faire peur. Mais qu'importe ? Recommençons. Je vais les fermer une autre fois. — Soit, dit-elle, restez immobile ! »

Il ferme les yeux, le maître trompeur. Elle s'approche tout près de sa gueule, mais n'entre pas dedans. Et Renard jette les dents en avant, croyant la saisir, mais il la manque !

« Renard, fait-elle, que signifie cela ? Je ne devrai jamais vous croire : comment le pourrais-je ? Si jamais je vous crois, que le diable me brûle ! »

Renard répond : « Tu es trop couarde. Je l'ai fait pour t'effrayer, et pour
20 t'éprouver un peu. Car certes, je n'entends rien ni à trahison ni à félonie. Reviens donc encore une fois ! Trois fois, c'est de règle. Au nom de la sainte charité, belle commère, levez-vous ! Par la foi que vous me devez et que vous devez à mon filleul qui chante là, sur ce tilleul, réconcilions-nous. À tout pécheur miséricorde ! »

Mais elle fait la sourde oreille, car elle n'est ni sotte ni folle : elle se pose sur la branche d'un chêne. Tandis que Renard se démène, voici qu'arrivent les veneurs, les braconniers et les sonneurs de cor qui le prennent en chasse.

Quand Renard s'en aperçoit, il est fort épouvanté et se dispose à fuir : il courbe sa queue comme un arc. Les garçons poussent de grands cris ; les trompes et les
30 cors résonnent. Et Renard plie bagage, car il ne se fie guère à eux ! Alors la mésange lui crie : « Renard, ce traité est vite rompu ; et la paix dont vous me parliez ? Où fuyez-vous ? Revenez donc ! »

Renard est sage et avisé ; il lui lance un mensonge et s'éloigne en disant : « Dame, les trêves sont jurées et garanties et assurées ; la paix aussi, entièrement. Mais on ne le sait pas partout. Ceux qui nous viennent ici n'ont pas encore ratifié la paix que gardent leurs pères, comme leurs pères l'ont jurée... »

Branche II (v. 509-590).

LA SATIRE DU MONDE HUMAIN

La *Branche I* est généralement tenue pour la plus remarquable. Selon une formule qui trouvera sa perfection chez La Fontaine, l'auteur nous peint la *Société animale* à l'image de la société contemporaine. Peinture malicieuse de la *comédie humaine* dans notre premier extrait, la satire devient plus mordante lorsqu'elle vise l'*hypocrisie des pèlerins et des croisés*. Cette satire a donc un *intérêt documentaire*. Son intérêt littéraire tient à la fois à la transposition humoristique du monde animal au monde humain et à l'amusante parodie des procédés épiques.

LE PROCÈS DE RENARD

*Séance solennelle du tribunal présidé par « le Roi » (ou par « l'*Empereur* »), « regret » funèbre et funérailles d'une sainte martyre, nous voilà dans le monde des barons et des hauts dignitaires, nous voilà dans la Chanson de Geste. Mais que Brun arrive, au galop de son *destrier*, dans la forêt de Lanfroi, ce noble seigneur redevient l'Ours, amateur de miel et aveuglé par sa gourmandise !*

Sur une plainte d'Ysengrin, soutenu par les autres victimes du goupil, Noble, le lion, condamne à l'amende Renard qui ne s'est pas présenté devant son tribunal. Puis il veut imposer la paix générale entre ses sujets ; mais voici des charges nouvelles contre Renard.

Le Roi [1] avait imposé l'accord, malgré les mécontents ; de sorte que la guerre aurait pris fin entre Renard et Ysengrin, sans Chantecler et Pinte, qui à leur tour, viennent à la cour se plaindre de Renard devant le roi. Maintenant, le feu est difficile à éteindre [2], car sire Chantecler le coq et Pinte qui pond les gros œufs, et Noire et Blanche et la Roussette, amenaient une charrette qui était recouverte d'un rideau. Dedans gisait une geline [3] que l'on amenait dans une litière disposée comme une bière. Renard l'avait si malmenée et de ses dents si maltraitée qu'il lui avait brisé la cuisse et arraché une aile.

10 Quand le Roi eut assez jugé et qu'il fut las des plaidoiries, voici maintenant les gelines et Chantecler battant des paumes [4]. Pinte s'écrie la première, et les autres à grande haleine : « Pour Dieu, nobles bêtes [5], et chiens et loups, tous tant que vous êtes, conseillez cette malheureuse ! Maudite soit l'heure où je suis née ! Mort, prends-moi donc [6], ne tarde pas, puisque Renard ne me laisse pas vivre ! J'eus cinq frères, tous de mon père : Renard les mangea tous, le larron ; ce fut une grande perte, une grande douleur [7]. Par ma mère, j'eus cinq sœurs, tant poulettes que poules : c'étaient de splendides gelines [8]. Gombert du Frêne les nourrissait et les pressait de pondre. Hélas ! c'est à tort qu'il les

---

— 1 Relevez tous les traits qui assimilent ces animaux à des hommes. — 2 Expliquez le sens de cette image. — 3 Poule (*Gallina*). — 4 Comment imaginez-vous cette attitude ? — 5 Parodie de quelque formule comme : « *Nobles seigneurs* » ! — 6 Cf. *Chanson de Roland* (151 et 209-210). — 7 Cf. *Roland* (148). — 8 L'orgueil du lignage !

20 engraissa, car Renard ne lui en laissa, de toutes cinq, qu'une seule ;
toutes passèrent par sa gueule. Et vous qui là gisez en bière, ma douce
sœur, mon amie chère, comme vous étiez tendre et grasse [1]! Que fera
votre sœur, la malheureuse, qui jamais plus ne vous verra ? Renard,
que le feu d'enfer te brûle ! Tant de fois tu nous as affolées, et chassées
et tourmentées ; tu as déchiré nos pelisses ; tu nous as pourchassées
jusqu'aux clôtures ! Hier matin, devant la porte, il me jeta ma sœur
morte, puis s'enfuit dans un vallon. Gombert n'eut pas de cheval assez
rapide et n'aurait pu l'atteindre à pied. Je voulais porter plainte contre
Renard, mais je ne trouve personne qui me fasse droit, car il ne craint
30 menace ni colère [2]. » Pinte, la malheureuse, à ces paroles, tombe pâmée
sur le pavé, et les autres parallèlement [3]. Pour ranimer les quatre
dames, de leurs sièges se levèrent et chiens et loups et autres bêtes ;
ils leur jettent de l'eau sur la tête.

    Quand elle revinrent de pâmoison, comme nous le trouvons en écrit,
là où le roi siégeait, toutes vont choir à ses pieds ; Chantecler tombe
à genoux et lui baigne les pieds de ses larmes...

    Colère terrible du monarque *qui promet solennellement à Pinte de punir Renard de façon
exemplaire.*

    Q uand Ysengrin entend le roi, il se dresse vivement sur ses pieds :
    « Sire, dit-il, c'est agir avec noblesse. Vous en serez partout
loué si vous pouvez venger Pinte et sa sœur dame Copée, que Renard
40 a ainsi éclopée. Je ne parle pas par haine : je le dis plutôt pour la
malheureuse qu'il a tuée que par haine contre Renard [4]. » L'empereur
dit : « Ami, il m'a mis au cœur une grande douleur. Mais parlons
d'autre chose : Brun l'ours, prenez votre étole [5] et faites les prières
pour son âme. Et vous, sire Bruyant le taureau, là-haut, au milieu de
cette culture, faites-moi une sépulture. [6] — Sire, dit Brun, à votre plaisir. »
Alors, il prend son étole et tous ses insignes ; puis le roi, à son commandement, et tous les autres membres du conseil ont commencé la vigile [7].
Sire Tardif, le limaçon, lut à lui seul les trois leçons [8]. Rouanel [9]
chanta les versets [10] ainsi que Brichemer le cerf. Quand la vigile fut
50 chantée et que vint le matin, ils portèrent le corps en terre. Mais,
auparavant, ils l'enfermèrent en un très beau cercueil de plomb : jamais
on n'en vit de plus beau [11]. Puis ils l'enfouirent sous un arbre, et par-
dessus mirent un marbre où sont écrits le nom de la dame et son histoire ;
ils recommandent son âme à Dieu. Au ciseau ou au burin, je ne sais,

---

— 1 Chercher l'équivalent de cet éloge,
dans le regret funèbre d'Olivier (148) ou de
Roland (206). — 2 Songer à la fin de la
Chanson de Roland. — 3 Cf. *Roland :* 151,
205 et surtout 209. — 4 Quels sont les
vrais sentiments d'Ysengrin ? — 5 Ornement
sacerdotal qui pend de chaque côté du cou
du prêtre. Dans les autres Branches, c'est
généralement l'âne, Bernard, qui est l'archiprêtre. — 6 Dans cette société, chaque animal
a sa fonction répondant plus ou moins à ses
compétences. — 7 Prières dites à la veillée
funèbre. — 8 Les trois parties de l'office,
où l'on récite des passages de l'Écriture.
9 Le chien. — 10 Paroles de l'Écriture citées
dans le bréviaire sous forme de brefs para-
graphes. — 11 Formule épique consacrée.

ils ont gravé son épitaphe : « Sous cet arbre, en cette plaine, gît Copée, la sœur de Pinte. Renard, qui chaque jour empire, lui fit, de ses dents grand martyre [1] ». Qui eût vu, alors, Pinte pleurer, maudire et insulter Renard, et Chantecler raidir ses pattes, eût été pris d'une immense pitié.

Branche I (v. 273-350, 378-432).

– *Distinguez les diverses scènes groupées dans cet extrait ; montrez leur variété.*
– *Étudiez les traits qui assimilent les animaux à des hommes ; en quoi consiste ici la satire de la comédie humaine ? Est-elle virulente ?*
– *Étudiez la parodie de l'épopée dans la plainte de Pinte (comparez avec la* Chanson de Roland).

« L'empereur » *dépêche* BRUN, *l'ours, avec mission de ramener le coupable. Renard, dans sa tanière, médite un mauvais tour et allèche le messager en lui promettant de lui faire déguster des rayons de miel* tout frais. *Il parvient, en réalité, à lui faire prendre le museau et les pattes dans un chêne fendu par le forestier* LANFROI.

Le forestier court chercher du renfort au village, et Brun, pour éviter d'être assommé, laisse dans le piège la moitié de son museau et la peau de ses pattes. Tout sanglant, il va s'abattre aux pieds de Noble, en criant vengeance contre Renard. A son tour Tibert, *le chat, est envoyé vers Renard, mais ce dernier le fait prendre dans un piège. Il consent enfin à suivre* Grimbert, *le blaireau, qui est toujours de son côté. Il comparaît devant le tribunal. Malgré l'astuce de sa défense, Renard, accusé unanimement par les « barons », est* condamné à la potence. *Comment se tirera-t-il de ce mauvais pas ?*

RENARD PÈLERIN

Cette fois, *la satire* est beaucoup plus vive. Il s'agit de mettre en garde le public contre *l'hypocrisie* des coupables qui échappent à la justice en allant, *croisés ou pèlerins*, faire leur salut en Terre Sainte. N'abusent-ils pas de la crédulité publique au même titre que Renard lorsqu'il berne adroitement le Roi et son épouse ? Et d'ailleurs, reviennent-ils meilleurs de ce voyage ?

En un mont, sur un rocher, le Roi fait dresser la potence pour pendre Renard, le goupil : le voici en grand péril. Le singe lui fait la grimace [2] et le frappe à la joue. Renard regarde derrière lui et voit qu'ils viennent plus de trois. L'un le tire, l'autre le pousse : rien d'étonnant qu'il ait peur. Couard, le lièvre, lui jette des pierres [3], de loin, sans oser l'approcher. Sous les coups, Renard a hoché la tête ; Couard en fut si éperdu que jamais, depuis, on ne l'a revu [4] ; ce seul signe l'épouvante. Il s'est blotti dans une haie : de là, se dit-il, il verra comment on fera justice. Mais c'est à tort qu'il s'y cacha, je crois :
10 là encore il aura peur [5].

Renard se voit fort entrepris, de toutes parts lié et pris ; mais il ne

— 1 Peu après, Couard, le lièvre, dort sur la tombe de la martyre et se trouve guéri d'une fièvre ; Ysengrin, à son tour, est guéri d'un mal à l'oreille... Dans la Branche XVII (*Les funérailles de Renard*), où la satire religieuse est assez vive, cette martyre est devenue une sainte qui « fait des miracles et guérit tous les perclus qui viennent là, tous ceux qui souffrent de la goutte et des dents. » — 2 Le singe et, plus bas, le lièvre, gardent leur caractère traditionnel. — 3 Cf. LA FONTAINE : *Le Lion devenu vieux* (III, 14). — 4 Encore une expression qui fait songer à *La Fontaine* (I, 5). — 5 A quel public vous paraît destiné un tel épisode ?

peut trouver de ruse pour en réchapper. Il n'est pas question qu'il s'échappe sans une très grande astuce [1]. Quand il vit dresser la potence, alors, il fut plein de tristesse et dit au Roi : « Beau gentil sire, laissez-moi donc un peu parler. Vous m'avez fait lier et prendre, et maintenant vous voulez me pendre sans forfait [2]. Mais j'ai commis de grands péchés dont je suis fort accablé : maintenant je veux m'en repentir. Au nom de la Sainte Pénitence, je veux prendre la croix pour aller, avec la grâce de Dieu, au-delà de la mer. Si je meurs là-bas, je serai sauvé. Si je suis
20 pendu, ce sera mal fait : ce serait une bien mesquine vengeance [3]. Je veux maintenant me repentir. » Alors, il se laisse tomber aux pieds du Roi. Le roi est pris d'une grande pitié. Grimbert [4] revient, de son côté, et crie miséricorde pour Renard : « Sire, pour Dieu, écoute-moi ! Agis sagement : songe combien Renard est pieux et courtois [5]. Si Renard revient d'ici cinq mois, nous aurons encore grand besoin de lui, car vous n'avez plus hardi serviteur [6]. — Cela, dit le Roi, ne saurait être dit. Quand il reviendrait, il serait pire ; car tous [7] observent cette coutume : qui bon y va, mauvais en revient [8]. Il fera tout comme les autres s'il échappe à ce péril. — Si, là-bas, il ne met pas son âme en paix,
30 sire, qu'il n'en revienne jamais. » Le Roi répond : « Qu'il prenne la croix, à la condition qu'il reste là-bas [9]. » Quand Renard l'entend, il est rempli de joie. Il ne sait s'il fera le voyage, mais, quoi qu'il advienne, il met la croix sur son épaule droite [10]. On lui apporte l'écharpe et le bourdon [11]. Les bêtes sont fort désolées : ceux qui l'ont frappé, maltraité, disent qu'un jour ils le paieront. Voyez Renard, le pèlerin : écharpe au cou, bourdon de frêne ! Le roi lui dit de leur pardonner tout le mal qu'il lui ont pu lui faire [12] et de renoncer aux ruses et méfaits : ainsi, s'il meurt, il sera sauvé. Renard n'a garde de refuser ce que lui demande le roi. Il lui accorde tout ce qu'il veut en attendant d'être tiré de là.
40 Il « rompt le fétu [13] » et leur pardonne. Il s'éloigne de la cour, un peu avant la neuvième heure [14], sans saluer personne [15] ; au contraire, en son cœur il les défia, sauf le Roi et son épouse, madame Fère, l'orgueilleuse, qui était très courtoise et très belle. Elle s'adresse noblement à Renard : « Sire Renard, priez pour nous, et de notre côté nous prierons pour vous. — Dame, fait-il, votre prière me sera infiniment chère ; heureux celui pour qui vous daigneriez prier [16] ! Mais si j'avais cet anneau que vous portez, mon voyage en serait meilleur [17]. Sachez, si vous

---

— 1 En quoi consiste ici l'art du conteur ? — 2 Commenter ce mot important. — 3 Quel problème de conscience pose-t-il au Roi ? — 4 Le blaireau, qui soutient toujours Renard, son compère. — 5 Que penser de ces épithètes ? — 6 Montrer l'habileté de ce plaidoyer. — 7 S'agit-il seulement de la société animale ? — 8 Quelle forme efficace prend ici la satire sociale ? — 9 Montrer que le Roi essaie de concilier deux devoirs. — 10 Comme un chevalier croisé. — 11 L'écharpe et le bâton sont les insignes du pèlerin. L'auteur vise à la fois les guerriers croisés et les simples pèlerins. — 12 C'est le comble ! — 13 Le vassal rompait un fétu pour renier l'hommage qui le liait à son seigneur. Par suite, l'expression signifie : rompre un lien, se séparer de... — 14 Trois heures de l'après-midi. C'est la division latine de la journée (cf. *Froissart*, Bat. de Poitiers, p. 143). — 15 Pourquoi cette arrogance ? — 16 Commenter ce langage. La reine a d'ailleurs un faible pour le goupil (p. 96). — 17 Thème courtois.

me le donnez, que vous en serez bien récompensée : je vous donnerai, en retour, de mes joyaux pour la valeur de cent anneaux. » La reine
50 lui tend l'anneau et Renard s'empresse de le prendre. Entre ses dents, il dit à voix basse : « Certes, qui jamais ne le vit, cet anneau, paiera cher s'il veut le voir ! Jamais nul ne le retrouvera ». Renard a mis l'anneau à son doigt ; puis il a pris congé du roi. Il pique son cheval et s'enfuit au grand trot. Branche I (v. 1351-1462).

Faut-il ajouter que le pèlerinage est déjà terminé? A peine hors de portée, Renard, qui au passage a assommé Couard d'un coup de bourdon, insulte Noble et sa cour. Les bêtes le cernent et l'accablent de coups. C'est à grand'peine que le goupil, plus mort que vif, regagne Maupertuis.

– *En quoi consiste la tactique de Renard pour se tirer d'affaire ? Précisez son caractère.*
– *Étudiez : a) le caractère de Noble, d'après les discours de Grimbert et de Renard ; – b) le caractère de Fère d'après son attitude et d'après le langage de Renard.*
– *Relevez les traits satiriques visant les croisés et les pèlerins.*
• **Groupe thématique : La transposition du monde animal** au monde humain dans le *Roman de Renard.*

LA PARODIE DE L'ÉPOPÉE

Au centre de cette « *épopée animale* » se trouve la guerre du goupil et du loup. Mais « avec le temps, par besoin de renouveler une matière près de s'épuiser et par imitation de plus en plus étroite de l'épopée chevaleresque, le ton perd de sa naïveté, *les animaux deviennent de plus en plus de véritables hommes.* » (L. Sudre : *Les Sources du Roman de Renard*). Cette *parodie des procédés épiques* nous vaut parfois des passages d'une vie intense et d'une drôlerie irrésistible ; parfois aussi l'auteur passe la mesure et la saveur humoristique se dissipe devant la *transposition trop complète.*

Renard empereur

Branche XI (entre 1195 et 1200). Sous la conduite du *chameau*, les « païens », figurés par des animaux exotiques [1], attaquent le *royaume de Noble*, qui convoque ses « barons » et se prépare avec eux à *livrer bataille*. Ils sont bénis par l'archiprêtre Bernard, l'âne, à qui Noble promet de le faire évêque.

Premier engagement   Alors, ils se mettent à chevaucher. Les ennemis ne se doutaient de rien quand Couard [2], le lièvre, est tombé sur eux. Il fait un grand nombre de prisonniers, car ils étaient tous désarmés. Les ennemis poussent leur cri de ralliement : ils courent aux armes, maintenant. Voilà Couard en vilaine posture, mais Tiécelin le corbeau survient, qui hautement l'a secouru. Alors ce fut une farouche mêlée. Tiécelin tenait au poing son épée dont la lame était claire et tranchante. Il frappe un scorpion et lui tranche la tête et les pieds. Le chameau en fut fort irrité : il fonce droit sur Tiécelin et jure, par Dieu qui est là-haut, qu'il s'est pour son malheur lancé sur le scorpion. Alors, il l'a si durement frappé de sa patte qu'il l'abat, renversé, à plat contre terre [3].

— 1 Remarquer le réalisme jusque dans la parodie bouffonne. — 2 Le choix de ce héros ne manque pas d'humour (cf. p. 93, l. 7). — 3 Ce bref croquis parle-t-il à l'imagination ?

Tiécelin voyait sa fin venue quand, entre eux, se jette Belin, le mouton, qui arrivait à toute allure. Il heurte [1] si fort deux « Sarrasins » qu'il leur fait voler les yeux. Le chameau ne le prend pas en riant, mais en est fort ennuyé, sachez-le. Belin s'est relancé, comme un fou : il en écervelle un autre. Il en tue trois en peu de temps. Néanmoins il ne pouvait s'en tirer vivant, sans rémission, quand Brun l'ours vint, éperonnant, et avec lui cent barons qui haïssaient à mort les scorpions [2]. Ils se lancent dans la mêlée, brûlant de bien frapper : ils en tuent, ils en massacrent, par milliers.

Pour faire bref, les ennemis auraient été vaincus et réduits à se rendre quand, d'un val, débouchent plus de dix mille scorpions. De l'autre côté, Chantecler et tous ses barons arrivent en renfort. Ce furent de grands cris, de grandes clameurs, des guerriers abattus et des blessés. Il y eut une foule de mutilés, d'estropiés et de blessés...

Combat singulier

Le buffle vient premièrement et frappe Chantecler très durement, de sa lance, avec tant de force qu'il lui brise l'écu. Mais le haubert fut si solide qu'il ne put aller plus loin : la lance vole en deux moitiés. Chantecler qui se tenait prêt à frapper l'a heurté violemment. De sa grande lance, roidement, il le frappe au milieu du corps, si fortement que la pointe lui ressort dans le dos. Il le renverse, mort, de son cheval et ne lui fit plus jamais de mal [3]. Puis il a tiré son épée et se replonge dans la mêlée [4]...

Les ennemis se redressent et les troupes de Noble connaîtraient la déroute si FROBERT, *le grillon, n'intervenait.*

Frobert, le vaillant grillon

Ils étaient déconfits à ce coup, quand Frobert, le grillon [5], bondit et range son armée : les ennemis ont été mal inspirés ; ils en massacrent plus de vingt mille qui ne reviendront plus jamais en leur terre. Les serpents s'enfuient pleins d'effroi, car les grillons les serrent de près et les mettent en grand désordre [6]. Mais voici les troupes du Roi que conduisait Percehaie [7]. Aussitôt que le chameau les voit il harangue les siens et leur dit : « Seigneurs, nous ne pouvons plus résister ; je ne peux plus vous protéger : songez donc à sauver vos vies... »

Branche XI (v. 2077-2129, 2155-2170 et 2213-2228).

Sauve qui peut ! Les ennemis sont culbutés dans la mer [8], *sauf le chameau, fait prisonnier par Frobert, le vaillant grillon. Le « païen » est condamné* séance tenante *et* écorché vif. *Mais* RENARD *s'était habilement dérobé à la bataille en se faisant confier la garde du palais royal. Il a annoncé mensongèrement la mort de Noble, s'est fait* proclamer empereur *et a épousé* FÈRE, *la lionne, ravie de l'aventure car elle aimait secrètement le goupil. Noble doit donc entamer la lutte contre l'usurpateur :* siège, sorties, embuscades, combats singuliers... *Finalement Renard est pris au moment où il allait égorger Noble en se glissant sous sa tente. Le lion, guéri autrefois par Renard, lui pardonne par reconnaissance, et désormais ils vivront en bonne intelligence.*

— 1 Ne pas oublier que le « bélier » est une machine de guerre. — 2 Quel effet produit le rapprochement des mots « *barons* » (monde humain) et « *scorpions* » (monde animal) ? — 3 Expression ironique. — 4 Y a-t-il ici, à proprement parler, une parodie ? — 5 Encore un héros bien choisi ! — 6 Qu'y a-t-il d'amusant dans cette déroute ? — 7 Un des trois fils de Renard, « armé chevalier » le jour même. — 8 Cf. *Chanson de Roland*, p. 27.

Bestiaire médiéval

Renard et Tiécelin, le corbeau. (« Le Roman de Renard », miniature, XIVᵉ siècle. Ph. © Bibl. Nat., Paris — Arch. Photeb.)

Dans les premières branches du Roman de Renard, les animaux sont saisis dans leur naturel (cf. **p. 80 à 90**). Comme le fera La Fontaine, l'auteur leur attribue un comportement conforme au caractère que nous leur prêtons : pour nous, Renard représente la ruse ; Tiécelin le corbeau, qui n'a pas l'air d'être un prodige d'intelligence, est sa victime toute désignée (cf. **p. 86**). Les animaux constituent une société hiérarchique, à l'image de la société humaine. Elle est vue sous l'angle satirique (cf. **p. 91-95**) et, lorsqu'elle est réussie, cette parodie ne manque pas de saveur (cf. **p. 91**).

Dans les branches postérieures, avec une fantaisie poussée jusqu'à l'absurde, ils deviennent des êtres étranges, mi-animaux mi-hommes. Revêtus d'armures, le roi Noble et ses « barons » monteront à cheval, partiront pour la croisade, livreront combat, navigueront, et assiégeront des forteresses (cf. **p. 95-96**).

Renard aborde Chantecler. (« Le Roman de Renard », miniature, XIVe siècle. Ph © Bibl. Nat., Paris — Arch. Photeb.)

Chantecler dans la gueule de Renard. (« Le Roman de Renard », miniature, XIVe siècle. Ph © Bibl. Nat., Paris — Photeb.)

La réalité rustique

Dans ces miniatures comme dans l'épisode qu'elles illustrent (cf. **p. 88**), la réalité campagnarde est fidèlement observée. Une scène identique pourrait se dérouler de nos jours dans une ferme reculée où l'on continue à élever les volailles comme autrefois. Nous sommes de même saisis par la vérité et la vie des séquences où l'on voit paysans et hobereaux réagir devant les méfaits du rusé Renard (cf. **p. 82-83 et 88-89**).

Le Roi Noble et sa cour. (« Le Roman de Renard », miniature, XIVᵉ siècle. Ph © Bibl. Nat., Paris — Photeb.)

Les messagers de Renard remettent sa lettre d'amour à la louve. (« Renard le Nouvel » de Jacquemart Gelée, miniature, XIIIᵉ siècle. Ph © Bibl. Nat., Paris — Arch. Photeb.)

La société animale

Les animaux gardent ici leur apparence naturelle. Mais le roi Noble porte la couronne et tient conseil assis sur un trône (cf. **p. 91**). Devant lui, attentifs à ses paroles, les courtisans : Renard, le connétable Ysengrin (le loup), l'archiprêtre Bernard (l'âne), le chantre Brichemer (le cerf), Couard le lièvre. Renard est aimé d'Hersent, la louve, qui n'est guère fidèle à Ysengrin. Détail poétique : ses lettres d'amour sont remises par des messagers ailés.

Noble et ses cavaliers. (« Renard le Nouvel » de Jacquemart Gelée, miniature, XIVe siècle. Ph. © Bibl. Nat., Paris — Photeb.)

De hardis navigateurs ! (« Renard le Nouvel » de Jacquemart Gelée, miniature, XIVe siècle. Ph. © Bibl. Nat., Paris — Photeb.)

Renard navre Ysengrin. (« Renard le Nouvel » de Jacquemart Gelée, miniature, XIIIe siècle. Ph © Bibl. Nat., Paris — Arch. Photeb.)

L'assimilation au monde humain

Dès la branche II du *Roman de Renard*, la plus ancienne, la tentation d'assimiler la société animale à la société humaine entraîne l'auteur au-delà du langage parodique : on dresse la potence pour Renard, il prend la croix et le bourdon du pèlerin, il s'enfuit en éperonnant... son cheval (cf. **p. 93**) !

Mais c'est dans les branches postérieures que la fantaisie se donne libre cours, comme dans ces miniatures et dans l'épisode de « Renard empereur » (cf. **p. 95**) : nous voici en pleine chanson de geste et nous avons la surprise d'assister aux exploits, non d'un géant comme Rainouart (cf. **p. 39**) mais du petit Frobert, le grillon !

Bourgeois et vilains

Le mois de Février par Pol, Herman et Jean de Limbourg. (« Les Très Riches Heures du Duc de Berry », miniature, début du XVᵉ siècle. Bibl. du Musée Condé, Chantilly. Ph. © Bibl. Nat., Paris — Arch. Photeb.)

L'hiver à la campagne. Les miniatures des *Très riches Heures du Duc de Berry* (XVᵉ siècle) nous offrent un tableau de la vie rustique comparable aux évocations du *Roman de Renard* et des *Fabliaux*. C'est ici la saison d'hiver, « quand on met les jambons dans le sel » (cf. **p. 82-83**), et le paysage de neige est semblable à la campagne toute blanche à travers laquelle Messire Constant, ses vilains et ses valets poursuivent Ysengrin qui laissera sa queue dans l'aventure (cf. aussi **p. 88-89**).

Le mois d'Octobre par Pol, Herman et Jean de Limbourg. (« Les Très Riches Heures du Duc de Berry », miniature, début du XVᵉ siècle. Bibl. du Musée Condé, Chantilly. Ph © Bibl. Nat., Paris — Arch. Photeb.)

Les travaux des champs

Au pied du château où l'on écoute avec passion les adaptations en prose des chansons de geste et des romans courtois, les vilains, acteurs — et auditeurs — des « contes à rire » que sont les *Fabliaux* et le *Roman de Renard* se livrent aux travaux des champs.

Riches bourgeois (cf. **p. 101**) et commerçants (cf. **p. 80**), sans oublier les prêtres, reviennent fréquemment dans ces œuvres satiriques ; ils sont assez souvent victimes de voleurs ou de rusés trompeurs. Le thème du commerçant dupé reparaîtra avec éclat dans la *Farce de Pathelin* (cf. planche XXIX).

XVIII

LES FABLIAUX
ET LA LITTÉRATURE MORALE

Les FABLIAUX (forme picarde du mot français *fableau*, dérivé de *fable*), sont de courts récits en octosyllabes datant du XIIIᵉ et du XIVᵉ siècle. Nous en avons conservé environ 150 *.

Origine   Au siècle dernier, on les croyait d'origine *orientale* (surtout indienne), et introduits en France soit par les Croisés soit par l'intermédiaire de traductions latines. Mais Joseph Bédier a montré que, si une douzaine de ces contes proviennent de l'Inde, les autres sont tirés d'un fonds commun à la plupart des peuples européens. Dans chaque pays, le thème commun a été traité diversement selon les mœurs, les conditions d'existence, l'esprit même des peuples. Ainsi, *nos fabliaux sont bien des œuvres françaises* par l'esprit et la civilisation qui s'y reflètent. D'ailleurs certains d'entre eux reposent sur des jeux de mots qui n'existent qu'en français, et d'autres sont nés de l'imagination de nos jongleurs ou de nos lettrés

C'est dans le Nord de la France, surtout *en Artois, en Champagne* et *en Picardie*, que nos fabliaux ont pris naissance. Comme le ROMAN DE RENARD, ils présentent les caractères de la LITTÉRATURE BOURGEOISE : goût du gros comique, peinture réaliste de la vie courante, satire alerte et malicieuse, mais sans grande portée. Nous distinguerons deux catégories parmi ces fabliaux : les « *contes à rire* » et les *contes moraux* ou *édifiants*.

I. — " *LES CONTES A RIRE* "

La plupart des fabliaux ne sont que des « *contes à rire* » (le mot est de J. BÉDIER). Le COMIQUE y est parfois leste, souvent grossier : comique de *farce* reposant sur des jeux de mots (p. 98), sur des quiproquos (p. 101), sur des bastonnades (p. 105). Parfois néanmoins *l'observation malicieuse* et juste de la vie introduit dans le récit un rire moins vulgaire : comique né des situations (p. 102 et 104) et même des caractères (p. 106).

La SATIRE, expression de l'esprit gaulois, vise invariablement les paysans et les bourgeois naïfs (p. 98 et 102), les femmes trompeuses et rouées (p. 104), les prêtres paresseux (p. 102), gourmands (p. 104) et cupides (p. 98). L'auteur s'amuse à nous peindre *ironiquement*, mais sans amertume, d'un trait net et pittoresque, *les mœurs de la classe moyenne* ou *des vilains*. Il vise à nous faire rire d'une franche gaieté, sans s'indigner contre les abus ni chercher à moraliser. Les voleurs (p. 101), les trompeurs (p. 104) sont, hélas, les personnages sympathiques de ces œuvres frondeuses et, somme toute, assez dures sous leur apparence joviale. La seule morale qui s'exprime à la fin de tels fabliaux est parfois une *leçon d'expérience*, comme celle qui se dégage des *Fables* de LA FONTAINE (p. 100 et 104).

* *Les Fabliaux ont été publiés par A. de Montaiglon et G. Raynaud.*

Brunain, la vache au prêtre

Certains fabliaux, très simples, raillent *les naïfs* qui prennent à la lettre des expressions figurées. Tel celui de « *La Vieille qui oignit la paume au chevalier* », espérant se le rendre favorable en lui « *graissant la patte* » avec un morceau de lard. Il s'agit ici d'une confusion du même ordre, mais notre fabliau est infiniment plus riche d'observation et d'éléments comiques. A la *satire légère* de l'esprit paysan se mêle la *critique malicieuse* de *l'avidité ecclésiastique*, thème traditionnel de la littérature bourgeoise. C'est finalement le plus naïf qui triomphe du plus rusé (cf. *Pathelin*).

D'un vilain conte et de sa fame	Je conte [l'histoire] d'un vilain et de sa
C'un jor de feste Nostre Dame	Pour la fête de Notre-Dame [femme :
Aloient ourer a l'yglise.	Ils allaient prier à l'église.
Li prestres, devant le servise,	Le prêtre, avant l'office,
5 *Vint a son proisne sermoner,*	Vint prononcer son sermon : 5
Et dist qu'il faisoit bon doner	Il dit qu'il faisait bon donner
Por Dieu, qui reson entendoit ;	Pour Dieu, si l'on sait le comprendre ;
Que Diex au double li rendoit	Que Dieu rendait au double [l'offrande]
Celui qui le fesoit de cuer.	A qui donnait de bon cœur.
10 « *Os* », *fet li vilains*, « *bele suer,*	«Entends-tu», fait le vilain, «belle sœur, 10
Que noz prestres a en couvent :	La promesse de notre prêtre ?
Qui por Dieu done a escient,	Qui, pour Dieu, donne de bon cœur,
Que Dex li fet mouteploier.	Reçoit de Dieu deux fois plus.
Miex ne poons nous emploier	Nous ne pouvons mieux employer
15 *No vache, se bel te doit estre,*	Notre vache, si bon te semble, 15
Que pour Dieu le donons le prestre :	Que de la donner, pour Dieu, au prêtre :
Ausi rent ele petit lait.	D'ailleurs elle produit peu de lait !
— *Sire, je vueil bien que il l'ait,* »	— Sire, je veux bien qu'il l'ait, »
Fet la dame, « *par tel reson.* »	Fait la dame, « à cette condition. »
20 *Atant s'en vienent en meson,*	Alors ils s'en viennent à leur maison 20
Que ne firent plus longue fable.	Sans faire plus long discours.
Li vilains s'en entre en l'estable,	Le vilain entre dans son étable,
Sa vache prent par le lïen,	Prend sa vache par le lien
Presenter le vait au doien.	Et va la présenter au doyen.
25 *Li prestres ert sages et cointes.*	Le prêtre était habile et madré. 25
« *Biaus sire* », *fet il a mains jointes,*	«Beau sire», fait l'autre, les mains jointes
« *Por l'amor Dieu Brenain vous doing.*»	« Pour l'amour de Dieu, je vous donne
Le lïen li a mis el poing,	Il lui met le lien au poing [Blérain. »
Si jure que plus n'a d'avoir.	Et jure qu'il n'a plus de bien.
30 « *Amis, or as tu fet savoir,* »	«Ami, tu viens d'agir en sage, » 30
Fet li provoires dans Constans,	Fait le prêtre dom Constans
Qui a prendre bee toz tans,	Qui pour prendre est toujours à l'affût,
« *Va t'en, bien as fet ton message,*	« Retourne en paix, tu as bien fait ton
Quar fussent or tuit ausi sage	Qu'ils fussent tous aussi sages, [devoir :
35 *Mi paroiscien come vous estes,*	Mes paroissiens, que vous l'êtes, 35
S'averoie plenté de bestes. »	J'aurais abondance de bêtes ! »

(2) *qui* un jour... — (4) *devant :* cf. *devant que* = avant que (XVIIe siècle). — (5) *a* = pour. — (7) *qui* = relatif sans antécédent exprimé, formule générale. — (11) *que* = ce que ; *a en couvent* = promet. — (13) *que* = à savoir que. — (17) cf. *un petit* = un peu (XVIIe siècle). — (20) *s'en vienent :* cf. (22) *s'en entre*. Nous disons encore : « *s'en aller* ». — (30) *savoir* = chose sage (inf. substantivé). — (34) *quar* = exclamatif ; *fussent* = subj. de souhait.

Étude du texte original *

A. — LE FRANÇAIS VIENT DU LATIN

I. *Expliquer le traitement de la partie du mot latin en italique :*

féminam > fame (1) [II b, XIII c] ; cor > cuer (9 = cœur) [IX] ; audis > os (10 = tu entends) [IX] ; sóror > suer (10 = sœur) [IX] ; débet > doit (15) [IX] ; légamen > leien, lïen (23) [XIII a] ; púgnum > poing (28) [XI b] ; illórum > lor, leur (42) [IX] ; insímul > ensamble (44) (XIV d).

Comparer : fábulam > fable (21) ; stábulum > estable (22) ; et dúplum > double (8) [XIV a].

II. *Expliquer le passage du mot latin au mot français*

villànum > vilain (1) [V, XIII c, Xa, IIa] ; oràre > ourer (3 = prier) [V, IX, IIa] ; présbiter > prestre (4)[VIII, II b, XIV c] ; lat. vulg* éssere > estre (15) [VIII, II b, XIV d] ; dòmina (= maîtresse) > dame (19) [II b, VI, XIII c], sapére > savoir (30) [V, XIII a, IX, II a] ; lat. vulg. * tròpat > trueve (43 = trouve) [IX, XIII a, II a, XV a] ; lat. vulg. * menàre (lat. cl. minari = menacer) > mener (55) [V, IX] ; lat. vulg. * gaudiam (lat. cl. gaudium) > joie (57) [XII b, IX, XIII a, II a].

B. — PARTICULARITÉS GRAMMATICALES

I. *L'orthographe n'est pas encore fixée*

L'auteur hésite au c. s. sing. entre *Diex* (8 = Dieu) et *Dex* (13) ; entre les formes *faisoit* (6) et *fesoit* (9) ; entre *por* (7) et *pour* (16). Il a deux formes pour le pronom féminin : *la* (42), et *le* (16, 24 : particularité du dialecte picard). Il simplifie souvent les *consonnes doubles* (en relever des exemples).

Remarquer l'orthographe *Diex, miex*, où l'*x* final représente une abréviation de —*us* (*Dieus, mieus*) [cf. XIV a].

II. *Cas sujet et cas régime*

1. Exemple de mot ayant une forme pour le cas sujet et une forme différente pour le cas régime (cf. XVII c).

   c. s. présbiter > prestre
   c. r. presbitérum > preveire (ici : provoire, v. 37).

A l'usage, ces deux formes ont été considérées comme DEUX MOTS DIFFÉRENTS :

— Le c. s. *li prestre* (à l'origine sans *s*) est devenu *li prestres* (4), et il s'est constitué sur ce cas sujet une forme de c. r. : *le prestre* (16, 46, 54).

— Sur le c. r., *le provoire* s'est formé un c. s. : *li provoires* (31).

2. EXERCICE : *a*) Le mot *Dieu* figure 10 fois dans le texte. Distinguer 4 emplois du mot au c. s., 5 au c. r. avec préposition ; 1 au c. r. avec valeur de c^t de nom. — Même question pour *vilain* (6 c. s., 1 c. r.) et pour le mot *prestre* : 5 c. s. ; 1 c. r. avec valeur de c^t d'attribution, 2 c. r. compléments de nom.

b) Expliquer la valeur du cas régime *Nostre Dame* (2).

c) D'après les deux phrases. « *Cil* a le bien *cui* (= à qui) Diex le done » (66) et « que Diex au double li rendoit *celui* (= à celui) *qui* le fesoit de cuer » (8-9), quelle était la forme du pronom démonstratif masculin et du pronom relatif masculin, au cas sujet singulier et au cas régime (indirect) singulier ? Il existe en plus une forme de cas régime direct, qui est *cel* pour le démonstratif, et *que* pour le relatif.

---

* *Signes conventionnels.* Voir p. 21, note.

Li vilains se part du provoire.	Le vilain se sépare du prêtre.
Li prestres comanda en oirre	Le prêtre commande aussitôt
C'on face, pour aprivoisier	Qu'on fasse, pour l'apprivoiser,
40 *Blerain avoec Brunain lïer,*	Lier Blérain avec Brunain, 40
La seue grant vache demaine.	Sa propre vache, une belle bête.
Li clers en lor jardin la maine,	Le clerc la mène en leur jardin,
Lor vache trueve, ce me samble.	Trouve leur vache, ce me semble,
Andeux les acoupla ensemble ;	Les attache toutes deux ensemble ;
45 *Atant s'en torne, si les lesse.*	Puis il s'en retourne et les laisse. 45
La vache le prestre s'abesse	La vache du prêtre se baisse
Por ce que voloit pasturer,	Parce qu'elle voudrait paître ;
Mes Blere nel vout endurer,	Blérain ne veut pas le souffrir :
Ainz sache le lïens si fors	Elle tire la longe si fort
50 *Du jardin la traïna fors :*	Qu'elle entraîne Brunain dehors. 50
Tant l'a menee par ostez,	Elle l'a tant menée, par maisons,
Par chanevieres et par prez,	Par chenevières et par prés,
Qu'elle est reperie a son estre	Qu'elle est revenue chez elle,
Avoecques la vache le prestre	Avec la vache du prêtre
55 *Qui moult a mener li grevoit.*	Qu'elle avait bien de la peine à mener. 55
Li vilains garde, si le voit ;	Le vilain regarde et la voit :
Moult en a grant joie en son cuer.	Il en a grande joie au cœur !
« Ha » fet li vilains, « bele suer,	« Ah ! » fait-il « belle sœur,
Voirement est Diex bon doublere,	Vraiment Dieu est bon « doubleur »,
60 *Quar li et autre revient Blere :*	Car Blérain revient avec une autre ; 60
Une grant vache amaine brune ;	Elle amène une grande vache brune ;
Or en avons nous II. por une :	Nous en avons maintenant deux pour
Petis sera nostre toitiaus. »	Notre étable sera petite ! » [une :
Par exemple dist cis fabliaus	Par cet exemple, ce fabliau nous dit
65 *Que fols est qui ne s'abandone ;*	Que fol est qui ne se résigne. 65
Cil a le bien cui Diex le done,	Celui-là a le bien à qui Dieu le donne,
Non cil qui le muce et enfuet.	Et non celui qui le cache ou l'enfouit.
Nus home mouteplier ne puet	Nul ne peut multiplier ses biens
Sanz grant eür, c'est or del mains.	Sans grande chance, pour le moins.
70 *Par grant eür ot li vilains*	Par grande chance le vilain eut 70
II. vaches et li prestres nule.	Deux vaches, et le prêtre aucune.
Tels cuide avancier qui recule.	Tel croit avancer qui recule.

---

(40) *Blerain, Brunain :* c. r. correspondant aux c. s. *Blere* (48) et *Brune*. On déclinait de même : *none* (c. s.), *nonain* (c. r.). — (41) *la seue :* la sienne ; *demaine :* qui lui appartenait en propre. — Remarquer l'adj. féminin *grant*, sans e (cf. *Appendice* : XIX, b). — (43) *ce me samble :* cheville amusante, se rapportant peut-être à quelque tradition orale. — (45) *Atant =* alors. — (47) *voloit =* voulait (imparf.). — (48) Mais *Blere ne le* (nel) veut... — (49) *Ainz =* Mais (< *antius*). — (50) *que* consécutif omis après *si* (cf. ROLAND, p. 22, v. 27, note). — (53) *estre =* " le lieu où elle était " (inf. substantivé). cf. *manoir* (< *manere*) = " le lieu où l'on reste ", la demeure. — (54) *avoecques :* remarquer l's adverbial. — (55) *grevoit =* " pesait ". — (60) *li et autre =* " elle et une autre ", car le sens est : " Blérain revient *accompagnée* d'une autre ". — (61) noter l'ordre des mots. — (64) *fabliaus =* c. s. — (65) *fols =* c. s. — (69) *del =* de le = du (cf. ROLAND, p. 22, note au v. 43). — (72) *tels =* c. s.

ESTULA

XIIIe SIÈCLE. Exemple de fabliau dont l'intrigue repose sur *une méprise*, ou plutôt sur une cascade de méprises. La satire de l'esprit paysan, la peinture malicieuse du curé, sont des éléments traditionnels dans nos fabliaux. Le thème du voleur sympathique par son habileté répond à une tendance de l'esprit populaire : déjà rencontré dans le *Roman de Renard*, il reparaîtra dans RABELAIS, LA FONTAINE, VOLTAIRE, et jusque dans les romans populaires du XIXe siècle. L'auteur ne se soucie pas plus de la morale que de la vraisemblance ; son unique objet est de *faire rire* et il y réussit. Récit très alerte, très vivant, animé d'une franche gaieté.

Il y avait jadis deux frères, sans conseil de père et de mère, et sans autre compagnie. Pauvreté [1] fut bien leur amie, car elle fut souvent leur compagne [2]. C'est la chose qui tracasse le plus ceux qu'elle assiège : il n'est pire maladie. Ensemble demeuraient les deux frères dont je vous conte l'histoire. Une nuit, ils furent en grande détresse, de soif, de faim et de froid : chacun de ces maux s'attache souvent à ceux que Pauvreté tient en son pouvoir [3]. Ils se prirent à se demander comment ils pourraient se défendre contre Pauvreté qui les accable : souvent elle leur a fait éprouver de l'ennui.

10 Un homme connu pour sa richesse habitait tout près de leur maison : ils sont pauvres ; le riche est sot [4]. En son jardin il a des choux et à l'étable des brebis. Tous deux se dirigent de ce côté. Pauvreté rend fous bien des hommes : l'un prend un sac à son cou, l'autre un couteau à la main [5] ; tous deux se sont mis en route. L'un entre dans le jardin, promptement, et ne s'attarde guère : il coupe des choux à travers le jardin. L'autre se dirige vers le bercail pour ouvrir la porte : il fait si bien qu'il l'ouvre. Il lui semble que l'affaire va bien. Il tâte le mouton le plus gras.

Mais on était encore debout dans la maison : on entendit la porte du bercail quand il l'ouvrit. Le prud'homme [6] appela son fils : « Va 20 voir, dit-il, au jardin, s'il n'y a rien d'inquiétant ; appelle le chien de garde [7]. » Le chien s'appelait Estula : heureusement pour les deux

---

— 1 Sur l'*allégorie*, procédé en faveur au Moyen Age, cf. *Lancelot*, p. 60, note 6 et p. 63, l. 23 et le *Roman de la Rose*, p. 191. — 2 Jeu de mots, à expliquer. — 3 Pourquoi l'auteur insiste-t-il sur ces maximes générales ?

Cf. plus bas, ligne 12. — 4 Simplification qui peut nous renseigner sur le public des fabliaux. Précisez. — 5 Que pensez-vous de ce rapide crayon ? — 6 Bourgeois. — 7 Ce trait est-il naturel ?

frères, cette nuit-là il n'était pas dans la cour [1]. Le garçon était aux écoutes. Il ouvre la porte qui donne sur la cour et crie : « Estula ! Estula ! » Et l'autre, du bercail, répondit : « Oui, certainement, je suis ici. » Il faisait très obscur, très noir, si bien que le garçon ne put apercevoir celui qui lui avait répondu. En son cœur, il crut, très réellement, que c'était le chien.

Sans plus attendre, il revint tout droit à la maison ; il eut grand peur en y rentrant : « Qu'as-tu, beau fils ? » lui dit son père. — « Sire, foi
30 que je dois à ma mère, Estula vient de me parler. — Qui ? notre chien ? — Oui, par ma foi ; si vous ne voulez m'en croire, appelez-le à l'instant, et vous l'entendrez parler [2]. » Le prud'homme d'accourir pour voir cette merveille ; il entre dans la cour et appelle Estula, son chien. Et le voleur, qui ne se doutait de rien, lui dit : « Mais oui, je suis là ! » Le prud'homme s'en émerveille : « Par tous les saints et par toutes les saintes ! mon fils, j'ai entendu bien des merveilles, mais jamais une pareille ! Va vite, conte ces miracles au prêtre [3], ramène-le, et dis lui d'apporter l'étole [4] et l'eau bénite. »

Le garçon, au plus vite, se hâte et arrive au presbytère. Il ne traîna
40 guère à l'entrée et vint au prêtre, vivement : « Sire, dit-il, venez à la maison ouïr de grandes merveilles : jamais vous n'en avez entendu de pareilles. Prenez l'étole à votre cou. » Le prêtre dit : « Tu es complètement fou de vouloir me faire sortir à cette heure : je suis nu-pieds, je n'y pourrais aller. » L'autre lui répond aussitôt : « Vous le ferez : je vous porterai. » Le prêtre a pris son étole et monte, sans plus de paroles, sur les épaules du jeune homme, qui reprend son chemin [5].

Arrivé à sa maison, et voulant couper court, le garçon descend, tout droit, le sentier par où étaient descendus les deux voleurs qui cherchaient
50 leur nourriture. Celui qui cueillait les choux vit le prêtre, tout blanc, et crut que son compagnon lui apportait quelque butin. Il lui demanda, plein de joie : « Apportes-tu quelque chose ? — Ma foi, oui », fait le garçon, croyant que c'était son père qui lui avait parlé [6]. — « Vite ! dit l'autre, jette-le bas ; mon couteau est bien aiguisé ; je l'ai fait repasser hier à la forge : je m'en vais lui couper la gorge [7]. »

Quand le prêtre l'entendit, il crut qu'on l'avait trahi : il saute à terre, et s'enfuit, tout éperdu. Mais son surplis s'accrocha à un pieu et y resta, car il n'osa pas s'arrêter pour l'en décrocher. Celui qui avait cueilli les choux ne fut pas moins ébahi que celui qui s'enfuyait à cause de lui :

— 1 Rôle de cette remarque ? — 2 Quelle est la qualité maîtresse de ce dialogue ? — 3 L'esprit populaire des fabliaux raille volontiers, mais sans méchanceté, les gens d'église (cf. *La Fontaine*). — 4 Cf. p. 92 note 5. Il s'agit de chasser le démon dont ce chien est possédé. — 5 Montrer le pittoresque et le comique de la situation. — 6 Est-ce vraisemblable ? — 7 Nouveau *quiproquo* ; est-il amené avec naturel ?

60 il ne savait pas ce qu'il y avait. Toutefois, il va prendre la chose blanche qu'il voit pendre au pieu et s'aperçoit que c'est un surplis. A ce moment son frère sortit du bercail avec un mouton et appela son compagnon qui avait son sac plein de choux : tous deux ont les épaules bien chargées. Sans faire plus long conte, ils se mirent en route vers leur maison qui était tout près. Alors, il montra son butin, celui qui avait gagné le surplis. Ils ont bien plaisanté et bien ri, car le rire, alors, leur fut rendu, qui jusque là leur était défendu [1].

En peu de temps Dieu travaille [2] : tel rit le matin qui le soir pleure, et tel est le soir courroucé qui, le matin, était joyeux et gai [3].

– *Distinguez une succession de scènes. L'auteur n'aurait-il pu développer certaines d'entre elles ? Pourquoi, selon vous, ne l'a-t-il pas fait ?*
– *Étudiez la vraisemblance de chaque malentendu ; comment s'y prend l'auteur pour donner du naturel à l'action ?*
– *Quels traits du caractère traditionnel du paysan apparaissent dans ce conte ?*
– *Étudiez les divers aspects du comique dans ce récit.*
– **Entretien.** *A quelle sorte de public vous paraît s'adresser ce fabliau ? Justifiez votre réponse.*
– **Débat.** *Ces voleurs vous semblent-ils sympathiques ? Comment les jugez-vous du point de vue moral ?*
• **Groupe thématique : Trompeurs amusants et sympathiques.** Cf. Renard ; Pathelin (p. 169-180). – XVIe SIÈCLE, Panurge, p. 73. – XVIIe SIÈCLE, Scapin, p. 187. – XVIIIe SIÈCLE, Gil Blas, p. 64-67 ; – Figaro, p. 388, 392, 394, 396. – XXe SIÈCLE, Knock, p. 424, 426 ; – Topaze, p. 430.

Le dit des perdrix

Ce « *dit* » ou « *conte* » est, comme le précédent, bâti sur une double méprise. Mais ici la méprise est organisée par l'*habileté d'une femme :* la satire de la tromperie féminine, thème traditionnel des fabliaux, est un trait de l'esprit gaulois. On notera la *vie* et le *réalisme* de la narration, et particulièrement la *vérité* dans les gestes et les pensées de la femme, vaincue peu à peu par sa gourmandise.

Puisque j'ai coutume de dire des fabliaux, au lieu d'une fable [4] je veux conter une aventure qui est vraie : celle d'un vilain qui, près de sa haie, prit deux perdrix par aventure [5]. Il prit grand soin de les préparer et chargea sa femme de les faire cuire : elle s'en tirait fort bien. Elle allume le feu, dispose la broche, et le vilain aussitôt s'en retourne : il s'empresse d'inviter le prêtre [6]. Mais au retour il s'attarda tellement que les perdrix furent cuites. La dame a mis bas la broche ; elle « pince » un bout de peau rôtie, car elle est très gourmande. Quand Dieu lui donnait des biens, elle ne visait pas à accumuler, mais à satisfaire tous ses désirs. Elle se hâte d'attaquer une perdrix : elle en mange les deux ailes.

— 1 Expliquez cette phrase. — 2 Ce ton édifiant s'accorde-t-il avec le caractère du récit ? — 3 Peut-on dire que ce proverbe soit la vraie leçon du fabliau ? — 4 Récit imaginé. — 5 La répétition est dans le texte : les conteurs du Moyen Age n'ont pas, à cet égard, les mêmes scrupules que nous. — 6 Trait de mœurs, à préciser (cf. *Brunain*, p. 98).

10 Puis elle va au milieu de la rue pour voir si son seigneur revient [1]. Ne le voyant pas revenir, elle s'en retourne vite et arrange le reste de telle sorte que c'eût été un crime d'en laisser un morceau. Alors elle se met à penser et se dit qu'elle mangera encore l'autre. Elle sait fort bien ce qu'elle dira si on lui demande ce qu'elles sont devenues : elle dira que les chats sont venus quand elle les a retirées, qu'ils les lui ont arrachées des mains et que chacun a emporté la sienne. Ainsi, dit-elle, elle s'en tirera. Puis elle va se planter au milieu de la rue pour guetter son mari ; ne le voyant pas revenir, elle sent frémir sa langue en pensant à la perdrix qu'elle a laissée. Elle sera bientôt enragée si elle n'en a pas encore un petit bout ; elle détache le cou, tout doucement, et le mange avec délices ; elle s'en pourlèche les
20 doigts : « Hélas ! dit-elle, que faire ? Si je mange le tout, que dirai-je ? Mais comment laisser le reste ? J'en ai un si grand désir ! Ma foi, advienne que pourra, il faut que je la mange toute ! »

A force d'attendre, la dame fut rassasiée. Le vilain ne tarda pas ; il arrive à la maison et s'écrie : « Alors, elles sont cuites, les perdrix ? — Seigneur, dit-elle, quelle catastrophe ! Le chat les a toutes mangées ! » Le vilain bondit aussitôt : il court vers elle comme un fou. Il lui aurait arraché les yeux, quand elle s'écrie : « C'est pour rire ! c'est pour rire ! Arrière, Satan ! Je les ai couvertes pour les tenir chaudes [2]. — Je vous aurais chanté de belles Laudes [3], dit-il, foi que je dois à saint Lazare [4] ! Or ça, mon bon hanap [5] de bois et ma plus belle nappe blanche !
30 Je l'étendrai sur mon manteau, sous cette treille, dans ce pré. — Prenez donc votre couteau qui a bien besoin d'être aiguisé. Faites-le couper un peu sur cette pierre, dans la cour. » Le vilain se défait de son manteau et court, le couteau tout nu à la main.

Mais voici le chapelain qui venait manger chez eux. Il arrive à la dame sans tarder et la salue. Elle lui dit avec beaucoup de naturel : « Sire, fuyez ! fuyez ! Je ne veux pas vous voir maltraiter... Mon seigneur est allé là-dehors aiguiser son grand couteau. Il dit qu'il veut vous couper les oreilles s'il peut vous tenir. — De Dieu puisse-t-il te souvenir, dit le prêtre ; qu'est-ce que tu dis ? Nous devons manger deux perdrix que ton seigneur a prises ce matin. » Elle réplique : « Par
40 saint Martin, il n'y a ici ni perdrix ni oiseau ; ce serait un bon repas ! votre malheur me fait grand'peine [6] ! — Je le vois, dit-il ; par mon chapeau, je crois bien que tu as dit vrai ! » Sans tarder davantage, il s'enfuit à grande allure. Et elle de s'écrier aussitôt : « Venez vite, sire Gombaut ! — Qu'as-tu, dit-il ? Dieu te garde ! — Ce que j'ai ? vous le saurez bien assez tôt ! Mais si vous ne pouvez courir vite, vous y perdrez, je crois ; car, par la foi que je vous dois, le prêtre emporte vos perdrix. » Le prud'homme en est plein de courroux ; il prend le couteau en main et court après le chapelain. Quand il le voit, il lui crie : « Vous ne les emporterez pas ainsi, toutes chaudes !... Ce serait mal de les manger sans moi !... » Le prêtre regarde derrière lui et voit accourir le vilain ; quand il lui
50 voit le couteau en main, il se croit mort si l'autre l'atteint. Il détale sans hésiter. Et l'autre de courir toujours sur lui, espérant reprendre ses perdrix !... Le prêtre, en toute hâte, s'est enfermé dans sa maison [7].

... Ce fabliau prouve, par un exemple, que femme est faite pour tromper : d'un mensonge elle fait une vérité, et d'une vérité un mensonge.

— 1 Ce trait vous paraît-il bien observé ? — 2 Pourquoi ce recul ? — 3 Psaumes à la *louange* de Dieu (< *laus, laudis*). — 4 Nom du pauvre, dans l'Évangile du mauvais riche. Très vénéré au Moyen Age. — 5 Vase à boire. — 6 Pourquoi lui manifeste-t-elle tant d'intérêt ? — 7 Quelle est la qualité dominante de cette dernière partie ?

LE VILAIN MIRE

Ce conte du « *Paysan Médecin* » est universel. Joseph BÉDIER le signale, — comme beaucoup d'autres fabliaux — dans les littératures orientale, allemande, basque... Nous retrouvons le thème de la première partie dans le « *Médecin malgré lui* » de MOLIÈRE, qui a dû entendre ce récit dans ses tournées à travers la province. Ce fabliau, comme le précédent, nous montre le *triomphe d'une femme rusée*. Plus long, construit avec plus de soin que la plupart des fabliaux uniquement comiques, il se compose en réalité de *deux récits distincts* dont nous résumons le premier et nous citons le second.

LE MÉDECIN *Un* « vilain » *(paysan), riche mais avare et brutal, mène*
MALGRÉ LUI *sa femme très durement. Elle pense que s'il était lui-même battu il deviendrait plus indulgent. Passent des messagers en quête d'un* médecin *pour guérir la fille du roi, qui a une arête de poisson piquée dans le gosier. La femme les adresse à son mari :* « c'est, dit-elle, un excellent médecin, mais il est bizarre et ne consent à exercer son talent que lorsqu'il est roué de coups. » Qu'à cela ne tienne ! Les envoyés s'emparent du vilain et, à coups de bâton, lui font déclarer qu'il est médecin. Les voici chez le roi : nouvelles protestations du vilain, nouvelle séance de bastonnade ! Pour y échapper, notre homme se décide à tenter sa chance : à force de grimaces et de contorsions, il fait rire aux éclats la princesse et l'arête lui jaillit hors du gosier. Miracle ! Le paysan demande à retourner chez lui, mais le roi tient à conserver un homme si précieux...*

Un remède universel

C'est la deuxième partie du fabliau. « *Plutôt souffrir que mourir — C'est la devise des hommes.* » dira LA FONTAINE (*La Mort et le Bûcheron*, I, 16, cf. aussi I, 15). C'est pour avoir bien connu cette « devise des hommes » que notre médecin malgré lui se tire avec honneur de cette épreuve. On notera la *variété du comique* dans ce court passage : comique de répétition et de contraste au début, puis comique de caractère, et humour assez fin dans la dernière partie.

L e roi appela deux serviteurs : « Battez-le fort, il restera ! » Sans tarder ils se jettent sur le vilain. Quand il sentit les coups sur ses bras, sur ses jambes, sur son dos, il se mit à crier grâce : « Je resterai, dit-il, laissez-moi tranquille [1] ! »
Le vilain reste à la cour : on le tond, on le rase, on lui donne une robe d'écarlate [2]. Il se voyait hors de dommage, quand les malades du pays — plus de quatre-vingts, ce dit-on [3] — vinrent chez le roi. Chacun lui conte son mal. Le roi appela le vilain : « Maître, dit-il, écoutez par ici : prenez soin de ces gens ; faites vite, guérissez-les moi. — Grâce, sire, dit le vilain : il y en a trop, Dieu me protège !
10 je n'en pourrai venir à bout ; je ne saurais tous les guérir. » Le roi appelle deux valets et chacun a pris un gourdin, car chacun d'eux savait fort bien pourquoi le roi les appelait. Quand le vilain les voit venir, il commence à trembler de tous ses membres et se met à crier : « Grâce, je les guérirai sans tarder ! »

— 1 Scène déjà répétée plusieurs fois dans | vif. — 3 Les conteurs des fabliaux se réfèrent la première partie. — 2 Fine étoffe d'un rouge | souvent à une tradition orale.

Le vilain demande du bois ; on lui en apporte en abondance. Dans la salle, on alluma du feu et lui-même s'en occupa. Il rassembla les malades, puis dit au roi : « Sire, descendez, ainsi que tous ceux qui n'ont aucun mal. » Le roi sort, tout bonnement, de la salle avec ses gens. Le vilain dit aux malades : « Seigneurs, par le Dieu qui me créa, j'aurai bien du mal à vous guérir. Je n'en saurais venir à bout que par un seul moyen : je vais choisir le plus malade et je le mettrai dans le feu ; nous le brûlerons dans ce feu pour le profit de tous les autres, car tous ceux qui absorberont ses cendres seront guéris immédiatement ».

Ils se regardent les uns les autres : il n'y eut ni bossu ni enflé qui fût disposé, pour un empire, à se reconnaître le plus malade. Le vilain dit au premier : « Je te vois défaillir : tu es le plus faible de tous. — Grâce, sire, je suis très sain, plus que je ne le fus jamais : je suis allégé d'une lourde fatigue que j'avais depuis longtemps. Je ne mens pas, sachez-le bien ! — Eh bien ! descends donc ; que viens-tu chercher ici ? » Et l'autre de prendre la porte. Le roi lui demande : « Es-tu guéri ? — Oui, sire, Dieu merci ! Je suis plus sain qu'une pomme. Ce médecin est un grand savant ! »

Que vous conterai-je de plus ? Il n'y eut petit ni grand qui, pour rien au monde, acceptât d'être jeté au feu. Ils s'en vont tous, comme s'ils étaient guéris. Et quand le roi les a vus, tout éperdu de joie, il dit au vilain : « Beau maître, c'est merveilleux ! Je me demande comment, si vite, vous les avez tous guéris ! — Sire, je les ai charmés. Je sais un charme qui vaut plus que gingembre et cannelle [1]. » Le roi dit : « Maintenant vous rentrerez chez vous quand vous voudrez, et vous aurez, de mes deniers, palefrois et bons destriers [2] ; et quand je vous redemanderai, vous ferez ce que je voudrai. Vous serez mon bon, mon cher ami, et je vous estimerai plus que quiconque en ce pays. Mais ne soyez plus ébahi, ne vous faites plus maltraiter, car c'est une honte de vous frapper. — Merci, sire, dit le vilain. Je suis votre homme [3], soir et matin ; je le serai tant que je vivrai, sans jamais m'en repentir. Il prit congé du roi et s'en revint joyeux chez lui. Jamais on ne vit plus riche manant. Il ne retourna plus à sa charrue, et plus jamais il ne battit sa femme : il l'aima et la chérit.

II. — *LES CONTES MORAUX OU ÉDIFIANTS*

Certains fabliaux sont plus *étoffés*, avec une *intrigue* plus soignée en vue de dégager un *enseignement moral*. Le trait y est souvent moins vif, mais les caractères plus fouillés. Les auteurs de ces fabliaux font appel à notre émotion plus qu'à notre rire.

Mais *ces récits sont-ils encore des fabliaux?* La distinction est souvent difficile à établir entre le fabliau proprement dit et l'abondante littérature morale du Moyen Age.

Si la Housse partie (cf. extrait) peut encore passer pour un fabliau moral, que dire du Vair Palefroi (XIIIᵉ siècle) poème de 1.342 vers, plutôt nouvelle que fabliau, où, grâce à son cheval, un jeune chevalier, pauvre et valeureux, triomphe de son rival, un riche barbon, et épouse la jeune fille qui l'aime?

Nous citons le Tombeur Notre-Dame comme type de fabliau édifiant. Mais on ne saurait, par exemple, ranger parmi ces fabliaux la longue histoire du Chevalier au Barizel, chevalier farouche et brutal qui cherche en vain, pendant des années, à remplir d'eau, pour sa pénitence, un petit baril (*barizel*) : il y parvient seulement lorsque la pitié fait enfin couler de ses yeux une larme qui suffit, à elle seule, à remplir le barillet. On lira enfin, dans nos extraits, un passage du *roman en prose* des Sept Sages, qui connut au XVᵉ siècle un immense succès.

— 1 Ces *épices*, importées d'Orient, étaient d'un grand prix. — 2 Le *palefroi* est le cheval de voyage ; le *destrier* est le cheval de bataille. — 3 « A votre service » (cf. *hommage*).

LA HOUSSE PARTIE

« *La Couverture partagée* * », est un conte de BERNIER. Est-ce un fabliau ? Le problème se pose chaque fois que le récit perd de sa gaîté, de sa verve réaliste, au profit de l'intention morale. Notre auteur n'a pas reculé devant une *légère invraisemblance* pour introduire plus fortement sa haute leçon. Mais il sait nous *apitoyer* et son *récit* est assez *habilement conduit* pour maintenir l'intérêt très vif jusqu'au bout.

Un riche bourgeois, voulant assurer le mariage de son fils avec la fille d'un noble chevalier sans fortune, consent à se dessaisir de tous ses biens au profit du jeune homme. Ce dernier s'engage à prendre soin de son père jusqu'à sa mort. Douze ans s'écoulent : le ménage a un fils déjà grand. Le couple supporte difficilement le vieillard, surtout la femme qui est fière et orgueilleuse. Elle décide son mari à chasser son vieux père. Le pauvre homme a beau supplier qu'on lui donne du moins à manger, c'est peine perdue.

L e père est si plein de douleur que cela lui crève le cœur, ou peu s'en faut. Malgré sa faiblesse, il se lève et quitte la maison en pleurant : « Fils, dit-il, je te recommande à Dieu [1]. Puisque tu veux que je m'en aille, pour Dieu, donne-moi un bout de couverture. Ce n'est pas grand'chose, et je ne peux supporter le froid. C'est pour me couvrir que je te le demande, car ma robe est peu fournie et le froid, plus que toute chose, me tue [2]. » Mais le fils, peu disposé à donner, réplique : « Père, je n'en ai point à vous donner : vous n'en aurez point, à moins qu'on me pille ou qu'on me vole [3]. — Beau doux fils, tout le cœur me
10 tremble ! Je crains tant le froid ! Donne-moi, au moins [4], une de tes couvertures de cheval, pour que le froid ne me fasse point de mal. »
   Le jeune homme qui veut s'en débarrasser voit bien qu'il ne peut le faire sans lui donner quelque chose. Pour le décider à partir, il ordonne à son fils de donner au vieillard la couverture. L'enfant accourt : « Qu'y a-t-il pour votre plaisir, dit-il ? — Beau fils, je te commande, si tu trouves l'étable ouverte, de donner à mon père la couverture qui est sur mon cheval noir. S'il le veut, il s'en fera un manteau, une cape, ou une couverture. Donne-lui la meilleure de toutes. » L'enfant, qui est plein de bon sens, dit au vieillard : « Beau grand-père, venez avec
20 moi. » Le prud'homme l'accompagne, tout désolé et plein d'ennui. L'enfant trouve la couverture : il prend la meilleure et la plus neuve, la plus longue et la plus large. Il la double par le milieu [5] et la partage

---

— 1 Précisez l'intérêt de ce souhait. — 2 Ce trait vous paraît-il bien observé ? — 3 Quel caractère se révèle à ces mots ? — 4 Expliquez « *au moins* ». — 5 Précisez l'intention de l'auteur dans les lignes 18-22 ; quel effet a-t-il voulu ménager ?

— * Une *housse* est une couverture qu'on met sur la croupe des chevaux de selle. Le verbe *partir* signifie « partager » (cf. « *avoir maille à partir* » = se disputer avec, « avoir à se partager une petite pièce de monnaie »).

avec son couteau, du mieux qu'il peut. Puis, il en donne la moitié à son grand-père : « Beau fils, dit le vieillard, qu'en ferai-je ? Pourquoi l'as-tu coupée ? Ton père me l'avait donnée ! Tu m'as fait grande cruauté, puisque ton père avait ordonné que je l'eusse tout entière. Je vais revenir le lui dire. — Allez où vous voudrez, dit l'enfant : de moi vous n'en aurez jamais davantage [1]. »

30   Le prud'homme sort de l'étable : « Fils, fait-il, tout ce que tu as fait et commandé tourne en tromperie. Que ne punis-tu ton fils qui ne te redoute ni ne te craint ? Ne vois-tu pas qu'il garde la moitié de la couverture ? — Dieu te donne male aventure [2] ! dit le père. Donne-la-lui toute ! — Je n'en ferai rien, dit l'enfant, à coup sûr : avec quoi seriez-vous vous-même payé [3] ? Je vous en garde la moitié : vous n'en aurez jamais, de moi, davantage. Si je peux, un jour, devenir le maître, je vous chasserai aussi, comme vous l'avez chassé. Il vous a donné ses biens : je veux aussi avoir les vôtres, et vous n'emporterez de moi qu'autant que vous lui aurez donné. Si vous le laissez mourir de misère, j'en ferai autant pour vous, si je vis [4]. »

40   Le père entend son enfant : il rentre en lui-même [5] ; il soupire. Il comprend la leçon que son fils lui donne. Il se tourne vers le vieillard : « Père, dit-il, restez ici. C'est le diable et le péché qui m'ont égaré... Soyez maître et seigneur de mon hôtel, pour toujours... Par saint Martin, je vous le dis, je ne boirai jamais de vin, je ne mangerai jamais de bons morceaux sans que vous soyez mieux servi encore. Vous aurez chambre particulière, bon feu et beaux habits. Vous avez été bon pour moi, beau doux père, et c'est à vous que je dois tout mon bien ! »

— *Distinguez les divers épisodes de ce récit. Comment procède l'auteur pour ménager l'intérêt ?*
— *Quels traits du caractère du vieillard et de l'enfant vous paraissent particulièrement bien observés ?*
— *N'y-t-il pas une certaine invraisemblance dans les réponses de l'enfant ? Précisez.*
— *Relevez les traits qui vous semblent destinés à provoquer notre émotion.*
— *Repérez les passages qui pourraient être plus pittoresques. Comment les développeriez-vous ?*
— *Débat. Quels sont, selon vous, les devoirs réciproques des parents et des enfants ?*

LE " TOMBEUR NOTRE-DAME "

Toute une *littérature édifiante* a célébré les vertus chrétiennes d'humilité et de pénitence, et en particulier le *culte de la Vierge*, très répandu au XIIᵉ siècle. Le moine GAUTIER DE COINCY (début du XIIIᵉ siècle) a recueilli les nombreux récits consacrés aux *Miracles de la Vierge*. Tantôt elle sauve un enfant des flammes, tantôt elle maintient en vie un larron pendu pour ses fautes, mais repentant ; une autre fois elle est blessée au genou en protégeant un archer, ou encore elle va combattre à la place d'un chevalier qui a préféré la messe au tournoi. Mais le plus célèbre de ces fabliaux est le « *Tombeur Notre-Dame* », repris au XIXᵉ siècle par ANATOLE FRANCE dans un conte de *l'Étui de Nacre*, puis par MASSENET dans un opéra-comique. Nous donnons du fabliau les deux passages essentiels.

— 1 Comment nous apparaît, à cet instant, le caractère de l'enfant ? — 2 « *Qu'il t'advienne du mal !* » Souhait indigné. — 3 Intérêt moral de ce terme ? — 4 Ce langage vous paraît-il naturel chez un enfant de dix ans ? — 5 Il réfléchit et se juge lui-même.

Un « TOMBEUR » (jongleur) s'est retiré dans un couvent. Désolé de ne pouvoir s'associer au service divin ni aux activités savantes ou artistiques des autres moines, il se morfond, craignant d'être expulsé comme bouche inutile. Or, un jour, dans une crypte[1] , devant une statue de Notre-Dame, *il lui vient une merveilleuse inspiration.*

Quand il entend sonner la messe, il se dresse tout ébahi : « Ah ! fait-il, comme je suis malheureux ! A cette heure, chacun fait son devoir, et moi je suis ici comme un bœuf à l'attache qui n'est bon qu'à brouter et à manger sa nourriture [2]. Que dire ? que faire ? Par la mère de Dieu, oui, je ferai quelque chose. Personne n'aura rien à dire [3] : je ferai ce que j'ai appris, je servirai, selon mon métier, la mère de Dieu en son moutier [4]. Les autres la servent en chantant, et je la servirai, moi, en sautant.

10 Il ôte sa cape, se dévêt ; près de l'autel il pose sa défroque, mais pour éviter que sa peau ne soit nue [5] il garde une petite cotte qui était très fine et délicate... Vers la statue il se retourne très humblement, et la regarde : « Dame, fait-il, à votre garde je confie mon corps et toute mon âme. Douce reine, douce Dame, ne dédaignez pas ce que je sais, car je veux m'efforcer de vous servir, de bonne foi, avec l'aide de Dieu, sans nul dommage. Je ne sais ni chanter ni lire, mais certes je veux choisir pour vous les plus beaux de mes tours. Je serai comme un « taurillon » [6] qui saute et cabriole devant sa mère. Dame, qui n'êtes pas amère pour ceux qui vous servent justement, quoi que je fasse, que ce soit pour vous. »

20 Alors il commence à faire des sauts, bas et petits et grands et hauts, d'abord dessus et puis dessous [7], puis se remet à genoux devant la statue et s'incline : « Ah ! fait-il, très douce reine, par votre pitié, par votre noblesse, ne dédaignez pas mon service. » Alors, il saute et gambade et fait, avec ardeur, le tour de Metz, autour de sa tête. Il s'incline devant la statue ; il la vénère ; de toutes ses forces, il l'honore ; après, il fait le tour français, et puis le tour champenois, puis le tour d'Espagne et les tours qu'on fait en Bretagne et puis le tour de Lorraine [7] : il s'applique autant qu'il le peut. Ensuite, il fait le tour romain, et met devant son front sa main, et danse avec grâce, et regarde très humblement l'image

30 de la mère de Dieu : « Dame, fait-il, voici un beau tour. Si je le fais, c'est pour vous seule, car j'ose bien dire, et je m'en vante, que je n'y prends aucun plaisir [8]. Mais je vous sers et je m'acquitte : les autres vous servent ; moi aussi, je vous sers. Dame, ne dédaignez pas votre serviteur, car je vous sers pour votre joie. Dame, vous êtes la perfection qui embellit tout le monde ! » Alors, il met les pieds en l'air [9] et sur ses deux mains va et vient, sans toucher terre de ses pieds. Ses pieds dansent et ses yeux pleurent...

— 1 *Crypte :* partie souterraine d'une église (doublet de *grotte*). — 2 Caractère et condition du personnage d'après ce langage ? — 3 Que nous révèle cette réflexion ? — 4 Monastère.

— 5 Sentiment à préciser. — 6 Jeune taureau. — 7 Quelle impression veut nous donner l'auteur ? — 8 Précisez la nuance de ce sentiment. — 9 Contraste entre les paroles et les actes. Quel est l'effet obtenu ?

Il danse ainsi, jusqu'à l'épuisement ; et tous les jours il répète ces exercices de piété naïve.
Mais voilà qu'un moine découvre son secret et le révèle à l'abbé. Tous deux, cachés derrière
l'autel, assistent aux cabrioles du jongleur.

L'abbé et le moine regardent tout l'office du convers [1], et les tours
qu'il fait si divers, ses gambades et ses danses : ils le voient s'incliner
40 vers la statue et sauter et bondir, jusqu'à en défaillir. Il s'efforce jusqu'à
une telle lassitude qu'il tombe à terre, malgré lui ; il s'est assis, si épuisé
que, d'effort, il est couvert de sueur ; sa sueur coule goutte à goutte
sur le sol de la crypte [2]. Mais, sans attendre, elle le secourt, la douce
Dame qu'il servait si naïvement : elle sut bien venir à son aide.

L'abbé regarde de tous ses yeux : il voit, de la voûte, descendre une
Dame si glorieuse que jamais nul n'en vit d'aussi brillante, d'aussi
richement vêtue ; jamais il n'en fut d'aussi belle : ses vêtements sont
merveilleux, d'or et de pierres précieuses. Avec elle, voici les anges
du ciel, là-haut, et les archanges qui viennent autour du jongleur ; ils
50 l'apaisent et le soutiennent. Quand ils sont rangés autour de lui, tout
son cœur s'est calmé. Ils s'apprêtent à le servir, parce qu'ils veulent
s'associer à l'œuvre de la Dame qui est une perle si précieuse. La douce
et noble reine tient une étoffe blanche : elle évente son ménestrel [3],
tout doucement, devant l'autel. La noble Dame, la très bonne, lui
évente le cou, le corps et le visage, pour le rafraîchir : elle a bien soin
de le réconforter [4]...

Les deux témoins se retirent. L'abbé convoque le « tombeur », provoque sa
confession, s'amuse à le laisser quelque temps dans l'inquiétude, puis le félicite et
l'invite à persévérer dans sa dévotion. De joie et d'émotion, le pauvre jongleur
tombe malade. Il meurt, entouré de tous les moines : la Vierge apparaît avec ses
anges et recueille son âme qu'elle emporte en paradis.

– Précisez les sentiments qui décident le jongleur à se comporter comme il le fait : a) au début de ses exercices ; – b) lorsqu'il
est en action.
– Qu'y a-t-il de remarquable dans les tours du jongleur ? Comment procède l'auteur pour les suggérer ?
– Comment est créée l'atmosphère du merveilleux chrétien ?
– A votre avis quelle leçon le conteur veut-il nous suggérer par ce récit édifiant ?
*– **Débat.** Que pensez-vous de cette façon de prier ? Au-delà de son caractère édifiant, ce conte ne pose-t-il pas d'autres*
questions qui nous concernent aujourd'hui ?
*• **Groupe thématique : La Vierge, personnage « littéraire ».** JOINVILLE, p. 131 ; RUTEBEUF,*
p. 156-159. – MICHEL, p. 161. – VILLON, p. 217. – XXᵉ SIÈCLE, PÉGUY, p. 156, 168, 170, 174 ; CLAUDEL,
p. 224.
*– **Essai.** Imaginez le dialogue entre le moine et l'abbé auquel il rapporte le secret du jongleur.*

— 1 Moine chargé du service domestique d'un couvent. — 2 N'y a-t-il pas un peu de surcharge dans ce passage ? Quelle est l'intention de l'auteur ? — 3 *Jongleur.* Le sens habituel du mot est « *musicien* ». — 4 Le texte original de ce fabliau est en octosyllabes à rimes plates.

LES SEPT SAGES

Ce n'est plus ici, à vrai dire, un fabliau, mais *une anecdote* que nous avons tenu à citer comme spécimen de la littérature morale, très florissante au Moyen Age.

Le roman en prose des SEPT SAGES (fin du xvᵉ siècle) est un des nombreux ouvrages inspirés par le conte indien de *Sindibad*, connu en France dès le xiiᵉ siècle.

PONCIANUS, *empereur de Rome, a confié l'éducation de son fils* Dioclétien *à sept sages qui l'élèvent en dehors de la ville. L'empereur se remarie. Un jour, la nouvelle impératrice demande qu'on lui présente le jeune prince : elle désire, en secret, le perdre pour assurer, dans l'avenir, le trône à ses propres enfants. Or, les sept sages lisent dans les astres que le prince est* menacé de mort *s'il prononce une seule parole dans les sept jours qui suivront son entrée à la cour : ils ordonnent au jeune homme d'observer un mutisme total.*

L'impératrice accuse Dioclétien de lui avoir gravement manqué de respect *et* l'empereur condamne son fils à mort. *Le lendemain, peu avant l'exécution, l'un des sept sages conte à l'empereur l'histoire du lévrier et du serpent...*

Le lévrier et le serpent

Un chevalier, fort amateur de tournois, avait *un fils* encore au berceau qu'il adorait. Il possédait aussi *un lévrier* fidèle et *un faucon* très bien dressé. Comment, de ces divers éléments, le sage conteur a-t-il pu tirer un récit moral de nature à faire revenir l'empereur sur sa décision ? C'est ce que nous apprendra l'ingénieuse *histoire du lévrier et du serpent.*

A u jour et à l'heure fixés, le chevalier se rendit au tournoi, ainsi que la dame, sa femme, et ses chambrières. Quand les nourrices de l'enfant virent que chacun y allait, elles y vinrent comme les autres. Elles laissèrent le jeune enfant du chevalier dans sa couchette, dans une salle où le lévrier était allongé, et le faucon sur son perchoir. En un trou de château, il y avait un serpent caché, ignoré de tous. Quand il sentit qu'il n'y avait personne dans la demeure, il mit la tête hors de son trou et, ne voyant que l'enfant couché dans son berceau, il vint vers lui pour le tuer. Le faucon le vit le premier et regarda le lévrier qui dormait. Alors, de ses ailes, il fit un si grand bruit qu'il le réveilla, pour qu'il
10 défendît l'enfant. Le lévrier, au bruit des ailes du faucon, s'éveilla, et quand il vit le serpent près de l'enfant, il vint à lui. Tous deux se mirent à combattre si ardemment que le lévrier fut blessé grièvement : il perdit tant de sang que le sol autour de la couchette de l'enfant, en était tout couvert. Quand le lévrier se sentit ainsi blessé, il vint donner si impétueusement contre le serpent que le berceau de l'enfant en fut renversé, sens dessus dessous. Or, ce berceau était si élevé, de quatre bons pieds, que le visage de l'enfant ne fut point blessé et ne toucha point à terre [1]. Finalement, dans la bataille, le lévrier eut le dessus, car le serpent resta mort et occis. Alors, le lévrier se retira, au pied du mur, pour lécher ses plaies [2].

— 1 Il faut imaginer un berceau suspendu (ou *bercelonnette*), qui puisse chavirer.

— 2 Remarquer la *vraisemblance* dans l'enchaînement de ce récit extraordinaire.

20   Peu après, le tournoi prit fin et les nourrices revinrent les premières au château. Tout à coup, elles virent une grande mare de sang à l'endroit où était l'enfant, la couche renversée, puis le lévrier ensanglanté. Aussitôt, de se dire que le lévrier avait occis l'enfant, sans remarquer l'enfant qui était renversé ni ce qu'il était advenu. Elles s'écrient : « Allons-nous-en ; fuyons ! de crainte que le seigneur de nous fasse périr comme coupables de la mort de son enfant. » Et ainsi tout égarées, elles se mirent à fuir.

Dans leur fuite, criant comme des désespérées, elles rencontrèrent la dame, la mère de l'enfant, qui leur dit : « Pourquoi ces cris et ces lamentations ? » Les nourrices dirent, en grands pleurs : « Ah ! madame, quel malheur pour vous et 30 pour nous ! Vous savez, le lévrier que notre maître, votre mari, aime tant ? Il a dévoré votre fils, il est couché, au pied du mur, tout plein de sang. » Aussitôt, la dame, comme égarée et hors d'elle-même, tomba à terre et, en grands pleurs, tout en larmes, elle gémit : « Hélas ! hélas ! malheureuse que je suis, que dois-je faire ? Me voilà privée du seul fils que j'avais ! »

Le seigneur arrive du tournoi et, entendant ainsi crier sa femme, voulut promptement savoir ce qu'il y avait, et pourquoi elle se lamentait. Elle lui dit : « Mon seigneur, quel grand malheur ! votre lévrier, que vous aimez tant, a tué votre seul fils : rassasié du sang de votre enfant, il est couché là, près de la muraille. »

Le chevalier, tout ému de cette affaire, se précipita dans la salle, et le lévrier, 40 comme à son habitude, se dressa vers son maître et lui fit fête, comme s'il voulait le saluer. Le chevalier tire son épée et, d'un coup, lui tranche la tête. Puis il remit la couchette de l'enfant comme elle devait être et le trouva sain et sans blessure. Alors, il vit le serpent tué et comprit, à des indices certains, que le lévrier l'avait mis à mort en défendant l'enfant. Quand il vit son lévrier mort, se déchirant la face et les cheveux, à grands cris, à grandes lamentations, il s'exclama : « Hélas ! hélas ! quel malheur ! pour une parole de ma femme j'ai tué mon lévrier, qui était si bon ! Il a sauvé la vie de mon enfant ; il a tué le serpent ! malheureux que je suis ! je veux me détruire ! » Il prit une lance, de désespoir, et la brisa en trois morceaux ; puis il s'en alla en Terre Sainte, où 50 tous les jours de sa vie, il fit pénitence, en lamentations, en grands pleurs. »

Le sage dit alors à l'empereur : « Sire, avez-vous bien entendu l'exemple que je vous ai conté ? — Oui, entièrement », dit l'empereur. « — Je vous jure, dit le sage, que si vous faites mourir votre fils pour la parole de votre femme, il vous viendra pire et plus grande douleur qu'il n'est venu au chevalier à cause du lévrier qu'il aimait tant et auquel il coupa la tête, sur la seule parole de sa femme. — En vérité, dit l'empereur, tu m'as donné un souverain exemple, et bien à propos. Je te promets que mon fils ne mourra point, pour ce jour. — Si vous faites cela, dit le sage, vous agirez très sagement, et je vous remercie grandement puisque, pour l'amour de moi, pour ce jour vous lui avez fait grâce. »

A son tour, l'IMPÉRATRICE *conte une histoire qui excite les craintes du monarque et le pousse à faire exécuter son fils le lendemain. Mais au moment de l'exécution, le second sage raconte un* nouvel apologue édifiant *qui sauve pour un jour encore le condamné. Et ainsi de suite* pendant sept jours. Alternativement, *l'impératrice et les sages, par des récits qui se répondent, divisent l'âme de Poncianus. Le septième jour, le jeune prince peut se défendre et confondre l'impératrice qui est condamnée à être brûlée vive.*

CHRONIQUE ET HISTOIRE

LES DÉBUTS DE L'HISTOIRE EN FRANCE

L'histoire en latin   Pendant des siècles, l'histoire fut en France un genre savant, réservé aux clercs qui, continuant la tradition de GRÉGOIRE DE TOURS (VIᵉ siècle), écrivaient leurs œuvres en *latin*. Il s'agissait surtout d'annales et de vies de princes, comme la VIE de CHARLEMAGNE (*Vita Caroli*) d'EGINHARD (IXᵉ siècle).

L'histoire en vers   Puis, sous l'influence des CHANSONS DE GESTE et en rapport étroit avec elles, l'histoire évolua dans le sens de l'*épopée*. Les œuvres furent alors rédigées en français, mais *en vers* (surtout en octosyllabes). Ces poèmes historiques eurent un grand succès à la cour des PLANTAGENET.

L'histoire en prose française   Les CROISADES eurent sur l'évolution du genre historique une influence décisive. On était avide en France d'entendre des récits authentiques composés par ceux qui avaient participé aux grandes aventures orientales. Ainsi ce sont maintenant des *témoins oculaires*, des combattants, qui vont raconter leurs souvenirs : cessant d'être un travail d'érudit ou un arrangement romancé des événements, l'histoire va tout naturellement trouver sa langue définitive, la *prose française*.

Cette transformation capitale est liée au nom de deux hommes, tous deux combattants de la IVᵉ croisade, ROBERT DE CLARI, chevalier picard, et surtout VILLEHARDOUIN.

LES CHRONIQUEURS

Peut-on, avec eux, parler véritablement d'*histoire* au sens moderne ? En réalité VILLEHARDOUIN et, après lui, JOINVILLE et FROISSART sont des CHRONIQUEURS. Leur souci essentiel est de composer le *récit* des événements auxquels ils ont assisté ou que leur ont racontés des témoins oculaires. Les questions de méthode historique se posent peu pour eux et ce sont des faits contemporains qu'ils nous rapportent. Ils ne distinguent pas toujours l'essentiel de l'accessoire, et plus d'une fois leur sens critique se trouve en défaut. Mais nous verrons d'autres tendances, plus modernes, s'esquisser parfois chez FROISSART, puis se révéler nettement avec COMMYNES.

Tempérament des auteurs   Mais sous ce nom général de *chroniqueurs*, ce sont des êtres *très divers* qui se trouvent rangés. Le tempérament de chacun apparaît d'autant mieux qu'ils écrivent des chroniques et n'ont pas le souci d'objectivité des historiens modernes. Quelle différence de conception, de style, entre VILLEHARDOUIN et JOINVILLE, entre JOINVILLE et FROISSART !

Ils ont certes travaillé à une œuvre commune, l'histoire de leur temps et de notre pays, mais chacun se révèle à nous très vivant, très individuel, avec ses croyances, ses goûts, sa personnalité, la marque de son époque, de son milieu, de son attachement à tel ou tel prince, telle ou telle cause. Il est bon d'aborder avec ce sentiment la lecture de leurs œuvres.

VILLEHARDOUIN

Sa vie (1150-2—1212)
*La IV*ᵉ *croisade*

Geoffroi de VILLEHARDOUIN, maréchal de Champagne, puis de Romanie (Empire de Constantinople), joua un rôle important, comme *chef militaire* (voir p. 122) et plus encore comme *diplomate* (voir p. 115), dans la IVᵉ croisade, conduite par le marquis Boniface de Montferrat. Cette croisade, détournée de son but dès l'origine, aboutit en 1204 à la fondation de l'Empire latin de Constantinople, qui devait durer jusqu'en 1261. C'est à MESSINOPLE (en Thrace), fief dont il avait été pourvu, que VILLEHARDOUIN rédigea son HISTOIRE DE LA CONQUÊTE DE CONSTANTINOPLE, et mourut, en 1212 ou 1213.

Son œuvre
Ses intentions

Cette œuvre répond à une double intention : apologie, édification.

1. APOLOGIE. Partie pour la Terre Sainte, la croisade avait *complètement dévié*, ce qui avait scandalisé beaucoup d'âmes pieuses. Les croisés, au lieu de combattre les infidèles, s'étaient mis d'abord au service des Vénitiens, qui leur fournissaient une flotte, puis, intervenant dans les affaires des Grecs, s'étaient emparés à deux reprises de Constantinople, établissant finalement leur domination sur des populations schismatiques sans doute, mais chrétiennes. Il s'agit donc avant tout de montrer que, si la croisade a ainsi dévié, cela tient à des *nécessités matérielles* (impossibilité de remplir les engagements financiers pris envers les Vénitiens), et à l'*insubordination*, à l'esprit particulariste d'un trop grand nombre de croisés.

2. ÉDIFICATION. Du même coup apparaissent les intentions morales et pieuses. L'auteur fait ressortir les fautes des hommes ainsi que la toute-puissance de la Providence (cf. 2ᵉ extrait, p. 117).

Conception
du genre historique

Il s'agit donc d'une histoire *orientée*. L'auteur plaide une cause. Mais comment conduit-il sa chronique ? C'est un récit clair et méthodique d'événements rigoureusement datés et rapportés dans leur exacte succession. Chef et plus encore diplomate, VILLEHARDOUIN *voit les choses de haut* et ne se perd jamais dans le détail. Son œuvre est donc très lucide et nettement composée. Mais elle manque généralement de pittoresque et parfois de couleur ; elle laisse une certaine impression de monotonie. Les scènes aussi vivantes et dramatiques que celles de notre troisième extrait (p. 120) sont rares.

Valeur de l'œuvre

Pourtant, outre son intérêt documentaire et historique, la CONQUÊTE DE CONSTANTINOPLE présente une grande valeur littéraire et humaine.

1. VALEUR LITTÉRAIRE. Cette chronique marque *les débuts de la prose française*, et du premier coup, VILLEHARDOUIN est parvenu à un *style clair*, empreint de noblesse, qui sait traduire de riches réflexions psychologiques.

2. VALEUR HUMAINE. L'auteur connaît les passions des hommes (*orgueil, convoitise*), et la complexité de leur nature et de leurs desseins. Il a bien vu le vice qui cause l'échec de ces expéditions lointaines : *indiscipline, rivalités* de personnes. Enfin il nous fait sentir avec une réelle intensité la *situation* si souvent *tragique* des croisés, trop peu nombreux, désunis, fort peu soutenus dans le cas présent par l'idéal mystique, isolés au milieu de populations hostiles et sans cesse menacés d'un anéantissement total.

LA IVe CROISADE   *A la fin du* xiie *siècle, sous le pontificat d'*Innocent III *et le règne de* Philippe Auguste, *un saint prêtre,* Foulque de Neuilly, *prêche la croisade en France.* Thibaut, *comte de Champagne, et* Louis, *comte de Blois, prennent la tête du mouvement. Les croisés envoient à* Venise *une ambassade, dont* Villehardouin *fait partie, pour s'assurer le concours de la flotte vénitienne. Un traité est conclu avec le* Doge (*Henri Dandolo*). *Cependant* Thibaut *meurt avant le départ : on choisit pour le remplacer* Boniface, *marquis de Montferrat.*

En juin 1202, *l'expédition se met en route ; mais beaucoup de croisés manquent au rendez-vous de* Venise. *Ainsi la somme promise ne peut être payée aux Vénitiens. Ceux-ci accordent des facilités de paiement à condition que les croisés les aident à recouvrer* Zara (*sur la côte dalmate*). *Sans doute le doge se croise, avec de nombreux Vénitiens, mais en dépit de certaines protestations,* la croisade dévie une première fois *de son but.* — *Prise de* Zara.

Nouvelle déviation à la suite du traité conclu entre les croisés et le jeune prince Alexis Comnène, *fils d'*Isaac *empereur de* Constantinople *détrôné par son frère (qui se nomme également* Alexis) : *les croisés l'aideront à chasser l'usurpateur, en échange de quoi « il mettra tout l'empire de* Romanie *en l'obéissance de* Rome » (*le schisme d'Orient* [1] *est consommé depuis* 1054), *paiera deux cent mille marcs d'argent et participera à la croisade. La flotte gagne donc les* Dardanelles : *malgré de beaux prétextes, les* Lieux Saints *sont bel et bien oubliés.*

LES CROISÉS EN VUE DE CONSTANTINOPLE

Voici un moment important dans l'histoire de la croisade. Les croisés sont *émerveillés* à la vue de Constantinople. Cependant les chefs *délibèrent*, et, le plan du doge une fois adopté, chacun se prépare pour le débarquement. Ce texte présente un intérêt à la fois *psychologique* et *historique*.

Alors ils quittèrent le port d'Abydos [2] tous ensemble. Vous auriez pu voir le Bras de Saint-Georges [3] fleuri, en amont, de nefs, de galères et d'« huissiers » [4], et c'était très grande merveille que la beauté du coup d'œil. Et ils remontèrent ainsi le Bras de Saint-Georges jusqu'au moment où ils arrivèrent, la veille de la Saint-Jean-Baptiste en juin [5], à Saint-Étienne [6], abbaye qui se trouvait à trois lieues de Constantinople. Et alors ceux des nefs, des galères et des « huissiers » eurent pleine vue sur Constantinople ; et ils firent escale et ancrèrent leurs vaisseaux.

10   Or croyez bien qu'ils regardèrent beaucoup Constantinople, ceux qui jamais encore ne l'avaient vue ; car ils ne pouvaient penser qu'il pût y avoir ville si riche dans le monde entier, quand ils virent ces hauts murs et ces riches tours dont elle était close à la ronde tout alentour, et ces riches palais et ces hautes églises, dont il y avait tant que nul ne l'eût pu croire, s'il ne l'eût vu de ses yeux, et la longueur et la largeur de la ville qui entre toutes les autres était souveraine. Et sachez qu'il

---

— 1 Scission entre l'Église grecque (ortho- doxes grecs) et l'Église romaine (catholiques). — 2 Sur la côte asiatique des Dardanelles. | — 3 La mer de Marmara. — 4 Vaisseaux munis d'une porte (*huis*). — 5 Le 23 juin 1203. | — 6 San-Stefano.

n'y eut homme, si hardi fût-il, à qui la chair ne frémît ; et ce n'était pas merveille, car jamais aussi grande entreprise n'avait été tentée par personne, depuis la création du monde.

20　　Alors descendirent à terre les comtes et les barons et le doge de Venise, et le conseil se tint au monastère de Saint-Étienne. Là maint avis fut pris et donné. Toutes les paroles qui y furent dites, le livre ne vous les contera point, mais le conseil aboutit à ceci, que le doge de Venise se leva tout droit et leur dit :

« Seigneurs, je connais mieux que vous ne faites les conditions de ce pays, car j'y ai déjà été. Vous avez entrepris la plus grande et la plus périlleuse affaire qui jamais fut entreprise ; aussi conviendrait-il que l'on procédât sagement. Sachez, si nous gagnons la terre ferme, que cette terre est grande et vaste, et nos gens pauvres et démunis de
30　vivres. Ils se répandront donc à travers la contrée pour chercher des vivres ; et il y a une très grande quantité de gens dans le pays ; ainsi nous ne pourrions faire si bonne garde que nous ne perdions des nôtres. Et il ne s'agit pas que nous en perdions, car nous avons fort peu de gens pour ce que nous voulons faire.

Il y a des îles tout près, que vous pouvez voir d'ici, habitées par des populations, et productrices de blé, de vivres et d'autres biens. Allons y mouiller, et amassons les blés et les vivres du pays ; puis, quand nous aurons amassé les vivres, allons devant la ville, et faisons ce que Notre-Seigneur aura décidé. Car plus sûrement guerroie tel qui a des
40　vivres que tel qui n'en a point. » A cet avis se rallièrent les comtes et les barons, et tous s'en retournèrent, chacun à sa nef et à son vaisseau.

Ils reposèrent ainsi cette nuit, et au matin, le jour de la fête de Mgr saint Jean-Baptiste, en juin, furent hissés les bannières et les gonfanons [1] sur les châteaux des nefs, et les housses des écus ôtées et le bord des nefs garni [2]. Chacun était attentif à ses armes, comme il devait les avoir ; car ils savaient bien que d'ici peu ils en auraient besoin.

– *Comment procède l'auteur pour solliciter l'attention des lecteurs et leur imagination ?*
– *Lorsque l'auteur évoque le spectacle de la flotte et celui de Constantinople, s'agit-il d'une description détaillée et pittoresque ? Précisez votre point de vue.*
– *Quelle est « l'entreprise » dont il est question plusieurs fois dans le texte ?*
– *Que nous révèlent le conseil du doge et le dernier paragraphe ?*
– *Étudiez dans cette page les divers aspects du talent du chroniqueur : récit, évocation d'un spectacle, délibération, précision des détails.*
– *Style. a) Montrez la clarté du récit ; – b) Relevez des expressions frappantes.*
– **Entretien.** *En tenant compte du but officiel de cette croisade, que pensez-vous des sentiments des croisés à la vue de Constantinople ?*

Les croisés débarquent à proximité de Constantinople *et attaquent la ville par terre et par mer. Le 17 juillet 1203 ils donnent l'assaut : les Vénitiens, de leurs vaisseaux, s'emparent de vingt-cinq tours ; pourtant l'issue reste douteuse lorsque, pendant la nuit,* Alexis *(l'usurpateur) abandonne soudain la ville. C'est la* première *prise de* Constantinople *par les croisés.*

— 1 Etendards. — 2 Au moyen des écus, pour protéger les combattants.

INTERVENTION DE LA PROVIDENCE

Dans cette page, c'est l'*intention édifiante* qui frappe surtout. Plus que sur les événements eux-mêmes, pourtant d'une importance capitale, l'auteur insiste sur la *leçon* qu'il en faut tirer : rien ne s'accomplit ici-bas sinon par la volonté de Dieu. Compte tenu de l'évolution de l'art, cette conception de l'histoire restera longtemps en usage : ainsi on la retrouvera, sous une forme plus ample et plus moderne, dans le DISCOURS SUR L'HISTOIRE UNIVERSELLE de BOSSUET.

Or oiez les miracles Nostre Seignor, com eles sont beles tot partot la ou li plaist ! Cele nuit meismes, l'emperieres Alexis de Costantinoble prist de son tresor ce qu'il en pot porter, et mena de ses gens avec lui qui aler s'en voldrent ; si s'enfui et laissa la cité. Et cil de la vile remestrent mult esbahi ;
5 et traistrent a la prison ou l'emperiere Sursac estoit, qui avoit les ialz traiz. Si le vestent emperialment ; si l'emporterent el halt palais de Blacquerne, et l'asistrent en la halte chaiere, et li obeirent come lor seignor. Et dont pristrent messages par le conseil l'empereor Sursac, et envoierent a l'ost ; et manderent le fil l'empereor Sursac et les barons que l'empereres Alexis
10 s'en ere fuiz, et si avoient relevé a empereor l'empereor Sursac.*
*Quant li valez le sot, si manda le marchis Boniface de Monferat, et li marchis manda les barons par l'ost. Et quant il furent assemblé al paveillon le fil l'empereor Sursac, si lor conte ceste novele ; et quant il l'oïrent, de la joie qu'il orent ne convient mie a parler, que onques plus granz joie ne
15 fu faite el monde. Et mult fu Nostre Sire loez pitousement par as toz de ce que en si petit de terme les ot secoruz, et de si bas con il estoient les ot mis al desore. Et por ce puet on bien dire : « Qui Diex vielt aidier, nuls hom ne li puet nuire. »*

Or écoutez les miracles de Notre-Seigneur, comme ils sont beaux partout où il lui plaît ! Cette nuit même, l'empereur Alexis de Constantinople prit de son trésor ce qu'il put emporter et emmena avec lui ceux de ses gens qui s'en voulurent aller ; il s'enfuit ainsi et abandonna la cité. Et ceux de la ville en demeurèrent tout ébahis, et ils se rendirent à la prison où se trouvait l'empereur Isaac, qui avait les yeux arrachés. Ils le vêtirent donc en empereur et le portèrent au haut palais de Blaquerne, et l'assirent sur le trône élevé et lui rendirent leurs devoirs comme à leur seigneur. Alors ils choisirent des messagers sur le conseil de l'empereur Isaac et les envoyèrent à l'armée [1] ; et ils mandèrent au
10 fils de l'empereur Isaac et aux barons que l'empereur Alexis s'était enfui et qu'ils avaient remis sur le trône l'empereur Isaac.
Quand le jeune homme le sut, il manda le marquis Boniface de Montferrat, et le marquis manda les barons à travers le camp. Et quand ils furent assemblés au pavillon du fils de l'empereur Isaac, il leur conte cette nouvelle ; et quand ils

— 1 Au camp des croisés.

l'ouïrent, la joie qu'ils eurent on ne saurait la dire, car jamais au monde n'éclata plus grande joie. Et Notre-Seigneur fut loué très pieusement par eux tous, de ce qu'en si peu de temps il les avait secourus, et de si bas qu'ils étaient les avait relevés si haut. Aussi peut-on bien dire : « Celui que Dieu veut aider, nul homme ne lui peut nuire. »

– *a) Précisez cette conception de l'histoire ; – b) En quoi pouvait-elle plaire au public du temps ? – c) Qu'en pensez-vous personnellement ?*
– *A côté de l'intention édifiante de l'auteur, comment les Croisés interprètent-ils cette intervention de la Providence ?*
– *La narration. a) Ce récit est-il pittoresque ? – b) A quoi reconnaît-on le désir de piquer l'attention et même l'imagination ?*
• **Groupe thématique : Merveilleux chrétien.** Cf. Questionnaire p. 26 ; – p. 110 ; 131 ; 156-159.
• **Groupe thématique : La Providence.** XVIIᵉ SIÈCLE, BOSSUET, p. 280. – XVIIIᵉ SIÈCLE, VOLTAIRE, p. 146.

Étude du texte original *

A. — LE FRANÇAIS VIENT DU LATIN

I. *Expliquer le traitement de la partie du mot latin en italique :*

mirácula (= prodige) > miracle (1) [II b] ; seniórem (= vieillard) > seignor (1) [XIII b] ; plácet > plaist (2) [XI] ; nóctem > nuit (2) [XI b] ; vóluerunt > voldrent (4 = voulurent) [XIV d] ; impératórem > empereor (8 = empereur) [III b ; XIII a] ; adjutàre > * ajutare > aidier (17 = aider) [VII].

II. *Expliquer entièrement le passage du mot latin au mot français :*

civitàtem > cité (4) [III b ; IX ; II a ; XV a] ; tràctos > traiz (5 = tirés, arrachés) [XI ; II a ; XV b] ; mandàverunt > manderent (9) [V ; IX ; II b) ; fùgitus > fuiz (10) [XI b ; II b ; XV b] ; laudàtus > loez (15 = loué) [V ; XIII a ; IX ; II a ; XV b] ; *pótet (lat. cl. potest = il peut) > puet (17) [IX] ; nócere > nuire (18) [XI b ; II b].

Expliquer comment halte (7) est l'intermédiaire entre àltam et notre mot haute [h est d'influence germanique ; XIV a ; II a].

B. — PARTICULARITÉS GRAMMATICALES

I. *Orthographe encore mal fixée :*

Le mot « empereur » dont le c.s. ne devrait pas avoir d's final (< *imperator*) se présente sous les formes : *emperiere* (5 = c.s. sans s), *emperieres* (2 = c.s. avec s final, par analogie ; cf. XVII c), et *empereres* (9 = c.s. avec s final analogique). Le scribe hésite entre les formes : *com* (1), *come* (7) et *con* (16).

---

* Signes conventionnels : cf. p. 21, note.

II. *Cas sujet et cas régime*

1. Emplois normaux du cas sujet :

— Sachant que *Sire* est le c.s. et *Seignor* le c.r., justifiez l'emploi des formes *Nostre Sire* (15) et *Nostre Seignor* (1).

— Comparer les constructions : « *li marchis manda* » (12) et « *manda le marchis* » (11). S'agit-il du même cas ?

2. Emplois normaux du cas régime :

— Ct d'objet direct : « li marchis manda *les barons* » (12).

— Ct indirect : « come *lor seignor* » (7) ; « manderent *le fil* l'empereor et *les barons* que... » (9 = *au* fils et *aux* barons).

— Cas régime, sans préposition, complément de nom : « al paveillon *le fil l'empereor* » (13 — *du fils de* l'empereur). En relever trois autres exemples (1, 8,9).

— Cas régime avec préposition : « *par l'ost* » (12). En relever d'autres exemples (7, 8, 10, 12).

— Cas régime complément de temps : « *cele nuit* » (2).

III. *Déclinaison du pronom personnel de la* 3ᵉ *personne* (masculin) :

formes toniques		formes atones	
Singulier c. s. : *il* (3) c.r. { direct : *lui* { indir.: *lui*(3)	Pluriel c. s. : *il* (13, 16) c.r. { dir. : *els, eus* { indirect : *lor, lour*	Singulier c.r. { dir.: *le* (6, 7) { indirect : *li* (2, 7,18)	Pluriel c.r. { dir. : *les* (16) { indirect : *lor* (13)

Exercice : Relever, pour chacune de ces formes, les exemples signalés par les chiffres renvoyant aux lignes du texte original.

IV. *Remarques sur la syntaxe :*

1 *Or oiez les miracles... com elles sont beles :* c'est une *prolepse ; miracles,* qui devrait être sujet de *sont,* est traité comme compl. d'obj. dir. de *oiez.*
   tot partot la ou : partout où.

2 *li plaist :* il lui plaît (cp. l. 14 *ne convient mie*) ; on n'exprime pas alors le pronom « outil » *il.*
   cele : celui (celle) continuera à être employé comme *adj.* jusqu'au XVIᵉ siècle.

3 *de son tresor, de ses gens :* partitifs. — 5 *qui :* relatif séparé de l'antécédent. — 10 relevé *a* empereor : comme. — 14 ne convient mie *a* parler : de. — *que :* car.

16 en si *petit de* terme : en si *peu de* temps ; cf. Brunain p. 98, v. 17 et note.
   les ot secoruz : emploi des temps (cf. XXII) ; les *avait* secourus (idem : *les ot mis*) ; *si bas con :* si bas qu'...

Isaac est donc rétabli sur le trône ; les croisés entrent à Constantinople *; un incendie ravage la ville ; le jeune* Alexis *est couronné à son tour et demande aux croisés de prolonger leur séjour jusqu'à ce que son pouvoir soit affermi ; mais il refuse de tenir ses engagements, les croisés le défient, et c'est une nouvelle guerre contre les* Grecs, *et le* second *siège de* Constantinople.

Les Grecs tentent d'incendier la flotte

Cette page est remarquable par le *mouvement* qui l'anime. A la *clarté* habituelle de l'auteur s'ajoute ici un autre élément, vraiment *dramatique*. On notera aussi la *réflexion morale* de la fin.

Et alors les Grecs imaginèrent un redoutable stratagème : ils prirent dix-sept grandes nefs, les emplirent toutes de bois gros et menu, d'étoupe, de poix et de tonneaux, et attendirent que le vent soufflât de chez eux avec violence. Et une nuit, à minuit, ils mirent le feu aux nefs et laissèrent les voiles aller au vent ; et le feu flamba très haut, si bien qu'il semblait que toute la terre brûlât. Ainsi s'en viennent les nefs vers les vaisseaux des pèlerins [1] ; et une clameur s'élève dans le camp et l'on court aux armes de toutes parts. Les Vénitiens courent à leurs navires, ainsi que tous les autres qui avaient là des vaisseaux ; et ils commencent à les arracher au feu avec grande vigueur.

10   Et Geoffroi, maréchal de Champagne, qui dicta cette œuvre, témoigne bien que jamais sur mer on ne s'aida mieux que firent les Vénitiens : sautant dans les galères et les barques des nefs, ils prenaient les nefs tout enflammées avec des grappins, les tiraient de vive force devant leurs ennemis hors du port, les mettaient dans le courant du Bras [2] et les laissaient aller en flammes en aval du Bras. Il y avait tant de Grecs venus sur la rive que c'était sans fin ni mesure [3] et la clameur était si grande qu'il semblait que terre et mer s'abîmassent. Et ils montaient sur des barques et des canots et tiraient sur les nôtres qui combattaient le feu, et il y eut des blessés.

20   Les chevaliers du camp, dès qu'ils eurent entendu la clameur, s'armèrent tous, et les corps de bataille sortirent en rase campagne, chacun devant soi, selon leur cantonnement, et ils se demandèrent si les Grecs ne viendraient pas les attaquer en rase campagne.

Ils supportèrent ainsi cette peine et cette angoisse jusqu'au grand jour, mais, grâce à l'aide de Dieu, les nôtres ne perdirent rien, sauf une nef de Pisans [4] qui était pleine de marchandises : celle-ci fut consumée par le feu. Ils avaient été en bien grand péril cette nuit-là, car si leur flotte eût été incendiée, ils auraient tout perdu, et n'auraient pu s'en aller par terre ni par mer. Tel est le prix que leur voulut payer l'empereur Alexis pour le service qu'ils lui avaient rendu.

A Constantinople *un nouvel usurpateur,* Murzuphle, *s'empare du trône ;* Isaac *meurt,* Alexis *est étranglé. Les croisés décident alors de nommer l'un d'entre eux empereur de* Constantinople. *Cependant un premier assaut échoue, mais le* 12 *avril* 1204 *les croisés recommencent l'attaque.*

— 1 C'est-à-dire des *croisés.* — 2 Le *Bras de Saint-Georges :* le Bosphore (et par extension la mer de Marmara : cf. p. 115, note 3). | — 3 Préciser le sens ; quelle impression l'auteur veut-il donner ? — 4 Des gens de Pise (en Italie) participaient à la croisade.

Seconde prise de Constantinople

Les adversaires sont en présence. Puis c'est l'assaut « fiers et merveilleus », marqué par les exploits des Vénitiens et des Français ; les dispositions sont prises pour la nuit, et, le matin, une heureuse surprise attend les croisés (exactement comme lors de la première prise de la ville, voir p. 117). Les derniers défenseurs capitulent et tous restent saisis, comme Villehardouin lui-même, devant l'ampleur et la richesse du butin. On notera cette *avidité* qui, avec leurs ambitions personnelles, contribua largement à détourner les croisés du but initial. Ce texte est donc *varié* et nous offre d'intéressantes perspectives *historiques* et *psychologiques*.

L'empereur Murzuphle était venu camper devant l'assaillant, sur une place, avec toutes ses forces, et avait dressé ses tentes vermeilles. L'affaire en resta là jusqu'au lundi matin ; alors s'armèrent ceux des nefs et des « huissiers » et ceux des galères. Et ceux de la ville les redoutaient moins que la première fois ; ils étaient si joyeux que, sur les murs et sur les tours, partout il y avait des gens. Et alors commença l'assaut, farouche et merveilleux, et chaque vaisseau attaquait droit devant lui. La clameur de la bataille était si grande qu'il semblait que la terre s'abîmât.

L'assaut dura ainsi longtemps, jusqu'à ce que Notre-Seigneur leur fît lever
10 un vent qu'on appelle Boire, qui jeta nefs et vaisseaux plus près du rivage qu'ils n'étaient auparavant. Et deux nefs liées ensemble, dont l'une avait nom *la Pèlerine* et l'autre *le Parvis*, approchèrent tant de la tour, l'une d'un côté, l'autre de l'autre (comme Dieu les mena, et le vent), que l'échelle de *la Pèlerine* joignit la tour. Aussitôt un Vénitien et un chevalier de France qui avait nom André d'Urboise entrèrent dans la tour ; et d'autres commencent à y pénétrer après eux, et les gens de la tour se débandent et s'enfuient.

A cette vue, les chevaliers qui étaient dans les « huissiers » descendent à terre, dressent des échelles contre le mur et montent en haut du mur, de vive force ; et ils conquirent bien quatre des tours. On commence alors à sauter des nefs,
20 des « huissiers » et des galères à qui mieux mieux, à qui débarquera le premier ; et ils enfoncent bien trois des portes, et pénètrent dans la ville ; on commence à tirer les chevaux des « huissiers », et chevaliers de monter en selle et de chevaucher droit au camp de l'empereur Murzuphle. Et il avait ses corps de bataille rangés devant ses tentes ; et, lorsqu'ils virent les chevaliers en selle, ils se débandèrent ; et l'empereur s'en va fuyant par les rues jusqu'au château de Bouchelion [1].

Alors vous auriez pu voir les croisés abattre les Grecs, et prendre chevaux et palefrois, mulets et mules, et autre butin. Il y eut là tant de morts et de blessés que c'était sans fin ni mesure. Une grande partie des hauts seigneurs de Grèce
30 se retira vers la porte de Blaquerne. Et déjà le soir tombait, et ceux de l'armée étaient las de la bataille et du carnage. Et ils commencent à s'assembler sur une grande place qui se trouvait dans Constantinople. Et ils décidèrent qu'ils camperaient près des murs et des tours qu'ils avaient conquises ; car ils ne pensaient pas qu'ils dussent vaincre la ville en un mois, avec les solides églises et les solides palais, et les gens qui étaient dedans. Comme ils avaient décidé, ainsi fut fait.

— 1 Sur le bord de la mer de Marmara.

Ils campèrent donc devant les murs et les tours, près de leurs vaisseaux. Le comte Baudouin de Flandre et de Hainaut [1] se logea dans les tentes vermeilles de l'empereur Murzuphle, que celui-ci avait laissées toutes dressées, et Henri son frère devant le palais de Blaquerne [2] ; Boniface, marquis de Montferrat, avec 40 ses gens, vers le gros de la ville. L'armée cantonna donc comme vous venez de l'entendre, et Constantinople fut prise le lundi avant Pâque fleurie [3].

Pendant la nuit, nouvel incendie de la ville : « *il y eut plus de maisons brûlées qu'il n'y en a dans les trois plus grandes cités du royaume de France* ».

Cette nuit passa, et le jour vint, qui était le mardi matin ; alors, dans le camp, tous s'armèrent, chevaliers et sergents, et chacun rejoignit son corps. En quittant leurs cantonnements, ils pensaient se heurter à des troupes plus nombreuses que la veille, car ils ne savaient pas du tout que l'empereur se fût enfui la nuit. Or ils ne trouvèrent personne devant eux.

Le marquis Boniface de Montferrat chevaucha tout le long de la mer, droit vers Bouchelion ; et quand il y arriva, le palais lui fut rendu, avec la vie sauve pour ceux qui étaient dedans. Là furent trouvées la plupart des hautes dames qui 50 s'étaient réfugiées dans ce château : on y trouva en effet la sœur du roi de France [4], qui avait été impératrice, et la sœur du roi de Hongrie qui l'avait été également, et beaucoup d'autres dames. Quant au trésor qui était en ce palais, les mots ne sauraient le décrire : car il y avait tant de richesses que c'était sans fin ni mesure.

Tout comme ce palais fut rendu au marquis Boniface de Montferrat, celui de Blaquerne le fut à Henri, frère du comte Baudouin de Flandre, avec la vie sauve pour ceux qui étaient dedans. Là aussi se trouvait un trésor énorme, car il n'était pas moindre que celui de Bouchelion. Chacun garnit de ses gens le château qui lui avait été rendu, et fit garder le trésor ; les autres, qui s'étaient répandus à travers la ville, ramassèrent aussi beaucoup de butin, et le butin gagné fut si 60 grand que nul ne vous en saurait faire le compte, or et argent, vaisselle et pierres précieuses, satin et drap de soie, vêtements de vair, petit-gris [5] et hermine, et tous les biens de prix qu'on ait jamais trouvés sur terre. Et Geoffroi de Villehardouin, maréchal de Champagne, se porte garant, à bon escient et en vérité, que, depuis la création du monde, jamais on ne fit tant de butin dans une ville [6].

BAUDOUIN DE FLANDRE *est choisi comme* empereur *de* CONSTANTINOPLE : BONIFACE DE MONTFERRAT, *son concurrent, reçoit le* royaume *de* SALONIQUE. *Mais des rivalités personnelles divisent les croisés, les* GRECS *se révoltent contre eux, des défections éclaircissent leurs rangs. Ils subissent une grave défaite devant* ANDRINOPLE (1205) : BAUDOUIN *est fait prisonnier,* LOUIS DE BLOIS *tué ; c'est* VILLEHARDOUIN *qui dirige la retraite. Les croisés reprennent l'avantage et étendent à nouveau leurs conquêtes. A* BAUDOUIN, *mort en captivité, succède son frère* HENRI. *Le marquis* BONIFACE DE MONTFERRAT *est tué* (1207) *dans un combat contre les* « BOGRES » (BULGARES). *L'œuvre de* VILLEHARDOUIN *s'arrête brusquement ici. Peut-être l'auteur fut-il surpris par la mort avant de l'avoir achevée, à moins qu'il n'ait délibérément arrêté son récit à la mort du marquis auquel il était particulièrement attaché* *.

— 1 Qui va devenir empereur de Constantinople. — 2 Près du port ; séjour ordinaire de l'empereur. — 3 Le 12 avril 1204. — 4 AGNÈS, sœur de PHILIPPE AUGUSTE. —

5 Fourrures réputées (voir JOINVILLE, p. 128). — 6 Noter l'insistance sur la richesse du butin ; cp. FROISSART : *Bilan de la bataille de Poitiers*, fin, p. 143.

* *Voir texte et trad. dans l'éd. Faral (Belles Lettres) ou l'éd. Natalis de Wailly (Didot).*

JOINVILLE

Sa vie (1224-5—1317)
Joinville
et saint Louis

Jean, sire de JOINVILLE en Champagne, participa à la VIIᵉ croisade, en Égypte (1248-1254), au cours de laquelle le roi LOUIS IX l'attacha à sa personne. Dès lors, Joinville fut l'intime du saint roi, sans toutefois le suivre à la VIIIᵉ croisade, au cours de laquelle Louis IX mourut devant Tunis (1270). Confident du roi, témoin de ses bonnes œuvres, admirateur de ses vertus, gardant d'ailleurs avec lui toute son indépendance et tout son franc parler (p. 124), il voua un culte à sa mémoire, contribua à obtenir sa canonisation, et, à la demande de la reine Jeanne, femme de Philippe le Bel, dicta une HISTOIRE DE SAINT LOUIS, achevée en 1309 et dédiée à Louis le Hutin (le futur Louis X), arrière-petit-fils de saint Louis.

Son œuvre

Cette œuvre comprend deux parties, de longueur très inégale (la 2ᵉ est beaucoup plus développée), et passablement enchevêtrées en réalité, une *vie anecdotique* de SAINT LOUIS, et une *histoire de son règne*, qui se ramène presque exclusivement au récit de la croisade en Égypte : en effet, à la différence du véritable historien, JOINVILLE ne s'intéresse vraiment qu'aux événements qu'il a vécus lui-même.

La vie de saint Louis

L'aspect le plus original et le plus intéressant pour nous est le « *livre des saintes paroles et des bons faits de notre roi saint Louis* ». C'est une *vie de saint* dans la tradition édifiante de la *Légende dorée*, mais avec cette différence que l'auteur rapporte des faits dont il a été le *témoin oculaire*. JOINVILLE procède par anecdotes contées sans ordre, parfois répétées, mais fraîches, sincères, et qui campent un SAINT LOUIS très vivant, sublime et humain à la fois, emporté, doué du sens de l'humour (p. 125), charitable (p. 127), pieux (pp. 124 et 129), grand roi et héros chrétien. En même temps JOINVILLE esquisse *son propre portrait :* très pieux lui aussi (p. 130), il n'est pas un saint. Plein de sens pratique, de franchise, d'indépendance, esprit curieux et toujours en éveil, il apparaît comme *typiquement français*, et de nos jours PÉGUY dira son admiration pour ces deux figures de SAINT LOUIS et de JOINVILLE qui se complètent tout en s'opposant.

La croisade
en Égypte

JOINVILLE est *beaucoup moins historien* que VILLEHARDOUIN. S'il excelle à nous donner l'impression de la *réalité vécue*, il ne sait ni équilibrer les parties de son ouvrage, ni composer un développement, ni rapporter les événements dans leur ordre chronologique. De perpétuelles *digressions* font perdre le fil du récit et ses descriptions de batailles sont souvent obscures. Il *manque* enfin complètement *de sens critique* (il croit par exemple que le NIL traverse le Paradis terrestre). Mais il a au contraire ce qui manque à VILLEHARDOUIN : le sens du *pittoresque*, de la *couleur* (« La galère du comte de Jaffa » p. 129), et même de *l'exotisme*. Il nous fait voir le camp de l'ennemi, s'intéresse aux mœurs, aux institutions des SARRASINS (la HALCA, garde du *soudan*), aux coutumes des BÉDOUINS, aux particularités géographiques de l'ÉGYPTE (crues du NIL). Il nous fait pénétrer dans le monde étrange et mystérieux des « ASSASSINS » qui obéissent au « *Vieux de la Montagne* ». Ainsi, à bien des égards, il rappelle HÉRODOTE. Enfin il sait rendre avec intensité le caractère *dramatique* d'une scène (p. 130).

Un moraliste courageux   Le *désir d'édification* est constant chez lui, et sa foi naïve et ardente lui fait rapporter une foule de *miracles* (p. 131). Mais la leçon morale des événements, des exemples et enseignements de saint Louis, il ne l'applique pas seulement à l'humanité en général : avec un réel courage, il ose admonester ouvertement (p. 133) le roi PHILIPPE LE BEL, petit-fils de saint Louis, chez qui il regrette de retrouver si peu les vertus de son aïeul (démêlés de PHILIPPE LE BEL avec le pape BONIFACE VIII).

I. *UNE VIE DE SAINT*

Au nom de Dieu tout-puissant, moi, Jean, sire de Joinville, sénéchal de Champagne, fais écrire la vie de notre saint roi Louis, ce que j'ai vu et entendu dans l'espace de six ans que je fus en sa compagnie au pèlerinage d'outre-mer [1], et aussi depuis notre retour. Et avant de vous parler de ses hauts faits et de sa chevalerie, je vous conterai ce que j'ai vu et entendu de ses saintes paroles et de ses bons enseignements, de façon qu'on les trouve l'un après l'autre, pour l'édification de ceux qui les entendront.

LA LÈPRE ET LE PÉCHÉ MORTEL

Ce passage est à la fois très *beau* et très *révélateur*. SAINT LOUIS vit sa foi chrétienne avec une intensité émouvante (horreur du péché, amour de Dieu et du prochain). JOINVILLE, bon chrétien d'ailleurs, a des réactions très humaines et très spontanées. Et son roi ne le méprise pas pour autant : il l'admoneste gravement et cherche à le convaincre. Ainsi se trouvent en présence deux types représentatifs, non seulement du Moyen Age, mais de l'humanité de toujours : le *saint* (ou le héros) et l'*homme moyen*, avec ses qualités et ses faiblesses.

Il m'appela une fois et me dit : « Je n'ose aborder avec vous, tant votre esprit est subtil, sujet qui touche à Dieu ; et si j'ai mandé ces deux Frères [2] ici présents, c'est que je veux vous poser une question ». Voici quelle fut la question : « Sénéchal, dit-il, qu'est-ce que Dieu ? » Et je lui dis : « Sire, c'est si bonne chose que rien de meilleur ne peut exister. » — « Vraiment, dit-il, c'est bien répondu, car cette réponse que vous avez faite est écrite dans ce livre que je tiens à la main. Maintenant je vous demande, dit-il, ce que vous aimeriez mieux : être lépreux ou avoir fait un péché mortel ? » Et moi, qui jamais ne lui mentis, je lui
10 répondis que j'aimerais mieux en avoir fait trente que d'être lépreux. Et quand les Frères furent partis, il m'appela tout seul, me fit asseoir à ses pieds, et me dit : « Comment m'avez-vous dit cela hier ? » Et je lui répondis que je le disais encore ; alors il me dit : « Vous avez parlé

— 1 C'est-à-dire pendant la *croisade*. — 2 Religieux, moines.

avec la légèreté d'un étourdi, car il n'est pas de lèpre aussi horrible que d'être en état de péché mortel, parce que l'âme en état de péché mortel est semblable au diable : c'est pourquoi il ne peut y avoir lèpre aussi horrible. Et il est hors de doute que, quand l'homme meurt, il est guéri de la lèpre du corps ; mais quand l'homme qui a fait le péché mortel meurt, il ne sait, — comment en être certain ? — s'il a eu telle repentance
20 que Dieu lui ait pardonné ; aussi doit-il avoir grand'peur que cette lèpre-là ne lui dure aussi longtemps que Dieu sera en paradis. Je vous prie donc, dit-il, de toutes mes forces, de disposer ainsi votre cœur, pour l'amour de Dieu et de moi, que vous aimiez mieux voir n'importe quelle disgrâce frapper votre corps, lèpre ou toute autre maladie, plutôt que de laisser le péché mortel pénétrer en votre âme. »

Il me demanda si je lavais les pieds aux pauvres le jour du jeudi saint [1]. « Sire, dis-je, hé ! malheur ! les pieds de ces vilains ! jamais je ne les laverai. » — « Vraiment, dit-il, c'est mal répondu, car vous ne devez point dédaigner ce que Dieu fit pour notre enseignement. Je vous prie
30 donc pour l'amour de Dieu, d'abord, ensuite pour l'amour de moi, de prendre l'habitude de les laver. »

– D'après cet extrait et les deux suivants, comment procède JOINVILLE *pour nous faire connaître le roi ?*
– Quel est, selon vous, le lien entre les deux anecdotes rapportées dans ce texte ?
– Par quels traits se manifeste la foi chrétienne de saint Louis ? A quels sentiments fait-il appel pour convaincre JOINVILLE *?*
– Étudiez la différence entre le ton de JOINVILLE *et celui de saint Louis. Quels semblent être leurs rapports ? Précisez la différence de caractère entre les deux hommes.*
● **Rapprochement.** XXᵉ SIÈCLE, CLAUDEL, « La vierge pure et l'architecte lépreux », p. 218.
● **Comparaison.** Ressemblances et différences entre la méthode du chroniqueur selon VILLEHARDOUIN et selon JOINVILLE.
● **Groupes thématiques : Portraits.** D'après l'ensemble des extraits : a) portrait moral de JOINVILLE ; – b) portrait moral de saint Louis.

Le saint roi, loin d'être froid ou compassé, savait goûter la *plaisanterie*, et Joinville, qui était lui-même si vivant, ne manque pas de nous conter cette anecdote amusante. Il ne l'accompagne d'aucun commentaire, mais rapporte avec beaucoup d'*humour* les paroles de saint Louis.

LES RATEAUX DU DIABLE

Il disait que c'était mal fait de prendre le bien d'autrui : car *rendre* était si dur que, même à prononcer le mot seulement, *rendre* écorchait la langue par les *r* qu'il contient, lesquels représentent les rateaux du diable, qui toujours retient et tire de son côté ceux qui veulent rendre le bien d'autrui. Et le diable agit avec beaucoup de subtilité, car dans le cas des grands usuriers et des grands voleurs, il leur inspire de donner pour l'amour de Dieu ce qu'en fait ils devraient rendre [2].

— 1 Pour commémorer le geste du Christ | — 2 Noter l'opposition entre « *donner* » et lavant ce jour-là les pieds de ses Apôtres. | « *rendre* » et préciser l'intention morale.

SAINT LOUIS RENDANT LA JUSTICE

Voici l'une des pages les plus célèbres de l'œuvre : SAINT LOUIS rendant la justice sous un chêne dans le bois de VINCENNES. Ce tableau à la fois sublime et familier est en effet inoubliable : il symbolise l'idéal du souverain juste et accessible à tous, père de son peuple.

Maintes fois il lui arriva, en été, d'aller s'asseoir au bois de Vincennes [1], après avoir entendu la messe ; il s'adossait à un chêne et nous faisait asseoir autour de lui ; et tous ceux qui avaient un différend venaient lui parler sans qu'aucun huissier, ni personne y mît obstacle. Et alors il leur demandait de sa propre bouche : « Y a-t-il ici quelqu'un qui ait un litige ? » Ceux qui avaient un litige se levaient, et alors il disait : « Taisez-vous tous, et on vous expédiera [2] l'un après l'autre. » Il appelait alors monseigneur Perron de Fontaine et monseigneur Geoffroi de Vilette [3] et disait à l'un d'eux : « Réglez-moi cette affaire. » Et quand il voyait quelque chose à corriger dans les paroles de ceux qui parlaient pour lui, ou dans les paroles de ceux qui parlaient pour autrui, il le corrigeait lui-même de sa bouche.

Je le vis quelquefois, en été, venir, pour expédier ses gens, dans le jardin de Paris, vêtu d'une cotte de camelot [4], d'un surcot de tiretaine [5] sans manches, un manteau de soie noire autour du cou, très bien peigné, sans coiffe [6], un chapeau de paon blanc [7] sur la tête. Il faisait étendre des tapis pour nous asseoir autour de lui ; et tous les gens qui avaient affaire par devant lui l'entouraient, debout ; alors il les faisait expédier de la manière que je viens de vous dire pour le bois de Vincennes.

– *Au lieu de se borner à énumérer ses qualités, comment procède* JOINVILLE *pour nous faire connaître les vertus de ce roi ?*
– *Pourquoi, selon vous, saint Louis procède-t-il comme il le fait ? Comment interprétez-vous sa conduite à l'égard du peuple et des magistrats ?*
– **Exposé.** *Que nous apprend ce passage sur saint Louis et sur son époque ?*
• **Groupe thématique : Chronique et Morale.** D'après l'ensemble des extraits, quels enseignements moraux se dégagent des faits évoqués par JOINVILLE ?

— 1 Élevé sous *Philippe Auguste* (grand-père de *saint Louis*), le château de *Vincennes* fut longtemps une résidence royale. — 2 On tranchera vos litiges. — 3 Le premier était jurisconsulte, le second magistrat. — 4 Étoffe de laine ou de poil de chèvre (à l'origine, de poil de chameau). La *cotte* était une sorte de casaque. — 5 Gros drap. Le *surcot* se portait par-dessus la *cotte*. — 6 Les hommes portaient alors une *coiffe* ou bonnet de toile ou de soie, qu'ils gardaient d'ordinaire sous le chapeau. — 7 Orné de plumes de paon. Le paon blanc était particulièrement recherché au Moyen Age.

" Bons faits " de saint Louis

SON AMOUR — Ce saint homme aima Dieu de tout son cœur et
POUR SON PEUPLE — imita son exemple [1] : comme il apparut en ce que,
de même que Dieu mourut pour l'amour qu'il portait
à son peuple, à son tour il exposa sa personne à plusieurs reprises par amour pour
son peuple, et il aurait bien pu s'en dispenser s'il l'avait voulu, comme vous
l'entendrez ci-après. L'amour qu'il portait à son peuple se manifesta dans ce
qu'il dit à son fils aîné, lors d'une très grave maladie qu'il eut à Fontainebleau :
« Mon cher fils, je te prie de te faire aimer du peuple de ton royaume ; car en
vérité je préférerais qu'un Écossais vînt d'Écosse et gouvernât le peuple du
royaume bien et loyalement, plutôt qu'on le vît mal gouverné par toi ».

SA LOYAUTÉ — Le saint roi aima tant la vérité que, même envers
les Sarrasins, il ne voulut pas faillir aux engagements
pris à leur égard, comme vous l'entendrez ci-après [2].

La *Charité* est une des plus belles vertus de SAINT LOUIS. Et, selon les préceptes de
l'Évangile (voir p. 125 le lavement de pieds des pauvres), il ne se contente pas de secourir les
malheureux, mais les accueille *auprès de lui* et *les sert lui-même*, par *amour* et par *humilité chrétienne*.
On notera aussi l'allusion finale à TITUS, qui révèle une culture antique chez l'auteur.

CHARITÉ DE — Dès le temps de son enfance, le roi fut pitoyable
SAINT LOUIS — aux pauvres et aux malheureux ; et il était établi
que, partout où il allait, il y eût constamment cent
vingt pauvres nourris chaque jour en sa maison, de pain, de vin, de viande ou
de poisson. Pendant le carême et l'avent, leur nombre augmentait, et plusieurs
fois il advint que le roi les servait lui-même, plaçait la nourriture devant eux,
découpait leur viande devant eux, et, au départ, leur donnait des deniers de sa
propre main. Aux grandes vigiles des fêtes solennelles, en particulier, il servait
aux pauvres tous ces mets, avant de manger et de boire lui-même. Avec tout
10 cela, il avait chaque jour à dîner et à souper, auprès de lui, des vieillards et
des infirmes, et leur faisait servir la même nourriture qu'à lui-même ; et quand
ils avaient mangé, ils emportaient une certaine somme d'argent. En outre, le
roi donnait chaque jour si grandes et si larges aumônes aux religieux pauvres,
aux hôpitaux pauvres, aux malades et aux autres collèges pauvres, aux gentilshommes, dames et demoiselles pauvres, aux femmes misérables, aux pauvres
veuves, et aux indigents que la vieillesse ou la maladie empêchait de travailler
et de continuer leur métier, qu'à peine en pourrait-on faire le compte. Nous
pouvons donc bien dire qu'il fut plus heureux que Titus [3], l'empereur de
Rome, dont les récits anciens racontent qu'il s'affligea terriblement et fut très
20 désolé d'avoir laissé passer un jour sans accomplir aucune action charitable.

— 1 Cf. p. 125 « car vous ne devez point
dédaigner ce que Dieu fit pour notre enseignement ». — 2 Allusion à un épisode que
JOINVILLE racontera plus loin. Lors de l'exécution du traité conclu avec les Sarrasins, un
seigneur ayant dit (par plaisanterie) qu'on
les avait frustrés de dix mille livres, le roi
s'indigna, exigeant que la somme prévue fût
payée intégralement. — 3 Allusion au fameux
« *Diem perdidi* » (« j'ai perdu ma journée ») de
TITUS, empereur de 79 à 81 après J.-C. On
l'appelait « les délices du genre humain ».

Ce chrétien, ce saint était aussi un *preux chevalier*, un brave qui savait payer de sa personne et s'exposer au premier rang, parfois même contre les conseils de prudence prodigués par son entourage. Nous le voyons ici en action, d'abord lors du débarquement en ÉGYPTE, ensuite pendant une bataille contre les SARRASINS.

COURAGE DE   Quand le roi apprit que l'enseigne de Saint-Denis
SAINT LOUIS   était à terre, il traversa son vaisseau à grandes
                   enjambées et, en dépit du légat qui était avec lui, il
ne voulut jamais rester en arrière de l'enseigne, mais s'élança dans la mer, où
il eut de l'eau jusqu'aux aisselles ; et, l'écu pendu au cou, le heaume en tête et
la lance en main, il avança jusqu'à ses hommes qui étaient sur le rivage de la
mer. Quand il arriva à terre et qu'il aperçut les Sarrasins, il demanda quelles
gens c'étaient ; on lui dit que c'étaient des Sarrasins ; alors il mit sa lance sous
son aisselle et son écu devant lui, et eût couru sus aux Sarrasins, si ses
prud'hommes qui étaient avec lui l'eussent souffert...

On dit que nous étions tous perdus jusqu'au dernier dès cette journée, si le
roi n'eût donné de sa personne. Car le sire de Courtenay et monseigneur Jean
de Saillenay me contèrent que six Turcs, saisissant son cheval par le frein,
emmenaient le roi prisonnier ; mais lui, tout seul, se défit d'eux à grands coups
d'épée qu'il leur donna. Et quand ses gens virent que le roi se défendait de la
sorte, ils reprirent courage, et plusieurs d'entre eux, laissant le passage du fleuve,
se portèrent vers le roi pour l'aider.

Courageux combattant, SAINT LOUIS connaissait le prix et les bienfaits de la *paix*. A côté de
nobles sentiments humains et chrétiens, ces lignes révèlent chez lui une *pensée politique* avisée,
fondée sur les mœurs *féodales*.

UN ROI PACIFIQUE   La paix qu'il fit avec le roi d'Angleterre, il la fit
                        contre le sentiment de son conseil, qui lui disait :
« Sire, il nous semble que vous perdez la terre que vous donnez au roi d'Angleterre, car il n'y a pas droit : son père la perdit par jugement. » A cela le roi
répondit qu'il savait bien que le roi d'Angleterre n'y avait pas droit ; mais il y
avait une bonne raison de la lui donner : « Car nos femmes sont sœurs, et nos
enfants cousins germains ; c'est pourquoi il convient tout à fait que la paix
soit entre nous. D'ailleurs il y a grand honneur pour moi dans la paix que je
fais avec le roi d'Angleterre, car il est désormais mon homme lige, ce qu'il
n'était pas jusqu'ici. »

Et pour terminer ce portrait de SAINT LOUIS, voici des *détails précis* sur sa *manière de vivre*, qui
nous permettent de l'évoquer de façon *très concrète*. Sa vie de chaque jour, jusque dans les moindres
choses, est, on le voit, en rapport étroit avec sa *piété*.

SIMPLICITÉ   Après son retour d'outre-mer, le roi vécut si
DE SA VIE   dévotement que jamais depuis il ne porta vair,
                    petit-gris [1], écarlate [2], étriers ou éperons dorés. Ses
vêtements étaient de camelin [3] ou de pers [4] ; les fourrures de ses couvertures
et de ses vêtements, de daim ou de jambes de lièvres. Il était si sobre qu'il ne
choisissait nullement ses mets, se contentant de ce que les cuisiniers lui
apprêtaient : on le mettait devant lui, et il mangeait. Il trempait son vin dans
un gobelet de verre, et, selon le vin, il mettait plus ou moins d'eau ; et il tenait
le gobelet à la main tandis qu'on lui trempait son vin.

— 1 Fourrures réputées (écureuil). — 2 Étoffe | *camelot* (Voir note 4, p. 126). — 4 Drap
somptueuse, d'un rouge éclatant. — 3 Comme | bleu. *Pers* adjectif signifie bleu violacé.

Mort de saint Louis

SAINT LOUIS mourut de la peste, devant Carthage, au cours de la VIIIe (et dernière) croisade. JOINVILLE, qui cette fois ne l'avait pas suivi, n'assistait pas à sa mort. Comme il l'indique soigneusement lui-même, il la raconte donc d'après le récit des témoins oculaires. On remarquera combien cette mort fut digne de sa vie ; en la comparant à la mort de LOUIS XI rapportée par COMMYNES (p. 151-2), on relèvera ici le *trait caractéristique* qui nous rappelle que ce n'est pas seulement un chrétien qui meurt, mais un *saint* ; on notera aussi que LOUIS XI ne parvient qu'au dernier moment à une noble sérénité, tandis que SAINT LOUIS *n'a jamais craint la mort*.

Quand le bon roi eut fait ses recommandations à son fils, monseigneur Philippe, le mal qu'il avait commença à croître fortement ; alors il demanda les sacrements de la Sainte Église, et les reçut en toute lucidité et pleine connaissance, comme bien il apparut ; car tandis qu'on l'oignait et qu'on disait les sept psaumes [1], il récitait les répons de son côté. Et j'ai entendu raconter à monseigneur le duc d'Alençon, son fils, que, comme il approchait de la mort, il invoqua les saints, leur demandant assistance et secours, et particulièrement monseigneur saint Jacques, en disant son oraison, qui commence ainsi : « *Esto, Domine,* » c'est-à-dire : « Dieu, soyez le sanctificateur et le gardien de votre peuple. » Il appela
10 alors à l'aide monseigneur saint Denis de France, en récitant son oraison qui peut se rendre par : « Seigneur Dieu, accorde-nous que nous puissions mépriser la prospérité de ce monde, de façon à ne redouter aucune adversité. » Et j'ai entendu dire par monseigneur d'Alençon (que Dieu absolve!) que son père invoqua sainte Geneviève. Ensuite le saint roi se fit étendre sur son lit couvert de cendre, mit ses mains sur sa poitrine, et, en regardant vers le ciel, rendit son esprit à notre Créateur, à l'heure même où le Fils de Dieu mourut sur la croix pour le salut du monde.

II. *LA VIIe CROISADE*   *Au cours d'une maladie grave qui met ses jours en danger (à Paris, en 1244),* LOUIS IX *se croise, c'est-à-dire qu'il fait vœu de partir pour la croisade. Les années suivantes sont consacrées aux préparatifs de l'expédition qui, après une escale à* CHYPRE, *atteint la côte d'*ÉGYPTE *devant* DAMIETTE. *Voici un épisode du débarquement.*

La galère du comte de Jaffa

On remarquera dans ce passage les notations de *couleurs* et de *sons*, ainsi que le *mouvement*. JOINVILLE est très sensible aux spectacles frappants (même, comme ici, en pleine action), et il sait les rendre d'une façon *directe* qui *parle à notre imagination*.

À notre main gauche aborda le comte de Jaffa, cousin germain du comte de Montbéliard, et du lignage de Joinville. Ce fut lui qui aborda le plus noblement, car sa galère qui prit terre était toute peinte, sous l'eau et au-dessus, d'écussons à ses armes, qui sont d'or, à une croix de gueules pattée [2]. Il avait bien trois cents rameurs dans sa galère, et pour chacun des rameurs il y avait une targe [3] à ses armes, et chaque targe portait un pennon [4] doré à ses armes.

— 1 Rites de l'*extrême-onction.* — 2 *De gueules : rouge,* en terme de blason. Une croix *pattée* est une croix dont les extrémités s'élargissent en forme de *patte* ouverte. — 3 Bouclier. — 4 Étendard, enseigne.

Pendant qu'ils approchaient, on eût dit que la galère volait, tant l'équipage faisait force de rames, et que la foudre tombait des cieux, au bruit que faisaient les pennons et les timbales, les tambours et les cors sarrasinois qui étaient dans la galère. Sitôt que la galère fut entrée dans le sable aussi loin qu'on la put faire aller, le comte et ses chevaliers sautèrent de la galère très bien armés et équipés, et vinrent se former à nos côtés.

Le débarquement réussit : les croisés s'emparent de Damiette *et, remontant le* Nil, *marchent sur «* Babylone *» (la Babylone d'Egypte, c'est-à-dire* Le Caire*). Une grande bataille a lieu à* Mansourah, *au cours de laquelle le comte* Robert d'Artois [1], *frère du roi, est tué ;* Joinville *est blessé ; les croisés subissent de lourdes pertes mais remportent finalement l'avantage. La bataille recommence bientôt, et les Français font des prodiges de valeur. Mais à la longue ils s'usent, affaiblis par les pertes, la maladie et la famine, et c'est la* catastrophe : *le roi et son armée tombent au pouvoir de l'ennemi. Pourtant des négociations s'engagent et aboutissent à un* traité : *en échange de la reddition de* Damiette *(qu'une garnison française tient toujours) et du paiement d'une lourde somme, le roi et ses troupes recouvreront la liberté. Mais jusqu'au bout la loyauté des* Sarrasins *reste suspecte, et les croisés sont constamment menacés d'un* massacre général.

Instant tragique

Ces lignes ont un intérêt *dramatique : nous tremblons pour les croisés ; et aussi un intérêt psychologique et moral :* réflexions de Joinville, piété et courage de Joinville et de ses compagnons, prêts à mourir en martyrs. On notera aussi l'extrême *sobriété* avec laquelle l'auteur évoque cet instant *pathétique.* Cette sobriété nous émeut plus que n'importe quelle rhétorique.

Il en vint bien trente à notre galère, l'épée nue à la main et au cou la hache danoise. Je demandai à monseigneur Baudouin d'Ibelin, qui savait bien le sarrasinois, ce que ces gens disaient : il me répondit qu'ils disaient qu'ils venaient nous trancher la tête. Il y avait une foule des nôtres qui se confessaient à un frère de la Trinité, qui avait nom Jean et était au comte Guillaume de Flandre. Mais pour mon compte jamais je ne pus me souvenir d'un péché que j'eusse fait ; mais je m'avisai que plus je me défendrais et esquiverais, et pis cela serait. Alors je me signai et m'agenouillai aux pieds de l'un d'eux, qui tenait une hache danoise de charpentier, et dis : « Ainsi mourut sainte Agnès [2]. » Messire Gui d'Ibelin, connétable de Chypre, s'agenouilla près de moi et se confessa à moi ; et je lui dis : « Je vous absous avec tel pouvoir que Dieu m'a donné. » Mais quand je me levai de là, il ne me souvint plus de rien qu'il m'eût dit et raconté.

Finalement les Sarrasins se ravisent, et les croisés — du moins la plupart d'entre eux — ont la vie sauve. Ici commence la seconde partie *de la croisade : après le désastre d'Egypte,* Louis IX *et son armée gagnent* Acre, *en* Syrie *où les barons chrétiens gardent des possessions depuis les croisades précédentes. La lutte contre les Infidèles se poursuit donc en Asie Mineure jusqu'en* 1254, *date à laquelle le roi décide de rentrer en France.*

III. *LE MORALISTE*   *Au cours de la traversée, le navire du roi est sur le point de couler, mais en définitive on peut le sauver. On verra quelle leçon* saint Louis *et* Joinville *lui-même tirent de cet événement (p.* 132*). Mais un autre incident notable marque le retour en France : un homme tombe à la mer ; s'il est sauvé, nous dit* Joinville, *c'est grâce à un* miracle de la Vierge.

— 1 Dans le « *Roman de la Rose* », p. 198, Robert d'Artois est pris comme type du preux chevalier. — 2 Jeune martyre, décapitée sous Dioclétien. Loin de craindre la mort, elle aurait encouragé le bourreau qui, pris de pitié, hésitait à la frapper.

Un miracle de la Vierge

Le récit, cette fois, est avant tout *édifiant*. Il traduit la foi ardente et naïve de JOINVILLE lui-même et du héros de l'anecdote.

Une autre avanture nous avint en mer ; car messires Dragonés, uns riches hom de Provence, dormoit la matinée en sa nef, qui bien estoit une lieue devant la nostre, et appela un sien escuier et li dist : « Va estouper ce pertuis ; car li solaus me fiert ou visaige. » Cil vit que il ne pooit estouper le pertuis se il n'issoit de la nef : de la
5 *nef issi. Tandis que il aloit le pertuis estouper, li piés li failli, et chéi en l'yaue ; et celle n'avoit point de barge de cantiers, car la neis estoit petite ; maintenant fu esloingnie celle neis. Nous qui estiens en la nef le roi, le veismes ; et cuidiens que ce fust une somme ou une bouticle, pour ce que cil qui estoit cheus eu l'yaue ne metoit nul consoil en li.*
10 *Une des galies le roy le queilli et l'aporta en nostre nef, la ou il nous conta comment ce li estoit avenu. Je li demandai comment ce estoit que il ne metoit consoil en li garantir, ne par noer ne par autre maniere. Il me respondi que il n'estoit nul mestier ne besoing que il meist consoil en li ; car si tost comme il commença a cheoir, il se commanda a Nostre-Dame, et elle le soustint par les espaules dès que il chéi, jusques*
15 *a tant que la galie le roy le requeilli. En l'onnour de ce miracle, je l'ai fait peindre a Joinville en ma chapelle, et es verrieres de Blehecourt.*

Une autre aventure nous advint en mer : monseigneur Dragonès, riche homme de Provence, dormait un matin dans sa nef, qui était bien d'une lieue en avant de la nôtre, et il appela un sien écuyer et lui dit : « Va boucher cette ouverture, car le soleil me frappe au visage. » L'autre vit qu'il ne pouvait boucher l'ouverture sans passer par l'extérieur ; il passa donc à l'extérieur de la nef. Mais tandis qu'il allait boucher l'ouverture, le pied lui manqua, et il tomba à l'eau ; or cette nef n'avait pas de chaloupe, car elle était petite. Déjà le navire était loin. Nous qui étions sur la nef du roi, nous le vîmes, mais nous pensions que c'était un ballot ou une barrique, car cet homme tombé à la mer ne tentait rien pour se sauver.
10 Une des galères du roi le recueillit et l'amena sur notre nef, où il nous conta comment l'accident lui était arrivé. Je lui demandai comment il se faisait qu'il n'eût rien tenté pour se sauver, en nageant ou de quelque autre façon ; il me répondit qu'il n'était nul besoin ou nécessité qu'il tentât quelque chose de lui-même, car sitôt qu'il s'était senti tomber, il s'était recommandé à Notre-Dame, et qu'elle l'avait aussitôt soutenu par les épaules, jusqu'à ce que la galère du roi le recueillît. En l'honneur de ce miracle, j'ai fait peindre la scène à Joinville en ma chapelle, et sur les verrières de Blécourt [1].

— 1 Localité du canton de JOINVILLE (Haute-Marne).

Étude du texte original

I. *Particularités du dialecte champenois de Joinville :*

$\Big\{$ — terminaisons en —*our*, au lieu de —*eur ; onnour* (15).
$\Big($ — diphtongue —*ei*, au lieu de —*é : neis* (6) = *nés* (cas s. de *nef*).

II. *Évolution de la langue : texte du début du XIV*ᵉ *siècle.*

— L'imparfait *estoit* (6) remplace la forme étymologique *ert* que l'on rencontre dans *Tristan*, p. 49, vers 10.

— Le mot « *miracle* », encore féminin dans Villehardouin (p. 117, ligne 1), a déjà pris chez Joinville le genre masculin (15).

III. *Emploi des cas :*

Exercices : 1º Justifier l'emploi du mot *nef* au c.s. (*neis* : 6 et 7), et au cas régime (*nef* : 2, 4, 5, 7, 10) ; 2º Relever les cas régimes à valeur de *complément de nom* (7, 10, 15).

IV. *Syntaxe :*

8 cuidiens que ce *fust* : cet emploi du subj. est-il conforme à l'usage actuel ?
11 en *li* garantir : emploi du pr. pers. au lieu du réfléchi, cf. *Roland*, p. 20, note au v. 2.
Conjonctions disparues : *pour ce que* (8) = parce que ; *jusques a tant que* (14-15) = jusqu'à ce que.

Remontrances à Philippe le Bel

1. Au retour de la croisade, le navire du roi, s'étant échoué, avait été en danger de couler. Rapportant la leçon morale que SAINT LOUIS avait tirée de l'accident, JOINVILLE l'applique à PHILIPPE LE BEL.

Le lendemain le roi m'appela tout seul et me dit : « Sénéchal, Dieu nous a montré en cette occasion une partie de son pouvoir, car un de ses petits vents, si petit qu'à peine le sait-on nommer, fut bien près de noyer le roi de France, ses enfants, sa femme et ses gens. Or saint Anselme dit que ce sont là menaces de Notre-Seigneur, comme si Dieu voulait dire : Je vous aurais bien fait périr, si je l'eusse voulu. Seigneur Dieu, dit le saint, pourquoi nous menaces-tu ? car les menaces que tu nous fais, ce n'est pas pour ton profit et ton avantage ; si tu

nous avais tous perdus, tu n'en serais pas plus pauvre, et si tu nous avais tous gagnés, tu n'en serais pas plus riche. Ce n'est donc pas pour ton profit que tu
10 nous as menacés, mais pour notre profit, si nous savons en tirer parti. Nous devons donc tirer parti de cette menace de Dieu, de telle manière que, si nous sentons que nous ayons en nos cœurs et en nos corps chose qui déplaise à Dieu, nous devons l'ôter en toute hâte ; et tout ce que nous penserons pouvoir lui plaire, nous devons nous efforcer en toute hâte de l'entreprendre ; et si nous agissons ainsi, Notre-Seigneur nous donnera plus de biens en ce monde et dans l'autre que nous ne saurions le dire. Mais si nous n'agissons pas ainsi, il fera comme le bon seigneur doit faire à son mauvais serviteur : après la menace, quand le mauvais serviteur ne veut point s'amender, le seigneur le punit de mort ou d'autres malheurs plus graves, qui sont pires que la mort. » Qu'il y prenne bien
20 garde, le roi qui règne à présent, car il a échappé à péril aussi grave, sinon pire, que nous : qu'il s'amende donc de ses méfaits, de telle manière que Dieu ne le frappe pas cruellement, lui ou sa puissance.

2. SAINT LOUIS a été canonisé. JOINVILLE dit sa joie et sa fierté, partagées par tout le royaume. Mais il tire aussi de l'exemple de SAINT LOUIS un enseignement moral, visant de nouveau PHILIPPE LE BEL.

Il en vint et en doit venir grande joie à tout le royaume de France, et grand honneur à toute sa lignée, pour qui voudra lui ressembler en faisant le bien, mais grand déshonneur à tous ceux de son lignage qui ne le voudront pas imiter par leurs bonnes œuvres ; grand déshonneur, je le répète, à ses descendants qui voudront faire le mal, car on les montrera du doigt, et l'on dira que le saint roi dont ils descendent eût répugné à commettre pareille vilenie *.

FROISSART

Sa vie (1337- après 1400) Répercussions sur son œuvre

Né à VALENCIENNES [1] en 1337 (ou 1333 : les indications fournies par ses CHRONIQUES sont contradictoires), d'origine bourgeoise, Jean FROISSART fut, pour l'époque, un *grand voyageur :* ses déplacements le conduisirent du Hainaut natal en Angleterre, en Écosse, en Italie, à la cour de GASTON PHŒBUS, comte de Foix. Au service de la reine d'Angleterre, sa compatriote PHILIPPE DE HAINAUT (cf. son rôle dans l'épisode des Bourgeois de Calais, p. 141), puis successivement de plusieurs princes, il vécut dans l'entourage immédiat des plus grands seigneurs de son temps (cp. COMMYNES).

Cela explique la *variété* et la *richesse* de son *information*, les tendances *aristocratiques* et *courtoises* de son œuvre (il fut d'ailleurs *poète courtois* en même temps que chroniqueur), et aussi son *changement d'attitude* au cours de la rédaction de ses CHRONIQUES ; d'abord favorable à la cause de l'Angleterre sous l'influence de PHILIPPE DE HAINAUT (morte en 1369), il épousa ensuite les sentiments anti-anglais de son nouveau maître GUY DE

— 1 Noter dans son œuvre les formes nordiques, dites « picardes ».
* *Voir texte et trad. dans l'éd. Natalis de Wailly.*

CHA̅ʳILLON ; d'où un certain défaut de cohésion dans l'ensemble de son œuvre (IV livres), dont la composition, commencée très tôt, prend fin en 1400.

Après cette date, nous ignorons ce que devint FROISSART : d'après une vieille tradition, il serait mort à CHIMAY (Hainaut, aujourd'hui en Belgique) et y aurait été enterré ; mais quand ? nous ne le savons pas.

Son œuvre

Ses CHRONIQUES embrassent l'histoire des années 1326-1400, c'est-à-dire des origines et de la première moitié de la *guerre de Cent ans*. Pourvu d'une riche documentation, directe ou indirecte (il utilise pour les trente premières années de son histoire les « *Vraies Chroniques* » de JEAN LE BEL, chanoine de Saint-Lambert de Liége), ayant acquis par son expérience personnelle le sens du réel et du relatif, FROISSART disposait d'éléments essentiels pour créer une œuvre véritablement historique ; et de fait il en eut le désir. Ainsi il s'efforce de distinguer dans son information ce qui est sûr de ce qui l'est moins, ce qu'il sait lui-même de ce qu'il a entendu raconter. Il voudrait aussi dégager les causes des événements au lieu de se borner à en faire le récit.

La chronique des hauts faits chevaleresques

Mais cet effort, pour notable qu'il soit, demeure timide et partiel. Et FROISSART est surtout pour nous le *reflet de la haute société* de son temps, du monde *féodal* et *courtois* auquel les événements mêmes qu'il raconte allaient porter un coup fatal. Déjà les exploits guerriers, l'héroïsme sublime des chevaliers (p. 135) demeurent souvent *inutiles* (cp. CHANSON DE ROLAND, p. 14, « *Roland est preux, et Olivier est sage* »). Opposant sa folle vaillance, mais aussi sa présomption (p. 143, fin du texte) à la *tactique* anglaise et à la *cohésion d'une armée royale*, la chevalerie française ne peut que sauver l'honneur au prix de pertes sanglantes, et ce sont les désastres répétés, CRÉCY (p. 135), POITIERS (p. 141-3), plus tard AZINCOURT.

Derrière l'histoire des batailles et des traités, FROISSART n'a pas distingué (sans doute était-il trop tôt pour cela) l'importance des questions *financières* ou *sociales* et des mouvements *populaires*. Or c'est surtout en dehors de la classe féodale chère à FROISSART, autour de la *personne du roi incarnant la nation*, d'une part (affirmation de la *prérogative royale* par CHARLES V : voir p. 144), dans le *peuple* d'autre part, par la résistance à l'envahisseur (le GRAND FERRÉ), bientôt magnifiquement incarnée par JEANNE D'ARC, qu'allait naître le *sentiment national moderne*. FROISSART et les princes auprès desquels il a vécu ne connaissent pas encore le véritable patriotisme : ce sont des *liens personnels* qui guident le chroniqueur lui-même, c'est le lien féodal de vassal à suzerain qui conduit encore les seigneurs dans l'un ou l'autre camp (p. 142).

Valeur littéraire Pages frappantes

Mais l'intérêt des CHRONIQUES reste grand. FROISSART a peint des *scènes inoubliables* par leur *vie*, leur *couleur* ou leur *valeur humaine :* batailles de CRÉCY, de POITIERS, de COCHEREL, exploits de DU GUESCLIN, dévouement des BOURGEOIS DE CALAIS, bonté de la REINE D'ANGLETERRE. Ses notations *psychologiques* sont souvent *fines* et *sûres* (fin du texte p.143 et tout le texte p.144).Ses dons d'*écrivain* sont supérieurs à ses dons d'historien (il écrivait avec *beaucoup de soin*, comme le prouvent ses *rédactions successives*) ; tantôt la *sobriété* même de son récit est *impressionnante* (mort de JEAN DE LUXEMBOURG et de ses chevaliers à CRÉCY, p. 135) ; tantôt il fait revivre à nos yeux, de façon heureuse et précise, cette civilisation chevaleresque, brillante et aristocratique.

Le début des CHRONIQUES *porte sur les origines de la Guerre de cent ans. Puis les opérations commencent :* EDOUARD III *d'Angleterre débarque en France.* PHILIPPE VI *se porte à sa rencontre et une grande bataille a lieu à* CRÉCY, *en Picardie (août 1346). La chevalerie française subit une lourde défaite, mais elle sauve l'honneur par son courage. Au premier rang des braves morts à* CRÉCY *figure le roi de* BOHÊME, JEAN DE LUXEMBOURG, *qui, allié fidèle et prince chevaleresque, tient à participer à la bataille quoiqu'il soit* aveugle.

MORT HÉROÏQUE
DE JEAN DE LUXEMBOURG A CRÉCY

Héroïsme inutile peut-être, et même fou, que celui du roi de BOHÊME, mais quelle grandeur aussi dans ce geste et dans cette mort ! Et il y avait bien ici de quoi séduire FROISSART, poète et chroniqueur de la *société courtoise.*

Li vaillans et gentilz rois de Behagne, qui s'appeloit messires Jehans de Lussembourch, car il fu filz a l'empereour Henri de Lussembourch, entendi par ses gens que li bataille estoit commencie ; car quoique il fust la armés et en grant arroy, il ne veoit goutes et estoit aveules...

5   *Adonc dist li vaillans rois a ses gens une grant vaillandise : « Signeur, vous estes mi homme et mi ami et mi compagnon. A le journee d'ui, je vous pri et requier tres especialment que vous me menés si avant que je puisse ferir un cop d'espee. » Et cil qui dalés lui estoient, et qui se honneur et leur avancement amoient, li acorderent. La estoit li Monnes de Basele a son*
10 *frain, qui envis l'euist laissiet ; et ossi eussent pluiseur bon chevalier de le conté de Lussembourch, qui estoient tout dalés lui : si ques, pour yaus acquitter, et que il ne le perdesissent en le presse, il s'alloierent par les frains de leurs chevaus tous ensamble ; et misent le roy leur signeur tout devant, pour mieulz acomplir son desirier. Et ensi s'en alerent il sus leurs*
15 *ennemis.*

Bien est verités que de si grant gent d'armes et de si noble chevalerie et tel fuison que li rois de France avoit la, il issirent trop peu de grans fais d'armes, car li bataille commença tart, et si estoient li François fort lassé et travillié, ensi qu'il venoient. Toutes fois, li vaillant homme et li bon
20 *chevalier, pour leur honneur, chevauçoient toutdis avant, et avoient plus chier a morir, que fuite villainne leur fust reprocie. La estoient li contes d'Alençon, li contes de Blois, li contes de Flandres, li dus de Lorraigne, li contes de Harcourt, li contes de Saint Pol, li contes de Namur, li contes d'Auçoirre, li contes d'Aubmale, li contes de Sanssoire, li contes de Salebruce,*
25 *et tant de contes, de barons et de chevaliers que sans nombre. La estoit messires Charles de Behagne, qui s'appeloit et escrisoit ja rois d'Alemagne et en portoit les armes, qui vint moult ordonneement jusques a le bataille. Mais quant il vei que la cause aloit mal pour yaus, il s'en parti : je ne sçai pas quel chemin il prist.*
30 *Ce ne fist mies li bons rois ses pères, car il ala si avant sus ses ennemis que il feri un cop d'espee, voire trois, voire quatre, et se combati moult vaillamment. Et ossi fisent tout cil qui avoecques lui accompagniet estoient ; et si bien le servirent, et si avant se bouterent sus les-Englès, que tout y demorerent. Ne onques nulz ne s'en parti, et furent trouvé a l'endemain, sus*
35 *le place, autour dou roy leur signeur et leurs chevaus tous alloiiés ensamble.*

L e vaillant et noble roi de Bohême, qui s'appelait messire Jean de Luxembourg, car il était fils de l'empereur Henri de Luxembourg, apprit par
ses gens que la bataille était engagée ; car quoiqu'il fût là en armes et en grand
appareil guerrier, il n'y voyait goutte et était aveugle...

Son entourage l'informe que la première phase de la bataille est désastreuse pour les Français.

Alors le vaillant roi adressa à ses gens des paroles très valeureuses : « Seigneurs,
vous êtes mes hommes, mes amis et mes compagnons. En cette présente journée,
je vous prie et vous requiers très expressément que vous me meniez assez avant
pour que je puisse donner un coup d'épée. » Et ceux qui étaient auprès de lui,
songeant à son honneur et à leur avancement, lui obéirent. Il y avait là, tenant
10 son cheval par le frein, Le Moine de Basèle [1], qui jamais ne l'eût abandonné
de son plein gré ; et il en était de même de plusieurs bons chevaliers du comté
de Luxembourg, tous présents à ses côtés. Si bien que, pour s'acquitter (de leur
mission) et ne pas le perdre dans la presse, ils se lièrent tous ensemble par les
freins de leurs chevaux ; et ils placèrent le roi leur seigneur tout en avant, pour
mieux satisfaire à son désir. Et ils marchèrent ainsi à l'ennemi.

Il est trop vrai que, sur une si grande armée et une telle foison de nobles
chevaliers que le roi de France alignait, bien peu de grands faits d'armes furent
accomplis, car la bataille commença tard, et les Français étaient très las et fourbus
dès leur arrivée [2]. Toutefois les hommes de cœur et les bons chevaliers, pour
20 leur honneur, chevauchaient toujours en avant, et aimaient mieux mourir que
de s'entendre reprocher une fuite honteuse. Il y avait là le comte d'Alençon, le
comte de Blois, le comte de Flandre, le duc de Lorraine, le comte d'Harcourt,
le comte de Saint-Pol, le comte de Namur, le comte d'Auxerre, le comte d'Aumale,
le comte de Sancerre, le comte de Sarrebruck, et un nombre infini de comtes,
barons et chevaliers. Il y avait là messire Charles de Bohême, qui se faisait appeler
et signait déjà « roi d'Allemagne » et en portait les armes, qui vint en très belle
ordonnance jusqu'à la bataille. Mais quand il vit que l'affaire tournait mal pour
eux, il s'en alla [3] : je ne sais pas quelle route il prit.

Ce ne fut pas ainsi que se conduisit le bon roi son père, car il marcha si avant
30 sus aux ennemis qu'il donna un coup d'épée, voire trois, voire quatre, et se
battit avec une extrême vaillance. Et ainsi firent tous ceux qui l'escortaient ; et
ils le servirent si bien et se jetèrent si avant sur les Anglais que tous y restèrent.
Pas un seul n'en revint [4] et on les trouva le lendemain, sur la place, autour du
roi leur seigneur, leurs chevaux tous liés ensemble.

– *Essayez de définir, d'après ce texte, l'esprit chevaleresque de la noblesse du temps.*
– *Quelles sont, selon vous, les principales qualités de ce récit ? Relevez des détails qui contribuent à le rendre particulièrement saisissant.*
– *Quelle leçon, quel exemple, l'auteur veut-il donner à tous les chevaliers ?*
• **Groupe thématique : Les mœurs féodales** a) d'après les extraits de FROISSART ; – b) d'après les extraits des chansons de geste.

— 1 « Très vaillant chevalier et très expert aux armes » qui avait donné de sages conseils au roi de France avant la bataille. — 2 Froissart cherche à *expliquer* la défaite des Français.

— 3 Noter que, sous une apparence de froideur objective, la phrase est lourde de réprobation.
— 4 Cp. Hugo (*Les Châtiments : L'expiation*) : « Pas un ne recula. Dormez, morts héroïques ! »

Étude du texte original *

A. — LE FRANÇAIS VIENT DU LATIN

I. *Expliquer le traitement de la partie du mot latin en italique*

imperatórem > empereour (2) [III b, XIII a] ; armátus (= armé) >armés (3) [IX] ; *quéro (lat. cl. *quaero* = je demande) > qu*ie*r (7 : requier) [IX], *ab* ánte (= depuis avant) > avant (7) [XIII a] ; nóbilem > noble (16) [II a, II b] ; cárum (cher) > *chier* (21) [XII a, II a] ; *caballos* > chevaus (13) [XII a, XIII a, XIV a].
Étudier le *traitement du d final après consonne*, dans le cas de :
grand*em* > grant (4) [II a, XV c] ; tar*de* > tart (18) [II a, XV c].
Étudier *l'influence de i, c, g, sur la voyelle tonique* [cf. XI b], dans :
hódi*e* (= aujourd'hui) > u*i* (6) ; *préco (lat. cl. *precor* = je prie) > pri (7), mágis (= plus) > ma*i*s (27).
Étudier *l'apparition d'une consonne intercalaire* [XIV d] dans :
insímul > ensamble (13) ; númerum > nom*b*re (25).

II. *Formation de l'imparfait de l'indicatif :*

Considérons la terminaison —*oient* de avoient (20). Elle remonte à —*ébant* (habébant), devenu —*éant* (XIII a, chute du b entre voyelles), puis —*eient* (IX, e > ei), puis —*oient*. Donc *habebant* > *avoient* (XIII a, le premier b s'est affaibli en *v*). Les formes régulièrement dérivées du latin, que l'on trouve parfois dans les textes devraient être : j'*aveie* (*avoie*) ; tu *aveies* (*avoies*) ; il *aveiet* (*avoiet*). Mais l'orthographe varie avec les auteurs, et FROISSART, par exemple, écrit à la 3e personne du singulier : *avoit* (17).
Les imparfaits de la 1re conjugaison latine (terminés en —*abam*) ont subi l'influence des autres conjugaisons, et c'est ainsi que, par analogie avec une forme comme *avoient*, FROISSART écrit *amoient* (9), et non *ameent*, dérivé plus normal de *amabant*.

III. *Formation des adverbes :*

1. ADVERBES EN -MENT : Certains adverbes se sont formés par l'adjonction à un adjectif du mot latin *mente* (= dans un esprit...), qui a donné le suffixe *ment*. Ex. : *especialment* (7) ; *ordonneement* (27). Quand l'adjectif était terminé en —*ent* ou —*ant*, cette terminaison a donné, par assimilation, des adverbes en —*emment*, —*amment*. Ex. : *vaillamment* (32) (cf. *prudemment, savamment*, etc...).
2. L'S ADVERBIAL : Beaucoup d'adverbes latins, terminés en s ont donné en ancien français des adverbes en s. Ex. : *plus* > plus (20) ; *trans* (au delà) > tres (7).
Par extension, d'AUTRES ADVERBES qui, étymologiquement, ne devaient pas se terminer en s ont pris un s adverbial. Ex. : *gutta* + s (goutte) > goute*s* (4), *mica* + s > mies (30) ; *unquam* + s > onques (34).

IV. *Particularités du dialecte picard de Froissart :*

1. L'ARTICLE FÉMININ est *li* au cas sujet (*li bataille*, 18) et *le* au cas régime (jusques a *le bataille*, 27). — En relever d'autres exemples.
Pas de formes contractes de l'article féminin. Comparer : « *de le* conté » (11 : le mot est féminin), avec « autour *dou* roy » (35).

---

* Signes conventionnels : cf. p. 21, note.

2. LA 3e PERS. DU SING. DU PASSÉ SIMPLE a perdu le —t final. Ex. : *il fu* (2) ; *entendi* (2). En relever d'autres exemples.

3. On trouve : *me, te, se,* pour *ma, ta, sa.* Ex. : *se* honneur (8 = sa).

4. LE C DOUX (marqué ç) était prononcé comme tch. Ex. : *commença* (18 = pr. *commentcha*) ; LE CH était prononcé comme k. Ex. : *chevalier* (20 = pr. kevalier). Comment prononceriez-vous *chevauçoient* (20) ?

B. — PARTICULARITÉS GRAMMATICALES

I. *Exercices sur l'emploi des cas :*

1. Relever les emplois du mot *roi* au cas sujet et au cas régime.
2. Comparer les deux phrases : « *Li vaillans... rois... estoit.. aveules* » (1-4) et « *si estoient li François fort lassé et travillié* » (18). Expliquer pourquoi, dans la 1re (sujet au sing.), l'attribut prend un s, et non dans la seconde (sujet au plur.).
3. Expliquer la forme (avec ou sans s) du mot *chevalier* dans : « li bon *chevalier* chevauçoient » (20) et « tant de contes... et de *chevaliers* » (25).
4. Dans le passage : « Li *contes* de Salebruce et tant de *contes* » (24-5) montrez que le mot *contes* est à deux cas différents.

II. *Remarques sur la syntaxe :*

2 il *fu* : emploi des temps ; nous dirions « il *était* ». — *filz a l'empereour :* a peut introduire un complément de nom, cp. le tour populaire actuel « le livre à Pierre » ; cp. d'autre part VILLEHARDOUIN p. 117, l. 13 *le fil l'empereor :* c'est l'autre tournure, le cas rég. suffit à marquer le compl. de nom.

5 *Adonc dist... :* noter l'inversion.

7 *je vous pri... que vous me menés :* de me mener ; *menés* est un subj.

9 *li accorderent :* le lui accordèrent.

10 *qui :* relatif très séparé de l'antécédent. — *et ossi eussent :* et ainsi eussent *fait*.

11 *yaus : eux* pour *se.* Cf. ROLAND, p. 20, v. 2 et rem. — *pour* yaus *acquitter* et *que* il ne le *perdesissent :* double construction.

14 *son desirier :* infin. substantivé.

17 *il* (plur.) : reprend assez librement *de si grant gent d'armes,* etc..., expression collective et partitive.

19 *ensi que... :* en arrivant, dès leur arrivée.

20-21 *et avoient plus chier... :* et ils aimaient mieux mourir plutôt qu'une fuite honteuse leur fût reprochée.

25 *tant... que sans nombre :* tour elliptique, expression « outil ».

26-27 *qui s'appeloit... qui vint :* les relatives ne sont pas sur le même plan ; « qui s'appeloit et escrisoit... » forme une sorte de parenthèse.

28 *s'en parti :* partit ; nous disons encore « s'en aller ».

31 *se combati :* tour pronominal disparu, mais cp. « se battre », « se débattre ».

32 *qui avoecques lui accompagniet estoient :* qui l'avaient accompagné.

34 *Ne :* nous dirions : *et.* — *a l'endemain :* le lendemain.

35 *et leurs chevaus,* etc... : construction assez libre, équivalant en somme à : *avec* leurs chevaux...

Vainqueur à CRÉCY, EDOUARD III *met le siège devant* CALAIS. PHILIPPE VI *tente en vain de dégager la place. Après une courageuse résistance de onze mois, les assiégés sont réduits à parlementer. Le roi d'Angleterre fait connaître ses conditions au gouverneur de Calais,* JEAN DE VIANES ; *il épargnera la ville à condition que les six principaux bourgeois lui apportent les clés de la place, en chemise, la corde au cou, ce qui laisse prévoir que, non content de leur imposer cette humiliation, il les fera mettre à mort* (1347).

Les six bourgeois de Calais

Voici le passage le plus célèbre de FROISSART, et l'un des épisodes les plus connus, les plus populaires de notre histoire. L'auteur doit beaucoup au récit d'un autre chroniqueur, JEAN LE BEL (il a d'ailleurs été le premier à le reconnaître), mais cela n'enlève rien à la valeur de ces lignes : FROISSART a su atteindre son but, qui était de nous *émouvoir* par une belle scène historique et humaine. La population de CALAIS *atterrée* en apprenant les conditions de la capitulation, l'*héroïsme sans phrases* des bourgeois qui se dévouent pour leurs concitoyens, la *désolation générale*, la *colère* du roi d'Angleterre et l'*humanité*, la *bonté* de la reine : autant de traits qui restent gravés dans notre mémoire et dans notre cœur.

A lors messire Jean de Vianes quitta les créneaux, gagna la place du marché et fit sonner la cloche pour assembler les gens de toute condition dans la halle. Au son de la cloche ils vinrent tous, hommes et femmes, car ils désiraient vivement savoir les nouvelles, comme des gens si accablés par la famine qu'ils étaient à bout de forces. Quand ils furent tous venus et assemblés sur la place, hommes et femmes, messire Jean de Vianes leur communiqua, le moins brutalement possible, les conditions, dans les termes mêmes où elles ont été exprimées ci-dessus, et leur dit bien que c'était la seule issue et qu'ils eussent à délibérer et à donner prompte réponse à ce sujet. Quand ils entendirent ce rapport, ils se mirent tous
10 à crier et à pleurer, si fort et si amèrement qu'il n'aurait pu se trouver cœur assez dur au monde pour les voir et les entendre se lamenter de la sorte sans les prendre en pitié ; et ils furent sur le moment hors d'état de répondre et de parler. Et messire Jean de Vianes lui-même était si apitoyé qu'il en pleurait avec grande affliction [1].

Un moment après, le plus riche bourgeois de la ville, qu'on nommait sire Eustache de Saint-Pierre, se dressa et parla ainsi devant eux tous : « Seigneurs, ce serait grande pitié et grand malheur de laisser périr une si nombreuse population, par famine ou autrement, quand on y peut trouver remède. Et au contraire ce serait grande charité, et grand mérite devant Notre-Seigneur, si on pouvait
20 la préserver de pareille calamité. Pour ma part, j'ai si grande espérance de trouver grâce et pardon auprès de Notre-Seigneur, si je meurs pour sauver cette population, que je m'offre le premier. Et je me remettrai volontiers, vêtu seulement de ma chemise, nu-tête, nu-pieds et la corde au cou, à la merci du noble roi d'Angleterre [2]. » Quand sire Eustache de Saint-Pierre eut prononcé ces mots, chacun alla l'entourer d'une vénération attendrie, et plusieurs hommes et femmes de se jeter à ses pieds en pleurant à chaudes larmes ; c'était grande pitié d'être présent, et de les entendre et regarder.

En second lieu, un autre très honorable bourgeois, personnage en vue, qui avait deux belles demoiselles pour filles, se leva et parla de même, disant qu'il
30 accompagnait son compère Eustache de Saint-Pierre ; il s'appelait sire Jean d'Aire. Après lui se leva le troisième, nommé sire Jacques de Wissant, personnage riche en meubles et domaines, disant qu'il accompagnerait ses deux cousins. Ainsi

---

— 1 Montrer combien l'auteur insiste sur le caractère *pathétique* de la scène ; il en sera de même dans plusieurs autres passages du | texte : relevez-les. — 2 A quels sentiments obéit Eustache de Saint-Pierre ? Montrer la grandeur sans emphase de son dévouement.

firent Pierre de Wissant son frère, puis le cinquième et le sixième. Et ces six bourgeois se dévêtirent là, dans la halle de Calais, ne conservant que leur braie et leur chemise, et ils se mirent la corde au cou, comme les conditions le comportaient ; puis ils prirent les clés de la ville de Calais et du château ; chacun des six en tenait une poignée.

Quand ils furent dans cet appareil, messire Jean de Vianes, monté sur une petite haquenée, car il pouvait à grand'peine aller à pied, se mit en tête et prit
40 la direction de la porte. En voyant alors les hommes et leurs femmes et leurs enfants pleurer, se tordre les mains et pousser de grands cris de détresse, il n'est cœur si dur au monde qui n'eût été pris de pitié. Ils avancèrent ainsi jusqu'à la porte, escortés de plaintes, de cris et de pleurs...

Les bourgeois de Calais sortent de la ville pour aller se présenter devant le roi d'Angleterre.

Le roi se trouvait à cette heure dans sa chambre, en grande compagnie de comtes, barons et chevaliers. Il apprit alors que ceux de Calais arrivaient dans la tenue qu'il avait expressément prescrite ; il sortit donc et parut sur la place, devant son logis, avec tous ses seigneurs derrière lui ; il y vint en outre une grande foule, pour voir les gens de Calais et comment les choses allaient tourner pour eux. Et la reine d'Angleterre [1] en personne suivit le roi son seigneur. Or
50 voici venir monseigneur Gautier de Mauni [2] et avec lui les bourgeois qui le suivaient ; il descendit de cheval sur la place, s'en vint vers le roi et lui dit : « Monseigneur, voici la délégation de la ville de Calais, selon votre volonté. » Le roi ne dit pas un mot mais jeta sur eux un regard plein de fureur, car il haïssait terriblement les habitants de Calais pour les grands dommages et les contrariétés que, par le passé, ils lui avaient causés sur mer.

Nos six bourgeois se mirent sur-le-champ à genoux devant le roi et parlèrent ainsi en joignant les mains : « Noble sire et noble roi, nous voici tous les six, d'ancienne bourgeoisie de Calais et importants négociants. Nous vous apportons les clés de la ville et du château de Calais et vous les rendons pour en user à votre
60 volonté ; nous-mêmes nous nous remettons, en l'état que vous voyez, à votre entière discrétion, pour sauver le reste de la population de Calais ; veuillez donc avoir de nous pitié et merci dans votre très haute magnanimité. »

Certes il n'y eut alors sur la place seigneur, chevalier ni homme de cœur qui se pût retenir de pleurer de franche pitié, ou qui pût parler d'un long moment. Le roi fixa sur eux un regard très irrité, car il avait le cœur si dur et en proie à un si grand courroux qu'il ne pouvait parler ; et, quand il parla, ce fut pour ordonner qu'on leur coupât la tête sur-le-champ. Tous les barons et chevaliers présents priaient le roi en pleurant, et aussi instamment qu'ils le pouvaient, de vouloir bien avoir d'eux pitié et merci ; mais il ne voulait rien entendre.
70 Alors parla messire Gautier de Mauni, disant : « Ah ! noble sire, veuillez refréner votre ressentiment. Vous avez renom et réputation de souveraine noblesse et magnanimité. Gardez-vous donc à présent de faire chose par laquelle ce renom serait si peu que ce soit diminué ; qu'on ne puisse rien dire de vous qui ne soit à votre honneur. Si vous n'avez pas pitié de ces gens, tout le monde dira que ce fut grande cruauté de faire périr ces honorables bourgeois qui, de leur

---

— 1 Philippe de Hainaut, femme d'Edouard III. Froissart, son compatriote, fut attaché à son service. Ne sent-on pas dans la suite du texte la respectueuse sympathie qu'il éprouvait pour elle ? — 2 Seigneur chargé par Edouard III de faire connaître ses conditions aux habitants de Calais.

propre volonté, se sont remis à votre merci pour sauver les autres. » Sur ce, le roi se mit en colère et dit : « Messire Gautier, n'insistez pas ; il n'en sera point autrement : qu'on fasse venir le coupe-tête. Les gens de Calais ont fait mourir tant de mes hommes qu'il est équitable que ceux-ci meurent aussi. »

80 Alors la noble reine d'Angleterre intervint avec beaucoup d'humilité ; et elle pleurait avec une si chaude pitié qu'on ne pouvait rester insensible. Elle se jeta à genoux devant le roi son seigneur et dit : « Ah ! noble sire, depuis que j'ai fait la traversée, en grand péril, vous le savez, je ne vous ai adressé aucune prière ni demandé aucune faveur. Mais à présent je vous prie humblement et vous demande comme une faveur personnelle, pour l'amour du Fils de Sainte Marie et pour l'amour de moi, de bien vouloir prendre ces six hommes en pitié [1]. »

Le roi attendit un instant avant de parler [2] et regarda la bonne dame, sa femme, qui, toujours à genoux, pleurait à chaudes larmes. Son cœur en fut touché, car il eût été peiné de la chagriner. Il dit donc : « Ah ! Madame, j'eusse mieux aimé
90 que vous fussiez ailleurs qu'ici. Vous me priez si instamment que je n'ose vous opposer un refus, et, quoique cela me soit très dur, tenez, je vous les donne : faites-en ce qu'il vous plaira ». La bonne dame dit : « Monseigneur, très grand merci. »

Alors la reine se leva, fit lever les six bourgeois, leur fit ôter la corde du cou et les emmena avec elle dans sa chambre ; elle leur fit donner des vêtements et servir à dîner, bien à leur aise ; ensuite elle donna six nobles [3] à chacun et les fit reconduire hors du camp sains et saufs [4].

EDOUARD III *retourne en Angleterre. En France* JEAN LE BON *succède à son père* (1350). *Cependant la guerre continue : on se bat en* SAINTONGE, *en* BRETAGNE. EDOUARD III *conduit une nouvelle expédition en France. Partant de* BORDEAUX (GUYENNE *et* GASCOGNE *étaient alors des fiefs anglais), son fils le prince de* GALLES *(le « Prince Noir ») se signale par ses chevauchées. En* 1356 JEAN LE BON *rassemble son armée à* CHARTRES, *passe la Loire, et rencontre le* PRINCE NOIR *près de* POITIERS. *Et c'est pour nos armes, dix ans après* CRÉCY, *un nouveau désastre, pire que le précédent.*

JEAN LE BON EST FAIT PRISONNIER A POITIERS

Voici une de ces *scènes de bataille* dans lesquelles FROISSART excelle. C'est la *mêlée*, puis la *reddition* du roi. Et ces lignes ne valent pas seulement par leur *vie*, mais aussi par ce qu'elles nous apprennent de l'*esprit* et des *mœurs du temps*.

Là combattait vaillamment tout près du roi messire Geoffroi de Charny, et toute la presse et la clameur se portaient sur lui, parce qu'il tenait la bannière souveraine du roi ; sa propre bannière, qui était de gueules [5] à trois écussons d'argent, se trouvait aussi sur le champ de bataille. Anglais et Gascons [6] accoururent si nombreux, de toutes parts, que sous

---

— 1 Noter la *progression dramatique* depuis les paroles des bourgeois jusqu'aux supplications de la reine. Quels sont les sentiments auxquels on s'adresse successivement pour tenter de fléchir le roi ? — 2 Comment interprétez-vous ce silence ? — 3 *Noble* : pièce d'or valant une vingtaine de francs. — 4 Montrer la sobriété du dénouement (deux derniers §). — 5 *Rouge* en terme de blason (cf. JOINVILLE p. 129, note 2). — 6 La Gascogne dépendant alors de la couronne d'Angleterre (voir résumé ci-dessus), les GASCONS servaient dans les rangs anglais.

leur choc ils forcèrent et rompirent les rangs serrés du corps de bataille
du roi de France, et les Français furent si enveloppés par leurs ennemis
qu'il y avait bien, en plus d'un cas, cinq hommes d'armes contre un
gentilhomme. Là fut pris messire Baudouin d'Annequin par messire
10 Barthélemy de Burghersh, et occis messire Geoffroi de Charny, la
bannière de France à la main, et pris le comte de Dammartin par
monseigneur Renaud de Cobham.

Là se fit donc très grande presse et ruée sur le roi Jean, par convoitise
de le faire prisonnier, et ceux qui le connaissaient et qui étaient le plus
près de lui lui criaient : « Rendez-vous, rendez-vous ! autrement vous
êtes mort. » Il y avait là un chevalier du pays de Saint-Omer, qu'on
nommait monseigneur Denis de Morbecque : il servait les Anglais
depuis cinq ans ou à peu près, s'étant en sa jeunesse exilé du royaume
de France à la suite d'une querelle d'amis [1] et d'un homicide qu'il avait
20 commis à Saint-Omer, et suivait le roi d'Angleterre, à sa solde et à ses
gages. Il lui advint donc fort à point de se trouver non loin du roi de
France, et même le plus près de lui, au moment où l'on s'efforçait ainsi
de le capturer : s'avançant parmi la presse, en jouant des bras et du corps,
car il était grand et fort, il dit au roi en bon français, ce qui attira
l'attention du roi [2] : « Sire, sire, rendez-vous ! » Se voyant en mauvaise
posture et débordé par ses ennemis, comprenant aussi que se défendre
ne servait plus à rien, le roi demanda en regardant le chevalier : « A qui
me rendrai-je ? à qui ? où est mon cousin le prince de Galles ? Si je le
voyais, je parlementerais. — Sire, répondit messire Denis de Morbecque,
30 il n'est pas ici ; mais rendez-vous à moi, je vous conduirai auprès de lui. —
Qui êtes-vous ? dit le roi. — Sire, je suis Denis de Morbecque, chevalier
d'Artois ; mais je sers le roi d'Angleterre, car je ne puis demeurer au
royaume de France, et y ai perdu tous mes biens. » Alors le roi de France
répondit, à ce que l'on m'a dit depuis, ou dut répondre [3] : « Eh bien !
je me rends à vous », et il lui donna son gant droit [4]. Le chevalier le prit
et en eut grande joie.

Il y eut alors grande presse et grande bousculade autour du roi, car
chacun disait à l'envi : « C'est moi qui l'ai pris, c'est moi qui l'ai pris ! » ;
et le roi ne pouvait avancer, ni messire Philippe son fils puîné.

— *Indiquez avec précision les phases successives du récit ; comment s'enchaînent-elles ?*
— *En quoi consiste l'art de* FROISSART *pour évoquer la mêlée ?*
— *Que nous apprend ce texte sur les mœurs féodales ? Que pensez-vous du cas du chevalier d'Artois ? Le roi de France
le considère-t-il comme un traître, et pourquoi ?*
— *Quel est le rôle du dialogue inséré dans le récit ? Appréciez les dernières lignes du texte.*
• **Groupe thématique : La guerre au Moyen Age.** D'après les extraits des chroniqueurs, classez les
renseignements sur la guerre médiévale : a) les buts ; – b) la conception ; – c) les méthodes.

— 1 Querelle entre gentilshommes.
— 2 Noter dans cette phrase les détails
précis et *vécus*. — 3 Remarquer chez l'auteur
les scrupules de l'historien véridique. — 4 Geste
féodal : le roi remet sa personne entre les
mains du chevalier.

Bilan de la bataille

Le roi prisonnier, la « fleur de la chevalerie de France » fauchée, triste journée pour notre pays ! Cependant les seigneurs prisonniers sont traités selon les *mœurs courtoises*, mais l'esprit chevaleresque ne fait pas disparaître l'*avidité*. Le butin est énorme. Quelle « fortuneuse bataille » pour les Anglais ! La chevalerie française, dans sa *présomption* (qui devait lui être de nouveau fatale à Azincourt), n'avait certes pas prévu pareille défaite.

Ainsi fut perdue cette bataille, comme vous venez de l'entendre, aux champs de Maupertuis, à deux lieues de Poitiers, le vingt et unième jour du mois de septembre, l'an de grâce de Notre-Seigneur 1356. Elle commença vers l'heure de prime, et était complètement terminée à none [1] ; toutefois les Anglais lancés dans la poursuite n'en étaient pas encore tous revenus pour se reformer. Aussi le prince avait-il fait mettre sa bannière sur un buisson, pour regrouper et rallier ses gens, ainsi qu'il advint en effet ; mais le soir était déjà tombé avant qu'ils fussent tous revenus de leur poursuite.

Là périt, comme on disait alors, toute la fleur de la chevalerie de France [2] : et le noble royaume de France s'en trouva cruellement affaibli, et tomba en grande misère et tribulation, comme vous l'entendrez raconter ci-après. Avec le roi et son jeune fils monseigneur Philippe, furent pris dix-sept comtes, outre les barons, chevaliers et écuyers ; et il périt de cinq à sept cents chevaliers et écuyers, et six mille hommes de tout rang.

Quand les Anglais furent autant dire tous revenus de la poursuite et eurent rejoint le prince qui les attendait sur le champ de bataille, ils constatèrent qu'ils avaient deux fois plus de prisonniers qu'ils n'étaient eux-mêmes. Ils résolurent donc entre eux, vu la grande charge que cela représentait, d'en mettre la plupart à rançon sur-le-champ, et ainsi firent-ils. Les chevaliers et écuyers prisonniers trouvèrent grande courtoisie chez les Anglais et Gascons [3] ; et ce même jour une foule d'entre eux furent libérés contre rançon, ou s'engagèrent simplement sur leur parole à se rendre avant la Noël suivante à Bordeaux-sur-Gironde pour y apporter leur rançon. Quand le rassemblement fut à peu près terminé, chacun se retira en son cantonnement, à proximité immédiate du champ de bataille. Et certains quittèrent leurs armes, mais non pas tous, et ils désarmèrent leurs prisonniers, et les honorèrent autant qu'ils purent, chacun les siens. Car, chez eux, qui faisait un prisonnier dans une bataille, le prisonnier était à lui, et il le pouvait relâcher ou rançonner à son gré.

Aussi peut-on bien penser que tous ceux qui étaient à cette fructueuse bataille avec le prince de Galles furent riches d'honneur et d'avoir, tant par les rançons des prisonniers que par le gain d'or et d'argent qu'ils réalisèrent, tant en vaisselle d'or et d'argent qu'en riches joyaux, en malles farcies de ceintures riches et pesantes et de beaux manteaux. Quant aux armures, cuissards et bassinets [4], on ne pouvait les compter ; car les Français étaient venus en riche appareil, et aussi luxueux que possible, en hommes qui croyaient bien que le sort de cette journée leur serait favorable [5].

— 1 De 6 heures du matin à 3 heures de l'après-midi. — 2 Cp. EUSTACHE DESCHAMPS, p. 203 : *Pleurez, pleurez, fleur de chevalerie.* — 3 Voir texte précédent, l. 5 et note.

— 4 *Casques* (au sens précis : *calottes de fer*). — 5 A propos de ce dernier paragraphe, cp. VILLEHARDOUIN, p. 122, l. 56-64 ; que pensez-vous de la remarque finale ?

Jean le Bon est emmené en captivité en Angleterre. Le traité de Brétigny (1360) le libère, mais, le fils qu'il a laissé en otage s'étant évadé, il retourne en Angleterre, par respect de la parole donnée, et y meurt en 1364. Charles v lui succède, et sous son règne la France se relève, surtout grâce aux faits d'armes du Du Guesclin, petit gentilhomme breton que nous allons voir accéder à la dignité de connétable, la plus haute charge militaire du royaume. *

Bertrand Du Guesclin est nommé connétable

Cette scène nous renseigne sur les *mœurs féodales* et la *politique* de Charles V. Il ne faut pas voir seulement de la modestie dans l'attitude de Du Guesclin : les craintes qu'il exprime sont très réelles : comment lui, simple gentilhomme, pourra-t-il se faire obéir des hauts barons du royaume ? Mais Charles V, en face de l'*insubordination féodale*, affirme la *prérogative royale :* le connétable commandera en son nom. Il lui prodigue donc toutes les marques de faveur et d'intimité, et l'*enrichit* de façon qu'il puisse faire figure parmi les grands seigneurs.

A u terme des étapes de sa chevauchée il arriva en la cité de Paris où il trouva le roi et grande foison de seigneurs de son conseil qui l'accueillirent avec liesse et lui firent tous grande révérence. Alors le roi lui dit et lui apprit en personne comment on l'avait choisi et désigné pour être connétable de France. Sur ce, messire Bertrand se récusa très vivement et très modestement, disant qu'il n'en était point digne, qu'il n'était qu'un pauvre chevalier, un petit bachelier [1] au regard des grands seigneurs et vaillants hommes de France, encore que le sort l'eût un peu élevé. Alors le roi lui dit qu'il se récusait en vain et qu'il fallait qu'il fût connétable, car ainsi en avait ordonné et décidé à l'unanimité le conseil de
10 France dont il ne voulait pas heurter la volonté [2].

Sur ce, ledit messire Bertrand se récusa encore par un autre moyen et dit : « Cher sire et noble roi, je ne veux, ni ne puis, ni n'ose aller contre votre bon plaisir ; mais il n'est que trop vrai que je suis un pauvre homme de modeste origine, et l'office de connétable est si haut et si noble qu'il faut, si l'on veut bien s'en acquitter, exercer et établir son autorité très avant, et plutôt sur les grands que sur les petits. Et voici mes seigneurs vos frères, vos neveux et vos cousins qui auront charge de gens d'armes dans les camps et les chevauchées : comment oserai-je étendre sur eux mon commandement ? Certes, sire, les jalousies sont si grandes que je dois y prendre bien garde [3] ; je vous prie donc instamment
20 de me décharger de cet office et de le confier à un autre qui l'accepte plus volontiers que moi et sache mieux l'exercer. »

Alors le roi répondit en disant : « Messire Bertrand, messire Bertrand, ne vous récusez point de la sorte, car je n'ai frère ni neveu, comte ni baron qui ne vous obéisse ; et si quelqu'un était dans des dispositions contraires, il me courroucerait tellement qu'il s'en repentirait. Acceptez donc l'office de bon gré, je vous en prie. » Messire Bertrand comprit bien que toutes les excuses qu'il pourrait invoquer et mettre en avant ne serviraient de rien : il se soumit donc finalement à la volonté du roi, mais ce fut avec peine et bien malgré lui.

Ainsi messire Bertrand du Guesclin fut revêtu, au milieu d'une grande joie,
30 de l'office de connétable de France [4], et, pour l'élever davantage, le roi le fit asseoir auprès de lui à sa table, et lui témoigna toutes les marques d'affection imaginables ; il lui donna ce même jour, avec la charge, plus de quatre cent mille francs de revenu, en héritage, transmissibles à sa descendance.

— 1 On ne saurait imaginer terme plus modeste, le *bachelier* étant un jeune noble qui n'est pas encore armé chevalier (d'où le sens de *jeune homme*). — 2 N'est-ce pas surtout le roi lui-même qui le veut ? — 3 Du Guesclin était aussi perspicace que vaillant. Froissart le montre bien dans ce passage. — 4 Sur Du Guesclin, cf. E. Deschamps p. 203.

* *Voir l'éd. Soc. Histoire de France.*

COMMYNES

Sa vie (1447 ? - 1511)
Un diplomate

A plus d'un égard la destinée de Philippe de COMMYNES rappelle celle de FROISSART. Lui aussi originaire d'une province du Nord (Flandre) — mais issu d'une famille d'ancienne noblesse —, il consacra son activité au service des plus grands princes de son temps (voir 2ᵉ extrait p. 148), et ses missions diplomatiques l'amenèrent à de nombreux voyages, enrichissant constamment son *expérience*. Et lui aussi *changea de camp*, d'une façon beaucoup plus éclatante même que FROISSART. Au service du comte de Charolais, le futur CHARLES LE TÉMÉRAIRE, dès 1464, il s'entremit en faveur de LOUIS XI lors de l'*entrevue de* PÉRONNE (1468) et, quatre ans plus tard, abandonna la maison de Bourgogne pour s'attacher au roi de France, dont il fut dès lors le *conseiller intime*, recevant de lui d'amples compensations à la confiscation de ses biens par CHARLES LE TÉMÉRAIRE. Après la mort de LOUIS XI, à laquelle il assistait (p. 151-2), il connut un brusque retour de fortune, et fut même arrêté et jugé. Mais il rentra bientôt en grâce auprès de CHARLES VIII. Il rédigea ses MÉMOIRES pendant les années 1489-91, puis 1495-98.

Son œuvre

Ses MÉMOIRES comprennent deux parties : la première (livre I-VI) se rapporte au règne de LOUIS XI, la seconde (livres VII et VIII) au règne de CHARLES VIII. Il s'agit de *souvenirs personnels :* aussi telle de ses remarques prend-elle plus de poids lorsque nous songeons à l'appliquer à son cas particulier (« Portrait moral de Louis XI », p. 146) ; ainsi s'explique également l'impression *vécue* que nous laissent tant de ses pages dans leur caractère *piquant* (« L'entrevue de Picquigny », p. 149) ou *dramatique* (« La mort de Louis XI », p. 152). Mais son destin l'a mêlé à tous les grands événements de son temps, si bien que son œuvre vaut à la fois par la *vie* d'un *témoignage direct* et par ses qualités véritablement *historiques*.

Un historien

Car COMMYNES n'est plus un simple chroniqueur. A la différence de FROISSART, il ne se contente pas de relater les faits marquants, de peindre les scènes historiques, ce qu'il fait avec talent d'ailleurs, et parfois même avec *pittoresque* (pp. 149-150) : il réfléchit constamment sur les *causes* des événements ; il étudie la *psychologie des princes* et sait, en composant un portrait, mettre en lumière le trait marquant du personnage (p. 146). Il a le souci de l'*impartialité :* ainsi, pour qui le lit attentivement, le portrait de LOUIS XI n'est pas un pur panégyrique. On trouve chez lui une *pensée politique* cohérente et personnelle. Enfin ses *réflexions* (p. 148), par leur portée et leur profondeur, révèlent souvent un *moraliste averti*.

Valeur littéraire

COMMYNES n'avait pas de prétentions littéraires, pourtant sa langue et son talent sont *vivants et modernes*. Quelque lourdeur encore parfois, mais moins de monotonie que chez ses prédécesseurs ; la composition, sans être rigoureuse, a de l'aisance ; le ton s'adapte avec sûreté aux nuances de la pensée et du sentiment. Bien loin de tomber dans l'oubli après sa mort, COMMYNES trouvera constamment des lecteurs attentifs, ainsi RONSARD, MONTAIGNE puis Mᵐᵉ de SÉVIGNÉ. Bref, sans perdre la *spontanéité*, la *fraîcheur de vision* des anciens chroniqueurs, COMMYNES apparaît comme notre *premier historien*. Contemporain de VILLON, il le marque lui aussi, dans son domaine, *le passage du Moyen Age à des temps nouveaux*.

**L'ASPECT
PSYCHOLOGIQUE
ET MORAL**

Nos deux premiers textes, empruntés aux Livres I et II de ses MÉMOIRES, *illustrent le talent de* COMMYNES *moraliste.* LIVRE I. *Tout jeune encore,* COMMYNES *entre au service de* CHARLES DE BOURGOGNE (1464). *Puis c'est la guerre du* BIEN PUBLIC, *révolte des grands feudataires contre* LOUIS XI (1465). *L'auteur interrompt son récit, au chapitre X, pour nous présenter ses réflexions sur le caractère de* LOUIS XI.

PORTRAIT MORAL DE LOUIS XI

Ce portrait est justement célèbre. Par sa *pénétration psychologique* il est digne d'être comparé aux portraits historiques les plus réussis (par exemple celui de CHARLES XII, roi de Suède, par VOLTAIRE). Ce sont des pages de cette portée qui font de COMMYNES un *véritable historien.* Pour le portrait de LOUIS XI on verra comment il est *complété* par les considérations dont l'auteur accompagne le récit de ses derniers moments (p. 151).

Entre tous ceux que j'ai jamais connus, le plus avisé pour se tirer d'un mauvais pas en temps d'adversité, c'était le roi Louis XI, notre maître, et aussi le plus humble en paroles et en habits, et l'être qui se donnait le plus de peine pour gagner un homme qui pouvait le servir ou qui pouvait lui nuire. Et il ne se dépitait pas d'être rebuté tout d'abord par un homme qu'il travaillait à gagner, mais il persévérait en lui promettant largement et en lui donnant en effet argent et dignités qu'il savait de nature à lui plaire ; et ceux qu'il avait chassés et repoussés en temps de paix et de prospérité, il les rachetait
10 fort cher quand il en avait besoin, et se servait d'eux sans leur tenir nulle rigueur du passé.

Il était par nature ami des gens de condition moyenne et ennemi de tous les grands qui pouvaient se passer de lui. Personne ne prêta jamais autant l'oreille aux gens, ne s'informa d'autant de choses que lui, et ne désira connaître autant de gens. Car il connaissait tous les hommes de poids et de valeur d'Angleterre, d'Espagne, du Portugal, d'Italie, des états du duc de Bourgogne, et de Bretagne, aussi à fond que ses sujets. Et cette conduite, ces façons dont il usait, comme je viens de le dire, lui permirent de sauver sa couronne, vu les ennemis qu'il s'était faits
20 lui-même lors de son avènement au trône [1].

Mais ce qui le servit le mieux, ce fut sa grande largesse, car s'il se conduisait sagement dans l'adversité, en revanche, dès qu'il se croyait en sûreté, ou seulement en trêve, il se mettait à mécontenter les gens par des procédés mesquins fort peu à son avantage, et il pouvait à grand' peine endurer la paix. Il parlait des gens avec légèreté, aussi bien en leur présence qu'en leur absence, sauf de ceux qu'il craignait, qui étaient nombreux, car il était assez craintif de sa nature. Et quand, pour avoir ainsi parlé, il avait subi quelque dommage ou en avait soupçon et voulait y porter remède, il usait de cette formule adressée au person-
30 nage lui-même : « Je sais bien que ma langue m'a causé grand tort,

---

— 1 La politique de Louis XI au début de son règne (1461) provoqua un soulèvement féodal (« guerre du Bien Public », 1465). Cf. les dernières lignes du texte.

mais elle m'a aussi procuré quelquefois bien du plaisir. Toutefois il est juste que je fasse réparation. » Jamais il n'usait de ces paroles intimes sans accorder quelque faveur au personnage à qui il s'adressait, et ses faveurs n'étaient jamais minces.

C'est d'ailleurs une grande grâce accordée par Dieu à un prince que l'expérience du bien et du mal, particulièrement quand le bien l'emporte, comme chez le roi notre maître nommé ci-dessus. Mais à mon avis, les difficultés qu'il connut en sa jeunesse, quand, fuyant son père, il chercha refuge auprès du duc Philippe de Bourgogne, où il demeura six ans [1],
40 lui furent très profitables, car il fut contraint de plaire à ceux dont il avait besoin : voilà ce que lui apprit l'adversité, et ce n'est pas mince avantage. Une fois souverain et roi couronné, il ne pensa d'abord qu'à la vengeance, mais il lui en vint sans tarder des désagréments et, du même coup, du repentir ; et il répara cette folie et cette erreur en regagnant ceux envers qui il avait des torts.

– *Montrez comment procède* COMMYNES *pour nous faire connaître Louis XI.*
– *Précisez ce que le caractère de Louis XI doit aux circonstances de sa vie. Montrez en quoi son caractère a réagi à son tour sur les événements historiques. Quel est, à votre avis, l'intérêt de cette méthode d'explication ?*
– *Quels étaient, selon vous, les défauts et les qualités de Louis XI ?*
– *Le jugement de* COMMYNES *vous paraît-il impartial ? Ne pense-t-il pas parfois à son cas personnel en écrivant ces lignes ? Précisez en consultant sa biographie.*
– *Montrez par des exemples précis : a) que le ton du passage est celui d'un esprit réfléchi et d'un moraliste ;*
– *b) que cette page est vivante, même si elle n'est pas pittoresque.*
• **Comparaison.** La méthode de COMMYNES et celle de JOINVILLE faisant le portrait de saint Louis.
• **Groupe thématique : Portrait.** Tracez le portrait de Louis XI d'après les renseignements que nous fournissent les extraits de COMMYNES : ses humeurs ; son comportement ; sa conduite en politique.

LIVRE II   *Ce livre contient le récit « des guerres qui furent entre le duc de Bourgogne et les Liégeois »* (1466-8). CHARLES LE TÉMÉRAIRE *succède à son père* PHILIPPE LE BON *en* 1467. *Pendant un soulèvement des Liégeois,* LOUIS XI, *qui les soutient en secret, commet la grave imprudence de rencontrer son adversaire à* PÉRONNE (*octobre* 1468), *sans prendre aucune précaution. Apprenant soudain le double jeu du roi,* CHARLES LE TÉMÉRAIRE *entre en fureur, et comme* LOUIS XI *est à sa merci, on peut craindre le pire. Mais des membres de l'entourage du duc, en particulier* COMMYNES *lui-même, s'entremettent pour calmer sa colère. Finalement un arrangement intervient, très humiliant d'ailleurs pour le roi de France, qui devra aider à châtier, avec la dernière rigueur, un soulèvement qu'il avait favorisé* (*Sur ces événements, lire* QUENTIN DURWARD *de* WALTER SCOTT).

On le voit, l'entrevue de PÉRONNE *marque une date capitale dans la vie de* COMMYNES. LOUIS XI, *à qui il a rendu un service signalé et qui a pu apprécier ses qualités, fera tout désormais pour se l'attacher. Et de fait* COMMYNES *passera à son service en* 1472. *Voici les considérations que lui inspire l'imprudence commise par* LOUIS XI.

— 1 De 1456 à 1461. Impatient de régner, | Louis XI (alors Dauphin) avait conspiré contre son père Charles VII.

LES LEÇONS DE L'HISTOIRE

Voici de nouveau, interrompant le cours du récit, et cette fois au moment pathétique, quand le sort de Louis xi n'est pas encore fixé, des *réflexions* de Commynes. Dépassant le cas présent, il *généralise* et tire des faits une *leçon* universellement valable. A la différence des anciens chroniqueurs, de Joinville en particulier, il ne s'agit plus de morale édifiante, mais de *sagesse politique*. Et Commynes montre le rôle que doit jouer l'*histoire* dans la formation des princes.

Grant follie est à ung prince de se soubmettre à la puissance d'un autre, par especial quant ilz sont en guerre, et est grand advantaige aux princes d'avoir veü des hystoires en leur jeunesse, èsquelles voyent largement de telles assemblées et de grans fraudes et tromperies et parjuremens que aucuns des anciens ont fait les ungs vers les autres, et prinz et tuéz ceulx qui en telles seüretéz s'estoient fiéz. Il n'est pas dit que tous en ayent usé, mais l'exemple d'ung est assez pour en faire saiges plusieurs et leur donner vouloir de se garder.

Et est, ce me semble (ad ce que j'ay veü par experience de ce monde, où j'ay esté autour des princes l'espace de dix huit ans ou plus, ayant clère congnoissance des plus grandes et secrètes matières qui se soient traictées en ce royaulme de France et seigneuries voysines), l'ung des grandz moyens de rendre ung homme saige, d'avoir leü les hystoires anciennes et apprendre à se conduyre et garder et entreprendre saigement par les hystoires et exemples de noz predecesseurs. Car nostre vie est si briefve qu'elle ne suffit à avoir de tant de choses experience.

— *Montrez les différents aspects de la notion d'expérience et le rôle que lui assigne l'auteur.*
— *Que pensez-vous de la dernière réflexion ? Ne dépasse-t-elle pas le plan surtout politique du contexte ? Dégagez la portée humaine du passage.*
• **Comparaison.** Ressemblances et différences avec Le *Roman de la Rose*, p. 197, v. 45-62.
— **Entretien.** *Quel rôle peut jouer l'histoire : a) dans votre formation personnelle ? — b) dans celle des hommes qui ont la responsabilité de gouverner ?*
— **Essai.** *En quoi cette conception de l'histoire diffère-t-elle de celle des chroniqueurs ?*

LE RÉCIT PITTORESQUE

Dans les pages consacrées à l'entrevue de Picquigny (IV, 10) apparaît un autre aspect des Mémoires : le récit vivant et circonstancié. Après avoir relaté au LIVRE III le début de la guerre entre Louis xi et Charles le Téméraire, puis les affaires d'Angleterre, Commynes consacre le début du LIVRE IV aux fautes commises par le Duc de Bourgogne et à la guerre en Picardie et en Artois. Puis il aborde les rapports entre Edouard iv d'Angleterre et Louis xi. Edouard iv gagne Calais pour faire la guerre à Louis xi (1475), mais des négociations s'engagent aussitôt, qui aboutissent à un traité ratifié par les souverains lors de l'entrevue de Picquigny. Ce traité est complété, aussitôt après, par une trêve avec Charles le Téméraire.

L'ENTREVUE DE PICQUIGNY

Instruit par la pénible expérience de Péronne, LOUIS XI s'entoure cette fois d'un *luxe de précautions* pour sa rencontre avec son ennemi de la veille, EDOUARD IV. On verra que ces précautions présentèrent même un côté qui nous amuse (l. 9-10 et l. 30 : les deux rois se donnant l'accolade par les trous de la barrière). COMMYNES a participé, du côté français, au choix de l'endroit et à tous les préparatifs : on comprend ainsi la *précision* et la *clarté* des *détails* qu'il nous donne. C'est le récit *vivant* et *détaillé*, *pittoresque* même, d'un *témoin oculaire*, et d'un homme qui a vécu dans l'intimité des princes. On verra combien ce texte est différent de nos deux premiers extraits. L'auteur est ici beaucoup plus près de la tradition des *chroniqueurs*.

Après être allés partout et avoir bien reconnu le cours de la rivière, nous arrêtâmes que l'endroit le plus beau et le plus sûr était Picquigny, à trois lieues d'Amiens, solide château qui appartient au vidame d'Amiens, et qui avait été incendié d'ailleurs par le duc de Bourgogne. La ville est basse et traversée par la rivière de Somme, qui n'est pas guéable et, en ce lieu, n'est pas large...

Une fois l'endroit choisi, on décida d'y faire un pont fort solide et assez large ; et nous fournîmes charpentiers et matériaux ; au milieu de ce pont fut aménagé un fort treillis de bois comme on en fait pour les
10 cages des lions, et les trous entre les barreaux étaient juste assez grands pour y passer le bras aisément. La partie supérieure était couverte de planches, simplement pour garantir de la pluie, et cet auvent pouvait abriter dix ou douze personnes de chaque côté. Le treillis s'étendait jusqu'aux bords du pont, afin qu'on ne pût passer d'un côté à l'autre. Sur la rivière il y avait seulement une petite barque avec deux hommes pour passer ceux qui désiraient changer de rive...

Le roi d'Angleterre vint le long de la chaussée, très bien accompagné, et *semblait bien roi*[1]. Avec lui était le duc de Clarence, son frère, le comte de Northumberland et quelques autres seigneurs, son chambellan
20 appelé monseigneur d'Hastings, son chancelier et d'autres, et il n'y en avait que trois ou quatre habillés de drap d'or comme le roi. Ledit roi avait une barrette de velours noir sur sa tête, avec une grande fleur de lis de pierreries. C'était un très beau prince[2], de haute taille, mais il commençait à engraisser, et je l'avais vu autrefois plus beau, car je n'ai pas

---

— 1 Quel est le sens exact de cette expression ? — 2 C'est l'avis général des | contemporains, en particulier de Louis XI après l'entrevue.

souvenance d'avoir jamais vu un homme plus beau qu'il n'était quand monseigneur de Warwick le fit fuir d'Angleterre [1].

Lorsqu'il fut arrivé à quatre ou cinq pieds de la barrière, il ôta sa barrette et plia le genou jusqu'à un demi-pied du sol environ. Le roi lui fit aussi une grande révérence — il était déjà là, appuyé contre les
30 barrières — ; ils commencèrent à se donner l'accolade par les trous, et le roi d'Angleterre fit encore une plus profonde révérence. Le roi, commençant l'entretien, lui dit : « Monseigneur mon cousin, soyez le très bien venu. Il n'est homme au monde que j'eusse désiré voir autant que vous. Et loué soit Dieu de ce que nous sommes ici assemblés à cette bonne intention. » Le roi d'Angleterre répondit à ces paroles en assez bon français.

Alors prit la parole ledit chancelier d'Angleterre... commençant par une prophétie — car les Anglais n'en sont jamais à court —, prophétie qui disait qu'en ce lieu de Picquigny devait se conclure une grande paix
40 entre la France et l'Angleterre. Ensuite furent déployées les lettres que le roi avait fait remettre audit roi d'Angleterre, touchant le traité conclu. Et ledit chancelier demanda au roi s'il les avait commandées telles et s'il les avait pour agréables. A quoi le roi répondit que oui ; et de même pour celles qui lui avaient été remises de la part du roi d'Angleterre.

Alors fut apporté le missel et les deux rois posèrent une main dessus, et l'autre main sur la vraie croix ; et ils jurèrent tous deux de tenir ce qui avait été arrêté entre eux, savoir la trêve de neuf ans [2], s'étendant aux alliés de part et d'autre, et l'engagement de procéder au mariage de leurs enfants [3], ainsi que le comportait ledit traité.

50 Une fois le serment prêté, notre roi, qui avait la parole bien à son commandement, se mit à dire au roi d'Angleterre, en plaisantant, qu'il fallait qu'il vînt à Paris, qu'il lui ferait fête, ainsi que les dames, et qu'il lui donnerait monseigneur le cardinal de Bourbon pour confesseur, car il était homme à l'absoudre très volontiers de ses péchés, si d'aventure il en avait commis, car il pouvait témoigner que ledit cardinal était bon compagnon.

– Relevez les traits qui peignent la scène et la rendent présente à nos yeux. N'y a-t-il pas quelques détails amusants ?
– Relevez : a) les détails matériels ; b) les notations psychologiques. Sous quel aspect nous apparaît ici Louis XI ?
– Montrez que ce récit diffère des deux précédents extraits des Mémoires *: a) par la nature de l'observation ; – b) par le ton et le style du passage.*
– Quels sont ici les traits propres à des Mémoires, *genre bien différent de l'histoire officielle et solennelle ?*

— 1 En 1470 : épisode de la « *Guerre des Deux Roses* » entre les maisons d'York (EDOUARD IV) et de Lancastre. Le comte de WARWICK, surnommé le « *Faiseur de rois* », avait assuré la couronne à son neveu EDOUARD IV, mais en 1470 il restaure HENRI VI de Lancastre. EDOUARD IV reprend d'ailleurs le pouvoir dès l'année suivante (COMMYNES, Livre III). — 2 *Sept* ans en réalité. — 3 Le futur CHARLES VIII et la princesse ELISABETH d'Angleterre. Cette union ne fut d'ailleurs pas réalisée.

LIVRE V *Triste fin de* CHARLES LE TÉMÉRAIRE, *vaincu par les* SUISSES *à* MORAT (1476), *puis écrasé et tué devant* NANCY (1477).

LIVRE VI *Guerre de succession de* BOURGOGNE. LOUIS XI *au* PLESSIS (*près de Tours*) : *sa maladie et sa mort. Réflexions sur la vie de* LOUIS XI.

LE DRAME   LOUIS XI ne voulait pas mourir : *frappé d'attaques*
DE LA MORT   *d'apoplexie, il avait fait venir de Calabre le saint ermite*
              FRANÇOIS DE PAULE, *espérant que celui-ci pourrait le guérir.*
Cependant le mal s'aggrave et, tandis que LOUIS XI *voudrait à tout prix garder des illusions, voici que son entourage a décidé de l'avertir de son état « afin que de tous points il pensât en sa conscience et qu'il laissât toutes autres pensées ».*

Derniers moments de Louis XI

Voici encore un nouvel aspect du talent de COMMYNES : ici le *récit* est constamment mêlé de *réflexions morales* et *psychologiques* qui le transfigurent ; on pourrait dire sans doute que la composition est flottante, mais en fait l'œuvre y gagne en *valeur humaine* ; il y a quelque chose de *tragique* dans les faiblesses de ce grand roi, symbole de la condition humaine, et de *noblement émouvant* dans son sursaut final de *stoïcisme* et de *piété* (cp. la mort de SAINT LOUIS, dans JOINVILLE, p. 129).

LE ROI APPREND   Quel coup ce fut pour lui d'entendre cette
QU'IL EST PERDU   nouvelle et cet arrêt ! Car jamais homme ne craignit
                    autant la mort et ne prit autant de peine dans le
vain espoir de s'en garantir. Durant toute sa vie, il avait demandé à ses
serviteurs et à moi-même que, si on le voyait à toute extrémité, on ne le lui
dît point, et qu'on se contentât de l'inviter à se confesser, sans prononcer
devant lui ce mot cruel de « mort » ; car il lui semblait qu'il n'aurait jamais
le cœur d'entendre une si pénible sentence. Il la supporta pourtant stoïquement,
ainsi que tout le reste, jusqu'à la mort, et mieux qu'aucun homme que j'aie
jamais vu mourir.

A son fils [1], qu'il nommait « le roi », il fit transmettre diverses recommandations ;
puis il se confessa très bien et dit plusieurs oraisons de circonstance, selon les
sacrements qu'il recevait, sacrements qu'il avait demandés lui-même. Il avait la
parole aussi ferme que si jamais il n'eût été malade, et parlait de tout ce qui
pouvait servir au roi son fils.

<p align="center"> **</p>*

RÉFLEXIONS   La porte du Plessis [2] ne s'ouvrait jamais, ni le
DE L'AUTEUR   pont-levis ne s'abaissait, avant huit heures du matin ;
                alors entraient les officiers du roi, et les capitaines des
gardes plaçaient les portiers ordinaires, puis disposaient des archers du guet,
tant à la porte que dans la cour, comme dans une place frontière étroitement
gardée ; personne ne pénétrait sinon par le guichet et au su du roi, sauf quelque
maître d'hôtel ou personne de cette sorte qui n'allait point auprès de lui.

— 1 Le futur CHARLES VIII, alors à Amboise. — 2 Le château de Plessis-lez-Tours.

Eh bien ! est-il possible, si l'on veut le traiter avec les égards qu'on lui doit, de tenir un roi en plus étroite prison qu'il se tenait lui-même ? Les cages [1] où il avait enfermé les autres avaient quelque huit pieds de côté, et lui, un si grand roi, n'avait pour se promener qu'une petite cour de château. Encore n'y venait-il guère, se tenant dans la galerie sans en sortir sinon pour circuler dans les appartements, et se rendant à la messe sans passer par ladite cour.

Oserait-on prétendre qu'il ne souffrait point, ce roi qui s'enfermait et se faisait garder de la sorte, qui craignait ses enfants et tous ses proches parents, qui changeait et remplaçait chaque jour ses serviteurs et commensaux, lesquels ne tenaient biens et honneurs que de lui, qui n'osait se fier à aucun d'eux et s'enchaînait lui-même en des chaînes et clôtures si extraordinaires ? Il est vrai que ce séjour était plus spacieux qu'une prison vulgaire : aussi bien était-il lui-même plus grand que de vulgaires prisonniers.

*
* *

MORT DE LOUIS XI   Après tant de peurs, de soupçons et de douleurs, Notre-Seigneur opéra sur lui un miracle et le guérit d'âme et de corps [2], selon ce qu'il a coutume de faire en ses miracles, car il le rappela de ce monde de misères en pleine possession de ses facultés et de son entendement, conservant la mémoire, ayant reçu tous les sacrements, ne souffrant douleur qu'on pût discerner, mais gardant l'usage de la parole jusqu'au *pater* qu'il dit avant de mourir. Il régla ses funérailles, précisant qui devait l'accompagner et par quel itinéraire ; et il disait qu'il espérait ne pas mourir avant le samedi et que cette grâce lui serait obtenue par Notre-Dame, en qui toujours il avait mis sa confiance, lui vouant prières et grande dévotion. Et ainsi lui advint en effet, car il décéda le samedi, avant-dernier jour d'août 1483, à huit heures du soir, audit lieu du Plessis, où il était tombé malade le lundi précédent. Puisse Notre-Seigneur l'avoir bien voulu recevoir en son royaume de Paradis ! Amen ! *

— 1 Les fameuses cages de fer. — | puisqu'il va mourir, mais qu'il lui accorda
2 COMMYNES ne veut évidemment pas | la grâce de mourir courageusement et chrétien-
dire que Dieu rendit la santé à LOUIS XI, | nement, *en pleine lucidité d'esprit.*

* *Lire les « Mémoires » de Commynes dans l'éd. Calmette (Champion).*

L'univers des chroniqueurs

Cette miniature est datée d'environ 1490, deux siècles après la VIIIᵉ et dernière croisade, mais elle évoque « les passages faits outremer par les Français contre les Turcs et autres Sarrasins et Maures outremarins ». Les campagnes outremer occupent une place importante dans les récits des chroniqueurs : d'une part Villehardouin raconte la IVᵉ Croisade où il joua lui-même un rôle important (cf. **p. 114-122**) ; d'autre part Joinville, après avoir accompagné saint Louis dans la VIIᵉ Croisade (cf. **p. 129-131**), relate sa mort à Tunis, au cours de la VIIIᵉ Croisade (cf. **p. 129**).

Siège de la cité d'Antioche. (« Les Passages d'Outremer », de Sébastien Mamerot, miniature, vers 1490. Ph. © Bibl. Nat., Paris — Arch. Photeb.)

La flotte des croisés devant le Bosphore. (« Les Passages d'Outremer » de Sébastien Mamerot, miniature, vers 1490. Ph. © Bibl. Nat., Paris — Photeb.)

Comment la cité de Constantinople fut prise d'assaut (cf. p. 121). (« Chroniques abrégées... » miniature, XVe siècle. Bibl. de l'Arsenal, Paris. Ph. © Bibl. Nat., Paris — Photeb.)

Villehardouin et la IVe croisade

On verra dans les extraits (**p. 115**) à quel point cette croisade fut détournée de son objet : elle se traduisit par un affrontement entre chrétiens, et les croisés après avoir pillé la ville se répartirent les titres d'empereur et de roi. Dans ces miniatures postérieures aux événements de plus de deux siècles, si les équipements sont du XVe siècle, les artistes ont été fidèles au récit du chroniqueur, témoin oculaire et chef militaire.

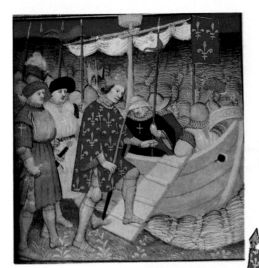

Embarquement de saint Louis pour la croisade. (« Le livre du trésor des histoires », miniature, vers 1410. Cabinet des Dessins, Musée du Louvre, Paris. Ph. H. Josse © Photeb.)

La prise de Damiette. (« Vie de saint Louis » de Jean, sire de Joinville, miniature, vers 1360. Ph. © Bibl. Nat., Paris — Arch. Photeb.)

Portrait d'un roi chevalier

Louis IX nous est présenté par Joinville comme un roi pacifique ; mais, roi chrétien, il se fait un devoir de lutter pour libérer les lieux saints d'Orient. Dans ces miniatures postérieures aux événements de plus d'un siècle, nous le voyons s'embarquer à Aigues-Mortes en compagnie de ses frères et du sire de Joinville. Le roi chevalier, héroïque et loyal, que nous dépeint Joinville, s'illustra particulièrement à la prise de Damiette (cf. **p. 129-130**).

Saint Louis lave les pieds des pauvres. (« Le Livre des faiz de Monseigneur saint Louis », miniature, XVᵉ siècle. Ph. © Bibl. Nat., Paris — Arch. Photeb.)

Saint Louis rendant la justice. (« Vie et miracles de saint Louis » de Guillaume de Saint-Pathus, miniature, XIVᵉ siècle. Ph. © Bibl. Nat., Paris — Arch. Photeb.)

Un roi et un saint

Il est plus difficile d'être un saint quand on est roi et tout-puissant. C'est sur cet aspect exceptionnel de la personnalité de Louis IX qu'insiste Joinville. Le roi pratiquait l'amour du prochain, surtout des pauvres et des démunis (cf. **p. 127**). Selon les préceptes de l'Évangile, il lavait les pieds des pauvres avec humilité (cf. **p. 125**). Quant à l'image de saint Louis rendant la justice, elle est légendaire (cf. **p. 126**) : il donnait ainsi l'exemple à ses magistrats, dans l'intérêt de son peuple. Sa réputation de justice était telle que même les étrangers lui demandaient d'arbitrer leurs conflits.

Les Six Bourgeois de Calais (cf. p. 139). (« Saint Alban's Chronicle », miniature, fin XVᵉ siècle. Ph. © Lambeth Palace Library, Londres.)

Capture de Jean le Bon, roi de France, à Poitiers (cf. p. 141). (« Saint Alban's Chronicle », miniature, fin XVᵉ siècle. Ph. © Lambeth Palace Library, Londres.)

Froissart : des scènes inoubliables.

A la différence de Villehardouin et de Joinville, Froissart relate des événements auxquels, souvent, il n'a pas assisté. Ce qui, pour la véracité du chroniqueur, est un inconvénient devient pour ses lecteurs un avantage, car il nous transporte en des lieux divers, à des époques différentes. Appuyée sur les récits de témoins oculaires ou sur une riche documentation, son imagination reconstitue les faits et nous les rend présents. Le charme des *Chroniques*, c'est une variété de scènes héroïques, pathétiques ou mondaines qu'il nous fait revivre intensément.

Mort de Jean de Luxembourg à Crécy. («Anciennes Chroniques d'Angleterre» de Jean de Wavrin, miniature, XVᵉ siècle. Ph. © Bibl. Nat., Paris — Photeb.)

Des âmes chevaleresques

Un sacrifice sublime parmi tant d'exploits inutiles, dans cette bataille où périt la fleur de la chevalerie française (cf. Froissart, **p. 135-136**). « Pas un seul n'en revint et on les trouva le lendemain autour du roi leur seigneur, leurs chevaux tous liés ensemble ».

"*Miracles*" et "*Mystères*"

 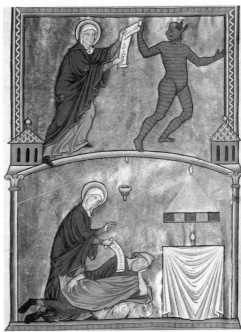

Le « Miracle » de Théophile.

Théophile vend son âme au diable.   *La Vierge arrache à Satan la charte fatale.*
Pris de remords il vient prier la Vierge.   *Elle la rapporte à Théophile.*

(« Psautier d'Ingeburge de Danemark », miniatures, vers 1210, Bibl. du Musée Condé, Chantilly. Ph. © Giraudon.)

Dans le théâtre religieux du Moyen Age, les « **miracles** » empruntent leur sujet à la vie des saints qui ont bénéficié d'une intervention surnaturelle, par exemple le *Miracle de Théophile* (cf. **p. 156-159**).

Quant aux « **mystères** » leurs sujets sont tirés des Écritures, et le plus remarquable est le *Mystère de la Passion* (cf. **p. 160-166**).

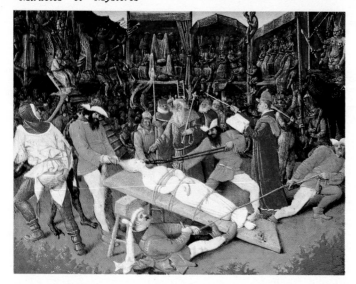

Le martyre de sainte Apolline, par Jean Fouquet. (« Heures d'Étienne Chevalier », miniature, XVe siècle. Bibl. du Musée Condé, Chantilly. Ph. © Bibl. Nat., Paris — Arch. Photeb.)

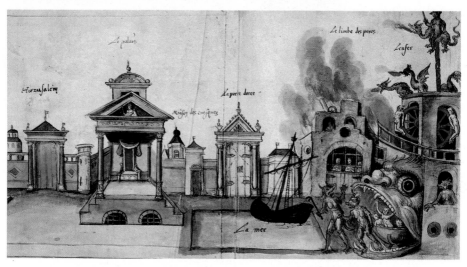

« *Le Mystère de la Passion et de la Résurrection à Valenciennes, en 1547* ».
(Miniature d'H. Cailleau, détail, XVIe siècle. Ph. © Bibl. Nat., Paris — Arch. Photeb.)

Le mystère de la Passion (cf. p. 160-166)

Dans le *hourdement* (ou théâtre) de Valenciennes, noter, de droite à gauche : la gueule de l'Enfer, avec les démons et les suppliciés, le Palais, la Porte de Jérusalem. Dans la partie non reproduite, sur la gauche, l'artiste a représenté le Temple, la Porte de Nazareth, le Paradis.

Dans la représentation du *Martyre de sainte Apolline*, remarquer le meneur de jeu qui, de sa baguette, dirige les acteurs ; à droite, la gueule de l'Enfer avec les démons ; en haut, à gauche, le ciel, avec les anges.

L'Enfer par Pol, Herman et Jean de Limbourg. (« Les Très Riche Heures du Duc de Berry », miniature, début du XVe siècle. Bibl. du Musée Condé, Chantilly. Ph. © H. Josse.)

« Garde qu'Enfer n'ait de nous seigneurie » (cf. p. 220)

Dans les représentations dramatiques comme dans les miniatures ou les fresques et les sculptures des églises, les artistes du Moyen Age ont déployé des prodiges d'imagination pour donner du supplice réservé aux damnés une image propre à inspirer la crainte des terribles sanctions réservées aux pécheurs (cf. **p. 217-220** et planches XXVI et XXXVI).

« *Pietà de Villeneuve-lès-Avignon* ». (Peinture attribuée à E. Quarton, XVᵉ siècle. Musée du Louvre, Paris. Ph. H. Josse © Photeb.)

Mon enfant, ma tendre portée,
Tu me laisses déconfortée,
Absentée,
Démontée
De tout bien qui me pût venir.

Hélas ! mon très doux souvenir,
Jadis je te soulais *tenir (avais coutume)*
En désir
Et plaisir
Au temps de ta tendre jeunesse,

Sur mon giron à grand liesse,
En regardant ta douce espèce,
Ton humblesse,
Ta simplesse,
Qui de beauté était monjoie *; (merveille)*

Et là mille fois te baisais,
En baisant mon cœur apaisais,
Te pansais,
Te gardais,
Moult soigneusement, ce sait Dieu,

Tant que mère ne pourrait mieux.
Las ! ces baisers ne sont pas tieux. *(tels)*
Roi des cieux,
Quand mes yeux
Te voient mort de mort honteuse,

De mort terrible et douloureuse,
Et ta sainte chair très précieuse,
Vertueuse
Et piteuse
Déchirée de tous côtés.

Pietà

Ces paroles si touchantes sont celles que dans son *Mystère de la Passion*, Arnoul Gréban prête à Notre-Dame, lorsqu'après la crucifixion et la descente de croix elle tient allongé sur ses genoux le cadavre de son fils.

Connue sous le nom de *Pietà*, l'attitude de la Vierge tenant son fils mort sur ses genoux a très souvent inspiré les peintres, les sculpteurs, les poètes (cf. **XXᵉ siècle, p. 174**).

LE THÉATRE

Son origine
Quoi qu'en ait dit Boileau, qui ne s'intéresse qu'au théâtre postérieur à la Renaissance [1], les œuvres dramatiques furent nombreuses au Moyen Age, et leurs représentations trouvèrent toujours un public enthousiaste. L'origine de ce théâtre est *liturgique :* il s'agit d'abord d'une simple illustration du culte, donnée par des prêtres ou des moines pendant les offices de Noël, de l'Épiphanie et de Pâques. Donc chez nous comme dans la Grèce antique, le théâtre naît du culte. Peu à peu, pour plaire à la masse des spectateurs, on introduira dans ces représentations sacrées des éléments *profanes*, des scènes *comiques*. (Au xixe siècle les Romantiques pratiqueront de nouveau, dans leurs drames, le mélange du *sublime* et du *grotesque*). Puis une scission s'opérera et la comédie, sous ses formes diverses, deviendra un genre indépendant ; mais on voit que ces deux formes de littérature dramatique, théâtre religieux et théâtre comique, ont une origine commune.

I. LE THÉATRE RELIGIEUX

Le drame religieux en latin
Depuis le xe siècle jusqu'au milieu du xiie, ces *drames liturgiques* sont donnés en latin, par des clercs, à l'intérieur des églises, en rapport étroit avec les cérémonies du culte qu'ils ne font que continuer. Les sujets sont empruntés à l'Ancien et au Nouveau Testament, puis à la vie des Saints : d'où la distinction, qui va s'affirmer, entre *mystères* et *miracles*.

Naissance du drame en français
Vers le milieu du xiie siècle une évolution importante se produit, dont les divers aspects sont étroitement liés. La représentation et sa mise en scène prenant plus d'ampleur, les drames sont joués *sur le parvis de l'église* (des reprises du mystère de la passion sur le parvis de Notre-Dame de Paris ont eu lieu avant la guerre de 1939). En même temps apparaît la forme de *décor* qui subsistera pendant tout le Moyen Age : c'est le *décor multiple*, juxtaposant sur la scène diverses « mansions » (terme tiré de l'Écriture, qui signifie *demeures, séjours*), en particulier le Paradis, Jérusalem, l'Enfer. Les acteurs sont désormais des laïcs, appartenant à des confréries. Enfin et surtout, *le français remplace le latin*. Ainsi naît ce qu'on appelle *le drame semi-liturgique*.

— 1 « *Chez nos dévots aïeux le théâtre abhorré*
Fut longtemps dans la France un plaisir ignoré. » Art Poétique, III, v. 81-82.

LE JEU D'ADAM (XIIᵉ SIÈCLE)

Date et sujet   C'est le plus ancien texte dramatique qui nous soit parvenu. Ce JEU (le mot signifie *drame*, et, plus tard, il s'appliquera aussi aux premières *comédies* : nous disons encore *jouer* une pièce, et nous parlons du *jeu* des acteurs) date de la fin du XIIᵉ siècle. De son auteur nous ne savons rien, sinon que c'était un Normand de France ou du Sud de l'Angleterre.

L'œuvre comprend trois parties : la chute d'Adam et d'Ève (qui donne son titre à l'ensemble), le meurtre d'Abel par Caïn, enfin l'annonce, par les prophètes, de la venue du Messie. Le lien est constitué par le drame de la chute qu'adoucit l'espoir de la Rédemption. Le JEU D'ADAM ouvre la série des *mystères*.

Valeur de l'œuvre   Le JEU D'ADAM ne présente pas seulement l'intérêt d'un document, il a une réelle valeur littéraire et psychologique. Le dialogue est vivant (v. 18-20), le rythme aisé et varié ; car la pièce, comme tout le théâtre du Moyen Age, est écrite *en vers :* octosyllabes à rimes plates la plupart du temps, et, dans les passages particulièrement graves ou lyriques, quatrains de décasyllabes monorimes. La piété de l'auteur trouve de beaux accents pour dire la misère de l'homme après le péché originel. Et si l'ensemble est assez monotone, les meilleures scènes sont déjà dramatiques et révèlent un sens aigu, sous une forme fraîche et naïve, des nuances psychologiques : flatteries habiles du diable (vers 23-31, 49-54), faiblesse mais aussi douceur d'Ève, sérieux un peu dur d'Adam.

LE PÉCHÉ ORIGINEL   *Première partie :* le PÉCHÉ ORIGINEL. *Dieu qui vient de créer Adam et Ève, leur donne pour séjour le Paradis terrestre, en leur interdisant de goûter au fruit de l'arbre de la science du bien et du mal. Mais Satan rôde autour d'eux : il vient d'abord tenter Adam, sans succès. C'est maintenant Ève qu'il aborde « avec un sourire engageant ». Pour la mise en scène, imaginer quatre* mansions : *le Ciel figuré par le porche de l'église, le Paradis terrestre, la Terre, et l'entrée de l'Enfer.*

La tentation

Avec *habileté* et *perfidie*, le DIABLE pique la *curiosité* d'Ève, cherche à la soustraire à l'influence d'ADAM, la *flatte* et endort sa méfiance. ÈVE, *très féminine*, se laisse tenter ; pourtant elle hésite.

LE DIABLE
Ève, je suis venu vers toi.
ÈVE
Dis-moi, Satan, et ce pourquoi ?
LE DIABLE
Je cherche ton bien, ton honneur.
ÈVE
Ainsi soit-il !

LE DIABLE
Sois donc sans peur.
Voici longtemps que j'ai appris
Tous les secrets de Paradis :
Or une part je t'en dirai.

ÈVE
Commence donc, j'écouterai.

LE DIABLE

M'entendras-tu [1] ?

ÈVE

Mais oui, fort bien ;
10 Je ne te fâcherai en rien.

LE DIABLE

Te tairas-tu ?

ÈVE

Oui, par ma foi.

LE DIABLE

Rien n'en diras ?

ÈVE

Nenni, pour moi.

LE DIABLE

Je te ferai donc confiance,
Et ne veux pas d'autre assurance.

ÈVE

Bien tu peux croire à ma parole.

LE DIABLE

Tu as été à bonne école.
J'ai vu Adam, mais il est fou.

ÈVE

Un peu est dur.

LE DIABLE

Il sera mou [2].
Il est plus dur que n'est le fer.

ÈVE

20 Il est très franc [3].

LE DIABLE

Plutôt très serf.
Nul soin ne veut prendre de soi :
Qu'il ait au moins souci de toi.
Tu es faiblette et tendre chose,
Tu es plus fraîche que la rose ;
Tu es plus blanche que cristal,
Que neige sur glace en un val ;
Mal vous unit le Créateur :
Tu es tendre, dur est son cœur ;
Mais néanmoins tu es plus sage :
30 En grand sens as mis ton courage [4] ;
Il fait bon traiter avec toi.
Te parler veux.

ÈVE

En moi aie foi.

LE DIABLE

Tiens-le secret.

ÈVE

Qui le saurait ?

LE DIABLE

Pas même Adam !

ÈVE

Oh ! non, de vrai.

LE DIABLE

Je vais te dire, écoute bien ;
Nul n'assiste à notre entretien,
Adam, là-bas, point n'entendra.

ÈVE

Parle bien haut, rien ne saura [5].

LE DIABLE

Je vous préviens d'un grand engin
Qui vous est fait en ce jardin : 40
Le fruit que Dieu vous a donné
En soi a bien peu de bonté ;
Celui qu'il vous a défendu
Possède très grande vertu :
En lui est la grâce de vie,
De puissance et de seigneurie,
De bien et mal la connaissance.

ÈVE

Quel est son goût ?

LE DIABLE

Céleste essence.
A ton beau corps, à ta figure
Bien conviendrait cette aventure 50
Que tu fusses du monde reine,
Du ciel, de l'enfer souveraine,
Que tu connusses l'avenir.

ÈVE

Tel est ce fruit ?

LE DIABLE

Ne t'en déplaise.

(Ici Ève regardera le fruit défendu)

ÈVE

Rien qu'à le voir je suis tout aise.

LE DIABLE

Que sera-ce, si tu le goûtes !

ÈVE

Comment savoir ?

LE DIABLE

N'aie point de doutes.
Prends-le vite, à Adam le donne.

— 1 M'écouteras-tu avec attention ?
— 2 Il s'adoucira. Ironie tragique, le Diable
veut dire aussi : il sera brisé (par le péché). | — 3 Noble. — 4 *Courage :* cœur ou esprit :
ton esprit est plein de sagesse. — 5 Sujet :
Adam. — 6 Ruse, tromperie.

Voir texte et trad. du « Jeu d'Adam » dans l'éd. Chamard (A. Colin).

Du ciel aurez lors la couronne.
60 Au Créateur serez pareils,
Vous percerez tous ses conseils ;
Quand vous aurez du fruit mangé,
Lors sera votre cœur changé :
Égaux à Dieu, sans défaillance,
Aurez sa bonté, sa puissance.
Goûte du fruit !

ÈVE

Envie en ai.

LE DIABLE

N'en crois Adam.

ÈVE

J'y goûterai.

LE DIABLE

Quand, s'il te plaît ?

ÈVE

Me faut attendre
Qu'Adam se soit allé étendre.

Ève tente à son tour Adam, et tous deux goûtent au fruit défendu. Adam sent aussitôt des remords cuisants, mais il est trop tard : Dieu les frappe de sa malédiction et les chasse du Paradis Terrestre. Les voici tous deux sur la terre, dans un état misérable, cultivant le sol à la sueur de leur front. Adam s'en prend durement à Ève, mais celle-ci répond avec douceur et continue à espérer en Dieu. Dans une sorte d'intermède, des démons se jettent sur eux et les entraînent vers l'Enfer au milieu d'un fracas épouvantable.

LE MIRACLE DE THÉOPHILE (XIIIe SIÈCLE)

Les Miracles   Lorsque le sujet du drame sacré est emprunté à la vie des saints, à la *légende dorée*, la pièce est alors un *miracle*. Le premier *miracle* que nous possédions est le JEU DE SAINT NICOLAS, de JEAN BODEL, représenté à Arras vers 1200. C'est l'aboutissement des « jeux » en honneur dans les écoles du temps, et rédigés d'abord en latin. Saint Nicolas est en effet le patron des écoliers. Le *jeu* commence dans une atmosphère de *chanson de geste : des* chrétiens sont vaincus et massacrés par les Sarrasins : l'unique survivant sera sauvé par un miracle de saint Nicolas qui entraînera du même coup la conversion en masse des païens. L'œuvre se signale surtout par le mélange des genres, le gros comique (scène d'ivrognerie) alternant avec l'inspiration chrétienne, l'élément tragique et le merveilleux.

Rutebeuf : Le Miracle de Théophile   Le MIRACLE DE THÉOPHILE, de RUTEBEUF (voir *Poésie lyrique*, p. 185), date approximativement du troisième quart du XIIIe siècle. Le sujet est emprunté à une tradition très populaire au Moyen Age, ainsi qu'en témoignent les nombreuses œuvres d'art qu'elle a inspirées (en particulier les sculptures du tympan de Notre-Dame de Paris qui représentent les principaux épisodes de cette légende). THÉOPHILE, économe de l'évêque d'Adana en Cilicie (Asie Mineure, VIe siècle), dans un mouvement de révolte et de dépit, *a vendu son âme au diable* (cf. le FAUST de GŒTHE) ; mais pris de remords il vient prier la Vierge qui arrache à Satan la *charte* fatale et sauve ainsi le pécheur repenti. Le sujet était bien fait pour *édifier* et pour *charmer* les fidèles : on sait en effet combien la dévotion à la Vierge Marie était vive et ardente au Moyen Age (cp. JOINVILLE, p. 131 « Un miracle de la Vierge », et la Ballade de VILLON, p. 217).

Au genre du *miracle*, RUTEBEUF apporte ses *dons lyriques*, mais on sent encore très bien chez lui l'origine *narrative* de cette forme dramatique. On notera, à propos de notre dernier extrait (p. 158), combien l'*action* est *sommaire :* nous apercevons à peine comment la Vierge sauve Théophile. LE JEU DE SAINT NICOLAS ou même le JEU D'ADAM étaient déjà plus accomplis à cet égard que le MIRACLE DE THÉOPHILE. Les revirements psychologiques nous paraissent aussi très brusqués : RUTEBEUF est encore malhabile à concilier les exigences de la vraisemblance et du raccourci théâtral. Le *drame* existe pourtant, dans la conscience du héros, amer, tenté, mais bientôt repentant et plein d'humilité. Et RUTEBEUF lui a prêté, dans sa rancœur du début et surtout dans ses remords poignants et dans sa touchante prière à Notre-Dame, des accents profondément *humains*.

La pièce commence par les lamentations de THÉOPHILE : *l'*ÉVÊQUE *vient de lui retirer sa charge de* vidame (sénéchal, *ou* économe). *Jusque là bon chrétien, pieux et charitable,* THÉOPHILE *se laisse aller à l'*amertume. *Le voilà ruiné et humilié ! Dieu, dit-il, lui « fait la sourde oreille » : il lui répondra en lui faisant « la moue » ! Ainsi ulcéré, il va trouver* SALATIN, *un magicien « qui parlait au diable quand il voulait ». Celui-ci peut lui faire retrouver sa charge et sa richesse. Cependant* THÉOPHILE *hésite :* il pense aux saints qu'il va renier, à l'enfer qui l'attend. Mais finalement il succombe : « Dieu m'a fait du mal, je lui en ferai. »* SALATIN *conjure le* DIABLE *qui accourt, trop heureux de s'emparer de l'âme de* THÉOPHILE *jusqu'ici rebelle à la tentation. En présence du* DIABLE, THÉOPHILE *tremble d'abord d'effroi, mais le* DIABLE *lui promettant une aide efficace, il lui rend hommage et lui remet, écrite de son sang et dûment scellée, la charte fatale par laquelle il lui* livre son âme.

LES COMMANDEMENTS DU DIABLE

Le pacte signé, le DIABLE fait la leçon à THÉOPHILE. Celui-ci devra, en toute chose, prendre le contre-pied des commandements de DIEU. Ce texte vaut à la fois par son *contenu moral* et par la façon *très vivante* et *très concrète* dont RUTEBEUF a traduit la *tentation du mal.*

Théophile, beau doux [1] ami,
Puisque tu t'es en mes mains mis,
Je te dirai que [2] tu feras.
Jamais pauvre homme n'aimeras.
Si pauvre homme surpris [3] te *proie* [4],
Tourne [5] l'oreille, va ta voie [6].
Si envers toi l'on s'humilie,
Réponds orgueil et félonie.
Si pauvre demande à ta porte,
10 Prends garde qu'aumône il n'emporte.
Douceur, humilité, pitié,
Et charité et amitié,
Et jeûne faire et pénitence,
Me mettent grand deuil [7] en la panse.
Aumône faire et Dieu prier,
Ce me *repuet* [8] trop ennuyer [9] ;
Dieu aimer et chastement vivre,
Lors me semble [10] serpent et *guivre* [11]
Me *menjue* [12] le cœur au ventre.
20 Quand en la Maison Dieu [13] l'on entre
Pour regarder [14] quelque malade,
Lors ai le cœur si mort et fade

— 1 Simples termes d'amabilité (cp. *beau-frère*). — 2 Ce que. — 3 Dans l'embarras. — 4 Prie. — 5 Détourne. — 6 Ton *chemin.* — 7 Douleur. — 8 Cela *peut de nouveau.* — 9 Sens très fort. — 10 *Alors il me semble* que... — 11 *Guivre :* vipère (latin *vipera : v-* a donné *gu-* par suite d'une influence germanique). — 12 *Menjue :* mange (latin *manducat*) ; noter l'*accord.* — 13 Hôpital : cp. *Hôtel-Dieu* (*Dieu :* cas régime). — 14 Visiter.

Qu'il m'est avis que point n'en sente [1].
Qui fait le bien tant me tourmente !
Va-t'en, tu seras *seneschaus* [2].
Laisse les biens et fais les maux [3],
Ne juge *ja* [4] bien en ta vie,
Car tu ferais grande folie,
Et ferais [5] ainsi contre moi.

                                       (Vers 256-284)

- *Citez le vers qui rappelle pourquoi Théophile a vendu son âme au* DIABLE.
- *Indiquez avec précision les vertus qui « écœurent » le* DIABLE.
- *Que pensez-vous de ces « commandements » ? Sont-ils acceptables pour la raison et la sensibilité de l'être humain ? Pourquoi ?*
- **Groupe thématique : Éloge paradoxal.** XVIIIe SIÈCLE, MONTESQUIEU, p. 108. – VOLTAIRE, p. 173.

---

*Les effets du pacte se font aussitôt sentir : revenant sur sa décision, l'*ÉVÊQUE *rend sa charge à* THÉOPHILE. *Mais celui-ci, devenu méchant, cherche querelle à ses confrères, appliquant ainsi les* commandements *du diable. Et soudain, par un brusque revirement que rien n'a annoncé, il entre, repentant, dans une chapelle de la* VIERGE.

Son humilité est profonde et touchante ; il se sent abandonné, maudit, et sa faute est si grande qu'il ose à peine demander pardon à Dieu. Mais peut-être la VIERGE *aura-t-elle pitié de lui : « Fontaine jaillissante, délectable et pure, réconcilie-moi avec ton fils !... Reine magnanime, éclaire-moi les yeux du cœur, dissipe en moi l'obscurité... »* ∗

THÉOPHILE EXAUCÉ

Voici le *nœud* de l'*action*. Après une réponse sévère, la VIERGE se laisse toucher par l'*humilité* et la *piété* du pauvre pécheur qui remet son sort entre ses mains. Son intervention est immédiate, et le DIABLE voit sa proie lui échapper (Texte original : deux octosyllabes à rime plate ; puis une série de *tercets* [6] : un vers de quatre syllabes et deux octosyllabes, les trois vers rimant ensemble ; à la fin un vers de quatre syllabes isolé).

NOTRE-DAME	Qui es-tu, toi qui viens ici ?
THÉOPHILE	Ah ! Notre-Dame, ayez de moi merci ! c'est le pauvre Théophile, le mal en point, que les démons ont lié et pris. Maintenant je viens vous prier et crier merci : qu'il ne puisse guetter le moment de venir me prendre, celui qui m'a mis en telle détresse. Tu me tenais jadis pour ton fils, belle Reine !
NOTRE-DAME	Je n'ai cure de tes discours ; va-t'en, sors de ma chapelle.

— 1 « Qu'il me semble ne plus le sentir » ; il a la nausée. — 2 Sénéchal. — 3 Le bien... le mal. — 4 Jamais. — 5 Agirais. —

6 A titre d'ex. voici un *tercet* du texte original :

            Dame, je n'ose.
    Flors d'aiglentier et lis et rose
    En qui le filz Dieu se repose...

∗ *Lire « Théophile » dans l'éd. Frank (Champion) ou l'éd. Faral et Bastin (Picard, 1977).*

THÉOPHILE	Notre-Dame, je n'ose. Fleur d'églantier et lis et 10 rose en qui le Fils de Dieu se repose, que vais-je faire ? Je me sens gravement compromis avec le malin furieux. Je ne sais que faire. Jamais je ne cesserai de crier. Vierge magnanime, Dame honorée, sans nul doute mon âme sera dévorée car en enfer elle aura son séjour avec Cahu [1].
NOTRE-DAME	Théophile, je t'ai connu, jadis, fidèle à mon service. Sache-le en vérité : je te ferai ravoir la charte que tu donnas dans ta folie ; je vais la quérir.

Ici Notre-Dame va prendre la charte de Théophile.

Satan, Satan ! es-tu enfermé ? Si maintenant tu es 20 venu ici pour chercher la guerre à mon clerc, mal t'en prit. Rends la charte que tu tiens du clerc : tu as fait là trop vilain tour.

SATAN	Moi, vous la rendre !... J'aimerais mieux que l'on me pende. Je lui ai rendu sa prébende [2] et il m'a fait, sans atermoyer, don de son corps, de son âme et de son bien.
NOTRE-DAME	Et moi, je vais te fouler la panse.

Ici Notre-Dame apporte la charte à Théophile.

Ami, je te rapporte ta charte. (Sans moi) tu serais arrivé à un port de malheur où il n'y a joie ni allégresse ; écoute-moi : va trouver l'évêque sans 30 plus attendre ; de la charte fais-lui présent, et qu'il la lise devant les fidèles dans la sainte église, pour que les gens de bien ne soient pas dupés par une telle fourberie. Il aime trop la richesse, qui l'achète à tel prix : l'âme en est honteuse et perdue.

THÉOPHILE	Volontiers, Notre-Dame ; ah ! c'en était fait de moi, corps et âme. Il perd sa peine, qui sème ainsi, je le vois bien. (Vers 540-601)

THÉOPHILE *court raconter le miracle à l'*ÉVÊQUE : *celui-ci lit la charte devant les fidèles (c'est-à-dire les spectateurs) et résume cette histoire* édifiante, *invitant l'assistance à célébrer par un « Te Deum » son heureux dénouement.*

– *Que pensez-vous de cette intervention matérielle de la Vierge ? Comment vous représentez-vous le jeu de scène au moment où elle arrache la charte au* DIABLE *?*

– *Que pensez-vous a) du revirement de la Vierge ? – b) de l'action théâtrale ? N'y a-t-il pas quelque gaucherie dans l'action ? Justifiez votre opinion.*

– **Entretien.** *Commentez les miniatures illustrant le* Miracle de Théophile *(planche* XXV*). En quoi se manifeste dans cette scène le souci d'édification propre au « Miracle » ?*

• **Groupe thématique : Le Diable.** Jeu d'Adam, (p. 154-156), et *Miracle de Théophile* (p. 156-159).

• **Groupe thématique : Le Merveilleux.** Pages 26 et 29 ; 108-110 ; 131. – cf. questionnaire page 26.

— 1 Qui est ce CAHU ? un diable ? peut-être s'agit-il plutôt d'une déformation de | « CAÏN ». — 2 Sa charge (proprement : revenu ecclésiastique dont jouit un chanoine).

LE MYSTÈRE DE LA PASSION (XVe SIÈCLE)

Le théâtre religieux aux XIVe et XVe siècles   Le titre de *jeu* disparaît, cependant que s'accentue la différence entre *miracle* et *mystère* ; c'est ce dernier genre qui va dominer au xve siècle et fournir les œuvres les plus importantes, inspirées en particulier par le sujet suprême : *la Passion du Christ.* Tandis que les *miracles* [1] restent de proportions restreintes, les *mystères* prennent une étendue de plus en plus gigantesque : il faut plusieurs jours pour les jouer [2]. Le nombre des personnages est énorme : plus de 200 dans la Passion d'Arnoul Gréban. En même temps l'élément spectaculaire (décors, mise en scène, machinerie) prend une place importante. Si bien que les *confréries* qui les jouent deviennent peu à peu de véritables troupes d'acteurs, avec leurs statuts et leurs privilèges : la Confrérie de la Passion de Paris jouit d'un monopole pour la capitale de 1402 à 1548 ; elle sera dissoute en 1676. La tradition des *Mystères de la Passion* s'est longtemps perpétuée en certains endroits, et en particulier, jusqu'à nos jours, à Oberammergau en Bavière.

Arnoul Gréban   Le Mystère de la Passion, d'Arnoul Gréban, est l'œuvre maîtresse du théâtre religieux au xve siècle. Il fut joué pour la première fois à Paris vers 1450. Il compte près de 35.000 vers [3], et se divise en un prologue et quatre *journées*, embrassant « le commencement et la création du monde..., la nativité, la passion et la résurrection de notre sauveur Jésus-Christ. »

L'auteur, maître ès arts et organiste de Notre-Dame, musicien et lettré, révèle un grand talent *poétique* et *dramatique* : Du Bellay jeune le tenait pour un « divin esprit ». Il a su rendre avec intensité le *drame mystique* de la *Rédemption* anxieusement attendue par l'humanité depuis le péché originel et se déroulant à la fois sur terre et dans les cieux, de par la double nature, humaine et divine, du Christ. Ainsi des passages comme le débat entre la Justice de Dieu et sa Miséricorde (2e journée, p. 165), pendant l'agonie de Jésus au Jardin des Oliviers, sont inoubliables par leur *grandeur morale* et *tragique*. Le ton est dans l'ensemble *austère*, *grave* et *soutenu*, ce qui n'empêche pas Gréban, selon la tradition constante à l'époque, de varier aussi, et d'égayer son œuvre par des *intermèdes*, des scènes réalistes ou bouffonnes (ces dernières fournies par les démons). Le *rythme* change parfois, en même temps que le ton. Voici par exemple une esquisse de pastorale : les bergers honorent à leur façon l'enfant Jésus (1re journée), et nous songeons aux « *noëls* » anciens :

> *Fi de richesse et de souci !*
> *Il n'est vie si bien nourrie*
> *Qui vaille état de pastourie.*

> *En gardant leurs brebietes*
> *Ils jouent de leurs musettes,*
> *Liés* [4] *et ébattans,* [5]
> *Là dient leurs chansonnettes ;*

ou encore :

> *Et les douces bergerettes*
> *Qui sont bien chantans,*

> *En gardant leurs brebietes*
> *Pasteurs ont bon temps ;*

> *Cueillent herbes bien sentans*
> *Et belles fleurettes.*

Mais Arnoul Gréban sait garder la mesure, et l'unité de l'ensemble n'est pas compromise par ces divertissements.

— 1 Nous possédons, dans la tradition du « Miracle de Théophile », tout un *cycle* consacré aux miracles de la Vierge, datant de la 2e moitié du xive siècle. — 2 Cp. la « Jeanne d'Arc » de Péguy, « drame en trois pièces », dont l'ampleur rappelle les *mystères* du Moyen Age.

— 3 Les tragédies classiques n'atteignent pas 2.000 vers. — 4 *Gais* (cp. *liesse*). — 5 Noter l'*orth.* (pas de *t* devant l'*s*) et l'accord du part. présent en *nombre*. Mais le *féminin* (v. 11 et 12) est semblable au *masculin*.

Jean Michel   Si nous n'en avions pas d'autres indices, l'entreprise
même de JEAN MICHEL suffirait à prouver l'éclatant succès
de la PASSION de GRÉBAN. Comme on veut donner une « Passion » dépassant par son
ampleur et son caractère grandiose tout ce qui avait été fait jusqu'alors, il reprend dans
son propre MYSTÈRE DE LA PASSION (représenté pour la première fois à Angers en 1486)
l'œuvre de son prédécesseur, en limitant le sujet à la *vie du Christ*, mais en amplifiant
considérablement les seconde et troisième journées de GRÉBAN (voir les extraits
comparés, p. 162-164). Ainsi son drame est encore *beaucoup plus long*, et se divise en
dix journées.

Si JEAN MICHEL (il était originaire d'Angers, et docteur en médecine) n'a pas le mérite
de l'originalité, on verra pourtant quelle *ampleur douloureuse* et quelles *résonances
humaines* il sait donner au drame sacré, enfin quelle vigueur possède son style dans le
dialogue pathétique entre Jésus et Marie. D'ailleurs son texte sera en quelque sorte la
vulgate de la « Passion » jusqu'à ce que le théâtre religieux se trouve détrôné par les
œuvres de la Renaissance.

Son œuvre présente aussi un aspect tout différent : il insiste volontiers sur les côtés
plaisants et *profanes*. Peut-être faut-il discerner là, après l'équilibre maintenu par GRÉBAN
les signes d'une décadence du théâtre religieux, correspondant à la fin du Moyen Age.

JÉSUS ET SA MÈRE   *Après son entrée triomphale à* JÉRUSALEM *le jour des
Rameaux,* JÉSUS *retourne à* BÉTHANIE *où l'accueille sa mère.*
*Celle-ci le prend à part un instant ; remplie d'angoisse à l'approche du jour fatal marqué
par les prophéties, elle voudrait obtenir de son fils la promesse de quelque adoucissement
aux souffrances qu'ils vont avoir à subir l'un et l'autre (*GRÉBAN, *deuxième journée).*

« Accomplir faut les Écritures »

La confrontation des deux textes suivants permettra de voir comment JEAN MICHEL
imite son prédécesseur. Développant la quatrième demande de NOTRE-DAME *et le débat
qu'elle entraîne, il se montre, dans ce cas particulier, très supérieur à* GRÉBAN. *Quoiqu'il
allonge,* MICHEL *n'est nullement diffus ; au contraire il possède l'art de la* formule *et du*
dialogue serré. *Les répliques vers par vers (55-72) sont saisissantes : chacune des réponses
de* JÉSUS *anéantit un nouvel espoir et porte un nouveau coup à sa mère. En même temps se
dessine, complété par les vers 73-78, un tableau déchirant de la Passion qui attend le* CHRIST.
*On notera aussi la progression dramatique : l'émotion ne cesse de croître jusqu'au moment
où la formule lapidaire de* JÉSUS *: « Accomplir faut les Ecritures » vient couronner la scène
en dégageant sons sens profond. Enfin la psychologie est remarquable, surtout celle de* NOTRE-
DAME, *dont la principale réplique (v. 35-50) est profondément émouvante dans son humble
tendresse humaine.*

Le texte de GRÉBAN *a moins d'aisance : par comparaison il peut nous paraître un peu froid
et parfois assez rhétorique. En réalité sa valeur est d'une autre sorte. Ce qui importe surtout
pour* GRÉBAN *c'est le* drame mystique. *La tendresse humaine n'est pas absente sans doute
(v. 1-11, 17-21), mais beaucoup plus qu'humain l'amour de* JÉSUS *pour sa mère est mystique.
Les prophéties sont citées textuellement, en latin. Telle argumentation de* JÉSUS *(v. 65-74)
qui porte peu aujourd'hui, devait intéresser vivement les théologiens et les âmes pieuses du
temps. Tout est centré autour du* CHRIST *et de sa* double nature.

En somme, de GRÉBAN *à* MICHEL *le drame liturgique tend à devenir un drame humain,
et ce n'est pas un hasard si, chez le second, la* VIERGE *ne suscite pas moins d'intérêt que* JÉSUS.

ARNOUL GRÉBAN

Notre-Dame

Pour ôter cette mort dolente [1]
Qui deux cœurs pour un occirait,
Il m'est avis que bon serait
Que sans votre mort et souffrance
Se fît l'humaine délivrance [2] ;
Ou que s'il vous convient mourir,
Que ce soit sans peine souffrir ;
Ou si la peine vous doit nuire,
Consentez que premier [3] je *muyre* [4] ;
10 Ou s'il faut que mourir vous voie,
Comme pierre insensible *soie* [5].
Fils, humblement vous ai servi :
Si n'ai pas vers vous *deservi* [6]
Chose par quoi deviez débattre [7]
A m'octroyer l'un de ces quatre [8],
Car tous sont en votre puissance.

Jésus

Ma mère et ma douce alliance [9],
A qui obéissance dois,
Ne vous déplaise cette fois
20 S'il faut que je désobéisse
Et votre requête *escondisse* [10] :
Ces quatre ne vous puis passer,
Non pas l'une ; et devez penser
Que l'Écriture ne ment point [11].
Et, pour répondre au premier point
Que requérez, que sans mourir
Les humains doive secourir,
Mourir me convient par envie [12],
En *adverissant* [13] Isaïe [14]
30 Qui en ses *saintismes* [15] devis [16]
A dit de moi : « *Sicut ovis*
Ad occidendum ducitur » [17].

JEAN MICHEL

Notre-Dame

Puisque ne m'avez accordé
De mes trois pétitions [1] l'une,
Au moins, par prière importune,
Vous plaise m'octroyer la quarte [2].
C'est, s'il faut que mort vous *départe* [3]
D'*avecques* moi, et que moi, mère,
Vous voie souffrir mort amère
Pour sauver l'homme, je vous prie
Que je *soie* comme ravie [4]
10 Et soit ma triste âme *suspense* [5]
Pour lors de toute connaissance,
Durant votre si *grief* [6] tourment,
Sans avoir aucun sentiment
Des douleurs que [7] aurez si grandes.
C'est la quarte de mes demandes,
Que je vous requiers de bon cœur [8].

Jésus

Ce ne serait pas votre honneur
Que vous, mère tant douce et tendre,
Vissiez votre doux fils étendre [9]
20 En la croix et mettre à *grief* [10] mort,
Sans en avoir aucun *remort* [11]
De douleur et compassion.
Et aussi le bon Siméon [12]
De vos douleurs prophétisa,
Quand entre ses bras m'embrassa,
Que le glaive de la douleur
Vous percerait l'âme et le cœur
Par compassion très amère.
Pour ce, contentez-vous [13], ma mère,
30 Et confortez [14] en Dieu votre âme :
Soyez forte car *onques* femme
Ne souffrit tant que vous ferez ;

— 1 Douloureuse. — 2 La Rédemption.
— 3 En premier lieu, avant vous ; cp. Villon,
p. 217, v. 1. — 4 Je *meure* ; cp. v. 40.
— 5 Je *sois* ; cp. Michel, v. 9. — 6 *Aussi*
n'ai-je pas *mérité* (cp. l'anglais *to deserve*) à
votre égard (*envers* vous). — 7 Je n'ai rien
fait pour mériter que vous *hésitiez*. — 8 L'une
de ces quatre choses (idem : *tous* au v. suiv.).
— 9 Parente (cp. parents et *alliés*). — 10 Et
(que je) *repousse*... cp. Rutebeuf, p. 188, v. 16.
— 11 Cp. Michel, v. 81 et ici v. 29 et suiv.,
49 et suiv. — 12 Je dois mourir volontairement,
de mon plein gré. — 13 En confirmant (mon-
trant la vérité de...). — 14 Prophète (Ancien
Testament). — 15 Superl. formé sur le latin
sanctissimus : très saint. — 16 *Devis* : paroles. —
17 Traduit v. 35-6.

— 1 Demandes, requêtes. — 2 La
quatrième. — 3 Sépare. — 4 Inconsciente
(comme un être en extase). — 5 Privée.
— 6 Cruel (grave), cp. v. 20. — 7 Noter
que le mot ne s'élide pas. — 8 Préciser le
sens. — 9 Noter l'inversion. — 10 Cf. gram.
n° XIX b. — 11 « Morsure » (premier sens de
remords). — 12 Après avoir vu l'enfant Jésus,
le vieillard Siméon loua Dieu de lui avoir
permis de vivre assez longtemps pour connaître
le Sauveur (« *Nunc dimittis...* »). Pour sa prophétie cf. Gréban :
   Et lors un glaive très cruel
   Transpercera outre ton âme,
   Très Sainte et vénérable Dame.
— 13 Voir Gréban, v. 50. — 14 Voir Gréban.
v. 84.

NOTRE-DAME

O fils, que ce parler m'est dur
Et mal *savourant* [1] à merveille !

JÉSUS

Il dit ainsi : « Comme l'*oueille* [2],
Est mené à l'occision [3] ».
Il faut que l'exécution
De la mort sur moi se termine [4].
Le second point, mère bénigne,
40 Auquel requérez que je *muyre*
Sans peine qui me puisse nuire,
Force est que *ja* [5] ne l'obteniez ;
Car, comme tous ceux d'Adam nés
Ont péché jusqu'à vous et moi,
Je [6], qui humanité *reçoy* [7]
Pour tous les humains délivrer,
Dois sur tout mon corps endurer
Excessive peine et amère :
Oyez Isaïe, ma mère,
50 Et vous contentez [8] à ses dits ;
Dit-il pas : « *A planta pedis*
Usque ad verticis metas
Non est in eo sanitas » [9] ?
Il me dénonce être [10] *blecié* [11]
Tant que [12] de la plante du *pié*
Jusqu'au chef en la part hautaine [13]
N'y *demourra* [14] partie [15] saine
Qui n'ait *souffreté destresseuse.* [16]

NOTRE-DAME

O dolente mère *angoisseuse* [17] *!*
60 Oh pitié, oh compassion !
Pourras-tu voir *tel* [18] passion
Sur ton cher fils exécuter ?
O deuil ineffable à porter [19],
Quel cœur te saura soutenir ?

JÉSUS

Le tiers ne pouvez obtenir,
Ni jamais permettre ne *doy*

Mais en souffrant mériterez
La *lauréole* [1] de martyre.

NOTRE-DAME

O mon fils, mon Dieu et mon sire,
Je te *mercy* [2] très humblement
Que tu n'as pas totalement
Obéi à ma volonté.
Excuse ma fragilité,
Si par humaines passions   40
Ai fait telles pétitions
Qui ne sont mie [3] recevables.
Tes paroles sont raisonnables
Et tes volontés très hautaines [4],
Et les miennes ne sont qu'humaines ;
Pour ce, ta divine sagesse
Excuse [5] l'humaine simplesse
De moi, ton indigne servante,
Qui, d'amour maternel fervente [6],
Ai fait telles requêtes vaines.   50

JÉSUS

Elles sont douces et humaines,
Procédantes [7] de charité :
Mais la divine volonté
A prévu qu'autrement se fasse.

NOTRE-DAME

Au moins veuillez, par votre grâce,
Mourir de mort brève et légère !

JÉSUS

Je mourrai de mort très amère.

NOTRE-DAME

Non pas fort vilaine [8] et honteuse !

JÉSUS

Mais très fort ignominieuse.

NOTRE-DAME

Doncques bien loin, s'il est permis !   60

JÉSUS

Au milieu de tous mes amis.

NOTRE-DAME

Soit [9] *doncques* de nuit, je vous *pry !*

— 1 Désagréable à entendre (qui a une mauvaise « saveur »). — 2 L'*oueille* : la brebis. — 3 Trépas, cp. v. 2 : occirait. — 4 Se réalise, s'accomplisse. — 5 Jamais. — 6 *Moi*, qui. — 7 Qui « reçois l'humanité », qui suis devenu homme. — 8 Résignez-vous à ses paroles. — — 9 Traduit v. 54-8. — 10 Il dit que je serai. — 11 Blessé, meurtri. — 12 Au point que. — 13 Jusqu'à la *tête*, en la « *partie haute* » (du corps). — 14 Demeurera. — 15 : 3 syllabes. — 16 Souffrance cruelle. — 17 Remplie d'angoisse.

— 18 Cf. gram. n° XIX b. — 19 Supporter, cp. v. 85.

— 1 L'auréole (couronne de *laurier*) ; noter la déformation du mot. — 2 Remercie ; noter la construction — 3 *Mie* (deux syllabes) : point. — 4 Aucun sens péjoratif ; cp. Gréban, v. 57. — 5 Subj. ; préciser le sens. — 6 Sens originel : *brûlant* d'amour... — 7 Noter l'accord du part. présent. — 8 Préciser le sens. — 9 Que ce soit.

Que mort vous prenne devant [1] moi,
Car votre âme faudrait descendre [2]
Là-bas au limbe [3] et moult attendre
70 En plainte et lamentation
Jusques à mon ascension,
Qui [4] serait chose moult obscure [5],
Et semblerait que n'eusse cure [6]
De votre bien et votre honneur.
Du quart [7] ne puis être donneur
Nonobstant qu'il me fût possible,
C'est que vous fussiez insensible :
Il ne serait pas pertinent
Que mère, qui si tendrement
80 Aime son fils, vît *tel* pitié
Et son fils à *tel* mort *traictié* [8],
Et de sa dure passion
N'eût en son cœur compassion.
Mais sur ce point vous *confortez* [9],
Ma mère, et constamment [10] portez,
Car du deuil de votre pensée
Serez du tout récompensée
En joie et exultation
Après ma résurrection :
90 Car alors vous visiterai
Et votre cœur *conforterai*
De joie et parfaite lumière.

NOTRE-DAME

Cher fils, quoi que je vous requière,
Pardonnez ma simplicité ;
Puisqu'il est de nécessité,
Votre bon vouloir en soit fait.

JÉSUS
Mais en pleine heure de midi.
    NOTRE-DAME
Mourez donc comme les barons !
    JÉSUS
Je mourrai entre deux larrons.
    NOTRE-DAME
Que ce soit sous terre, et sans voix !
    JÉSUS
Ce sera haut pendu en croix.
    NOTRE-DAME
Vous serez au moins revêtu ?
    JÉSUS
Je serai attaché tout nu.
    NOTRE-DAME
Attendez l'âge de vieillesse !   70
    JÉSUS
En la force de ma jeunesse
    NOTRE-DAME
Ne soit votre sang répandu !
    JÉSUS
Je serai tiré et tendu
Tant qu'on [1] nombrera [2] tous mes os ;
Et dessus [3] tout mon humain dos
Forgeront [4] pêcheurs de mal pleins,
Puis fouiront [5] et pieds et mains
De fosses et plaies [6] très grandes.
    NOTRE-DAME
A mes maternelles demandes
Ne donnez que réponses dures.   80
    JÉSUS
Accomplir faut les Écritures.

L'AGONIE
   AU JARDIN
   DES OLIVIERS

Après la dernière Cène, JÉSUS passe au Jardin des Oliviers la nuit qui précède sa Passion. Il a retrouvé endormis ses disciples à qui il avait demandé de veiller et de prier. A la même heure, JUDAS qui l'a trahi prépare son arrestation. Voici donc JÉSUS abandonné de tous les siens, affreusement seul devant la mort, en proie à l'angoisse qui étreint en lui la nature humaine. Il se tourne alors vers son divin père, dernier secours qui lui reste. Le texte suivant se situe vers la fin de la « deuxième journée ». *

— 1 Avant. — 2 Il faudrait que votre âme descendît... — 3 C'est le lieu où les âmes des justes attendent le rachat de l'humanité par la Passion du Christ, qui leur ouvrira le paradis. — 4 Ce qui. — 5 Très triste, très pénible. — 6. Et il semblerait que je n'eusse aucun souci. — 7 La quatrième requête. — 8 Soumis.

— 9 Prenez courage ; *conforter :* réconforter, cp. v. 91. — 10 Avec *constance*, courage.

— 1 Voir Gréban, v. 55. — 2 Dénombrera, (qu'on *pourra* compter). — 3 Sur. — 4 S'acharneront. — 5 « Creuseront », perceront (cp. *fosses* au v. suiv.). — 6 Deux syllabes.

* *Lire la « Passion » de Gréban dans l'édit. Paris et Raynaud.*

La Justice de Dieu et sa Miséricorde

Voici un très beau passage de GRÉBAN : au *débat dramatique* qui se livre, *sur terre*, dans l'âme du CHRIST, correspond le *débat* qui s'oppose *au ciel* la JUSTICE et la MISÉRICORDE DE DIEU. De cette *personnification* des deux *attributs* de DIEU, qui risquait d'être artificielle, l'auteur a su tirer un effet profondément *tragique*. DIEU, qui voudrait secourir son FILS, est lié par sa propre JUSTICE. Il faut que le *péché original* soit *racheté*. GRÉBAN institue un véritable *débat judiciaire*, mais il ne s'en tient pas là : l'*agonie* de JÉSUS, les *supplications instantes* de MISÉRICORDE et l'*inflexible majesté* de JUSTICE donnent à la scène *grandeur* et *pathétique*.

JÉSUS

En moi sens le plus fort débat
Qu'*oncques* endurât [1] créature
Pour le fait [2] d'humaine nature,
Qui cette passion piteuse [3]
Attend tant triste et douloureuse
Qu'a peu que raison lui sait mettre
Moyen que [4] s'y veuille soumettre,
Tant craint la sensualité [5].
O trésor de divinité,
10 Père qui tout cœur *assuffis* [6],
Regarde ton bienheureux [7] fils,
Et la tristesse de mon âme
Qui à ce besoin [8] te réclame
A son besoin très singulier [9].
(*Ici* JÉSUS *sue du sang*)
Regarde les gouttes couler
De sueur pénible à merveille,
De sueur comme sang vermeille,
Qui de tout mon corps me *deppart* [10]
Par la crainte qu'en moi *s'espart* [11].
20 O père, ne m'oublie mie [12] :
Regarde la forte agonie
En quoi tu m'as constitué [13] :
Tel sang ne peut être sué
Que [14] la cause n'en soit active,
Si très [15] dure et *pénétrative* [16]
Que le cœur ne peut plus souffrir.
O père, à toi me viens offrir,

O père, à toi me *recommans* [17] :
Obéir veux à tes *commandz* [18],
Mais cette passion me meut [19] :   30
Mon père, si faire se peut,
Allégez-moi cette sentence.

DIEU LE PÈRE

J'entends la piteuse éloquence
De mon fils, le benoît [20] Jésus,
Qui ses *plainctz* a vers moi promus [21],
Se recommandant à ma grâce :
C'est bien raison que je lui fasse
Comme [22] père à son fils aimé
Quand tendrement est réclamé [23] ;
Mais pour ce que [24] dame Justice   40
Quiert amende du maléfice [25]
Qui les humains a fait bannir,
Son opinion veux ouïr,
Savoir si tant lui souffrira [26].
Justice !

JUSTICE

Ce qu'il vous plaira
Commandez-moi, père divin.

DIEU LE PÈRE

Est-il plus amoureux [27] chemin
Que vous nous sussiez *ja* trouver
Pour nature humaine sauver ?
Vous pouvez-vous à moins passer,   50
N'à [28] moindre prix récompenser [29] ?

---

1 — Qu'ait jamais enduré. — 2 Du fait de la. — 3 Pitoyable, propre à inspirer la compassion ; cp. v. 33. — 4 Que c'est à peine si la raison peut lui inspirer un moyen de... — 5 Inversion ; *sensualité :* la chair, le corps. — 6 Combles ; cp. v. 58. — 7 Que pensez-vous de ce mot employé ici ? — 8 Dans cette extrémité. — 9 Sans exemple. — 10 S'écoule ; *me* fait double emploi avec *mon*. — 11 *Qui se répand* en moi. — 12 Ne m'oublie (3 syll.) *pas*. — 13 La *terrible* agonie que tu m'as amené à subir. — 14 *Sans que* la cause en soit... —

15 Nous ne pouvons plus faire porter *si* sur un *superlatif*. — 16 Pénétrante. — 17 Je me *recommande*. — 18 Commandements. — 19 *M'émeut*, m'ébranle. — 20 Bénit ; cp. *bienheureux*, v. 11. — 21 Qui a *élevé* ses *plaintes* jusqu'à moi. — 22 Préciser le sens. — 23 Invoqué. — 24 Parce que, comme. — 25 *Réclame* (*quérir*) *réparation* du *forfait* ; quel est ce « *maléfice* » ? — 26 Si elle lui accordera tant (*lui :* à Jésus). — 27 Préciser le sens ; de même pour *ja*. — 28 Ni (*et*) à... — 29 Vous estimer satisfaite. Expliquer les v. 50-51 ; cf. v. 110-126.

Faut-il, pour les humains réduire [1],
Que Jésus, mon cher enfant, *muyre* [2] ?
Voyez en quel point il est mis.

JUSTICE

Vous savez que [3] m'avez promis ;
Je ne requiers or ni richesse :
Tant seulement votre promesse
Tenez, et je suis *assuffie.*

DIEU LE PÈRE

O Justice, très bonne amie,
60 Voyez la *grand* [4] perplexité
Que son digne corps a porté
Puis [5] sa haute incarnation,
L'envie et persécution
Dont *oncques* ne fut exempté ;
Mais persécuté et tenté
A été toujours jusqu'ici,
Puis l'heure qu'en terre naquit.
Justice, il a beaucoup souffert,
Justice, il s'est toujours offert
70 A porter cette dure charge
Dont nature humaine le charge :
Oncques jour n'eut joie mondaine [6],
Oncques n'eut sa travail et peine,
Oncques des siens ne fut prisé [7],
Mais dépité [8] et déprisé
A toujours été et sera
Tant que mort l'*adevancera* [9],
Si cette rigueur lui tenez.
O Justice, pitié prenez
80 De *cil* [10] qui porte le méfait
D'autrui et qui n'a rien méfait [11],
Et votre rigueur détendez.

MISÉRICORDE

O Justice, condescendez
Au vouloir de Dieu, notre juge :
Son fils, qui n'a autre refuge,
Par une crainte douloureuse
Redoute la mort *angoisseuse* [12]
Dont il est auprès de la porte ;

Regardez la douleur qu'il porte [13]
Et qu'il souffre, sans rien méfaire, 90
Quand de son précieux *viaire* [14]
Le sang jusqu'en terre dégoutte.
Or avisez donc s'il redoute
Passer le pas [15], et quelle guerre
Le sens et le vouloir lui serre.
Justice, taxez [16] la valeur
De si précieuse liqueur :
N'a [17] goutte qui ne dût suffire
A votre rigueur déconfire [18],
Et qui ne soit bien suffisant [19] 100
Aux humains être guérissant.
Si plus lui voulez de dommage,
Je proteste de votre outrage
A discuter [20] quand sera temps.

JUSTICE

Quoique vous soyez *protestans* [21],
Miséricorde, belle amie,
Mon droit ne se *perdera* mie,
Ni pour [22] votre haut *langager* [23]
Ne pouvez mon droit engager [24] :
C'est mon prix, c'est mon paiement [25], 110
Et le total *repparement* [26]
Duquel je ne quitterai [27] rien.
Et de fait vous arguez bien.
Qu'il n'est goutte qui de lui *ysse* [28]
Qui notablement ne *souffice* [29]
A trouver ce hautain [30] remède :
Il est vrai, je vous le concède,
Mais pour montrer plus *grandpointure* [31]
D'amour à humaine nature
Et plus ardente charité, 120
Je veux qu'il me soit présenté
En l'arbre de la croix pendu,
Fiché, cloué, mort étendu
Tant que l'âme à son père rende,
Et n'est amende que j'en *prende* [32]
Tant qu'en ce parti [33] le verrai.

— 1 Ramener (*reducere*), d'où : sauver.
— 2 Meure — 3 Ce que. — 4 Voir gram.
n° XIX b, et cp. v. 118. — 5 Depuis ; cp. v. 67.
— 6 Terrestre ; *joie* : 2 syll. — 7 Noter ce
refrain douloureux ; *prisé* : estimé, cp. *déprisé*.
— 8 Dédaigné. — 9 *Jusqu'à ce que* (cp. v. 124
et 126) la mort le *saisisse* (vienne au-devant de
lui). — 10 Celui. — 11 N'a péché en rien ;
cp. v. 90. — 12 Qui remplit d'angoisse. —
13 Endure. — 14 Visage. — 15 Préciser le sens ;
de même pour *guerre*. — 16 Appréciez. —
17 Il n'y a. — 18 Vaincre. — 19 Voir gram.

n° XIX b et cp. guérissant, v. 101, protestans, v.
105 et *grand*, v. 118 ; *suffisante* pour guérir
(sauver). — 20 Je *déclare* que je discuterai votre
injustice : langue juridique ; relever d'autres
expressions du même genre. — 21 Quoique
vous protestiez. — 22 En dépit de. —
23 « Parler », langage. — 24 Compromettre. —
25 : 3 syllabes. — 26 Réparation. — 27 Aban-
donnerai. — 28 Sorte, coule. — 29 Suffise. —
30 Haut, suprême. — 31 Plus haut *degré*. —
32 *Prenne*, accepte ; *amende :* réparation (cp.
faire *amende* honorable). — 33 En cet état

II. LE THÉATRE COMIQUE

NAISSANCE DU THÉATRE COMIQUE

C'est vers le milieu du xiiie siècle que le théâtre comique s'affirme comme genre indépendant. Né des intermèdes profanes ou bouffons du drame sacré, il évolue sous l'influence des souvenirs de la comédie antique et surtout en rapport avec les monologues lyriques des jongleurs, ou « dits ». Ainsi Rutebeuf composa de nombreux « dits », dont le plus célèbre, le Dit de l'Herberie, boniment du charlatan qui vante ses herbes merveilleuses, est une sorte de comédie monologuée.

Adam le Bossu Notre premier auteur comique est Adam de la Halle, dit Le Bossu, d'Arras, dont les œuvres datent de la seconde moitié du xiiie siècle. Nous lui devons le Jeu de la Feuillée, sorte de revue pleine de réalisme et de verve satirique, et le Jeu de Robin et Marion, adaptation dialoguée, et mêlée de chants et de danses, du genre de la pastourelle (voir Poésie lyrique, p. 182 et p. 183). Le Jeu de Robin et Marion est l'ancêtre de la pastorale et de la comédie-ballet qui connaîtront tant de faveur au xviie siècle.

LA COMÉDIE AU XVe SIÈCLE

Les genres Du xive siècle, nous n'avons pas conservé d'œuvre comique ; le xve siècle au contraire offre toute une variété de genres : soties, monologues, sermons joyeux, moralités, et surtout farces. La sotie, dont les acteurs portent le costume des « sots » (fous), fait passer sous un fatras bouffon une satire souvent hardie de l'époque. Le monologue (par exemple le Franc-Archer de Bagnolet) est également satirique, mais sous une forme plus cohérente. Le sermon joyeux parodie l'éloquence sacrée. Quant à la moralité, comme son nom l'indique, elle illustre plaisamment une vérité morale.

La Farce Seule la farce a survécu. Le genre sera encore pratiqué au xvie siècle puis au xviie siècle, en particulier par Molière qui en gardera des éléments jusque dans ses grandes comédies. Au xve siècle, il donne déjà un chef-d'œuvre avec Maitre Pierre Pathelin.

C'est à l'origine un intermède comique dont on « farcit » les représentations sérieuses, puis la farce devient un genre autonome, dans la tradition bourgeoise, réaliste et amusante, des Fabliaux et du Roman de Renard (cf. le rôle que jouent la ruse et la « papelardise » dans la Farce de Pathelin). Sans autre intention que de faire rire franchement les spectateurs en peignant les mœurs de la bourgeoisie et du peuple, elle atteint encore son but, après les siècles écoulés, et nous renseigne en même temps, de façon réaliste et familière, sur la vie, les habitudes, les travers du temps.

La Farce du Cuvier   Outre la FARCE DE PATHELIN, il faut connaître au moins la FARCE DU CUVIER, si drôle et si célèbre : c'est la protestation du *bon sens* populaire et de la tradition contre la tendance de certaines femmes à tout régenter dans leur ménage (c'est aussi un aspect des FEMMES SAVANTES de MOLIÈRE). Un « rollet » (liste en forme de rouleau) fixe les innombrables besognes dont Jacquinot doit s'acquitter, faute de quoi sa femme le battrait. Mais un beau jour celle-ci, en faisant sa lessive, se laisse choir dans le *cuvier* (ou baquet) et appelle Jacquinot à l'aide. Mais lui de parcourir, imperturbable, la liste de ses obligations conjugales, où le cas présent n'est évidemment pas prévu, et de répondre aux appels pressants sortis du cuvier : « *Cela n'est point à mon rollet* ». Finalement il n'aidera pas sa femme à se tirer de là avant qu'elle ait reconnu les droits du mari dans le ménage : on déchirera donc le fameux rollet.

LA FARCE DE MAITRE PATHELIN

Auteur et date   De la FARCE DE PATHELIN nous ne connaissons ni l'auteur ni la date exacte. On a avancé le nom de Guillaume Alexis, moine du diocèse d'Evreux et poète ; mais c'est une simple hypothèse. L'œuvre est antérieure à 1469 (date à laquelle apparaît le verbe « *patheliner* » : faire semblant d'être malade) : c'est la seule indication certaine. On ne s'écartera guère de la vérité en proposant les années 1460 à 1465.

Intérêt psychologique et documentaire   Le héros, PATHELIN, est un *avocat sans cause*, mais bien pourvu en imagination et en *fourberie*. Il berne avec une étonnante maîtrise le drapier GUILLAUME qui, commerçant peu scrupuleux lui-même, se laisse prendre aux belles paroles de l'avocat, puis, aveuglé par son indignation, tombe dans les pièges que lui tendent les deux compères, PATHELIN et THIBAUT L'AGNELET, le berger assommeur de moutons. Le MARCHAND croit PATHELIN doué d'ubiquité, *s'embrouille* complètement au procès, et le JUGE ne comprend rien à cette histoire où les moutons se transforment en pièce de drap et où le plaignant semble confondre avocat et prévenu. La sentence sera donc injuste, mais le marchand, dans sa sottise, y a pris peine. Enfin, dernière surprise, voici le rusé PATHELIN *berné à son tour* par L'AGNELET que nous croyions stupide.

Une scène de marchandage, un procès : peinture de *conditions* et de *caractères* très divers, chaque personnage ayant ses traits et son individualité propre, à côté du trait commun à tous : l'absence complète de scrupules (ainsi GUILLEMETTE n'a rien à envier à cet égard à son mari PATHELIN). Donc œuvre *réaliste, psychologie vivante*, observation amusée et gaie des *mœurs* et des *travers* humains, *satire* sans méchanceté de *l'avocat*, du *juge*, du *marchand*. Point d'illusions, ni de prédication morale. Les hommes sont ce qu'ils sont : autant en rire. On songe à l'esprit d'un LA FONTAINE. Finalement c'est le plus bête, devenu subtil dès qu'il s'agit de ses intérêts, qui l'emporte ; c'est le plus misérable aussi, ce qui rétablit une sorte de morale pratique et de justice distributive.

Éléments du comique   Comme dans toute farce, le *comique de mots* abonde, ainsi que le *comique de répétition* : le berger *bêle* éperdument ; « parlez bas ! » répète Guillemette au marchand, sur quoi tous deux se mettent à crier (p. 173) ; lorsque Pathelin feint le délire, il débite des couplets pleins de verve en limousin, picard, flamand, normand et latin (le procédé sera repris par MOLIÈRE) ; la langue est *drue*, familière, *populaire*, émaillée de *proverbes* et de *jurons*. Mais l'auteur ne s'en tient pas là ; la *satire des professions* lui fournit un *comique de mœurs* : le *juge*, pressé, ne se donne pas beaucoup de mal pour percer le mystère, tout prêt à écouter les insinuations de l'*avocat* qui excelle dans la *rhétorique creuse* ; le *comique de caractère* intervient aussi : ainsi le marchand se laisse prendre naïvement aux flatteries de Pathelin (p. 171), puis bafouille au procès dans l'excès de sa fureur (p. 175-7). Enfin le *comique de situation* anime les scènes principales : « délire » de Pathelin, procès, scène finale : le maître trompeur « roulé » à son tour par son disciple en friponnerie (p. 178). Tous ces éléments, joints à une *action* nourrie et vivante en dépit de quelques longueurs, font de la pièce mieux qu'une simple farce, une *véritable comédie*, la première de notre littérature.

Succès de l'œuvre   D'ailleurs le succès de MAITRE PATHELIN fut immense et durable. Notre langue a formé l'adjectif « *patelin* », de même qu'on dira plus tard un *Harpagon* ou un *Tartuffe :* c'est le signe le plus certain de la création d'un *type* immortel.

La première scène, chez l'avocat, est un dialogue entre PATHELIN *et sa femme* GUILLEMETTE. *Pathelin avait naguère du succès, mais maintenant il attend en vain les clients et tout le monde l'appelle « avocat dessous l'orme ». La misère règne dans le ménage. Mais Pathelin doit méditer quelque tour de sa façon : quoiqu'il soit sans argent, le voilà qui promet à sa femme de lui rapporter une bonne coupe de drap fin, de quoi les habiller tous les deux. Guillemette n'y comprend rien. Cependant voici Pathelin devant la boutique du drapier* GUILLAUME JOCEAULME. *Une deuxième scène commence. On notera qu'il n'est pas question ici d'« unité de lieu » : l'action se déroule alternativement dans la maison de Pathelin et dans la boutique du drapier, puis au tribunal, et enfin, semble-t-il, dans la rue ou sur une place devant le tribunal.*

UN CLIENT TROP AIMABLE

Il s'agit pour PATHELIN d'avoir du drap *sans le payer*. Il va pour cela se faire bien voir du marchand et *endormir sa méfiance*, en affectant un ton de bonhomie et de cordialité et surtout en le *flattant*. GUILLAUME comprendra trop tard, *Que tout flatteur Vit aux dépens de celui qui l'écoute*.

PATHELIN, *devant l'étal, se parlant à lui-même.*
            N'est-ce pas lui là ? j'en fais doute [1].
            Eh ! si fait par sainte Marie !
            Il se mêle de draperie [2].
            Au drapier, en entrant
            Dieu y soit [3] !
LE DRAPIER   Dieu vous donne joie !
PATHELIN   Dieu m'aide [4], aussi vrai que j'*avoie* [5]
            De vous voir grande volonté [6].
            Comment se porte la santé ?
            Êtes-vous sain et dru, Guillaume ?

— 1 Je me le demande. — 2 Il s'occupe de son métier. — 3 Formule de salut, cp. « *Dominus vobiscum* » : *subj. de souhait*, de même « Dieu vous donne joie ! » — 4 Tou- jours subj. de souhait : on prend Dieu *à témoin* de la vérité d'une affirmation. — 5 C'est la forme du temps, conforme à l'étymologie (*habebam*). — 6 Désir.

Le Drapier   Oui, pardieu.

Pathelin, *tendant la main au Drapier.*
                              Ça, cette paume !
          Comment vous va [1] ?

Le Drapier   Eh ! bien, vraiment,   10,
          A votre bon commandement [2].
          Et vous ?

Pathelin   Par saint Pierre l'apôtre,
          Comme celui qui est tout vôtre.
          Ainsi vous ébattez [3] ?

Le Drapier   Eh ! voire [4].
          Mais marchands, vous pouvez le croire,
          Ne font pas toujours à leur guise.

Pathelin   Et comment va la marchandise [5] ?
          S'en peut-on ni soigner ni paître [6] ?

Le Drapier   Eh ! m'aide Dieu [7] mon très doux maître,
          Je ne sais. Toujours de l'avant [8] !   20

Pathelin   Que c'était un homme savant
          (Je requiers Dieu qu'il ait son âme)
          Que votre père, douce Dame [9] !
          Il m'est avis tout clairement
          Qu'on le retrouve en vous vraiment.
          Qu'il était bon marchand et sage !
          Vous lui ressemblez de visage,
          Par Dieu, comme exacte peinture.
          Si jamais Dieu de créature
          Eut merci, qu'à son âme il fasse   30
          Vrai pardon.

Le Drapier   Amen, par sa grâce ;
          Et à nous quand il lui plaira.

Pathelin   Par ma foi, il me déclara [10]
          Maintes fois, bien exactement,
          Le temps qu'on voit présentement.
          Bien des fois m'en est souvenu [11].
          De son temps il était tenu
          Un des bons [12].

— 1 Comment cela va-t-il pour vous ?
Comment allez-vous ? — 2 Tout à votre
service. — 3 *Vous vous* ébattez ? Vous allez
et vous venez ? — 4 Ma foi, *oui* (latin *verum*).
— 5 Le commerce, les affaires. — 6 Peut-on
en tirer sa subsistance ? Peut-on en vivre ?
Mais il y a sans doute un *jeu de mots* entre
« *se soigner* » = subsister, et *se signer* = faire
le signe de la croix, d'où *faire usage* de. Ni...
ni = ou... ou... (*ni* fut longtemps employé
comme *disjonctif* dans les phrases interrogatives). — 7 Toujours subj. de souhait. —
8 Peu importe, on va son chemin ! — 9 Par
la Vierge Marie ! cp. v. 2. — 10 Il
m'annonça. — 11 *Il* m'en est souvenu, je me
suis rappelé. — 12 Pour homme de bien.

LE DRAPIER   Asseyez-vous, sire.
              Il est bien temps de vous le dire !
              Mais je suis ainsi gracieux [1] !   40
PATHELIN *faisant mine de refuser le siège.*
              Je suis bien. Ah ! Corps précieux [2] !
              Il avait...
LE DRAPIER   Il faut vous asseoir.
PATHELIN   Volontiers. *(il s'assied).*
                    « Ah ! vous allez voir,
              Me disait-il, grandes merveilles ! »
              Que Dieu m'aide ! vrai, des oreilles,
              Du nez, de la bouche, des yeux
              Onc [3] enfant ne ressembla mieux
              A père. C'est lui tout poché [4].
              Car enfin, vous eût-on crachés
              Tous les deux contre la paroi [5]   50
              D'un seul coup et d'un seul arroi [6],
              Vous ne seriez pas plus semblables.
(Continuant à flatter GUILLAUME, PATHELIN *vante maintenant sa tante* « la bonne Laurence », *puis il revient à sa ressemblance avec son père).*
              Plus je vous vois..., par Dieu le père !
              Vous voici, voilà votre père.
              Vous lui ressemblez mieux que goutte
              D'eau, vraiment, sans le moindre doute.
              Quel vaillant bachelier [7] c'était !
              Le bon prud'homme [8] ! Et qui prêtait
              Ses denrées [9] à qui voulait.
              Dieu lui pardonne ! Il me *soulait* [10]   60
              Toujours de si bon cœur sourire !
              Plût à Jésus-Christ que le pire
              De ce monde lui ressemblât !
              Car on ne se volerait pas
              Les uns les autres comme on fait.
                    (Il prend une étoffe et la manie)
              Comme voici un drap bien fait !
              Qu'il est moelleux et doux et souple !

– A quoi tendent les manœuvres de Pathelin ? Indiquez avec précision comment il s'y prend pour parvenir à ses fins.
– Quel genre d'homme est Guillaume ? Que pensez-vous de ses réflexions sur le commerce ?
– Distinguez les éléments comiques dans cette scène.
– Les expressions et le ton de Pathelin sont vivants et populaires : montrez-le dans le détail.
– **Essai.** Les personnages de la Farce de Pathelin : dégagez la psychologie de chacun d'eux.
• **Groupe thématique : Habiles trompeurs.** Les ruses de Pathelin et celles de Renard.

— 1 Voilà bien mon amabilité ! (il n'a pas songé plus tôt à offrir un siège à Pathelin). — 2 Tout ce dialogue est émaillé de jurons. — 3 Jamais *(unquam)*. — 4 « Tout craché ». — 5 Le mur (latin *parietem*). — 6 Manière.

— 7 Brave garçon (pour le sens *précis* de « bachelier », voir Froissart, p. 144, n. 1). — 8 Honnête homme (cp. plus haut : « un des bons »). — 9 : 3 syllabes. — 10 *Il avait coutume (solebat)* de me sourire...

Ainsi, comme par hasard, PATHELIN *en vient à parler de drap. Et c'est la seconde partie de la scène : le* marchandage *commence, entrecoupé d'abord de flatteries. En entendant le prix,* PATHELIN *sursaute, sincèrement peut-être, mais surtout pour sauver les apparences. Finalement il cède, et* JOCEAULME *lui mesure six aunes de drap. Pour fêter ce marché,* PATHELIN *invite* GUILLAUME *à venir chez lui « manger de l'oie » ; en même temps il touchera son dû.* GUILLAUME *aimerait mieux porter le drap lui-même, mais finalement il laisse* PATHELIN *l'emporter, tout heureux de la bonne affaire qu'il vient de traiter et du repas gratis qui l'attend. Car, c'est le* piquant *de la situation, chacun des deux compères est ravi d'avoir berné l'autre ! En s'en allant,* PATHELIN *en aparté déclare qu'il fera chaud quand* GUILLAUME *encaissera ses neuf francs, tandis que* GUILLAUME *resté seul se moque de ce benêt de* PATHELIN*, qui a pris pour vingt-quatre sous l'aune du drap qui n'en valait pas vingt.*

Tout fier de son exploit PATHELIN *entre chez lui et conte la scène à sa femme. Celle-ci en tire la morale : c'est la fable du corbeau et du renard. Cependant* GUILLAUME *va arriver et* PATHELIN *dresse un plan de campagne. Il se couchera et fera le malade.* GUILLEMETTE *prendra un air désolé :*

> Et quand il viendra vous direz :
> « Ah ! parlez bas ! » et gémirez.

Elle dira que son mari garde le lit depuis des semaines. Surtout qu'elle ne s'avise pas de rire ! GUILLEMETTE*, aussi roublarde et dénuée de scrupules que les deux autres personnages, est ravie de ce bon tour. Et nous allons voir comme elle va bien* jouer son rôle.

Le DRAPIER*, tout joyeux et ne se doutant guère de ce qui l'attend, ferme sa boutique et arrive chez* PATHELIN.

Une maladie diplomatique

Cette scène ne présente pour nous aucun élément de surprise : nous sommes avertis de la ruse de PATHELIN. Le *comique* réside dans l'*ahurissement* du DRAPIER, dans sa *colère*, dans le *jeu* de GUILLEMETTE et de PATHELIN (comique de *situation*) et dans le refrain : « *plus bas* », qui annonce déjà MOLIÈRE, et dont l'auteur a su tirer parti habilement. On notera aussi dans le détail la *saveur* et la *variété* de l'*expression*, la *verve* qui anime toute la scène, en particulier le « *délire* » de PATHELIN.

LE DRAPIER, *entrant chez Pathelin*
Ho ! maître Pierre !
    GUILLEMETTE, *à voix basse*
                Hélas ! sire,
Pour Dieu, si vous voulez rien dire [1],
Parlez plus bas !
    LE DRAPIER, *à voix basse*
        Dieu vous *gart* [2] ! dame [3].
    GUILLEMETTE
Oh ! plus bas.
    LE DRAPIER, *encore plus bas*
        Eh quoi ? Sur mon âme [4] !
Où est-il ?
    GUILLEMETTE
    Las ! où doit-il être ?
    LE DRAPIER
Le... qui ?

GUILLEMETTE
    Ah ! c'est mal dit, mon maître :
Où il est ? Eh ! Dieu par sa grâce
Le sache ! Il garde la place
Où il est, le pauvre martyr,
Onze semaines sans partir [5].   10
    LE DRAPIER
De qui ?...
    GUILLEMETTE
    Pardonnez-moi, je n'ose
Parler haut ; je crois qu'il repose.
Il s'est assoupi un moment,
Il est si accablé vraiment,
Le pauvre homme !...
    LE DRAPIER
          Qui ?

— 1 Dire *quelque chose : « rien »* (*rem* = chose) ne comporte, en lui-même, *aucun sens négatif*, mais nous ne l'employons plus que pour *compléter « ne »* (ou dans des tournures interrogatives de *sens négatif* : ex. *vous ai-je jamais rien dit de semblable ?*) cp. *pas, point,* mie, goutte. — 2 *Garde,* subj. de souhait. — 3 *Dame* comme nous dirions : *Madame.* — 4 « *Sur mon âme !* » est attribué parfois à Guillemette ; le sens est alors : *je vous en prie ! (encore plus bas !).* — 5 Depuis onze semaines, sans bouger.

GUILLEMETTE
        Maître Pierre.
LE DRAPIER
Ouais ! n'est-il pas venu *querre* [1]
Six aunes de drap à l'instant ?
GUILLEMETTE
Qui ? lui ?
LE DRAPIER
Il en vient tout venant [2],
Il y a bien moins d'un quart d'heure.
20 Réglez-moi : vraiment je demeure
Beaucoup. Çà, sans plus flageoler [3],
Mon argent !
GUILLEMETTE
        Hé ! sans rigoler !
Il n'est pas temps que l'on rigole [4].
LE DRAPIER
Çà, mon argent ! Êtes-vous folle ?
Il me faut neuf francs.

* *

La discussion se poursuit sur ce ton :
le DRAPIER s'impatiente, se fâche, et
GUILLEMETTE feint l'indignation ; tous deux
échangent des termes de plus en plus vifs et
pittoresques ; tous deux haussent le ton, et
le « plus bas ! » de GUILLEMETTE, que le
DRAPIER finit par lui retourner revient
comme un refrain (comique de contraste et
de répétition).
GUILLEMETTE
Hé ! qu'est ceci ? Êtes-vous ivre
Ou hors de sens ? Dieu notre père ?
LE DRAPIER
Ivre ! Vraiment, de par saint Pierre,
Voilà une belle demande !
GUILLEMETTE
30 Hélas ! plus bas !
LE DRAPIER
        Je vous demande
Pour six aunes, oui par saint Georges,
De drap, dame !

GUILLEMETTE
On vous le forge [5] !
Et à qui l'avez-vous baillé ?
LE DRAPIER
A lui-même.
GUILLEMETTE
        Il est bien taillé [6]
D'avoir drap ! Las ! il est au lit !
Il n'a guère besoin d'habit ;
Jamais robe ne vêtira
Que de blanc [7], et ne partira
D'où il est, que les pieds devant !
LE DRAPIER
C'est donc depuis soleil levant,   40
Car je lui ai parlé, sans faute.
GUILLEMETTE
Comme vous avez la voix haute !
Parlez plus bas, par charité !
LE DRAPIER
C'est plutôt vous, en vérité ;
Plus bas vous-même, par le diable !
Palsambleu, c'est intolérable !
Qu'on me paie et je sors d'ici.
        (A part)
Jamais, lorsque j'ai fait crédit,
Je n'en ai tiré autre chose.
PATHELIN, *de la coulisse*
Ah! Guillemette! un peu d'eau rose [8] !   50
Haussez-moi ! serrez-moi derrière [9] !
Trut [10] ! à qui parlé-je ? L'aiguière !
A boire ! Frottez-moi la plante [11] !
LE DRAPIER
Je l'entends.
GUILLEMETTE
        Mais oui.
PATHELIN
        Ah ! méchante !
Viens çà ! T'avais-je fait ouvrir
Ces fenêtres ? Viens me couvrir !
Ote ces gens noirs. *Marmara,*
Carimari, carimara [12].
Emmenez-les-moi, emmenez !

— 1 Querir, chercher — pour cette forme
d'infin. cp. le vieux verbe *courre* = courir
(cf. chasse à *courre*). — 2 A l'instant. —
3 Bavarder, conter des sornettes. — 4 Ce
n'est pas le moment de plaisanter. — 5
Ironique : *vous pouvez y compter !* — 6 « En
état d'avoir du drap ». En quoi l'expression
est-elle amusante ? — 7 D'étoffe blanche =
linceul. — 8 C'était un cordial, un recons-
tituant. — 9 Relevez-moi ! Soutenez-moi !
(avec des oreillers). — 10 Simple interjection.
— 11 Des pieds. — 12 Feignant de délirer,
Pathelin *forge* des mots qui n'ont aucun
sens.

GUILLEMETTE

60 Quoi ? comme vous vous démenez !
Êtes-vous hors de votre sens ?

PATHELIN

Tu ne vois pas ce que je sens.
Voilà un moine noir qui vole !
Prends-le, baille-lui une étole [1] !
Au chat, au chat ! Oh ! comme il
[monte !

GUILLEMETTE

Qu'est-ceci ? N'avez-vous pas honte ?

Eh ! par Dieu ! c'est trop remué.

PATHELIN

Ah ! ces médecins m'ont tué
Par ces brouillis [2] qu'ils m'ont fait
[boire ;
Et toutefois il faut les croire ;   70
Ils vous malaxent comme cire.

GUILLEMETTE

Hélas ! venez le voir, beau sire [3] :
Il est si gravement malade.

La scène se poursuit : LE DRAPIER *tente de parler à* PATHELIN *lui-même, mais celui-ci délire de plus belle.* GUILLAUME *ne sait plus du tout où il en est ; il sort de chez* PATHELIN, *fort impressionné.* « J'ai vu la mort qui le vient poindre », *dit-il, parlant tout seul, dans son désarroi. C'est comme l'esquisse, et l'annonce de son attitude au cours du procès. Il n'a pas la tête très solide, et en tout cas* PATHELIN *est trop fort pour lui.* « Je n'y vois goutte » *telle est sa conclusion. Mais de retour chez lui, il revoit la scène, et constate l'absence du drap : il repart aussitôt chez* PATHELIN.

Restés seuls un instant, l'avocat et sa femme se réjouissent du succès de leur tour. GUILLE-METTE *rit aux éclats,* PATHELIN *doit la calmer : s'il revenait sans crier gare ! Et de fait le voici. Du coup* PATHELIN *recommence à délirer ! Les dialectes les plus divers y passent, couronnés par du latin.* GUILLAUME *abandonne la partie, presque convaincu qu'il s'est trompé. La joie du couple ne connaît plus de bornes.*

Décidément GUILLAUME *n'a pas de chance : voilà que son berger,* THIBAUT L'AGNELET *lui assomme et lui vole ses brebis. Confondant déjà les deux malheurs, drap et moutons, il lui annonce qu'il va le citer en justice.*

L'AGNELET *a donc besoin d'un avocat. Il s'adresse à Maître* PATHELIN. *L'affaire se présente mal : le berger est coupable en effet, il ne s'en cache pas. Mais* PATHELIN *a plus d'un tour dans son sac : à toutes les questions, le berger répondra seulement* « bée ». *Ainsi il ne pourra rien dire qui risque de le compromettre, et il passera pour un simple d'esprit irresponsable et d'ailleurs inoffensif. Le berger a parfaitement compris, un peu trop bien même pour* PATHELIN : *celui-ci l'apprendra à ses dépens. Le Juge doit justement siéger. L'avocat et son client se rendent séparément au tribunal : ainsi ils ne sembleront pas avoir partie liée et* PATHELIN *feindra de prendre spontanément la défense d'un malheureux. Tout sourit à* PATHELIN : *après le drap, un client ! Voilà une affaire qui lui rapportera bien un ou deux écus.*

On notera ici qu'une seconde action se greffe sur la première : c'est justement le mélange des deux sujets qui va être le ressort de la scène principale, celle du procès.

AU TRIBUNAL   *La scène commence par une brève conversation entre le* JUGE *et* PATHELIN ; *le trait de mœurs (bons rapports entre magistrats et avocats) est intéressant ; de plus il a son importance pour l'action : le Juge, loin de soupçonner Pathelin, écoutera volontiers ses suggestions. Cependant les adversaires paraissent. L'avocat du Drapier n'est pas là : en fait il ne paraîtra pas, et personne n'aidera* GUILLAUME *à retrouver le fil de ses idées, au contraire ; mais le juge est pressé, il ne veut pas attendre (autre trait de mœurs, vivant et légèrement satirique). Le demandeur commence donc à exposer sa plainte.*

— 1 Dans les rites d'*exorcisme* on passait une *étole* (ornement sacerdotal) au cou des possédés ; voir p. 102, note 4. — 2 Terme pittoresque et populaire = *mixtures, drogues.* — 3 Quelque chose comme : « mon bon Monsieur ».

Le Procès

Cette scène a un défaut : elle est un peu *lente* par endroits, et nous avons dû procéder à quelques coupures. Moins étendue, elle porterait encore davantage. Mais quelle richesse et quelle *verve comique !* Les traits les plus apparents sont la *confusion des idées* du DRAPIER, incapable de se ressaisir, et le comique de farce apporté par les « Bée » du Berger. A côté de la *bouffonnerie*, et moins apparente qu'elle, *l'observation réaliste et satirique* mérite qu'on la remarque : sans être un *niais* comme le BRID'OISON de BEAUMARCHAIS, le JUGE n'est pas très subtil, et ne flaire pas la supercherie. Il est vexé et s'irrite, croyant que c'est le DRAPIER qui se moque de lui. Il est surtout *pressé*, et, déformé par la *routine*, s'intéresse peu à l'affaire. Mais la satire s'exerce surtout sur le *métier d'avocat :* PATHELIN renverse les rôles, transformant presque le demandeur en accusé, avec de grands mouvements oratoires : *indignation, attendrissement.*

LE DRAPIER
Voici donc ce que je demande :
Monseigneur, il est vérité
Que pour Dieu et en charité
Je l'ai nourri en son enfance ;
Et quand je vis qu'il eut puissance
D'aller aux champs,—pour abréger—,
Je le fis être mon berger,
Et le mis à garder mes bêtes.
Mais aussi vrai comme [1] vous êtes
10 Là assis, monseigneur le juge,
Il en [2] a fait un tel déluge [3]
De brebis et de mes moutons
Que sans faute...
LE JUGE
Or écoutons...
LE DRAPIER
apercevant Pathelin
Puissé-je Dieu désavouer [4]
Si ce n'est pas vous, vous sans faute.
Pathelin se cache le visage de la main [5]
LE JUGE
Comme vous tenez la main haute !
Souffrez-vous des dents, maître Pierre ?
PATHELIN
C'est qu'elles me font telle guerre
Qu'*oncques* [6] ne sentis telle rage.
20 Je n'ose lever le visage.
Pour Dieu, faites-les procéder [7].
LE JUGE *au drapier*
Allons ! Achevez de plaider.
Sus, concluez donc clairement.

LE DRAPIER
C'est lui, très véritablement,
Par la croix où Dieu fut pendu.
C'est à vous que j'avais vendu
Six aunes de drap, maître Pierre.
LE JUGE
Qu'est-ce qu'il dit de drap ?
PATHELIN
Il erre [8].
Il croit à son propos [9] venir,
Et ne sait plus y parvenir   30
Parce qu'il ne l'a pas appris [10].
LE JUGE
Qu'on me pende, s'il ne l'a pris,
Mon drap, par la sanglante gorge [11] !
PATHELIN
Comme le méchant homme forge
De loin, pour fournir son libelle [12] !
Il veut dire — est-il bien rebelle [13] !
Que son berger avait vendu
La laine — je l'ai entendu [14],
Dont fut fait le drap de ma robe ;
Comme s'il disait qu'il dérobe   40
Et qu'il lui a volé la laine
De ses brebis.
LE DRAPIER
Male semaine
M'envoie Dieu [15] si ne l'avez !
LE JUGE
De par le diable ! vous *bavez* [16] !
Eh ! ne savez-vous revenir
Au sujet, sans entretenir

— 1 Aussi vrai *que...* — 2 *En* annonce *brebis* et *moutons.* Nous ne l'emploierions plus. — 3 Massacre, hécatombe. — 4 *Renier.* C'est une façon de *jurer* ce qui suit. — 5 Il ne voudrait pas que le marchand le reconnaisse. — 6 *Jamais* (de *unquam*, avec l's adverbial). — 7 *Continuer.* Terme de la langue juridique. — 8 Il se trompe. — 9 *Sujet.* — 10 Il ne s'est pas bien préparé. — 11 *Juron* violent. — 12 Comme il va chercher loin ses *inventions*, pour nourrir son *accusation !* — 13 Obstiné. — 14 *Compris* (sens conservé dans quelques expressions : *donner à entendre ; à bon entendeur, salut ; l'entendement*). — 15 Subj. de souhait : *que Dieu m'envoie une mauvaise semaine* (du malheur) *si vous ne l'avez pas* (le drap) ; *envoie :* 3 syllabes. — 16 Vous parlez pour ne rien dire (cp. v. 47 : *baverie*, cp. aussi *bavard, bavarder*).

La cour de telle *baverie?*...
Sus, revenons à ces moutons [1] !
Qu'en fut-il ?
     Le Drapier, *s'embrouillant*
        Il en prit six aunes,
50 Pour neuf francs.
         Le Juge
        Sommes-nous béjaunes [2]
Ou cornards [3] ? Où croyez-vous être ?
        Pathelin
Parlesambieu [4], il vous fait paître [5] !
Qu'il est brave homme par sa mine !
Je suggère qu'on examine
Un peu bien sa partie adverse [6].
        Le Juge
Vous dites bien : il ne converse [7] ;
Il se peut qu'il soit plein d'émoi.
Au berger Viens çà, dis.
        Le Berger
        Bée
        Le Juge
        Malheur de moi!
Quel bée est-ce là ? Suis-je chèvre ?
60 Parle donc.
        Le Berger
        Bée.
        Le Juge
        Sanglante fièvre
Te donne Dieu [8] ! Te moques-tu ?
        Pathelin
Croyez qu'il est fol ou têtu,
Ou bien pense être entre ses bêtes.
        Le Drapier, *à Pathelin*
Je renierai Dieu si vous n'êtes
Celui — nul autre — qui avez
Eu mon drap.
Au juge Ah ! vous ne savez,
Monseigneur, par quelle malice...
        Le Juge
Eh ! taisez-vous. Êtes-vous *nice* [9]?
Laissez en paix cet accessoire

Et venons au principal.   70
        Le Drapier
        Voire... [10]
.... Or çà je disais
A mon propos, comment j'avais
    s'embrouillant, puis se reprenant
Baillé six aunes... Je veux dire
Mes brebis... Je vous en *pri* [11], sire,
Pardonnez-moi. Ce gentil maître [12],
Mon berger, quand il devait être
Aux champs, il me dit que j'aurais
Six écus d'or quand je viendrais...
Je veux dire, voilà trois ans
Mon berger prit l'engagement   80
De loyalement me garder
Mes brebis, et sans leur causer
Ni dommage, ni vilenie [13].
Et puis maintenant il me nie
Drap et argent entièrement.
Maître Pierre, sincèrement...
Ce ribaud-ci [14] volait les laines
De mes bêtes, et toutes saines
Les faisait périr et crever
Par les assommer et frapper [15]   90
D'un gros bâton sur la cervelle,
Quand mon drap fut sous son aisselle,
Il se mit en chemin *grand erre* [16]
Et me dit que j'allasse *querre* [17]
Six écus d'or en sa maison.
        Le Juge
Il n'est ni rime ni raison
Dans tout ce que vous *rafardez* [18].
Qu'est ceci ? Vous entrelardez
Puis d'un puis d'autre[19]. Somme toute,
Parlesambieu, je n'y vois goutte.   100
Il brouille de [20] drap, puis babille
De ses brebis, au coup la quille [21].
Chose qu'il dit ne s'entretient... [22]
(Pathelin offre d'assurer la défense du berger).
        Pathelin, *au berger*
Viens, mon ami. Si l'on pouvait
Trouver... Écoute.

— 1 Devenu proverbial : « *Revenons à nos moutons !* ». — 2 Niais (*bec jaune :* petit oiseau). — 3 Sots. — 4 Palsambleu : par le sang (de) Dieu. — 5 Il se moque de vous. — 6 Son adversaire (*langue juridique*). — 7 Il ne dit mot. — 8 Subj. de souhait : *que Dieu te donne...* ; *sanglante* rend le juron plus violent (cf. v. 33). — 9 Stupide. — 10 Oui. — 11 C'est l'orth. étymologique. — 12 Ironique (antiphrase). —

13 Tort, mal (*vilenie :* action, manière d'agir d'un *vilain*). — 14 *Vagabond*, d'où *crapule* (cf. p. 186). — 15 En les assommant... — 16 En toute hâte (cp. Villon, p. 217, v. 13). — 17 Voir p. 173, n. 1. — 18 Racontez (cp. *baver*). — 19 Parle de façon embrouillée. — 20 Tantôt une chose, tantôt une autre. — 21 Au hasard. — 22 Il tient des propos sans suite.

LE BERGER
Bée.

PATHELIN
Quel bée ?
Par le sang que Dieu a versé,
Es-tu fou ? Dis-moi ton affaire.

LE BERGER
Bée.

PATHELIN
Quel bée ? ois-tu [1] brebis braire [2] ?
C'est pour ton profit. Attention.

LE BERGER
110 Bée.

PATHELIN
Eh ! dis oui ou bien dis non !
A voix basse
Bravo ! *Tout haut* Ne parleras-tu pas ?

LE BERGER
Bée...
*Pathelin demande au Juge d'acquitter
purement et simplement Agnelet. Le Drapier
proteste et revient encore sur l'histoire du
drap. Pathelin insinue qu'il est fou et
demande au Juge de le faire taire.*

LE DRAPIER
Je demande...

PATHELIN
Faites-le taire.
Eh ! par Dieu, c'est trop lambiné.
Mettons qu'il en ait assommé
Six ou sept ou une douzaine,
Et mangé, en sanglante étrenne [3],
Vous en êtes bien *méhagné* [4] !
Vous avez plus qu'autant gagné
120 Au temps qu'il vous les a gardés.

LE DRAPIER
Regardez, sire, regardez.
Je lui parle de draperie,
Et il répond de bergerie.
A Pathelin
Six aunes de drap, où sont-elles,
Que vous mîtes sous vos aisselles [5] ?
Pensez-vous point à me les rendre ?

PATHELIN
Ah ! sire, le ferez-vous pendre
Pour six ou sept bêtes à laine ?
Au moins, reprenez votre haleine [6],
Ne soyez pas si rigoureux   130
Au pauvre berger douloureux,
Qui est aussi nu qu'est un ver.

LE DRAPIER
C'est très bien retourné le ver [7].
Le diable me fit bien vendeur
De drap à un tel entendeur [8].
Çà, monseigneur, je lui demande...

LE JUGE
Je l'absous de votre demande
Et vous défends de procéder.
C'est un bel honneur de plaider [9].
A un fou ! *Au berger* Va-t'en à tes bêtes. 140

LE BERGER
Bée.

LE JUGE, *au drapier*
Vous montrez bien qui vous êtes,
Sire, par le sang Notre-Dame.

LE DRAPIER
Hé là ! monseigneur, sur mon âme,
Je lui veux...

PATHELIN
Quand va-t-il se taire ?

LE DRAPIER, *à Pathelin*
Eh ! c'est à vous que j'ai à faire.
Vous m'avez trompé faussement,
Et emporté furtivement
Mon drap, par votre beau langage.

PATHELIN
Ho ! j'en appelle en mon courage [10].

LE JUGE *au berger*
Va-t'en, mon ami. Ne retourne   150
Jamais, pour sergent qui t'ajourne [11].
La cour t'absout, entends-tu bien ?

PATHELIN
Dis grand merci.

LE BERGER
Bée...

— 1 Du verbe *ouïr*. Entends-tu ?... Crois-tu
entendre ?... — 2 *Béler* ; d'une façon générale,
crier (langue familière). Noter l'allitération.
— 3 Juron violent. — 4 *Maltraité*. Vous êtes bien
à plaindre ! — 5 Sous votre bras. — 6 Prenez le
temps de souffler, d'où *attendez, réfléchissez*. —
7 Changé de sujet. *Ver* sans doute à la place
de *vers* (pour la rime). — 8 Il faut que ce soit le
diable qui m'ait fait vendre du drap à un tel
client ! — 9 *Plaider à un fou* : faire un
procès à, plaider contre. — 10 J'en appelle à
mon cœur, j'en prends ma bonne foi à témoin.
— 11 Ne te laisse pas traîner de nouveau
en justice même s'il te fait *assigner* par un
sergent. Les *sergents* étaient des officiers de
justice tenant à la fois de nos *huissiers* et de
nos *agents de police* (cp. *sergent* de ville).

LE TROMPEUR TROMPÉ

Le JUGE *s'en va. Le* DRAPIER *est* médusé *tout autant qu'*indigné. *Il voudrait obtenir de*
PATHELIN *le fin mot de l'histoire : quel est le mystère de ces trois personnages : le voleur*
de drap, l'agonisant et l'avocat, qui s'ignorent l'un l'autre et se ressemblent si étrangement?
Finalement le marchand décide d'aller chez PATHELIN *voir « s'il y est ». Et* PATHELIN *imper-*
turbable lui répond : « c'est cela ! ». Mais il reste une question à régler : Le DRAPIER *parti,*
PATHELIN *se tourne vers le* BERGER *pour obtenir ses honoraires. C'est la dernière scène.* *
Aucune longueur cette fois. Le *mouvement* est d'autant plus frappant qu'il s'agit
presque d'un *monologue.* PATHELIN, berné à son tour, tire lui-même la conclusion,
sous la forme d'un proverbe : « *Les oisons mènent les oies paître !* », tandis que le
BERGER, retrouvant soudain la parole, détale prestement.

PATHELIN	*Dy, Aignelet.*
LE BERGER	*Bée.*
PATHELIN	*Vien ça. Vien.*
	Ta besogne est-elle bien faicte ?
LE BERGER	*Bée.*
PATHELIN	*Ta partie s'est retraicte* [1],
	Ne dy plus bée, il n'y a force.
	Luy ay je baillé belle estorse [2] *!*
	T'ay je point conseillé a poinct ?
LE BERGER	*Bée.*
PATHELIN	*Hé ! dea ! on ne t'orra* [3] *point,*
	Parle hardiment : ne te chaille !
LE BERGER	*Bée.*
PATHELIN	*Il est temps que je m'en aille :*
	Paye moy.
LE BERGER	*Bée.*
PATHELIN	*A dire voir* [4], 10
	Tu as tres bien faict ton devoir,
	Et aussi bonne contenance.
	Ce qui luy a baillé l'avance [5],
	C'est que tu t'es tenu de rire.
LE BERGER	*Bée.*
PATHELIN	*Quel bée ! Ne le fault plus dire.*
	Paye moi bien et doulcement.
LE BERGER	*Bée.*
PATHELIN	*Quel bée ? Parle sagement*
	Et me paye. Si m'en iray [6].
LE BERGER	*Bée.*

---

1 Ton *adversaire* s'est *retiré.* — 2 *Entorse* : je

l'ai *roulé.* — 3 Entendra. — 4 Vrai. — 5 L'a
trompé. — 6 Alors je...

* *Lire « Pathelin » dans l'éd. Holbrook (Champion) ou l'éd. Dimier.*

PATHELIN

> *Scez tu quoy je te diray ?*
> *Je te pri, sans plus m'abayer* [1],   20
> *Que tu penses de moy payer.*
> *Je ne veuil plus de baverie* [2],
> *Paye moi.*

LE BERGER

>   *Bée.*

PATHELIN

>   *Est-ce mocquerie* [3] *?*
> *Est-ce quanque* [4] *tu en feras ?*
> *Par mon serment ! tu me paieras,*
> *Entends-tu ? se tu ne t'envolles !*
> *Ça, argent !*

LE BERGER

>   *Bée.*

PATHELIN

>   *Tu te rigolles !*
> *Comment ? N'en auray je autre chose ?*

LE BERGER

> *Bée.*

PATHELIN

>   *Tu fais le rimeur en prose !*
> *Et a qui vends tu tes coquilles* [5] *?*   30
> *Scez tu qu'il est ? Ne me babilles*
> *Meshuy* [6] *de ton* bée, *et me paye !*

LE BERGER

> *Bée.*

PATHELIN

>   *N'en auray je autre monnoye ?*
> *A qui cuides* [7] *tu te jouer ?*
> *Et je me devoie tant louer*
> *De toy ? Or fais que je m'en loe* [8].

LE BERGER

> *Bée.*

PATHELIN

>   *Me fais tu manger de l'oe* [9] *?*
> *Maugré bieu* [10] *! Ay je tant vescu*
> *Qu'un bergier, un mouton vestu,*
> *Un villain paillart me rigolle ?*   40

LE BERGER

> *Bée.*

PATHELIN

>   *N'en auray je autre parolle ?*
> *Se tu le fais pour toi esbatre,*
> *Dy le, ne m'en fais plus debatre ;*
> *Vien t'en souper a ma maison.*

LE BERGER

> *Bée.*

PATHELIN

>   *Par sainct Jean ! tu as raison :*
> *Les oisons menent les oes paistre !*

à part.

> *Or cuidois je estre sur tous maistre*
> *Des trompeurs d'icy et d'ailleurs,*
> *Des forts coureux* [11] *et des bailleurs*
> *De parolles en payement,*   50

---

1 Dire *bée*. — 2 Cf. p. 175-6, v. 44 et 47. — | — 7 Crois. — 8 Loue. — 9 De *l'oie* : 3 : 2 syll. — 4 Tout ce que. — 5 V. 29-30 : | proverbial. — 10 Cp. *parbleu*. — 11 familier ; *tu te moques de moi.* — 6 Désormais | Aigrefins.

> *A rendre au jour du Jugement :*
> *Et un bergier des champs me passe !*

au berger.   *Par sainct Jacques ! se je trouvasse*
> *Un sergent, je te feisse prendre !*

LE BERGER   *Bée.*

PATHELIN   *Heu,* bée ! *L'en me puisse pendre*
> *Si je ne vois faire venir*
> *Un bon sergent ! Mesadvenir*
> *Luy puisse il, s'il ne t'emprisonne !*

LE BERGER, prenant la fuite.
> *S'il me treuve, je luy pardonne.*

- *En quoi peut-on parler, à propos de cette scène, de comique de situation ? Distinguez les sources du comique dans le dialogue.*
- *Comment s'y prend Pathelin pour tenter de ramener le Berger à de meilleurs sentiments ? Par quels sentiments passe-t-il lui même ?*
- *Que pensez-vous du dernier vers et de cette façon de terminer la pièce ?*
- *Entretien. Que pensez-vous de la moralité de ce dénouement ? Pathelin en veut-il au berger ?*
- **Groupe thématique : Le comique.** Classez les éléments comiques dans les extraits de *Pathelin*.

Étude du texte original *(deuxième moitié du XVe siècle)*.

I. *La plupart des mots ont déjà pris leur forme moderne.*

Certains ont gardé quelques traces de leur étymologie latine :

1. Persistance de consonnes aujourd'hui disparues :

c devant *t* : *facta* > faicte (2) ; *retracta* > retraicte (3) ; *punctum* > poinct (6) ; *factum* > faict (11) ; *sanctum* > sainct (45).
s devant *t* (marqué en français moderne par un accent circonflexe) : *pascere* > paistre (46) ; *essere* > estre (47) ; *magistrum* > maistre (47).
l devant *consonne* : doulcement (16) ; fault (15).

2. Absence de lettres aujourd'hui ajoutées :

veni > vien (1) : impér. sans s ; *preco (lat. cl. *precor*) > pri (20) : sans e.

II. *Triomphe du cas régime :* la déclinaison à deux cas a disparu.

III. Relever les *locutions populaires* imagées, et particulièrement savoureuses.

IV. *Remarques sur la syntaxe :*

8   *ne te chaille :* subj. de *chaloir* (ne t'inquiète pas) ; le subj. marque la défense ;
     cp. *l'en me puisse pendre* (55) et *lui puisse il* (58) : subj. de souhait.
19   *quoi :* inter. indir. (lat. *quid*), et non *ce que :* relat. ; cp. « Scez tu *qu'*il est ? » (31).
20-21 *je te pri que tu penses :* et non « de penser ».
27   *tu te rigolles :* encore chez Rabelais ; v. 40 *me rigolle :* emploi transitif.
34   *A qui cuides-tu te jouer ?* : de qui penses-tu te moquer ?
38-9 Ay je tant vescu *que :* pour que.
53-4 *se je trouvasse... je te feisse :* subj. dans les phrases hypothétiques.

Aux sources du comique

Pathelin et le drapier.
(« Maistre Pathelin hystorié »,
bois gravé anonyme, vers 1500.
Ph. © Bibl. Nat., Paris — Arch.
Photeb.)

**Guillemette éconduit le
drapier.** (« La Farce de
Maître Pathelin », bois gravé
anonyme. Ed. P. Levet, 1489. Ph.
© Bibl. Nat., Paris — Arch.
Photeb.)

**Procès de Thibaut
l'Agnelet.** (« Maître Pierre
Pathelin réduit en son naturel »,
bois gravé anonyme, 1464. Bibl.
du Musée Condé, Chantilly. Ph.
H. Josse © Arch. Photeb.)

Dans la scène de *Pathelin chez le drapier* (cf **p. 169**), le comique est celui de la *dupe réjouie*, bernée par un flatteur. On le retrouve dans le *Roman de Renard* (cf. **p. 86 et 88**), les *Fables* de La Fontaine, les comédies de Molière (cf. **XVIIᵉ siècle, p. 199**).

Dans la scène de la *visite du Drapier à Pathelin* (cf. **p. 172**), le comique a des ressorts très divers : le quiproquo, le déguisement (Pathelin en malade qui délire), la répétition (*Plus bas !*). Ces procédés sont exploités à fond dans les comédies de Molière (cf. **XVIIᵉ siècle, p. 180-181**) et de Beaumarchais (cf. **XVIIIᵉ siècle, p. 383-404**).

La scène du *procès* (cf. **p. 174-177**) est la première d'une série illustrée par les **Plaideurs** et le **Mariage de Figaro** (cf. **XVIIIᵉ siècle, p. 396**) : comique du quiproquo, de l'idée fixe, de la répétition ; satire des juges bornés, des avocats rusés, des plaideurs ahuris et révoltés. Le comique de répétition se conjugue avec le procédé très efficace du renversement de situation (cf. **XVIIᵉ siècle, p. 200**) dans la scène finale de *Pathelin* où l'on voit le trompeur trompé (cf. **p. 178**).

Le royaume de l'allégorie

La Carole du verger par le Maître de Jouvenel. (« Le Roman de la Rose » de Guillaume de Lorris et Jean de Meung, miniature, vers 1460. Ph. © Bibl. Nat., Paris — Arch. Photeb.)

Cette miniature s'inspire de la première partie du *Roman de la Rose* (cf. **p. 191**). Le verger d'AMOUR, séjour de la ROSE, est entouré de murs qui en interdisent l'accès (cf. **p. 195**). Introduit par Dame OISEUSE, AMANT est invité à participer à la « carole » (la ronde) par BEL ACCUEIL et par les personnages allégoriques qui lui sont favorables (cf. **p. 196**).

Le procédé allégorique apparu dans la littérature courtoise (cf. **p. 60**) devient parfois dans le *Roman de la Rose* un artifice monotone qui n'est pas dénué de froideur. Utilisé avec plus de discrétion, sous forme de métaphore, il contribue à créer un climat d'élégance et de raffinement chez Eustache Deschamps (cf. **p. 200, 202**) et surtout Charles d'Orléans (cf. **p. 206 à 209**). On le retrouve chez Marot, Ronsard, d'Aubigné, dans la littérature précieuse, au XIXᵉ siècle, par exemple chez Baudelaire, Verlaine, Mallarmé, et encore de nos jours, par exemple chez Péguy, Valéry ou Montherlant.

LA POÉSIE LYRIQUE
ET DIDACTIQUE

I. LES DÉBUTS DU LYRISME

Définition du lyrisme   Nous entendons aujourd'hui par *lyrisme* une poésie inspirée par des sentiments personnels (ainsi les MÉDITATIONS de LAMARTINE, les NUITS de MUSSET, les CONTEMPLATIONS de VICTOR HUGO), simplement lue ou récitée comme toute autre poésie, satirique, épique ou dramatique. Mais à l'origine (*lyrisme* vient de *lyre*), en Grèce comme en France, *la poésie lyrique est une poésie musicale* dont les paroles sont accompagnées par une mélodie. Au XVIᵉ siècle encore, Ronsard et Du Bellay insisteront sur les rapports étroits entre lyrisme et musique [1]. Au Moyen Age les *jongleurs* et les *ménestrels* sont à la fois poètes et musiciens, et nos premiers poèmes lyriques sont de véritables *chansons* : ainsi on notera très souvent la présence d'un *refrain*. La *strophe* lyrique, qui par la suite ne sera plus qu'un agencement littéraire harmonieux de vers et de rimes, correspond alors à une phrase musicale, qui reprend à chaque strophe. Il se peut d'ailleurs que ce lyrisme remonte à des chants populaires et à des airs de danse.

Le lyrisme courtois   Cependant, lorsque le lyrisme trouve son expression littéraire (vers le milieu du XIIᵉ siècle), son inspiration est courtoise et aristocratique. La forme la plus ancienne est la *chanson de toile* (p. 182), ou chanson d'histoire. Il s'agit de brefs récits en vers, où l'amour joue un grand rôle, et qui charmaient les dames occupées à broder ou à tisser (d'où le nom de *chansons de toile*).

Lyrisme du Nord
lyrisme du Midi   Ce lyrisme courtois est l'œuvre tantôt de poètes de profession, attachés à un seigneur ou allant de château en château, *trouvères* en pays de langue d'oïl, *troubadours* en pays de langue d'oc (approximativement au nord et au sud de la Loire), tantôt de grands seigneurs lettrés comme CONON DE BÉTHUNE, JEAN DE BRIENNE (p. 183), et surtout THIBAUD, COMTE DE CHAMPAGNE (1ʳᵉ moitié du XIIIᵉ siècle).

— 1 « Chante-moi ces odes..., d'un luth | romaine ». Du Bellay, *Défense et Illustration* bien accordé au son de la lyre grecque et | *de la Langue Française*.

La littérature *méridionale* [1], si elle a ignoré longtemps les chansons de geste, seul genre vraiment en honneur dans le Nord jusque vers 1160, offre au contraire très tôt une poésie lyrique originale et variée, dont nous donnons un exemple avec une chanson de JAUFRÉ RUDEL (p. 184). L'influence de cette poésie des troubadours ne tarde pas à se traduire, dans les pays de langue d'*oïl*, par un souci croissant de finesse et d'élégance, et par l'emprunt de nombreux genres d'origine méridionale.

Les divers genres

A la chanson de toile succèdent en effet des poèmes lyriques de type très varié. Nous citerons la *chanson d'amour* [2], la *chanson de croisade*, la *rotrouenge* (ainsi le chant mélancolique de *Richard Cœur de Lion* prisonnier, fin du XIIe siècle), le *jeu parti* (poème dialogué engageant un débat tranché par un « juge », ce qui rappelle les « *cours d'amour* »), l'*aube* (deux êtres qui s'aiment sont éveillés par le guetteur, au point du jour), la *pastourelle* enfin (p. 183), cultivée surtout dans le Nord, où l'on voit un chevalier courtiser une bergère (« pastoure » ou « pastourelle ») : le soupirant est tantôt éconduit par la jeune fille fidèle à son berger, tantôt favorablement accueilli. Ce genre est *très gracieux*, complexe par son origine (peut-être à la fois populaire et aristocratique), et appelé, sous des formes diverses, à une longue fortune. Ne parlons-nous pas encore volontiers du « temps où les rois épousaient des bergères » ?

Chanson de toile

Cette chanson date du XIIe siècle. Contée brièvement, c'est une fraîche histoire d'amour dans un cadre champêtre : GAYETTE part avec son fiancé ; sa sœur, la pauvre ORIOUR, reste seule, « les yeux en larmes et le cœur soupirant ». Des notations psychologiques vraies et une atmosphère mélancolique. Le *refrain* souligne les deux thèmes lyriques : *la nature* et *l'amour*.

Le samedi soir finit la semaine : Gayette et Oriour, sœurs germaines, la main dans la main vont se baigner à la fontaine.
La brise souffle, la ramée se balance : doux sommeil à ceux qui s'entr'aiment !

Le jeune Gérard revient d'Aquitaine ; il aperçoit Gayette auprès de la fontaine : entre ses bras la prend et l'étreint doucement.
La brise souffle, la ramée se balance : doux sommeil à ceux qui s'entr'aiment !

« Oriour, quand tu auras puisé de l'eau, repars pour la ville, tu connais le chemin : je resterai avec Gérard qui me chérit. »
La brise souffle, la ramée se balance : doux sommeil à ceux qui s'entr'aiment !

10 Oriour s'en va, pâle et affligée, les yeux en larmes et le cœur soupirant, car elle n'emmène pas sa sœur Gaye.
La brise souffle, la ramée se balance : doux sommeil à ceux qui s'entr'aiment !

« Las ! dit Oriour, je suis née sous une mauvaise étoile ! J'ai laissé ma sœur dans la vallée : le jeune Gérard l'emmène en sa contrée ! »
La brise souffle, la ramée se balance : doux sommeil à ceux qui s'entr'aiment !

— 1 Plusieurs érudits, dont M. Jeanroy, ont souligné que l'épithète traditionnelle de « provençale » était étroite et inexacte. — 2 « Genre noble par excellence, l'équivalent de l'ode dans l'antiquité » (A. Jeanroy).

Le jeune Gérard et Gaye ont pris de leur côté, ils s'en sont allés droit vers la cité. Dès leur arrivée il l'a épousée.
La brise souffle, la ramée se balance : doux sommeil à ceux qui s'entr'aiment !

Pastourelle

Cette PASTOURELLE est l'œuvre d'un grand seigneur, le comte JEAN DE BRIENNE († 1237), qui fut roi de JÉRUSALEM, puis régent de CONSTANTINOPLE. Le texte original est rédigé en *vers de sept syllabes*, groupés en strophes de six vers. Les strophes sont ponctuées par le *refrain* « Aé ! » L'ensemble est très *scandé*, très *chantant*. Le poème s'ouvre sur un joli tableau champêtre. La conversation s'engage aussitôt, et le chevalier va droit au fait : mais la bergère n'est impressionnée ni par sa hardiesse ni par sa bonne mine. Son franc parler est amusant et sympathique. Le jeune homme aura beau la tenter, fière et sage, fidèle aussi, elle le repoussera. Le dialogue est plein de *vivacité* et de *naturel*. Bref, ce genre, qui deviendra plus tard si conventionnel, offre ici tout le charme de la spontanéité.

I. Sous l'ombre d'un bois trouvai pastoure à mon goût ; contre l'hiver était bien protégée la fillette aux blonds cheveux. La voyant sans compagnie, je laisse mon chemin et vais vers elle. Aé !

II. La fille n'avait compagnon [1], hormis son chien et son bâton. A cause du froid, serrée dans sa cape, elle était blottie contre un buisson [2]. Aux accents de sa flûte elle évoque Garinet et Robichon [3]. Aé !

III. Quand je la vis, aussitôt je me dirige vers elle, mettant pied à terre, et lui dis : « Pastourelle, mon amie, de bon cœur je me rends à vous : faisons tonnelle de feuillage, gentiment nous nous aimerons [4]. » Aé !

10 IV. « Seigneur, ôtez-vous de là ! ce langage je l'ai déjà entendu. Je ne suis pas à la disposition de quiconque me dit : Viens çà [5] ! Vous avez beau avoir selle dorée, jamais Garinet n'y perdra. » Aé !

V. « Pastourelle, si tu veux bien, tu seras dame d'un château [6]. Ote ta pauvre chape grise, mets ce manteau de vair [7] ; ainsi tu ressembleras à la fraîche rose qui vient de s'épanouir [8]. » Aé !

VI. « Seigneur, voilà un grand engagement ; mais bien folle celle qui accepte ainsi, d'un inconnu, manteau de vair ou parure, si elle ne cède à sa prière et ne consent à ses vœux. » Aé !

VII. « Pastourelle, sur ma foi, je te trouve si belle que je ferai de toi, si tu veux, 20 dame parée, noble et fière. Laisse l'amour des rustauds, et te remets toute à moi. » Aé !

VIII. « Seigneur, paix ! je vous en prie ; je n'ai pas le cœur si vil : j'aime mieux humble bonheur sous la feuillée avec mon ami que d'être dame dans une chambre lambrissée pour que chacun me méprise [9]. » Aé !

— 1 Noter la *reprise :* de même dans la phrase suivante et encore strophe III ; cp. la *poésie épique.* — 2 Noter la jolie précision du petit tableau qui reprend, en le complétant, celui de la strophe I. — 3 « Pastoureaux » dont l'un surtout (strophe IV) est cher à son cœur. — 4 La *déclaration* est directe. Le chevalier parlerait-il ainsi à une noble dame ? — 5 Noter la *vivacité* et la *fierté* de la réplique. — 6 Est-ce le même ton que strophe III ? — 7 Fourrure précieuse. — 8 Cp. « Jeu d'Adam », v. 24 : « *Tu es plus fraîche que la rose* ». D'ailleurs le chevalier ne joue-t-il pas le rôle du *tentateur ?* On voit que cette gracieuse comparaison est antérieure au « Roman de la Rose ». — 9 Noter à nouveau la *fierté*, et aussi la *sagesse* de la bergère.

Amour lointain

Cette chanson est l'œuvre d'un troubadour du XIIe siècle, JAUFRÉ RUDEL, qui participa, semble-t-il, à la deuxième croisade (1147-1149). Elle nous charme par une évocation délicate du printemps et surtout par l'amour pur, fervent et presque mystique qui l'inspire. Avec leur halo de mystère poétique, ces vers nous donnent à rêver : quel est cet *amour de loin?* S'agit-il d'une princesse du temps, d'une créature idéale née de l'imagination tendre du poète, ou même d'une figure mystique de l'amour divin ? Cet amour courtois est si éthéré, si grave, si poétique, qu'il devient une sorte de culte. Bien des poètes modernes ont été séduits par ce poème et la légende qui l'entoure : EDMOND ROSTAND en particulier en a tiré sa *Princesse lointaine.*

Quand les jours sont longs, en mai, j'aime le doux chant des oiseaux lointain ; et quand mon esprit s'éloigne de là, il me souvient d'un amour lointain ; je vais, plein de désir, inquiet et songeur, si bien que ni chant ni fleur d'aubépine ne me plaisent plus que l'hiver gelé.

Certes, je tiens pour vrai le seigneur par qui je verrai l'amour lointain ; mais pour un bien qui m'en échoit j'éprouve deux maux, car il m'est trop lointain. Ah ! que ne suis-je pèlerin, là-bas ! Puissent mon bâton et mon habit être contemplés par ses beaux yeux !

10 Quelle joie, quand je lui demanderai, pour l'amour de Dieu, le gîte lointain ; et s'il lui plaît, je serai son hôte, près d'elle, moi qui suis si lointain. Alors, ce sera l'aimable entretien, quand l'amant lointain sera si voisin qu'il jouira des beaux et charmants propos !

Triste et joyeux je repartirai si je le vois un jour, l'amour lointain. Mais je ne sais quand je le verrai, car nos pays sont trop lointains : il y a trop de chemins et de passages, et pour cela je ne suis pas devin. Mais que tout soit comme il plaît à Dieu !

Jamais d'amour je ne jouirai si je ne jouis de cet amour lointain, car de femme plus noble et meilleure, je n'en connais en nul endroit, ni proche ni lointain. Si pur, si parfait est son mérite que là-bas, au pays des Sarrasins, je voudrais 20 pour elle, être appelé captif.

Que Dieu qui créa tout ce qui va et qui vient, et forma cet amour lointain, me donne le pouvoir — car j'en ai le vouloir — de voir cet amour lointain, véritablement, si favorablement que la chambre et le jardin me semblent toujours un palais !

Il dit vrai, celui qui m'appelle avide et désireux d'amour lointain, car nulle autre joie ne me plaît autant que la possession de cet amour lointain. Mais ce que je veux m'est refusé, car ainsi m'a voué mon parrain que j'aime sans être aimé.

Mais ce que je veux m'est refusé. Qu'il soit maudit, le parrain qui m'a voué à ne pas être aimé !

LA LITTÉRATURE MÉRIDIONALE. Illustrée ici par ce délicat poème de JAUFRÉ RUDEL, la littérature méridionale gagnerait à être mieux connue. Par exemple, on aura plaisir à lire dans l'adaptation de Georges Bégou *Le Roman de Flamenca* (8095 vers, milieu du XIIIe siècle), point de rencontre de l'amour courtois, de la poésie du *Roman de la Rose,* du lyrisme des troubadours, le tout curieusement combiné avec une ruse digne des fabliaux, où tout est mis en œuvre pour berner un mari jaloux.

II. LE LYRISME BOURGEOIS
AU XIIIe SIÈCLE

L'esprit bourgeois   Le lyrisme courtois et aristocratique des grands seigneurs et de leurs trouvères ne répondait guère aux tendances de la bourgeoisie. Aussi voit-on apparaître au XIIIe siècle un nouveau courant poétique, où la verve satirique et réaliste s'unit au lyrisme : dans ce domaine comme dans toute la littérature du Moyen Age l'inspiration des auteurs dépend du milieu social auquel ils veulent plaire, et l'opposition s'affirme entre *esprit aristocratique* et *esprit bourgeois*. Le *lyrisme bourgeois* correspond aux Fabliaux, au Roman de Renard et au théâtre comique. L'amour et ses délicatesses y ont peu de place ; *piété, satire du temps, lyrisme personnel et réaliste*, teinté d'un *humour* tantôt gai, tantôt amer, tels sont les principaux thèmes de cette poésie.

Les poètes   Parmi les « jongleurs » de la société bourgeoise nous citerons JEAN BODEL, COLIN MUSET et surtout RUTEBEUF.

JEAN BODEL : L'auteur du JEU DE SAINT NICOLAS (voir p. 156) fut aussi un poète lyrique de talent. Atteint de la lèpre (1202) il composa le « CONGÉ », *émouvant adieu* à ses amis. Il mettait ainsi à la mode un genre qui sera cultivé par l'« *école d'Arras* », et plus tard repris par VILLON sous la forme du « LAIS » et du « TESTAMENT ».

COLIN MUSET : Originaire de l'Est, COLIN MUSET vécut sous le règne de SAINT LOUIS. D'abord poète courtois, il écrivit ensuite des poèmes plus conformes à son tempérament. Par son épicurisme, sa gaîté réaliste et sa façon piquante de solliciter de hauts protecteurs, il annonce l'esprit de MAROT. S'adressant par exemple à un comte qui a omis de lui payer ses « gages » (« Sire comte, j'ai viellé »...), il déplore le triste état de ses finances ! Lorsqu'il rentre chez lui sans un sou, chacun lui fait grise mine (cp. Rutebeuf, p. 190 v. 28-32). Mais quel accueil s'il rapporte quelque argent !

RUTEBEUF († vers 1280)

Sa vie   Peut-être champenois, RUTEBEUF vécut sous le règne de SAINT LOUIS, puis de PHILIPPE LE HARDI. Il était poète de profession et *connut la misère*, lorsque le roi n'était pas là pour le secourir (p. 188). Au milieu de ces difficultés matérielles, il gardait sa *bonne humeur*, même lorsque ses *plaisanteries* dissimulent mal une *profonde détresse*, et il ironisait sur son propre sort, ce qui nous fait songer à VILLON. Sa principale joie, nous dit-il, réside dans l'espoir d'un avenir meilleur : « *L'espérance du lendemain Ce sont mes fêtes.* »

Variété de son œuvre   Auteur du MIRACLE DE THÉOPHILE (pp. 156-159), de nombreux « dits », de fabliaux, de « Renard le Bétourné », des complaintes « d'Outre-mer » et « de Constantinople » et de poèmes intimes, RUTEBEUF nous a laissé une œuvre très variée qui résume les principales tendances de l'époque et du milieu : *piété profonde et naïve, enthousiasme pour les croisades, réalisme satirique* et *ironie* sans méchanceté. Deux aspects nous intéressent surtout aujourd'hui : la *satire* et un *lyrisme personnel* plein de spontanéité.

La satire

RUTEBEUF unit à une piété ardente cet *esprit gaulois* et *populaire* qui se moque volontiers des religieux lorsque, manquant à leurs devoirs, ils ne donnent pas l'exemple d'une vie édifiante. Ainsi il s'en prend à divers ordres (cf. le « Dit des Béguines » p. 187) avec beaucoup d'*esprit* et de *verve*, sans aller jusqu'à une satire vraiment amère. Contre les moines et leurs empiètements il prend parti pour les maîtres séculiers de l'Université de Paris. Il intervient en *pamphlétaire* dans toutes les querelles qui passionnent son temps. Parfois aussi la *satire* est *apitoyée* : les RIBAUDS DE GRÈVE ne sont-ils pas ses frères en misère ?

Le lyrisme personnel

RUTEBEUF refuse de prendre trop au tragique sa propre détresse, si poignante qu'elle soit souvent. Cela donne à ses plaintes, sans cesse relevées par quelque *calembour* (p. 189 v. 41-47), un accent original et sympathique. Les poèmes où il nous parle de lui-même, de sa *pauvreté* (LA PAUVRETÉ et LE MARIAGE RUTEBEUF), du triste accueil qui l'attend chez lui lorsqu'il rentre les mains vides (p. 190 v. 28-32), de ses amis que « le vent » a emportés (LA COMPLAINTE RUTEBEUF, p. 187), sont vraiment vivants et attachants. Pas de grande déclamation, la *peinture réaliste de la vie quotidienne* avec ses tracas mesquins lorsqu'on est pauvre en dépit de son talent. Certains accents seraient dignes de VILLON, d'un VILLON moins tragique et qui, dans la misère, aurait su rester honnête.

L'art de Rutebeuf

Ces poèmes n'étaient pas destinés à être chantés : on s'achemine donc vers le lyrisme au sens moderne du terme. RUTEBEUF compense l'absence de musique par un grand *souci du rythme* : composition des strophes, agencement de vers de longueur différente, disposition des rimes. Il soigne aussi le détail de la forme, et va même trop loin parfois : certaines de ses *recherches* d'expression nous paraissent aujourd'hui bien artificielles (p. 189). Mais il faut tenir compte des goûts du temps et ne pas oublier la variété de cette œuvre, où une *simplicité directe et sincère* voisine avec les *acrobaties* les plus contestables.

Le dit des Ribauds de Grève

Voici venir l'hiver : triste saison pour les « *ribauds* », les vagabonds qui hantent la place de Grève, à Paris (sur l'emplacement de la place de l'Hôtel de Ville actuelle). RUTEBEUF s'adresse à ces pauvres *va-nu-pieds* (v. 10) avec une *ironie* nuancée de *tendresse* : il sait trop lui-même ce que c'est que la misère ! On notera le *ton familier* et le *réalisme* de ce petit poème.

Ribauds, or [1] êtes-vous à point [2] :
Les arbres dépouillent leurs branches,
Et vous [3] n'avez de robe [4] point ;
Si [5] en aurez froid à vos hanches.
Quels vous fussent [6] or les pourpoints
Et les surcots [7] fourrés à manches !

Vous allez en été si *joint* [8]
Et en hiver allez si *cranche* [9] ;
Vos souliers n'ont pas métier [10] d'oint [11] :
Vous faites de vos talons planches [12].
Les noires mouches vous ont *point* [13],
Or vous *repoinderont* les blanches [14].

— 1 *Maintenant*, cp. v. 5 et 12. — 2 Vous êtes *bien lotis* : ironique. — 3 Pronom intensif : *vous, vous* n'avez... — 4 Vêtements. — 5 Ainsi. — 6 Combien précieux vous seriez... — 7 Surcot : sorte de gilet à manches, plus ajusté que le *pourpoint*. — 8 *Vifs* ; cas sujet plur., sans s ;

de même *cranche*, et v. 5 texte original : *li porpoint*. — 9 Mal en point. — 10 Besoin. — 11 De graisse. — 12 Vos talons vous tiennent lieu de semelles. — 13 *Piqués* (le participe ne s'accorde pas). — 14 Les mouches blanches (les flocons de neige), vous *piqueront à leur tour*.

Le dit des Béguines

Les ordres religieux se multiplient sous le règne de SAINT LOUIS ; le roi les protège et les comble de bienfaits. Mais religieux et religieuses ne mènent pas toujours une vie édifiante. C'est ici contre un ordre de femmes, les *Béguines*, que RUTEBEUF exerce sa *verve satirique*.

En rien [1] que Béguine die [2]
N'entendez tous *se bien non* [3] :
Tout est de religion [4]
Quanque [5] l'on trouve en sa vie.
Sa parole est prophétie ;
S' [6] elle rit, c'est compagnie [7] ;
S'el [8] pleure, dévotion ;
*S'*elle dort, elle est ravie [9] ;
S'el songe [10], c'est vision ;
10   *S'*elle ment, *nou* croyez mie [11].

Si Béguine se marie,
C'est sa conversation [12] :
Ses vœux, sa profession [13]
N'est [14] pas à [15] toute sa vie.
Cet an pleure et cet an prie,
Et cet an prendra baron [16].
Or est Marthe, or [17] est Marie ;
Or se garde, or se marie ;
Mais n'en dites *se bien non* :
Le Roi *no* [18] souffrirait mie.   20

" Ce sont amis que vent emporte... "

Voici un passage de la COMPLAINTE RUTEBEUF. Le poète part de lieux communs : *un malheur n'arrive jamais seul* et *dans le malheur on compte ses vrais amis*. Mais il les transfigure par l'intensité vraie de sa *déception*, l'art du *rythme* et les *images*. Si l'image agricole des v. 7-8 paraît discutable, celle de la *tourmente* qui emporte les faux amis (v. 14, v. 16-18) est vraiment très belle. — V. 107-124.

Li mal ne sevent seul venir :
Tout ce m'estoit a avenir
  S' [19] *est avenu.*
Que sont mi ami devenu
Que j'avoie [20] *si pres tenu* [21]
  Et tant amé ?
Je cuit qu'il sont trop cler semé :
Il ne furent pas bien femé [22],
  Si sont failli.
10   *Itel ami m'ont mal bailli,*
C'onques tant com Diex m'assailli
  En maint costé,
N'en vi un seul en mon osté [23] *:*
Je cuit [24] *li vens les m'a osté* [25].
  L'amor est morte :
Ce sont ami que vens emporte,
Et il ventoit devant ma porte :
  Ses [26] *enporta.*

Les maux ne savent venir isolément :
Il fallait que tout cela m'arrivât,
  Et c'est arrivé.
Que sont devenus mes amis,
Avec qui j'étais si intime
  Et que j'avais tant aimés ?
Je crois qu'ils sont trop clairsemés :
Ils ne furent pas bien fumés,
  Alors ils m'ont fait défaut.
Ces amis-là m'ont mal traité,   10
Car jamais, tant que Dieu m'affligea
  En mainte manière,
Je n'en vis un seul en ma demeure.
Je crois que le vent me les a enlevés.
  L'amitié est morte :
Ce sont amis que vent emporte,
Et il ventait devant ma porte :
  Aussi (le vent) les emporta.

— 1 En *chose* que : quoi que. — 2 Dise. — 3 *Sinon* du bien, que du bien. — 4 Vient de la religion, est sacré. — 5 Quoi que ce soit que (reprend *tout*). — 6 Si. — 7 Amabilité. — 8 Elle. — 9 En extase. — 10 Rêve. — 11 *Ne le croyez pas* ; *ne croyez pas qu'elle mente* ; ambiguïté amusante. — 12 C'est par *sociabilité*. — 13 *Engagement solennel.* — 14 Noter l'accord. — 15 Pour. — 16 Mari. — 17 Tantôt, tantôt. Dans l'Évangile, Marthe est la femme qui vit dans le monde, Marie a choisi la vie contemplative. — 18 *Ne le* (cf. *nou*, v. 10). — 19 *Si est :* et c'est... — 20 : 3 syllabes. — 21 Que j'avais « tenus si près » (de mon cœur). — 22 *Fumés :* continue la métaphore (*clair semés*) ; Rutebeuf n'a pas assez d'argent pour les « fumer ». — 23 *Hostel*, cp. p. 189, v. 43, avec le même jeu de mots à la rime. — 24 Je crois *que*... — 25 Noter l'ordre des pronoms. — 26 Contraction : *si les.*

LA PAUVRETÉ RUTEBEUF

On a longtemps cru que RUTEBEUF s'adressait ici à SAINT LOUIS, mais la critique récente date le poème de l'hiver 1276-1277. Le roi serait donc PHILIPPE III LE HARDI et les *deux voyages* (v. 20) concerneraient ses expéditions de 1272 (prise de Foix) et 1276 (en Béarn). On notera l'*humour* de RUTEBEUF qui plaisante constamment sur sa propre détresse, et le caractère *intime* de cette poésie. Le *réalisme* le plus direct s'unit à une *recherche* amusante mais un peu artificielle : la poésie tend à devenir un *jeu*, mais elle est sauvée par la *sincérité*. Ce ton n'est pas sans ressemblance avec celui de MAROT implorant l'aide de FRANÇOIS Ier. Comparer aussi, sur la misère des « clercs », le ROMAN DE LA ROSE, p. 198 v. 110-124.

Je ne sais par où je commence [1]
Tant ai de matière abondance
Pour parler de ma pauvreté.
Pour Dieu vous *pri* [2], franc [3] Roi de France,
Que me donniez quelque chevance [4],
Si [5] ferez trop *grand* [6] charité.
J'ai vécu de l'*autrui chaté* [7]
Que l'on m'a *creü* [8] et prêté ;
Or me *faut* chacun de créance [9],
10 Qu'[10] on me sait pauvre et endetté :
Vous *r*'avez hors du règne été [11]
Où toute *avoie m'atendance* [12].

Entre cher temps [13] et ma *mainie* [14]
Qui n'est malade ni *fainie*, [15]
Ne m'ont laissé [16] deniers ni gage [17].
Gent truis d'escondire arainie [18]
Et de donner mal *enseignie* [19] :
Du sien garder est chacun sage [20].
Mort me *r*'a fait de grands dommages [21],
20 Et vous, bon Roi, en deux voyages
M'avez bonne *gent éloignie* [22],

— 1 Subj. de délibération : par où *commencer*. — 2 *Prie :* l'*e* final est analogique. — 3 Préciser le sens. — 4 Argent (bien) ; cp. Villon, p. 213, v. 16. — 5 Ainsi (latin *sic*). — 6 *Grand :* voir gram. nº XIX b ; de même *quel*, v. 30 ; *trop :* très. — 7 *Chaté* ou chatei : bien, fortune ; *autrui :* cas régime : j'ai vécu du bien d'autrui... — 8 *Creü* (2 syllabes) : donné à crédit. — 9 *Faut :* de *faillir* = manquer ; maintenant chacun cesse de me faire crédit. — 10 Car. — 11 C'est le préfixe *re-* marquant la répétition (cp. v. 19) ; allusion à la 2e expédition de Philippe III, cp. v. 20-21. — 12 *Où* a pour antécédent *vous :* vous en qui je mettais tout mon *espoir* ; *avoie :* j'avais. — 13 Préciser le sens. — 14 Maisonnée, famille. — 15 Faible, abattue ; donc tout le monde a bon appétit ! — 16 Entre eux deux, à eux deux, *cher temps* et ma *mainie* ne m'ont laissé... — 17 Objet à déposer en *gage*, en échange d'un prêt d'argent. — 18 Je (ne) *trouve* (que) *des gens accoutumés à refuser.* — 19 Peu disposés à donner (qui n'ont pas bien *appris* à le faire). — 20 Chacun s'entend à garder « le sien » (son bien). — 21 Comment, selon vous ? — 22 Avez éloigné de moi les gens de bien ; *avez* a *trois* sujets : quels sont-ils ?

Et le lointain pèlerinage [1]
De Tunis, qui est lieu sauvage,
Et la *male gent renoïe* [2].

Grand roi, s'il advient qu'à vous faille [3],
A tous ai-je failli sans faille [4].
Vivre me faut et est failli [5].
Nul ne me tend, nul ne me baille :
Je tousse de froid, de faim bâille,
30 Dont je suis mort et *maubailliz* [6].
Je suis sans cottes [7] et sans lit;
N'a [8] si pauvre jusqu'à Senlis [9].
Sire, je ne sais *quel* part aille [10] :
Mon côté connaît le paillis [11],
Et lit de paille n'est pas lit [12],
Et en mon lit n'a fors [13] la paille.

Sire, je vous fais *a savoir*
Je n'ai de quoi du pain avoir [14] :
A Paris suis entre tous biens,
40 Et n'y a nul qui y soit mien.
Pou [15] y vois et *si y* prends *pou*,
Il m'y souvient plus de saint *Pou*
Qu'il ne fait de nul autre apôtre.
Bien sais « *Pater* », ne sais qu'est « *nôtre* »[16],
Car le cher temps m'a tout ôté,
Et m'a tant vidé mon *osté* [17]
Que le « *Credo* » [18] m'est *deveeiz* [19]
Et je n'ai plus que vous voyez [20].

– Composition. *Montrez que Rutebeuf : a) adresse une demande directe à saint Louis ; – b) déplore son absence ; – c) le prend à témoin de sa misère.*
– *Relevez les traits qui marquent l'extrême pauvreté du poète. Quel sentiment exprime-t-il, selon vous, par ses plaisanteries ?*
– Comparaison. *Comment procède Rutebeuf pour demander l'aide du roi de France ? Que pensez-vous de l'efficacité de cette méthode ? Justifiez votre opinion.*
– *Relevez et expliquez les jeux de mots. Quelle impression en retirez-vous : a) sur l'esprit du poète ? – b) sur son art ?*
● **Comparaison.** Étudiez l'art de solliciter et de persuader dans ce poème et dans les *Épîtres* de MAROT, cf. XVIᵉ SIÈCLE (p. 21-25 et 28-30) : ressemblances et différences.
● **Groupe thématique : Condition du poète.** Pages 187, 188, 189. – XVIᵉ SIÈCLE, MAROT, p. 23. – XIXᵉ SIÈCLE, VIGNY, p. 259, 261. – HUGO, p. 162 – BAUDELAIRE, p. 434 – RIMBAUD, p. 525.

— 1 *Croisade :* cp: p. 120, l. 6 et n. 1. — 2 Les infidèles, *mauvaises gens* qui *renient* (le Christ). — 3 *Que je vous perde.* — 4 (Alors) j'ai perdu infailliblement tous (mes) protecteurs. — 5 Il me faut de quoi vivre, et je suis démuni. — 6 Mal en point. — 7 Sans vêtements (cp. l'anglais *coat*). — 8 Il n'y a (cp. v. 36 et 40). — 9 Noter le calembour à la rime. — 10 De quel côté aller. — 11 Cp. *paillasse.* — 12 Nouveau calembour (ici c'est un « à-peu-près »). — 13 *Que :* il n'y a (rien) *sinon...* — 14 Propos. d'objet introduite sans *que.* — 15 *Peu* (latin *paucum*) : jeu de mots avec *Pou* (Paul, latin *Paulum*). — 16 *L'oraison dominicale* commence par *Pater noster* (Notre Père). Rutebeuf est si pauvre qu'il ne sait pas le sens de *notre* ! — 17 Hôtel, maison. — 18 Jeu de mots entre *Credo* (premier mot, en latin, du « Je crois en Dieu ») et *crédit.* — 19 Oté. — 20 Je n'ai (pas) plus que... (Je ne possède rien).

La misère au foyer

Ce texte est tiré du MARIAGE RUTEBEUF. L'*humour* du poète s'exerce cette fois sur sa femme, qui ne semble pas lui avoir apporté grande consolation dans sa misère. On est loin ici de l'*amour courtois !* Il y a quelque chose de poignant dans les *détails vécus* et dans les *sentiments exprimés.* RUTEBEUF souffre de ne pouvoir assurer aux siens une existence décente (v. 12-14, 25-32), mais il garde la dignité (v. 18, v. 19-23) et trouve une pauvre consolation dans l'espoir d'un avenir meilleur (v. 33-35). — Vers 81-115.

Avant que viegne avril ne may	Avant que vienne avril ou mai
Vendra quaresme ;	Viendra le carême ;
De ce puis bien dire mon esme [1] *:*	A ce sujet je peux bien dire mon avis :
De poisson autant com [2] *de cresme*	De poisson autant que de crème
Avra ma fame ;	Aura ma femme ;
Grant loisir a de sauver s' [3] *ame :*	Elle a tout loisir de sauver son âme :
Or geünt [4] *por la douce Dame* [5]*,*	Qu'elle jeûne donc pour la douce Dame,
Qu'ele a loisir,	Car elle en a loisir,
Et voïst [6] *de haute eure gesir* [7]*,*	Et aille se coucher de bonne heure,
10 *Qu'el n'aura pas tout son desir,*	Car elle n'aura pas tout son saoul, 10
C'est sanz doutance !	C'est chose sûre !
Or soit plaine de grant soufrance,	Qu'elle soit pleine de résignation,
Que c'est la plus grant porveance	Car c'est le meilleur remède
Que je i voie [8]*.*	Que j'y voie.
Par cel Seignor qui tout avoie [9]*,*	Par le Seigneur qui dirige tout,
Quant je la pris [10]*, petit avoie,*	Quand je la pris, j'avais peu (de bien)
Et ele mains.	Et elle moins (encore).
Je ne sui pas ouvriers des mains [11] *;*	Je ne suis pas travailleur manuel ;
L'en ne saura ja ou je mains [12]	L'on ne saura jamais où je demeure
20 *Por ma poverte :*	A cause de ma pauvreté. 20
Ja n'i sera ma porte ouverte,	Jamais n'y sera ma porte ouverte,
Quar ma meson est trop deserte	Car ma maison est trop vide
Et povre et gaste [13]*.*	Et pauvre et abîmée.
Sovent n'i a ne pain ne paste.	Souvent il n'y a ni pain ni pâte.
Ne me blasmez se ne me haste	Ne me blâmez pas si je ne suis pas pressé
D'aler arriere,	De retourner (chez moi),
Que ja n'i aurai bele chiere :	Car on ne m'y fera point bon visage :
L'en n'a pas ma venue [14] *chiere*	L'on ne se réjouit pas de mon retour
Se je n'aporte ;	Si je n'apporte rien ;
30 *C'est ce qui plus me desconforte,*	C'est ce qui m'afflige le plus, 30
Que je n'ose entrer en ma porte	Que je n'ose rentrer chez moi
A vuide main.	La main vide.
Savez comment je me demain ?	Savez-vous comment je m'arrange ?
L'esperance de l'endemain	L'espérance du lendemain,
Ce sont mes festes.	Voilà mes réjouissances.

— 1 Avis (estimation). — 2 Ironique ; préciser. — 3 *Son* âme ; expliquer. — 4 Qu'elle jeûne, subj. — 5 La Vierge — 6 Qu'elle aille, subj. ; cp. je *vais.* — 7 Pourquoi cela ? — 8 Car (la résignation) est, je pense, le meilleur recours possible pour elle.— 9 Du verbe *avoyer* ; la rime fait calembour. — 10 Pour femme. — 11 Rutebeuf est poète de profession. — 12 Latin : *maneo.* — 13 Analyser ce sentiment (v. 19-23). — 14 : 3 syllabes.

III. LA POÉSIE DIDACTIQUE

La littérature didactique   On qualifie de « *didactique* » (du grec διδάσκω : enseigner) toute œuvre qui a pour but essentiel d'*apprendre* quelque chose aux lecteurs, que cet enseignement soit pratique, moral ou scientifique. C'est le genre des *traités*. Mais encore faut-il, pour que ces œuvres méritent de prendre place dans l'histoire littéraire, qu'il ne s'agisse pas de simples *manuels :* leur caractère *utilitaire* ne doit pas faire disparaître tout *souci d'art*.

La poésie didactique apparaît de bonne heure dans notre littérature du Moyen Age. On pourrait citer par exemple la CHASSE AU CERF (cp. la CYNÉGÉTIQUE de XÉNOPHON), ou l'ORDRE DE CHEVALERIE, et, dans le domaine moral qui prête plus facilement aux développements littéraires, le DOCTRINAL DE COURTOISIE, ou les QUATRE AGES DE L'HOMME. Rappelons enfin que CHRÉTIEN DE TROYES (voir p. 57) traduisit les AMOURS d'OVIDE.

LE ROMAN DE LA ROSE (XIIIe SIÈCLE)

Mais nous devons surtout au genre didactique une œuvre capitale, le ROMAN DE LA ROSE. Ce « Roman », considérable à la fois par son ampleur, sa richesse et son influence, comprend deux parties très différentes, composées à une quarantaine d'années d'intervalle par GUILLAUME DE LORRIS et JEAN DE MEUNG. Ce dernier reprend le poème où son prédécesseur l'avait laissé, mais il aborde de tout autres problèmes, et dans un esprit qui change entièrement le sens de l'œuvre. Pourtant les deux parties présentent, chacune à sa façon, un caractère *didactique :* la première est un *code de l'amour courtois*, la seconde une véritable *somme* des *idées morales*, *sociales* et *philosophiques* de l'auteur.

1. GUILLAUME DE LORRIS

De l'*homme* nous ne savons à peu près rien. C'est à 25 ans qu'il aurait composé son œuvre (vers 1230), et, puisqu'il la laissa inachevée, il semble qu'il soit mort très prématurément. Il était *cultivé* sans posséder une érudition comparable à celle de son successeur. Il dédie son ROMAN à sa bien-aimée (p. 193, v. 20-24), mais, dans cette poésie allégorique, il est difficile de discerner la confidence de la fiction.

L'allégorie   Car GUILLAUME DE LORRIS use constamment de l'*allégorie*, prêtant une apparence humaine et une vie propre aux sentiments, aux qualités, aux défauts, aux âges de la vie : TRISTESSE, FÉLONIE, VILENIE, COURTOISIE, JEUNESSE, VIEILLESSE, etc... L'intrigue même est présentée sous une forme *symbolique :* le poète (AMANT) chercher à conquérir la ROSE dont son cœur s'est épris, c'est-à-dire la jeune fille qu'il aime. On voit combien la fiction est gracieuse ; mais elle ne va pas sans mièvrerie. Elle présente surtout le grave inconvénient de morceler de façon artificielle la psychologie de la femme aimée : celle-ci n'est qu'un bouton de rose, et ses sentiments, se détachant d'elle, prennent une existence autonome, ce qui ne saurait nous satisfaire pleinement.

L'art d'aimer Autour de la Rose évolue le ballet des complices et des adversaires de l'amour, conduits respectivement par Bel-Accueil et par Danger (ce dernier symbolise les *obstacles* de toute sorte que rencontre la passion). Cette « quête » de la Rose constitue un véritable *code de l'amour courtois*, avec ses délicatesses, ses raffinements et sa poésie. Le chemin est long et difficile, pour atteindre la Rose, et le verger du Dieu d'Amour figure déjà comme une « Carte de Tendre ». Guillaume de Lorris annonce en effet les subtilités de la galanterie et de la psychologie amoureuse qui trouveront leur expression dans les *romans précieux* du xviie siècle.

Valeur littéraire Poète un peu prolixe pour notre goût (la première partie du Roman compte plus de 4.000 octosyllabes), et parfois fade ou trop subtil, Guillaume de Lorris charme cependant par sa *sensibilité* volontiers mélancolique (p. 195), par la *grâce* de ses *descriptions* (« Le Printemps », p. 194) et par la *délicatesse raffinée* de son œuvre.

2. JEAN DE MEUNG († 1305)

L'homme Originaire de Meung-sur-Loire, Jean Chopinel avait fait de solides études et traduisait des œuvres latines, anciennes ou contemporaines. On peut dire qu'il n'ignorait aucune chose que l'on pût savoir de son temps. *Roturier, clerc érudit* et *philosophe*, il trouva dans le Roman resté inachevé un cadre commode pour utiliser ses connaissances et exposer ses idées. Très différent de Guillaume de Lorris par son tempérament, sa formation et son milieu, il détourna complètement l'œuvre de son but primitif. Selon les traditions de *l'esprit bourgeois*, il se défie des femmes (p. 198, v. 77-80), et on le sent très sceptique à l'égard de l'amour courtois. Esprit hardi, il met en question maints principes universellement admis au Moyen Age, inaugurant ce qu'on appellera plus tard *l'esprit de libre examen*.

L'œuvre Penseur bien plus que poète, Jean de Meung se soucie peu des aventures d'Amant. La seconde partie du Roman (1275-1280 environ) prend une extension énorme (quelque 18.000 vers) et devient une suite de *dissertations* sur tous les sujets susceptibles d'intéresser les esprits cultivés du temps. L'auteur donne la parole à Raison et à Nature qui expriment ses idées sur l'origine de la royauté, sur la vraie noblesse (pp. 197-8), sur le mariage, la richesse, la liberté, la création, les rapports de l'homme avec les animaux et sa place dans le monde.

L'érudition Beaucoup de ces idées, la plupart même, ne sont pas originales : des passages entiers sont traduits ou directement inspirés d'œuvres anciennes (cf. « La vraie noblesse », p. 197) ; manifestement Jean de Meung ne sait pas se borner ; il semble parfois grisé par ses connaissances et ne peut résister au désir de les étaler. Mais il n'est pas un simple compilateur : son érudition est généralement assimilée. Il possède l'art d'appliquer aux problèmes de son temps des idées universellement valables, et sous les innombrables emprunts apparaît une philosophie personnelle.

Une philosophie de la nature Jean de Meung voue à la Nature un véritable culte. En un *mythe* saisissant, il nous la montre *forgeant* inlassablement des êtres pour combler les vides creusés par la mort. L'art s'efforce de l'imiter. Tous les hommes, égaux devant elle, doivent écouter sa grande voix. En son nom l'auteur s'insurge contre l'ascétisme, contre le célibat des prêtres et des moines. Comment ne songerait-on pas à Rabelais ? On est allé jusqu'à nommer Jean de Meung, le Voltaire du Moyen Age : la comparaison avec Rabelais paraît beaucoup plus probante. On voit combien sa pensée s'écarte du mysticisme du Moyen Age et du respect des autorités établies ; pourtant le dernier mot de sa philosophie reste mystérieux : peut-être conciliait-il son *naturalisme* avec la *foi chrétienne*.

Le ROMAN DE LA ROSE est *une des œuvres maîtresses* de notre *Moyen Age*. Son *influence* a été immense et s'est prolongée pendant des siècles. Les poètes, EUSTACHE DESCHAMPS, CHARLES D'ORLÉANS et RONSARD lui-même ont été séduits par la psychologie courtoise, les gracieuses allégories et les frais paysages printaniers de GUILLAUME DE LORRIS. Quant à JEAN DE MEUNG, il a offert des thèmes de méditation à de nombreux esprits. Un peu de son naturalisme semble être passé chez VILLON. Il a préparé, plus de deux siècles à l'avance, *l'avènement de la Renaissance*.

GUILLAUME DE LORRIS

PROLOGUE   *Songe n'est pas toujours mensonge. Le poète croit pour sa part que les rêves peuvent être prophétiques. C'est une invitation à ne pas voir pure fantaisie dans son « Roman », qu'il va présenter sous la forme d'un songe symbolique.*

L'art d'aimer

C'est donc d'un *rêve*, si nous en croyons l'aimable fiction de l'auteur, qu'est né le ROMAN DE LA ROSE. Il contient tout « *l'art d'Amors* », et le poète le *dédie* à sa Dame.

Ou vintiesme an de mon aage,	Au vingtième an de mon âge,
Ou point qu'Amors prend le paage	Au temps où Amour prend le péage
Des jones gens, couchiez estoie	Des jeunes gens, j'étais couché
Une nuit, si cum ge souloie,	Une nuit, selon ma coutume,
Et me dormoie moult forment ;	Et je dormais profondément ;
Si vi un songe en mon dormant,	En mon sommeil, je vis un songe
Qui moult fu biax et moult me plot.	Vraiment très beau et très plaisant.
Mès onques riens ou songe n'ot	Or de ce songe il n'y eut rien
Qui avenu trestout ne soit	Qui en tout ne soit advenu
10 *Si cum li songes recontoit.*	Comme le songe le contait. 10
Or voil cel songe rimaier,	Je veux ce songe mettre en vers,
Por vos cuers plus fere esgaier,	Pour vous réjouir le cœur,
Qu'Amors le me prie et commande ;	Car Amour m'en prie et le commande ;
Et se nus ne nule demande	Et si l'un ou l'une demande
Comment ge voil que cilz Rommans	Comment je veux que ce Roman
Soit apelez, que ge commans,	Que je commence soit nommé,
Ce est li Rommans de la Rose,	Voici le *Roman de la Rose*
Ou l'art d'Amors est tote enclose.	Où l'art d'Amour est tout enclos.
La matire en est bone et noeve ;	La matière en est bonne et neuve ;
20 *Or doint Diex qu'en gré le reçoeve*	Dieu fasse que l'accueille bien 20
Cele por qui ge l'ai empris :	Celle pour qui je l'ai entrepris :
C'est cele qui tant a de pris	C'est celle qui a tant de prix
Et tant est digne d'estre amee,	Et est si digne d'être aimée
Qu'el doit estre Rose clamee.	Qu'elle doit être appelée la Rose.

Et voici, dédicace et prologue achevés, le début de ce rêve, qui va conduire le poète (AMANT, *comme le nomment les rubriques) à la quête de la* ROSE.

LE PRINTEMPS

Le charme du Printemps : ce thème sera bien souvent repris par nos poètes, en particulier par CHARLES D'ORLÉANS (voir p. 209), par RONSARD, et au XIXᵉ siècle par TH. GAUTIER. Ce beau jour de mai, GUILLAUME DE LORRIS s'est attaché à en rendre l'*atmosphère* plutôt qu'à nous en donner une peinture détaillée. Et cette atmosphère était en effet indispensable au ROMAN DE LA ROSE. *

C'était le matin, eût-on dit,
Cinq ans ont bien passé depuis,
Au mois de mai, par un beau jour,
Au temps plein de joie et d'amour,
Au temps où toute chose est gaie,
Car on ne voit buisson ni haie
Qui, en mai, se parer ne veuille
Et couvrir ¹ de nouvelle feuille.
Les bois recouvrent leur verdure,
10 Qui sont secs tant que l'hiver dure,
La terre même se délecte ²
De la rosée ³ qui l'humecte
Et oublie la pauvreté
Où elle a tout l'hiver été.
La terre alors devient si fière
Qu'elle change sa robe entière ;
Et sait si joliment la faire
Que de couleurs elle a cent paires ⁴,
D'herbes, de fleurs indes et perses ⁵,
20 Et de maintes couleurs diverses.
La robe qu'ainsi je décris
Donne à la terre tout son prix.
Les oiseaux, demeurés muets
Cependant que le froid régnait,
Et le temps mauvais et chagrin,
Sont, en mai, grâce au temps serein,
Si gais qu'ils montrent en chantant
Qu'en leur cœur a ⁶ de joie tant
Qu'il leur faut bien chanter par force ⁷.
30 Le rossignol alors s'efforce ⁸
De chanter et mener grand bruit.
Lors s'en donne à cœur joie aussi

— 1 *Se* couvrir. — 2 « *S'orgoille* », s'enorgueillit, dit le texte original. — 3 : 3 syllabes ; cp. *oublie*, v. 13, et *joie*, v. 28 (2 syllabes). — 4 Deux cents : une foule. — 5 *Violettes* et *bleues*. — 6 Il y a. — 7 Même s'ils ne le voulaient pas. — 8 *S'efforce de* : s'évertue à... il le fait de tout son cœur.

* *Voir éd. Marteau, Langlois ou Gorce.*

Le perroquet, et l'alouette.
Il faut que jeunesse se mette
A être gaie et amoureuse :
C'est la saison belle et heureuse.
Qui n'aime en mai a l'âme dure,
Quand il entend, sous la ramure,
Des oiseaux les doux chants piteux [1].

— Composition. Quels sont les aspects du printemps évoqués successivement ?
— a) Précisez les sensations et les impressions qui apparaissent dans ce passage. — b) Quelles sont les qualités de la description ? — c) Sur quoi insiste surtout le poète ?
• **Comparaison.** Ressemblances et différences entre cette évocation et celle de la page 70.
• **Groupe thématique : Printemps.** Pages 70, 184, 194, 209. Voir groupe thématique page 72.

Par ce beau jour de mai où la nature chante l'amour, le jeune homme remonte à travers de molles prairies le cours d'une claire rivière. Il parvient ainsi à l'entrée d'un verger clos de murs : *c'est le verger d'*AMOUR, *séjour de la* ROSE. *Mais la* ROSE *est gardée par des êtres farouches,* HAINE, FÉLONIE, VILENIE, CONVOITISE, AVARICE, ENVIE, TRISTESSE. VIEILLESSE, PAPELARDISE *et* PAUVRETÉ, *abstractions personnifiées dont la figure est peinte et sculptée sur les murs du verger. C'est le procédé de l'*allégorie.

La fuite du temps

Parmi ces figures se trouve VIEILLESSE ; le poète en donne une description *triste* et assez *réaliste*, coupée par ces *réflexions* sur l'écoulement ininterrompu du temps. La jeunesse fuit, le temps passe et détruit tout : ce seront des thèmes chers à nos plus grands poètes lyriques (cp. VILLON, p. 213, RONSARD, LAMARTINE, etc...). On notera que ce thème lyrique est traité ici de façon *impersonnelle*, et presque *philosophique* à un moment (v. 9-13).

Le Temps, qui s'en va nuit et jour,
Sans repos prendre, sans séjour,
Qui nous fuit d'un pas si feutré
Qu'il semble toujours arrêté,
Immobile en un même point,
Et pourtant ne s'arrête point,
Mais ne cesse de se mouvoir,
Au point qu'on ne peut concevoir
Ce que c'est que le temps présent :
10 Demandez-le aux clercs lisant [2],
Car avant qu'on y eût pensé,
Il serait bien trois fois passé [3] ;
Le Temps, qui ne sait séjourner,

Mais va toujours sans retourner,
Comme de l'eau qui descend toute
Sans que jamais remonte goutte [4] ;
Le Temps, devant qui rien ne dure,
Ni fer, ni autre chose dure,
Car le Temps gâte tout et mange [5] :
Le Temps, qui toute chose change, 20
Qui fait tout croître et tout nourrit,
Et qui tout use et tout pourrit ;
Le Temps, qui nos père vieillit,
Et rois et empereurs aussi,
Et qui nous tous nous vieillira,
— Ou bien Mort le devancera ;

— 1 Attendrissants. — 2 Qui lisent. — 3 « Le moment où je parle est déjà loin de moi ». — 4 Connaissez-vous d'autres poètes qui aient comparé la fuite du temps à l'écoulement de l'eau? A quoi l'a-t-on comparée encore ? — 5 Gâte et mange (dévore) tout.

Le Temps, qui de vieillir les gens
A tout pouvoir, si durement
L' [1] avait vieillie, croyez-le bien,
30 Qu'elle n'était plus bonne à rien,

Mais bien retombait en enfance,
Et n'avait pas plus de puissance,
Pas plus de force ni de sens [2]
Que n'en a un enfant d'un an [3].

Cependant, introduit par dame OISEUSE *(Oisive),* AMANT *pénètre dans le verger où, dans un cadre gai et charmant, il trouve le* DIEU D'AMOUR *entouré de sa cour gracieuse :* BEAUTÉ, FRANCHISE *(Noblesse),* RICHESSE, COURTOISIE, JEUNESSE... *font pendant aux premières allégories, ennemies de l'amour.*

AMANT *est séduit par un merveilleux bouton de rose qu'il voudrait cueillir. Le dieu d'*AMOUR *lui décoche ses flèches et* AMANT *lui rend hommage. Mais ses épreuves vont commencer. C'est autour de lui la ronde des allégories : les unes lui sont favorables,* BEL-ACCUEIL *en particulier, mais les autres,* DANGER *et* JALOUSIE *surtout, accumulent devant lui les obstacles et le rendent malheureux, tandis que* RAISON *tente vainement de le faire renoncer à son amour. Voici que* JALOUSIE *fait creuser un fossé large et profond, puis élever des murs autour des rosiers et de* BEL-ACCUEIL. *Et* AMANT *déplore son triste sort.* «Peu s'en faut, *dit-il,* que je ne désespère».

Ici finit l'œuvre de GUILLAUME DE LORRIS.

JEAN DE MEUNG

Reprenant l'œuvre inachevée là où son prédécesseur l'avait laissée, JEAN DE MEUNG *poursuit d'abord, sur le même ton, les lamentations d'*AMANT. *Mais en fait la quête de la* ROSE *et l'amour courtois intéressent peu ce clerc érudit, observateur sceptique et misogyne. Et le* Roman, *perdant* avec lui *tout intérêt d'intrigue,* cesse d'être un voyage au « pays de TENDRE », *comme on dira au* XVIIe *siècle. Ce ne sont désormais que digressions sur les sujets les plus variés :* satire du temps, *philosophie de la nature,* thèmes *moraux, sociaux ou* politiques. *Nous écoutons ainsi les discours de* RAISON, AMI, AMOUR, FAUX-SEMBLANT, NATURE : *on devine aisément que, lorsque c'est* RAISON *qui parle, ou* NATURE, *l'allégorie prend un sens nouveau.*

JEAN DE MEUNG *nous offre ainsi, de l'origine de la royauté, un tableau d'une hardiesse et d'un réalisme saisissants :*

> Un grand vilain entre eux élurent,
> Le plus ossu d'autant qu'ils furent,...

On pense alors au discours SUR L'ORIGINE DE L'INÉGALITÉ *et au* CONTRAT SOCIAL *de* ROUSSEAU. *Ou bien le poète chante les charmes de la liberté : l'oiseau en cage regrette sa forêt natale.*

Voici enfin, abordée par NATURE, *la question de la* noblesse.

— 1 *L' :* représente « Vieillesse ». — 2 Pro- | constitué par *une seule phrase* ; étudier
noncer : *« sen ».* — 3 Tout ce texte est | comment elle est composée.

La vraie noblesse

JEAN DE MEUNG était un *clerc*, un lettré tout nourri de culture latine ; il n'était *pas noble* (il s'appelait en réalité JEAN CHOPINEL) ; enfin son tour d'esprit est *moral* et même *philosophique*. Ces trois traits apparaissent ici : *a*) le sujet était un *lieu commun* de la littérature latine (SALLUSTE : « Jugurtha », discours de MARIUS ; JUVÉNAL : Satire VIII) et l'auteur suit parfois de très près ces sources antiques ; *b*) il comprend le prix et la noblesse de la culture et s'insurge contre l'*orgueil* et les *préjugés des gentilshommes*. Il ne conçoit de noblesse que fondée sur les qualités morales et intellectuelles ; *c*) sa critique est *hardie et va loin*. — On notera combien on s'éloigne ici de l'esprit courtois aristocratique. — Ce thème sera repris par CORNEILLE (« Le Menteur »), MOLIÈRE (« Dom Juan »), BOILEAU (Satire V), et plus tard par BEAUMARCHAIS (« Le Mariage de Figaro »).

C'est NATURE *qui parle :*

« Les princes ne méritent pas
Qu'un astre annonce leur trépas
Plutôt que la mort d'un autre homme :
Leur corps ne vaut pas une pomme [1]
De plus qu'un corps de charretier,
Qu'un corps de clerc ou d'écuyer.
Je les fais pareillement nus [2],
Forts ou faibles, gros ou menus,
Tous égaux sans exception
10 Par leur humaine condition.
Fortune donne le restant,
Qui ne saurait durer qu'un temps,
Et ses biens à son plaisir donne,
Sans faire acception de personne,
Et tout reprend et reprendra
Sitôt que bon lui semblera.
Si quelqu'un, me contredisant,
Et de sa race se targuant,
Vient dire que le gentilhomme
20 (Puisqu'ainsi le peuple les nomme)
Est de meilleure condition
Par son sang et son extraction
Que ceux qui la terre cultivent
Et du labeur de leurs mains vivent,
Je réponds que nul n'est racé
S'il n'est aux vertus exercé,
Nul vilain [3], sauf par ses défauts
Qui le font arrogant et sot.
Noblesse, c'est cœur bien placé,
30 Car gentillesse [4] de lignée
N'est que gentillesse de rien

Si un grand cœur ne s'y adjoint.
Il faut donc imiter au mieux
Les faits d'armes de ses aïeux
Qui avaient conquis leur noblesse
Par leurs hauts faits et leur prouesse [5] ;
Mais, quand de ce monde ils passèrent,
Toutes leurs vertus emportèrent,
Laissant derrière eux leur avoir :
C'est tout ce qu'il reste à leurs hoirs [6] ; 40
Rien d'autre, hors l'avoir, n'est leur,
Ni gentillesse ni valeur,
A moins qu'à noblesse ils n'accèdent
Par sens ou vertu qu'ils possèdent.
Au clerc il est bien plus aisé
D'être courtois, noble, avisé
(Je vous en dirai la raison),
Qu'aux princes et aux rois qui n'ont
De lettres la moindre teinture ;
Car le clerc trouve, en écriture,   50
Grâce aux sciences éprouvées,
Raisonnables et démontrées,
Tous maux dont il faut se défaire
Et tout le bien que l'on peut faire :
Choses du monde il voit écrites
Comme elles sont faites et dites.
Il lit dans les récits anciens
Les vilenies de tous vilains
Et les hauts faits des héros morts,
De courtoisie un vrai trésor.   60
Bref il peut voir, écrit en livre,
Tout ce que l'on doit faire ou suivre ;

— 1 Comme nous dirions : *pas un sou...* L'expression est vivante et imagée, cp. v. 119. — 2 A leur naissance. — 3 Le mot désigne d'abord tout être qui *n'est pas noble* (roturier), d'où le sens péjoratif : *bas, méprisable*. — 4 Noblesse (cp. *gentilhomme*). — 5 Le mot s'emploie au *singulier* au Moyen Age. — 6 Héritiers, voir p. 208, v. 24.

Aussi tout clerc, disciple ou maître,
Est noble, ou bien le devrait être ;
Le sachent [1] ceux qui ne le sont :
C'est que le cœur trop mauvais ont,
Car ils sont plus favorisés
Que tel qui court cerfs encornés [2].
    Quiconque vise à la noblesse
70 D'orgueil se garde et de paresse,
S'exerce aux armes, à l'étude,
Dépouille toute turpitude.
Humble cœur ait, courtois et doux,
En toute occasion, pour tous,
Sauf envers ses seuls ennemis,
Quand l'accord ne peut être mis.
Dames honore et demoiselles,
Mais point ne se fie trop à elles,
Car il pourrait s'en repentir :
80 Combien a-t-on vu en souffrir [3] !
Louange, estime à pareille âme,
Jamais ni critique ni blâme,
Et de noblesse le renom
Qu'elle mérite ; aux autres, non.
Chevaliers aux armes hardis,
Preux en faits et courtois en dits [4],
Comme fut messire Gauvain [5],
Qui n'avait rien d'un être vain,
Ou le comte d'Artois Robert [6],
90 Qui, dès qu'il eut quitté le *bers* [7],
Pratiqua toujours dans sa vie
Noblesse, honneur, chevalerie,
Jamais oisif ne demeurant,
Et devint homme avant le temps [8] ;
Ces chevaliers preux et vaillants,
Larges, courtois, fiers combattants,
Qu'ils soient partout très bienvenus,
Loués, aimés, et chers tenus [9].
    De même l'on doit honorer

Clerc qui aux arts veut s'exercer   100
Et bien pratiquer la vertu,
Comme dans son livre il l'a lu.
Et l'on faisait ainsi jadis. (...)
Maint exemple le prouverait :
Tels naquirent de bas lignage
Et eurent plus noble courage [10]
Que maints fils de roi ou de comte
Dont je ne veux faire le compte,
Et pour nobles furent tenus.
Mais hélas des temps sont venus,   110
Où les bons, qui toute leur vie
Étudient la philosophie,
S'en vont en pays étranger
Pour sens et valeur rechercher
Et souffrent grande pauvreté,
Comme mendiants et endettés ;
Ils sont sans souliers, sans habit,
Nul ne les aime, ou les chérit ;
Les rois les prisent moins que pomme,
Eux qui pourtant sont gentilshommes 120
(Dieu me garde d'avoir les fièvres !) [11].
Plus que ceux qui chassent les lièvres
Ou que ceux qui sont coutumiers
De hanter les palais princiers. (...)
    D'autre part la honte est bien pire,
Pour un fils de roi d'être vain,
De méfaits et vices tout plein,
Que pour un fils de charretier,
De porcher ou de savetier.
Il serait bien plus honorable   130
Pour Gauvain, héros admirable,
De descendre d'un vil peureux
Qui ne se plaît qu'au coin du feu,
Que d'être issu de Rainouard [12],
Si lui-même n'était qu'un couard. »

La conclusion du Roman tel que l'avait conçu son premier auteur sera expédiée à la hâte !
FRANCHISE *et* PITIÉ *délivrent* BEL-ACCUEIL *que* JALOUSIE *avait fait emmurer ; celui-ci permet
à* AMANT *d'obtenir l'objet de ses vœux, et le rêve s'achève :*

Par grand jolieté [13] coilli [14]   Ainsinc oi [16] la rose vermeille,
La flour do bel rosier foilli [15] ;   A tant fu jourz [17] et je m'esveille.

  — 1 Le subj. marque un *conseil impératif*, cp. v. 70 *se garde* et les verbes suivants. — 2 La chasse est un passe-temps de gentilhomme, cp. v. 122. — 3 Noter la *pointe contre les femmes*. On est loin de Guillaume de Lorris ! — 4 *Actes* et *paroles*. — 5 Héros du roman courtois. — 6 Frère de Saint Louis, tué en Egypte pendant la VIIᵉ Croisade. — 7 Le berceau. — 8 Montra très tôt les plus belles qualités viriles. — 9 Tenus pour chers : chéris. — 10 *Courage :* cœur. — 11 Ce que va dire le poète, certains le tiendront pour *sacrilège*. — 12 Lui-même héros chevaleresque. — 13 Avec grande joie. — 14 Je cueillis. — 15 Feuillu. — 16 Ainsi j'eus. — 17 Alors il fit jour.

IV. LA POÉSIE LYRIQUE AUX XIVe
ET XVe SIÈCLES

La réforme
de Machaut
Vers le milieu du XIVᵉ siècle apparaissent avec Guillaume DE MACHAUT des genres lyriques nouveaux, les « poèmes à forme fixe », *rondeaux, ballades, chants royaux, lais* et *virelais*, qui seront encore en honneur dans la première moitié du XVIᵉ siècle. DU BELLAY conseillera alors aux poètes d'abandonner toutes ces « épiceries », pour imiter la poésie de l'antiquité. Tous ces poèmes, obéissant à des règles précises et rigoureuses, exigent de l'auteur beaucoup de *soin* et d'*art :* ils ne laissent aucune place à une facilité paresseuse. C'est bien ce qu'avait souhaité MACHAUT, musicien aussi original que poète habile, très soucieux de la variété et de la grâce du *rythme*.

Nous citons ci-dessous des *rondeaux* (pp. 200, 209) des *ballades* (voir p. 203) et un *virelai* (p. 201). Le *chant royal* est un poème du même type que la ballade, mais comprenant *cinq* strophes au lieu de *trois*. Quant au *lai* (il ne s'agit plus, quoique le nom soit le même, de lais comme ceux de MARIE DE FRANCE, p. 45), il comprend *douze strophes* construites sur *deux rimes* dont l'une domine, et composées de vers de longueur différente.

MACHAUT avait beaucoup de talent, mais il est surtout connu comme créateur de cette nouvelle « *rhétorique* » (art poétique) que vont illustrer EUSTACHE DESCHAMPS, CHRISTINE DE PISAN, CHARLES D'ORLÉANS et FRANÇOIS VILLON.

CHRISTINE DE PISAN (1364-1430) se trouva veuve à 25 ans (*Seulette suis sans ami demeurée*). Sa *poésie* nous touche par une vive *sincérité* et une *grâce* toute féminine.

EUSTACHE DESCHAMPS

Sa vie (1346-1406)
Né en Champagne, très probablement l'année de CRÉCY, EUSTACHE DESCHAMPS, disciple et sans doute parent de MACHAUT, vécut à la cour de CHARLES V, puis de CHARLES VI, et y occupa d'importantes fonctions. Mais il eut aussi l'occasion de parcourir de nombreux pays d'Europe (comme FROISSART et COMMYNES) et même d'Orient ; et nous trouvons parfois dans son œuvre un écho de ses voyages : ainsi, après avoir « la terre et mer avironnée », il goûte mieux le *charme unique* de PARIS (p. 202). Contemporain de FROISSART qui fut lui-même poète lyrique en même temps que chroniqueur, il a été inspiré par les grands événements de l'époque : il a chanté notamment les *exploits* puis pleuré le *trépas* de Bertrand DU GUESCLIN.

Son œuvre
Théoricien comme MACHAUT (il ajoute un *envoi* aux trois strophes de la ballade, et on lui doit un « *Art de dictier* », ancêtre de nos « *arts poétiques* »), il écrivit plus de 1.400 poèmes, de formes et de sujets très variés, ballades, rondeaux, lais et virelais ; quant aux principales sources de son inspiration, on peut mentionner, outre l'histoire de son temps et l'évocation d'aventures personnelles, les grands thèmes qui seront désormais inséparables de la notion même de lyrisme, l'*amour* (le virelai p. 201 et le rondel p. 200 sont des plaintes d'amour) et la *mort*. Réflexions sur l'amour et la mort, poésie nationale et patriotique, nous trouvons déjà chez Deschamps comme une annonce de deux aspects essentiels de la poésie de RONSARD.

Lyrisme et   On pourrait même pousser plus loin la comparaison :
        éloquence   DESCHAMPS introduit dans le lyrisme la *période oratoire*
                          (ballades p. 202 et 203) qui désormais, dans les DISCOURS de
RONSARD d'abord, puis chez MALHERBE, chez CORNEILLE, et plus tard avec les ROMAN-
TIQUES, jouera un si grand rôle dans la poésie française. La période en vers de Deschamps
n'est pas encore aussi solide et majestueuse que celle de RONSARD, aussi rigoureuse que celle
de MALHERBE, mais l'*ampleur* en est souvent frappante, ainsi que le *mouvement* et
le *ton soutenu* qui animent parfois tout un poème (ballade p. 203).

Variété et   Poète *courtois* dans le goût du temps, empruntant
        originalité   volontiers inspiration et allégories au ROMAN DE LA ROSE
                          (« *Faux-Rapport* » ci-dessous), Eustache Deschamps n'a
cependant pas négligé la tradition *réaliste* du *lyrisme bourgeois :* son tempérament et son
origine l'orientaient d'ailleurs dans ce sens. C'est ainsi qu'il a su adapter la ballade au
genre de la *fable* (p. 204). Il aime donner des leçons de *morale pratique*, qui annoncent
LA FONTAINE ; ou bien il emprunte à la *chanson populaire* des rythmes et un franc-parler
plein de verdeur. Enfin, quoique sa sensibilité ne semble généralement ni très vive ni très
raffinée, certains de ses accents ont une résonance bien personnelle, et parfois très moderne.
N'y a-t-il pas une note de *mélancolie romantique* dans CHAGRIN D'AMOUR (p. 201) ?

Plaintes d'amoureux

Voici un *rondel** qui traite un des thèmes *courtois*, l'*amour malheureux*. On notera l'influence
du « ROMAN DE LA ROSE », et la *galanterie*, le *respect* de l'amoureux s'adressant à celle qu'il
aime. Au XVIIe siècle la *préciosité* continuera cette tradition (cp. CHARLES D'ORLÉANS, p. 206).

Nul *hom* [1] ne peut souffrir plus de tourment
Que j'ai pour vous, chère dame honorée,
Qui chaque jour êtes en ma pensée ;

Se [2] il vous plaît, je vous dirai comment,
Car loin de vous ai vie [3] *despérée* [4] :
Nul hom ne peut souffrir plus de tourment
Que j'ai pour vous, chère dame honorée.

Mais Faux-Rapport [5] vous a dit faussement
Que j'aime ailleurs ; c'est fausseté prouvée ;
10 Je n'*aim* [6] fors [7] vous, et sachez [8], belle née [9],
Nul *hom* ne peut souffrir plus de tourment
Que j'ai pour vous, chère dame honorée,
Qui chaque jour êtes en ma pensée.

— 1 Homme, du latin *homo :* cp. *on* (om). — | et 29. — 6 C'est l'orth. étymol. ; cp. Virelai,
2 *Se :* si. — 3 : 2 syllabes. — 4 Désespérée. | p. 201, v. 7. — 7 *Sauf ;* cp. François Ier : « Tout
— 5 L'influence du « Roman de la Rose » est | est perdu, *fors* l'honneur ». — 8 Sachez *que...*
ici plus sensible encore que p. 202, v. 27 | — 9 Vous qui êtes *née belle*, belle *créature*.

* *Rondel : petit* poème sur *deux rimes*, composé de *trois strophes*, et comportant
une sorte de *refrain* plus souple que dans la *ballade* (un vers revenant à intervalles réguliers), ou
dans le *vireiai* (la 1re strophe reprise une ou deux fois). Ici la 2e str. reprend les *deux premiers*
vers de la 1re, la 3e les *trois* vers de la 1re. On verra chez Charles d'Orléans (p. 209) un
autre type de *rondel :* 1re reprise, les *deux premiers* vers ; 2e reprise, *le premier* vers.

CHAGRIN D'AMOUR

Voici un *virelai** ; ce *lyrisme* est assez *conventionnel,* mais le poète a trouvé des *rythmes harmonieux* et a su traduire la *mélancolie* de l'amoureux jaloux.

Tous cœurs tristes, douloureux,
Amoureux,
Langoureux,
Mettez-vous sous ma bannière,
Et allons cueillir bruyère,
Car Mai ne m'est pas joyeux.
Je *désir* [1] lieux ténébreux,
Être *seulz* [2]
Sans clarté et sans lumière,
10 Quand je suis par envieux,
Comme un *leux* [3],
Chassé en mainte manière
Du plaisant lieu gracieux,
Savoureux,
Et par ceux
Qui me montrent belle *chière* [4] ;
Dont [5] je dis, comme honteux :
Tous cœurs tristes, douloureux, etc...
Mes pensers sont périlleux
20 Et douteux [6] ;
Tristeur [7] n'est que je ne *quière* [8],
Déconforté [9], malheureux,
Onques n'*eux* [10]
Si douloureuse matière ;
S' [11] en suis *merencolieux* [12],
Désireux :
Deux à deux,
Les puissé-je voir en bière,
Quand vêtir noir drap de lierre [13]
30 Me font les fous outrageux ;
Tous cœurs tristes, douloureux, etc...

— 1 Voir p. 200, v. 10, n. 6. — 2 *Seul* (cas sujet, du latin *solus*). — 3 Cas sujet de *leu* (loup). — 4 Qui me font bon visage ; tel est le sens primitif de : *faire bonne chière,* ou *chère* (à quelqu'un). — 5 C'est pourquoi. — 6 Tenter de préciser le sens de ces 2 adj. — 7 Tristesse. — 8 Subj. de *querre* ou querir : cf. p. 203, v. 9, n. 7. — 9 Abattu (c'est le contraire de *réconforté*). — 10 Je n'*eus* jamais. — 11 Ainsi (complète *en*). — 12 Mélancolique. — 13 Vêtement de deuil ; comme nous dirions : *du crêpe.*

* Le *virelai* est un poème sur *deux rimes,* dont la 1re strophe, formant *refrain,* est reprise *une* ou *deux* fois (après la 3e ou après les 3e et 5e str.). Les strophes 2 et 4 sont sur le même type. Les strophes 1, 3 et 5 également ; il manque ici, pour que le virelai soit régulier, un vers de 7 pieds à rime en *-iere* entre le v. 16 et le v. 17.

Paris

Rien ne vaut PARIS, conclut le voyageur. Voilà un thème cher au cœur des Français, et qui va être traité après DESCHAMPS, par nos poètes les plus illustres comme par les chansonniers (VILLON : « Il n'est bon bec que de PARIS », HUGO : « La reine de nos Tyrs et de nos Babylones », PÉGUY, etc...). On notera en particulier le vers : « *Tous étrangers l'aiment et aimeront* ».

Quand j'ai la terre et mer *avironnée* [1]
Et visité en *chacune* [2] partie [3]
Jérusalem, Égypte et Galilée,
Alexandre [4], Damas et la Syrie,
Babylone, Le Caire et Tartarie
　　Et tous les ports qui y sont,
　　Les épices et sucres qui s'y font,
　　Les fins draps d'or et soie [5] du pays,
Valent [6] *trop* mieux [7] ce que les Français ont
10　Rien ne se peut comparer à Paris.

C'est la cité sur toutes couronnée,
Fontaine et puits de sens et de *clergie* [8],
Sur le fleuve de Seine située :
Vignes, bois a, et terres et prairie.
De tous les biens de cette *mortel* [9] vie
　　A plus qu'autres cités n'ont ;
　　Tous étrangers l'aiment et aimeront,
　　Car, pour *déduit* [10] et pour être *jolis* [11],
Jamais cité telle ne trouveront :
20　Rien ne se peut comparer à Paris.

Mais elle est bien mieux que ville fermée [12],
Et de châteaux de grande *ancèserie* [13],
De gens d'honneur et de marchands peuplée,
De tous ouvriers [14] d'armes, d'orfèvrerie ;
De tous les arts c'est la fleur, quoi qu'on *die* [15] :
　　Tous ouvrages *à droit* [16] font [17] ;
　　Subtil *Engin* [18], Entendement [19] profond
　　Verrez avoir aux habitants *toudis* [20],
Et Loyauté [19] aux œuvres qu'ils feront :
30　Rien ne se peut comparer à Paris.

—— 1 Parcouru. — 2 Chaque. *Chacun est* ancien, *chaque* récent. Au XVIIᵉ siècle on cesse d'employer *chacun* com. adj. — 3 *Partie du monde, contrée.* — 4 ALEXANDRIE. — 5 : 2 syllabes. — 6 Propos. princip. — *Valent :* accord par syllepse ; *ce que* équivaut à un *plur.* = *les choses que.* — 7 *Trop* ne marque pas l'excès : *beaucoup.* — 8 Culture (cp. *clerc*). — 9 Voir gram. nᵒ XIX. — 10 Plaisir. — 11 Gais (cp. l'anglais *jolly*). — 12 Attention au sens. — 13 Ancienneté. — 14 : 2 syllabes ; c'est Corneille qui introduira l'usage de compter les mots de ce type pour 3 syllabes (*meurtrier*). — 15 Dise. — 16 Comme il faut. — 17 Expliquer ce *pluriel.* — 18 Art, talent. Mais le mot a aussi un sens défavorable : *ruse* (voir p. 155, v. 39). — 19 Tendance à l'*allégorie*, héritée du « Roman de la Rose ». — 20 Toujours.

CHANT FUNÈBRE EN L'HONNEUR DE DU GUESCLIN

Du Guesclin, que nous avons vu accéder à la charge de *connétable* (Froissart, p. 144), meurt dix ans après (1380). Charles v le fait enterrer à Saint-Denis, dans la *sépulture des rois de* France, et Eustache Deschamps traduit dans cette *ballade** la *douleur de la* France *entière.*

Estoc [1] d'honneur et arbre de vaillance,
Cœur de lion épris de *hardement* [2],
La fleur des preux et la gloire de France,
Victorieux et hardi combattant,
Sage en vos faits [3] et bien entreprenant [4],
　　Souverain homme de guerre,
Vainqueur de gens et *conquéreur* [5] de terre,
Le plus vaillant qui *onques* [6] fut en vie,
Chacun pour vous doit noir vêtir et *querre* [7] :
10 Pleurez, pleurez, fleur de chevalerie.

O Bretagne, pleure ton espérance,
Normandie [8], fais son enterrement,
Guyenne aussi, et Auvergne *or* [9] t'avance,
Et Languedoc, *quier* lui son monument.
Picardie, Champagne et Occident
　　Doivent pour pleurer *acquerre*
Tragédiens [10], Aréthusa [11] *requerre*
Qui en *eaue* [12] fut par pleur convertie [13],
Afin qu'à tous de sa mort le cœur serre :
20 Pleurez, pleurez, fleur de chevalerie.

Hé ! gens d'armes, ayez en *remembrance* [14]
Votre père, — vous étiez ses enfants [15] —
Le bon Bertrand, qui tant eut de puissance,
Qui vous aimait si amoureusement ;

---

* La *ballade* est un poème de *trois strophes* (sur la même disposition rythmique et les mêmes rimes) auxquelles s'ajoutera généralement un ENVOI (reproduisant la disposition d'une fin de strophe) : c'est chez Deschamps (v. p. 204), qu'apparaît l'*envoi ;* celui-ci commence d'ordinaire par le mot Prince (primitivement le *prince* d'un *puits* ou cour littéraire). Le dernier vers de la 1re strophe, formant *refrain*, est repris à la fin de chaque strophe et de l'envoi. Le nombre des vers de la strophe et de l'envoi, la longueur des vers et l'agencement des rimes sont variables.

— 1 *Tronc* (autres sens : *épée* et *pointe* ; ex. : *d'estoc et de taille*). — 2 Hardiesse. — 3 Actes. — 4 Précisez le sens. — 5 Conquérant. — 6 Jamais. — 7 Noter l'inversion ; *Querre :* quérir, chercher (latin : quaerere) ; voir l'*impér.* du même verbe, v. 14 ; cp. *acquerre*, v. 16, *requerre* v. 17 (retrouver), *conquerre* v. 26 et « Pathelin », p. 173, v. 16 et n. 1.

— 8 : 4 syllabes, comme Picardie, v. 15. — 9 Maintenant. — 10 Auteurs tragiques. — 11 Allusion mythologique : nymphe transformée en fontaine. — 12 C'est l'orth. du temps, 2 syllabes. — 13 En pleurant, à force de pleurer ; *convertie :* changée. — 14 Souvenir, mémoire (l'anglais a gardé ce mot). — 15 Texte orig. : *si enfant :* cas sujet plur.

Guesclin priait : priez dévotement
Qu'il *puist* [1] paradis *conquerre* ;
Qui deuil n'en [2] fait et qui ne prie, il erre [3],
Car du monde est la lumière *faillie* [4] :
De tout honneur était la droite *serre* [5] :
30 Pleurez, pleurez, fleur de chevalerie. *

– *Sachant que Du Guesclin conduisit la lutte contre l'occupation anglaise et, province après province, libéra presque entièrement la France, distinguez dans cette ballade : a) les traits marqués par l'esprit du temps ; – b) ceux qui peuvent nous toucher encore.*
– *Étudiez les procédés oratoires et le rôle du refrain.*
• **Groupe thématique : La vraie noblesse.** Pages 197, 144, 203. – XVIIIᵉ siècle, page 230, et regroupement thématique p. 232.

Qui pendra la sonnette au chat ?

EUSTACHE DESCHAMPS a traité la *Ballade* selon des modes très variés ; dans les deux textes précédents la *Ballade* annonce l'*Ode* ; ici c'est une *fable* (cp. LA FONTAINE, II, 2 « Conseil tenu par les rats »). Ton, rythme, langue, tout devient vif, plaisant eṭ familier. On remarquera la *vie* du *récit* et du *dialogue*, l'effet produit par le *refrain*, enfin l'apparition de l'*Envoi*, qui constitue la *morale*.

Je trouve qu'entre les souris
Eut [6] un merveilleux parlement [7]
Contre les chats leurs ennemis,
A *veoir* [8] manière comment
Elles vécussent sûrement,
Sans demeurer en tel débat [9] ;
L'une dit alors en arguant [10] :
« Qui pendra la sonnette au chat ? »

Ce conseil fut *conclus* [11] et pris ;
10 Lors *se partent* [12] communément [13].
Une souris du plat pays
Les *encontre* [14] et va demandant
Qu' [15] on a fait. Lors vont répondant
Que leurs ennemis seront *mat* [16] :

Sonnette auront au cou pendant.
« Qui pendra la sonnette au chat [17] ?

— C'est le plus fort », dit un rat gris.
Elle demande sagement
Par qui sera ce fait *fournis* [18].
Lors s'en va chacun excusant [19] :   20
Il n'y eut point d'exécutant ;
S'en va leur besogne *de plat* [20].
Bien fut dit, mais, au demeurant,
Qui pendra la sonnette au chat ?

Prince, on conseille bien souvent,
Mais on peut dire, *com* [21] le rat,
Du conseil qui sa fin ne prend [22] :
« Qui pendra la sonnette au chat ? »

— 1 Subj. de *pouvoir*. — 2 A son sujet : qui ne prend le deuil pour lui. — 3 Se trompe, commet une faute. —. 4 Eteinte. — 5 La *véritable sauvegarde*. — 6 Il y eut. — 7 « *Conseil* », dit La Fontaine, et encore, plaisamment, « chapitre ». — 8 *Veoir :* forme étymol. = *voir* (2 syllabes) ; *à* : pour. — 9 Etat d'alerte. — 10 Raisonnant, discutant (cp. *argument)*. — 11 C'est l'orth. *logique -* nous écrivons aujourd'hui, de façon tout-à-fait illogique : *conclu, exclu* à côté de *inclus, reclus*.

— 12 Séparent. — 13 Toutes. — 14 Rencontre. On dira jusqu'au XVIIᵉ siècle *amasser, joindre*, dans des cas où nous devons dire : *ramasser, rejoindre*. — 15 Ce qu'... — 16 Défaits, vaincus (cp. l'expression du jeu d'échecs : *échec et mat*). — 17 C'est la « *souris du plat pays* » (*Elle* v. 18) qui répond. — 18 : *s* final du cas sujet sing. — 19 *S'excusant*. — 20 « Tombe à plat » dirions-nous familièrement. — 21 Comme. — 22 Qui n'aboutit à rien. Préciser le sens de *conseil* et de *conseiller*.

* *Pour E. Deschamps, consulter l'édit. G. Raynaud (Anc. textes fr.).*

CHARLES D'ORLÉANS

Un grand seigneur poète   Petit-fils, neveu, cousin et père de rois, CHARLES D'ORLÉANS renoue la tradition des grands seigneurs lettrés et poètes (voir p. 181). Cette vocation poétique, peut-être est-ce un hasard par ailleurs malheureux et cruel de sa destinée qui lui permit de la réaliser.

Sa vie (1394-1465)   Fils de Louis d'Orléans (frère de CHARLES VI) et de Valentine Visconti, élevé, surtout à Blois, dans un milieu très raffiné, CHARLES D'ORLÉANS devint, au lendemain de l'assassinat de son père par les gens du Duc de Bourgogne Jean sans Peur (1407), le chef des ARMAGNACS (au moins théoriquement tout d'abord, en raison de son jeune âge), et chercha vainement à obtenir justice.

LA CAPTIVITÉ

Blessé et *fait prisonnier* à AZINCOURT (1415), il fut emmené en Angleterre et y resta 25 ans. Ainsi la Guerre de Cent ans qui avait marqué la poésie d'Eustache DESCHAMPS, eut une importance essentielle dans la vie même de CHARLES D'ORLÉANS. Les longs loisirs forcés de la captivité, en lui interdisant l'action, lui permirent de cultiver ses dons poétiques, tandis que la tristesse de sa destinée et le *mal du pays* (pp. 206 et 207) lui fournissaient un thème d'inspiration fécond et profondément humain (cp. les REGRETS de DU BELLAY et les poèmes d'exil de VICTOR HUGO). Chantant les charmes de la *paix*, il s'employait aussi à la rétablir par des tentatives de médiation. Finalement il ne retrouva sa patrie qu'en 1440.

LA COUR DE TOURAINE

Après quelques années de vie active, marquées d'ailleurs par des déceptions, il se retira dans son château de Blois, mécène entouré d'une cour de poètes (voir biographie de VILLON p. 210), goûtant la vie avec une *philosophie épicurienne* un peu désabusée qui est sensible dans ses vers. Déjà fort âgé, il eut un fils qui devait régner sous le nom de Louis XII. Puis sa santé s'altéra, et il mourut à Amboise en 1465.

Son œuvre   Sa poésie comprend surtout des pièces courtes, ballades, rondeaux et chansons (la COMPLAINTE DE FRANCE a un peu plus d'ampleur), dont le trait commun est une *grâce aristocratique* accomplie, nuancée parfois d'*humour* (« Encore est vive la souris »), et, dans les dernières années surtout, d'une *sagesse* un peu *sceptique*, mais *souriante*. Outre la *mélancolie de l'exil*, Charles d'Orléans chante surtout la *nature* qui se pare au printemps (p. 209), et les délicatesses de *l'amour courtois* (p. 206). Il doit beaucoup, à ce double point de vue, à GUILLAUME DE LORRIS, et on retrouve souvent dans ses poèmes l'atmosphère élégante et un peu précieuse du ROMAN DE LA ROSE dans sa première partie. Mais *l'allégorie* prend chez lui une valeur très particulière : au lieu d'être un procédé rhétorique ou galant froid et monotone, elle correspond à un aspect intime de sa délicate sensibilité poétique ; « *Paix, qui trop longuement dort* » (p. 208) est une princesse du monde féerique des enchantements, et nous songeons au conte de PERRAULT ; « *la nef d'Espérance* (p. 207), *la forêt d'ennuyeuse Tristesse* » restent riches de résonances sentimentales ; enfin l'« *hôtellerie* et le *jardin de Pensée* » forment le cadre aimablement mystérieux de *paysages intérieurs* comme les aimeront nos poètes *symbolistes* du XIXe siècle.

Charme de cette poésie Galante et aristocratique sans fadeur, distinguée sans recherche, désabusée sans amertume, habile à traduire aussi bien la chanson du mercier ambulant (p. 209) que l'élégie de l'exil, la tendresse d'un cœur amoureux ou les grâces du mois de Mai, la poésie de Charles d'Orléans est extrêmement *séduisante*. On y chercherait en vain un souffle puissant, de larges mouvements d'éloquence ou les élans d'une passion déchirante, mais elle charme le lecteur par son *élégance*, par une *sincérité* sans épanchement, par une *douce mélodie* et par un *symbolisme rêveur*. C'est la fleur d'une *civilisation raffinée* qui a trouvé en Charles d'Orléans son digne interprète.

A sa Dame

Voici un charmant poème d'*amour courtois*. Certes, ce n'est pas la passion de RACINE ou des ROMANTIQUES, mais que d'élégance et de délicatesse ! On notera dans cette *ballade* la *langue* et l'*esprit courtois*, la *discrétion aristocratique* du sentiment, la *grâce* des *sonorités* et du *rythme*.

Jeune, gente [1], plaisante et debonnaire [2],
Par un prier [3] qui vaut commandement
Chargé m'avez d'une ballade faire ;
Si [4] l'ai faite de cœur joyeusement :
Or la veuillez recevoir doucement [5].
Vous y verrez, s'il vous plaît à [6] la lire,
Le mal que j'ai, combien que [7] vraiement [8]
J'aimasse mieux de bouche le vous [9] dire.

Votre douceur m'a su si bien *attraire* [10]
10 Que tout vôtre je suis entièrement,
Très désirant [11] de vous servir et plaire,
Mais je souffre maint douloureux tourment,
Quand à mon gré je ne vous vois souvent,
Et me déplaît quand me faut vous écrire,
Car si faire se pouvait autrement,
J'aimasse mieux de bouche le vous dire.

C'est par Danger [12], mon cruel adversaire,
Qui m'a tenu [13] en ses mains longuement ;
En tous mes faits je le trouve contraire,
20 Et plus se rit, quand plus me voit dolent [14] ;
Si *vouloie* [8] raconter pleinement
En cet écrit mon ennuyeux [15] martyre,
Trop long serait ; pour *ce* [16], certainement
J'aimasse mieux de bouche le vous dire.

— 1 « Gentille », c'est-à-dire à l'origine *noble*, mais le sens a déjà évolué : *charmante*. — 2 *De bonne aire* : de haut lignage (idée d'une *aimable distinction*). — 3 Infin. substantivé, cp. *penser*, p. 207, v. 12. — 4 Aussi, donc. — 5 Avec douceur, bienveillance. — 6 Nous dirions : *de*. — 7 Bien que, encore que. — 8 : 3 syllabes. — 9 Noter l'ordre des pronoms. — 10 Attirer, d'où *séduire* (cp. *attrait*). — 11 Désireux. — 12 Influence du « Roman de la Rose », mais ici, Danger n'est plus une simple fiction galante, c'est la *captivité*. C'est *par* : c'est à cause de, (*si je suis séparé de vous, si je ne puis « de bouche le vous dire »*, *c'est...*). — 13 Qui me *retient* entre ses mains *depuis* longtemps (cp. le *present perfect* anglais). — 14 Affligé — 15 Sens fort. — 16 Pour *cela*, aussi.

EN REGARDANT VERS LE PAYS DE FRANCE

Le mal du pays. En 1433 le poète, qui se trouve à Douvres, aperçoit dans le lointain les côtes de France et ressent, plus intense que jamais, le regret de sa patrie. Cependant la paix semble proche et l'espoir renaît. Tel est l'épisode qui lui inspirera ce beau poème, d'un *lyrisme* à la fois *discret* et *émouvant*, très *personnel* et largement *humain*.

En regardant vers le pays de France,
Un jour m'advint, à Douvres sur la mer,
Qu'il me souvint de la douce *plaisance*
Que je *souloie* ¹ au dit pays trouver.
Si ² commençai de cœur à soupirer,
Combien certes que ³ grand bien me *faisoit* ⁴
De voir France que mon cœur aimer doit.

Je m'avisai que c'était *nonsavance* ⁵
De tels soupirs dedans mon cœur garder,
10 Vu que je vois que la voie ⁶ commence
De bonne Paix, qui tous biens peut donner ;
Pour *ce*, tournai en *confort* mon penser ⁷ ;
Mais non pourtant mon cœur ne se *lassoit*
De voir France que mon cœur aimer doit.

Alors chargeai en la nef d'Espérance
Tous mes souhaits, en *leur* ⁸ priant d'aller
Outre la mer sans faire *demeurance*,
Et à France de me recommander.
Or nous *doint* ⁹ Dieu bonne Paix sans tarder :
20 *Adonc* aurai loisir ¹⁰, mais qu'ainsi soit,
De voir France que mon cœur aimer doit.

Paix est trésor qu'on ne peut trop louer :
Je hais guerre, point ne la dois priser ¹¹ :
Destourbé m'a ¹² longtemps, soit tort ou droit,
De voir France que mon cœur aimer doit.

– *Distinguez les sentiments exprimés par le poète et étudiez leur enchaînement.*
– *Comment s'exprime le regret de la patrie ? Quel est le rôle du refrain ?*
– *Citez des expressions où se reconnaît l'influence du* Roman de la Rose. *En quoi contribuent-elles au charme de ce poème ?*
• **Comparaison.** Ressemblances et différences avec Du Bellay, XVIᵉ siècle, page 113.

— 1 J'avais coutume de. — 2 Aussi. — 3 *Bien que ;* suivi de l'indic. — 4 Prononcer « fesouè » (cp. *doit, lassoit, soit, droit*). — 5 *Non-savoir,* erreur. — 6 Remarquer l'allité- | ration : *vu... vois... voie.* — 7 Je repris courage — 8 Noter la constr. — 9 Subj. de *donner.* — 10 *Alors* je pourrai. — 11 Estimer. — 12 *Empêché ;* et cf. p. 206 n. 13.

ENCORE EST VIVE LA SOURIS

Tandis que CHARLES D'ORLÉANS est prisonnier en ANGLETERRE, le bruit de sa mort a couru en FRANCE. Bruit sans aucun fondement, répond le poète, sur un ton *vif* et *enjoué*. Et la joie d'être *jeune* et *bien vivant* lui fait oublier un moment la tristesse de la captivité.

> Nouvelles ont couru en France,
> Par mains [1] lieux, que j'estoye [2] mort,
> Dont avoient peu desplaisance
> Aucuns [3] qui me hayent [4] a tort ;
> Autres en ont eu desconfort,
> Qui m'aiment de loyal vouloir,
> Comme mes bons et vrais amis :
> Si [5] fais a toutes gens savoir
> Qu'encore est vive la souris.
>
> 10 Je n'ay eu ne mal ne grevance [6],
> Dieu mercy, mais suis sain et fort,
> Et passe temps en esperance
> Que Paix, qui trop longuement dort,
> S'esveillera, et par Accort
> A tous fera liësse avoir ;
> Pour ce de Dieu soient maudis
> Ceux qui sont dolens de veoir
> Qu'encore est vive la souris !
>
> Jeunesse sur moy a puissance,
> 20 Mais Vieillesse fait son effort
> De m'avoir en sa gouvernance ;
> A present faillira son sort [7] :
> Je suis assez loing de son port.
> De pleurer vueil [8] garder mon hoir [9] ;
> Loué soit Dieu de paradis,
> Qui m'a donné force et povoir
> Qu' [10] encore est vive la souris.
>
> Nul ne porte [11] pour moy le noir :
> On vent meilleur marchié drap gris ;
> 30 Or tiengne [12] chascun pour tout voir [13]
> Qu'encore est vive la souris.

— 1 Pour l'orth cp. *tous*, et ici *maudis, dolens*. — 2 La finale muette compte dans la mesure, cp. *avoient, hayent, soient*. — 3 D'aucuns. — 4 Haïssent. — 5 Aussi fais-je... — 6 Maladie. — 7 Pour le moment, elle échouera. — 8 Je veux. — 9 Héritier. — 10 Construction ? — 11 Subj. ; cp. *tiengne*. — 12 Tienne. — 13 Très vrai.

RONDEAUX ET CHANSONS

Les poètes du Moyen Age ont été très sensibles au charme du *renouveau*. Avec un art un peu *mièvre*, mais très *frais*, CHARLES D'ORLÉANS aborde le thème à son tour. Puis c'est un joli poème symbolique (III) ; enfin la chanson du colporteur et sa note pittoresque. (I : *rondel* ; II : chanson ; III et IV : chansons en forme de rondeaux.)*

I. *Le Printemps*

Le Temps a laissé son manteau
De vent, de froidure et de pluie,
Et s'est vêtu de broderie,
De soleil luisant, clair et beau.

Il n'y a bête ni oiseau
Qu'[1] en son jargon ne chante ou crie :
« Le Temps a laissé son manteau
De vent, de froidure et de pluie ».

Rivière, fontaine et ruisseau
Portent en livrée [2] jolie
Gouttes d'argent d'orfèvrerie ;
Chacun s'habille de nouveau [3] :
Le Temps a laissé son manteau.

II. *L'Hiver et l'Été*

Hiver, vous n'êtes qu'un vilain,
Été est plaisant et gentil,
En témoin de [4] Mai et d'Avril
Qui l'accompagnent soir et *main* [5].

Été revêt champs, bois et fleurs,
De sa livrée de verdure
Et de maintes autres couleurs,
Par l'ordonnance de Nature.

Mais vous, Hiver, trop êtes plein
De neige, vent, pluie et grésil ;
On vous dût [6] bannir en exil.
Sans vous flatter, je parle *plain* [7],
Hiver, vous n'êtes qu'un vilain.

III. *L'hôtellerie*

L'hôtellerie de Pensée,
Pleine de venants et allants [8]
Soucis, *soient* [9] petits ou grands,
A chacun est abandonnée.

Elle n'est à nul refusée
Mais prête pour tous les passants,
L'hôtellerie de Pensée,
Pleine de venants et allants.

Plaisance chèrement aimée
S'y loge souvent, mais nuisants
Lui sont Ennuis gros et puissants,
Quand ils la [10] tiennent empêchée [11]
L'hôtellerie de Pensée.

IV. *Cri de la rue*

Petit mercier, petit panier !
Pourtant si je n'ai marchandise
Qui soit du tout [12] à votre guise,
Ne blâmez pour *ce* [13] mon métier.

Je gagne denier à denier,
C'est loin du trésor de Venise.
Petit mercier, petit panier !
Pourtant si je n'ai marchandise...

Et tandis qu'il est jour ouvrier [14],
Le temps perds quand à vous devise [15] :
Je vais parfaire mon emprise [16]
Et parmi les rues crier :
Petit mercier, petit panier !

— 1 Qui. — 2 : 3 syll. ; cp. *hôtellerie, soient, rues.* — 3 De neuf. — 4 Au témoignage de... — 5 Matin. — 6 Devrait. — 7 Franc. — 8 Noter l'accord du part. présent.

— 9 Qu'ils soient. — 10 Annonce *hôtellerie.* — 11 Hantent, obsèdent. — 12 Tout à fait. — 13 Pour cela, pour autant. — 14 *Ouvrable ;* 2 syllabes. — 15 Je perds mon temps en vous parlant. — 16 Entreprise.

* Voir l'éd. P. Champion ou l'éd. Ch. d'Héricault.

Le lyrisme médiéval

Dame à sa fenêtre et son amoureux. « Chroniques des Hauts et Nobles Princes »,
miniature, XVᵉ siècle. Ph. © Bibl. Nat., Paris — Arch. Photeb.)

La poésie lyrique au Moyen Age pourrait se répartir en deux volets contrastés : le côté de Charles d'Orléans, le côté de François Villon. Le côté de Charles d'Orléans, c'est, dans la veine aristocratique et courtoise, le monde de la beauté et de la grâce. On y chante l'art d'aimer (cf. **p. 193**)
ou la dame de ses pensées (cf. **p. 206**). Même les sentiments douloureux s'y expriment avec délicatesse : souffrances de l'amour lointain (cf. **p. 184**), plaintes du mal aimé (cf. **p. 200**), chagrin
d'amour (cf. **p. 201**), mélancolie de l'exilé (cf. **p. 207**). C'est à la même source que puiseront le
pétrarquisme de la Pléiade (cf. **XVIᵉ siècle, p. 98**) et la préciosité (cf. **XVIIᵉ siècle, p. 55-68**).

Le Mois d'Avril, par Pol, Herman et Jean de Limbourg. (« Les Très Riches Heures du Duc de Berry », miniature, début du XVe siècle. Bibl. du Musée Condé, Chantilly. Ph. © Giraudon.)

Du côté de Charles d'Orléans

Les miniatures des « Très Riches Heures du Duc de Berry » sont comme un reflet de la lumière qui émane d'une partie de la poésie lyrique au Moyen Age. Ici, la saison poétique n'est pas l'automne, comme chez les romantiques, mais le printemps, leitmotiv de la poésie de Jaufré Rudel (cf. **p. 184**), de Guillaume de Lorris (cf. **p. 194**), d'Eustache Deschamps, de Charles d'Orléans (cf. **p. 209**). Même lorsqu'ils n'évoquent pas le printemps, leurs poèmes exercent sur nous une sorte de charme par la grâce des images, le jeu des allégories, la souplesse du rythme.

Charles d'Orléans dans la Tour de Londres. (Miniature, vers 1440. Ph. © British Library, Londres. Arch. Photeb.)

La mélancolie de l'exilé

Charles d'Orléans demeura captif en Angleterre pendant vingt-cinq ans. Même si cette captivité d'un grand prince n'avait rien d'un rigoureux emprisonnement (cf. **p. 208**), on comprend la mélancolie du prisonnier de la Tour de Londres, son impatience de recevoir des nouvelles de son pays (composition simultanée : à gauche il est représenté avec un messager), l'émotion qui le saisit un jour à Douvres « en regardant vers le pays de France » (cf. **p. 207**).

Seulette suis et seulette veux être,
Seulette m'a mon doux ami laissée,
Seulette suis, sans compagnon ni maître,
Seulette suis, dolente et courroucée [1],
Seulette suis, en langueur *mesaisée* [2],
Seulette suis, plus que nulle égarée,
Seulette suis sans ami demeurée.

Seulette suis à *huis* [3] ou à fenêtre,
Seulette suis en un *anglet muciée* [4],
Seulette suis pour moi de pleurs repaître,
Seulette suis, dolente ou apaisée,
Seulette suis, rien n'est qui tant *messiée* [5],
Seulette suis, en ma chambre *enserrée* [6],
Seulette suis sans ami demeurée.

Seulette suis, partout et en tout *être* [7],
Seulette suis où je *voise* ou je *siée* [8],
Seulette suis, plus qu'autre *rien* [9] terrestre,
Seulette suis, de chacun délaissée,
Seulette suis, durement abaissée,
Seulette suis, souvent toute éplorée,
Seulette suis sans ami demeurée.

Princes, *or* [10] est ma douleur commencée :
Seulette suis, de tout *deuil* menacée,
Seulette suis, plus *teinte* que *morée* [12],
Seulette suis sans ami demeurée.

Christine de Pisan

Christine de Pisan : « Le livre de la Cité des Dames ».
(Miniature, XVᵉ siècle. Ph. © Bibl. Nat. Paris — Arch. Photeb).

— 1 Affligée. — 2 Mal à l'aise, malheureuse. — 3 Porte. — 4 En un petit coin blottie. — 5 Déplaise. — 6 Enfermée. — 7 Lieu. — 8 Où que *j'aille* ou que *je sois assise*. — 9 Chose. — 10 Maintenant. — 11 Douleur, chagrin. — 12 Plus *sombre* que couleur *brune* (ou *noire)*.

« SEULETTE SUIS... »

CHRISTINE DE PISAN (cf. **p. 199**) fut, semble-t-il, notre première femme de lettres. Devenue veuve très jeune, avec trois enfants et la charge de nombreux procès, elle décida de vivre de ses écrits. Les poèmes qu'elle composait, à la commande, pour chanter en leur nom les amours de ses protecteurs ne pouvaient guère se signaler par leur accent de sincérité. Pourtant, son veuvage l'avait laissée inconsolable et quand elle parle d'elle-même, elle traduit parfois un chagrin profond, comme dans cette ballade dont la monotonie exprime la douleur d'une solitude sans recours. Ajoutons qu'elle a écrit un traité d'éducation féminine, *Le Livre des Trois Vertus*, et qu'elle faisait figure de « féministe » en plaidant la cause de son sexe dans *La Cité des Dames*.

L'Amour mène la danse. (« Le Roman de la Rose » de Guillaume de Lorris et Jean de Meung, miniature, détail, XIVe siècle. Ph. © Bibl. Nat., Paris — Arch. Photeb.)

« *Danse macabre.* » (Fresque, détail, vers 1470. Abbatiale Saint-Robert, La Chaise-Dieu, Haute-Loire. Ph. © Faillet — Artephot.)

Du côté de François Villon

Le côté de François Villon est plus sombre que celui de Charles d'Orléans. On y entend la plainte de Rutebeuf, celle de la misère et des malheurs qui lui servent d'escorte (cf. **p. 186 à 190**). On y entend surtout les accents inoubliables de l'auteur des deux *Testaments* (cf. **p. 211**). L'image de la jeunesse, de la beauté, du bonheur — celle de ces « gracieux galants » du *Roman de la Rose* — est, pour lui, inséparable de celle du sort qui les attend, du cadavre en décomposition, et des visions terribles de la « Danse macabre » (cf. **p. 213 ; 214-215**).

« *Les mains du diable* », par Gislebert. (Détail du Jugement dernier, vers 1130. Cathédrale Saint-Lazare d'Autun. Ph. G. Varlez © Arch. Photeb.)

La terreur de l'Enfer

Dans la *Ballade pour prier Notre-Dame* (cf. **p. 217**), Villon évoque l'effroi de sa mère, « pauvrette et ancienne », devant les images de l'Enfer qu'elle aperçoit à l'église. Celles de la cathédrale d'Autun sont parmi les plus saisissantes. A lire la *Ballade des pendus* (cf. **p. 219**), on peut penser que Villon lui-même, en proie au remords et redoutant la pendaison, n'était pas loin d'éprouver la même terreur d'être ainsi agrippé par « les mains du Diable » au jour du Jugement dernier.

« *Le couronnement de la Vierge* », par Fra Angelico. (Peinture, vers 1446. Musée du Louvre, Paris. Ph. H. Josse © Arch. Photeb.)

« Paradis peint où sont harpes et luths... »

Condamné au gibet, Villon place ses espoirs dans « le Fils de la Vierge Marie » (cf. **p. 219**). Dans la *Ballade pour prier Notre-Dame* (cf. **p. 217**), il prête sa voix à sa mère et lui fait exprimer le vœu d'accéder à un Paradis semblable à celui qu'elle voyait représenté à l'église : on peut le concevoir à l'image de ce « Couronnement de la Vierge », que Fra Angelico composait en Italie quelques années auparavant.

Supplice des hérétiques, par Jean Fouquet. (« Chroniques de Saint-Denis », miniature, vers 1460. Ph. © Bibl. Nat., Paris — Arch. Photeb.)

Portrait de Villon. (« Le Grand Testament... » bois gravé, édition J. Tréperel, Paris, 1497. Ph. © Bibl. Nat., Paris — Arch. Photeb.)

Le destin de François Villon

Poète et mauvais garçon devenu criminel (cf. **p. 210-211**), François Villon a traduit de façon édifiante son angoisse de condamné à mort, dans la *Ballade des Pendus* (cf. **p. 219**). Il frémit à l'idée de ce que deviendra son cadavre au gibet de Montfaucon, et, au-delà de la mort, à l'idée de la damnation éternelle. Il eut pourtant la chance de voir annuler sa sentence et nul ne sait ce qu'il advint ensuite de ce poète, un des plus grands lyriques de notre langue.

FRANÇOIS VILLON

En quittant CHARLES D'ORLÉANS pour VILLON, nous pénétrons dans un tout autre monde poétique et humain. Après le grand seigneur, le « mauvais enfant », et même le repris de justice, comme nous dirions aujourd'hui. A côté de la cour de Blois, le milieu des « ribauds » et des « truands ». Et pourtant, par un caprice du destin où l'on peut voir un symbole du lien créé entre eux par la poésie, plus fort que tout ce qui les séparait, les deux hommes se sont rencontrés. La ballade de VILLON « Je meurs de soif auprès de la fontaine » fut composée à l'occasion d'un concours poétique (le « concours de Blois ») institué par CHARLES D'ORLÉANS, qui conserva le poème dans ses manuscrits, avec sa propre ballade sur ce thème et celles des autres concurrents.

Sa vie (1431- ?)

D'ordinaire, VILLON ne fréquentait guère la haute société et ses amis lui faisaient rarement honneur. Né à Paris à la fin de 1431 ou au début de 1432, il était *d'humble origine* [1] : il nous peint lui-même sa mère comme une femme « pauvrette » et toute simple. Il s'appelait FRANÇOIS DE MONTCORBIER OU DES LOGES [2], mais, orphelin de père de bonne heure, il fut élevé par les soins de Maître Guillaume de VILLON, chapelain de Saint-Benoît le Bétourné [3], dont il prit le nom.

LES ÉTUDES

Il suivit à la Sorbonne les cours de la Faculté des Arts (Lettres) et fut reçu *maître* [4] *ès arts* en 1452. De cette formation il garda une culture assez mêlée, mais étendue, qui apparaît parfois dans son œuvre (cf. « Ballade des dames du temps jadis » p. 215).

LA MAUVAISE PENTE

Mais au lieu de se consacrer à ses études, VILLON songe surtout à s'amuser. Il fréquente des êtres peu recommandables, hante les mauvais lieux et se livre à maints désordres. D'ailleurs la vie des étudiants d'alors était souvent agitée, et RABELAIS immortalisera avec son PANURGE ce type d'« escholier » mauvais sujet. Mais VILLON ne s'en tient pas aux mauvaises farces et aux peccadilles, il va jusqu'au *crime*. En 1455 *il tue un prêtre* au cours d'une rixe et doit quitter Paris. Il obtient pourtant des « lettres de rémission » pour ce meurtre ; mais, loin de s'amender, il est impliqué en 1456 dans un *vol* au Collège de Navarre. Cette même année il compose le LAIS.

LA VIE ERRANTE (1456-1462)

Il quitte à nouveau Paris fin décembre 1456, et nous retrouvons le pauvre hère à Angers, à Bourges, à Blois où CHARLES D'ORLÉANS le protège quelque temps : VILLON acquitte par des vers sa dette de reconnaissance. En 1461 il est *emprisonné* à Meung-sur-Loire par l'évêque d'Orléans. Mais LOUIS XI qui vient d'accéder au trône passe à Meung et le *gracie*. VILLON gagne alors MOULINS, puis se cache dans les environs de Paris. C'est pendant l'hiver 1461-1462 qu'il compose son œuvre maîtresse, le TESTAMENT.

— 1 « Pauvre je suis de ma jeunesse, De pauvre et de petite extrace » (extraction), p. 214, v. 1-2. — 2 Nous ne sommes même pas fixés sur son nom de famille ; en tout cas la *préposition* indique simplement un lieu d'origine, et non une naissance noble :

« Sur les tombeaux de mes ancêtres... « On n'y voit couronnes ni sceptres », p. 214, v. 6 et 8 — 3 Près de la rue St-Jacques. — 4 C'était un grade universitaire du temps : Villon fut successivement *bachelier*, *licencié*, puis *maître*.

LE CONDAMNÉ A MORT	Méfaits et inculpations se succèdent. En 1462 il est *en prison* à Paris. Libéré en novembre, il est *arrêté une fois de plus*, à la suite d'une nouvelle rixe, et une sentence

du Châtelet *le condamne à mort*. VILLON, qui a déjà subi la terrible « question de l'eau », s'attend donc à être « *pendu et étranglé* ». La BALLADE DES PENDUS est le cri *déchirant* du condamné que guette une mort atroce. Pourtant il a fait appel, et le Parlement *annule la sentence*, mais, considérant ses exécrables antécédents, lui interdit pour dix ans le séjour de Paris (5 janvier 1463).

LA DISPARITION	A partir de cette date, nous ignorons absolument ce que devint VILLON. On a tout lieu de craindre qu'il n'ait eu

une triste fin. Pourtant, s'il avait été exécuté, n'aurions-nous pas conservé quelque trace de la sentence ? Pouvait-il encore vaincre ses mauvais penchants et faire triompher sa piété, ses aspirations vers le bien ? RABELAIS a recueilli deux traditions : selon l'une, VILLON aurait séjourné en Angleterre ; selon l'autre, déjà âgé, il aurait organisé dans le Poitou des représentations de la « Passion ». L'image d'un VILLON assagi, converti, est séduisante, mais elle ne repose sur aucune preuve. Résignons-nous à ce *mystère* qui ajoute encore au *caractère pathétique* de sa *vie* et de son *œuvre*.

Son œuvre	L'œuvre de VILLON comprend le LAIS (Legs), que l'on appelle aussi le « Petit Testament », le TESTAMENT (ou

« Grand Testament ») et un recueil de POÉSIES DIVERSES, auxquels il faut ajouter sept « Ballades en jargon ».

LE LAIS (1456)	C'est une suite de quarante huitains d'octosyllabes. Au moment de quitter Paris, incertain de l'avenir qui l'attend,

le poète distribue à ses amis et connaissances des *legs* généralement *bouffons* (les « rognures » de ses cheveux, ses « souliers vieux », « la coquille d'un œuf »... « pleine de francs et d'écus vieux » !), ou qui trahissent une intention satirique :

> « *Item, je laisse aux Mendiants,*   *Savoureux morceaux et friands,*
> *Aux Filles Dieu et aux Béguines* [1]   *Flans, chapons et grasses gelines* [2]. »

Le sujet, comme la forme choisie, annonce le TESTAMENT, mais le ton est plus souvent ironique, moins pathétique, et le *lyrisme* de VILLON est ici simplement *esquissé*. Pourtant la confession apparaît déjà (« *Je ne suis homme sans défaut* ») ainsi que l'angoisse devant l'avenir.

LE TESTAMENT (1461)	VILLON, alors dans sa trentième année, reprend en l'amplifiant le thème du LAIS. Ce « TESTAMENT » comprend

une longue suite de huitains d'octosyllabes (186), interrompue par un assez grand nombre de ballades et quelques autres pièces lyriques. La forme du *testament* est surtout un prétexte : en dehors de son âme, de son corps (p. 217), de quelques rancunes, de ses sentiments de tendresse et de deux ou trois ballades, qu'aurait donc à léguer le « pauvre VILLON » ? Mais il trouve là un cadre heureux pour son lyrisme : c'est pour lui l'occasion de faire un retour sur lui-même, de pleurer sa jeunesse perdue, d'évoquer le spectre de la mort qui lui fait horreur, de donner libre cours aussi à sa verve et à son ironie. Bref, dans cette œuvre nous trouvons l'homme tout entier, avec ses faiblesses et son aspiration vers le bien, sa piété et son esprit satirique, ses réflexions sombres et sa folle gaîté d'« écolier ».

LES POÉSIES DIVERSES	Ce recueil groupe une quinzaine de poèmes, de sujets très variés et de valeur très inégale, dont la composition

s'étage de 1457 (ou même avant) à janvier 1463. La pièce essentielle est l'immortelle BALLADE DES PENDUS.

---

1 Moines mendiants ; religieuses de l'ordre des « Filles (de) Dieu » ; pour les *Béguines*, voir Rutebeuf, p. 187. — 2 Poulardes.

Un grand poète Alors que la poésie aristocratique et savante est sur son déclin, Villon fait revivre la tradition personnelle et réaliste des jongleurs du xiiie siècle (Colin Muset et Rutebeuf) ; il résume pour nous l'âme du Moyen Age tout en annonçant des temps nouveaux ; il marque d'une *empreinte définitive* les *plus grands thèmes lyriques :* piété, tendresse filiale, patriotisme [1], regrets du passé, remords, fraternité humaine, hantise de la mort. Enfin tout concourt à rendre ses accents inoubliables : le *drame de sa vie* comme ses *dons exceptionnels* ; car ce mauvais garçon fut notre premier *génie lyrique.*

LE LYRISME Dans son œuvre, Villon se livre à nous tel qu'il fut : la
PERSONNEL sincérité de ses confidences est entière. La *piété* la plus profonde s'allie chez lui à la sensualité, la *candeur* à une *douloureuse expérience de la vie et du mal.* Sa plus grande séduction réside peut-être dans la *fraîcheur* que garde son cœur en dépit de ses fautes : ce meurtrier retrouve par instants une âme d'enfant. Il est intensément, *tragiquement humain :* comment resterions-nous sourds à son appel : « *Frères humains* qui après nous vivez... » ?

A la différence des romantiques, ce grand lyrique refuse de trop s'attendrir : l'ironie intervient sans cesse, tournée contre lui-même, et atteint un *humour macabre* qui n'est qu'à lui. L'idée de la *mort* ne le quitte guère : ce n'est pas pour lui un thème rhétorique ou le sujet d'une réflexion passagère, mais une *hantise* qui lui inspire ses vers les plus émouvants, la *danse macabre* du Testament ou la vision d'horreur du gibet.

L'ART DE VILLON A l'exception de quelques pièces des Poésies diverses, œuvres de circonstance ou exercices artificiels, la poésie de Villon est plus qu'un art raffiné, c'est le *cri du cœur*. Aussi les subtilités de forme et de versification comptent-elles peu pour lui, quoiqu'il soit un poète très habile. Il dépasse les vaines recherches pour atteindre une *simplicité* directe et parfois sublime.

Son art est surtout remarquable par son *réalisme* et sa *puissance d'évocation.* Sa *langue* est *vivante, drue,* volontiers populaire. Villon parle à notre cœur et à nos sens. Il y a quelque chose de presque *brutal* dans la Ballade des Pendus. Quel contraste avec l'atmosphère de rêve dans laquelle baigne la poésie de Charles d'Orléans ! Le domaine de Villon, c'est la *réalité tragique*, affreuse parfois, *de la condition humaine.* Mais quelle *grâce,* quelle séduisante mélancolie dans l'évocation des « Dames du temps jadis » !

Villon est aussi un maître du *rythme :* l'harmonie des vers, les sonorités varient avec la nuance du sentiment. C'est tantôt l'élégie mélodieuse de la grâce fragile (Dames du temps jadis), tantôt un martèlement lugubre de marche funèbre (Ballades des Pendus).

LA RENOMMÉE La postérité ne tarda pas à lui rendre justice : au
DE VILLON xvie siècle Marot édite ses œuvres. Boileau, plein de mépris d'ordinaire pour le Moyen Age, lui accorde dans son Art poétique une place plus qu'honorable. Les Romantiques verront en lui leur ancêtre et nous le considérons aujourd'hui comme *un de nos plus grands poètes.*

LE TESTAMENT *Dans les premiers huitains* Villon *s'en prend à l'évêque* Thibaut d'Aussigny *qui l'avait fait emprisonner ; puis, il dit sa reconnaissance à* Louis xi *qui l'a gracié. Il reconnaît ses torts :* « Je suis pécheur, je le sais bien », *mais espère en la miséricorde divine. Il évoque ensuite sa jeunesse, mal employée, et les destinées si diverses de ses amis* (« Regrets » *p.* 213). *Il est pauvre, et d'humble origine, mais qu'importe : riches ou pauvres,* la mort nous attend tous (« Le spectre de la mort » *p.* 214). *Ces thèmes de la fuite du temps, de la mort impitoyable lui inspirent plusieurs ballades* (dont la première est la « Ballade des dames du temps jadis », *p.* 215). *Mais il faut en venir aux* legs : *ils commencent sur un ton pieux, grave et ému* (« Le Testament du pauvre » *p.* 217), *et constitueront, sous des formes et avec des accents très divers, tantôt sérieux, tantôt ironiques, la trame de tout le reste du poème.* Villon *termine sur une note mi-gaillarde, mi-douloureuse, en imaginant sa propre mort et son enterrement.*

— 1 « Et Jeanne la bonne Lorraine Qu'Anglais brûlèrent à Rouen » (p. 216, v. 21-22).

REGRETS

VILLON *laisse parler son cœur* douloureux *avec une sincérité profonde et une entière spontanéité : ce sont ces accents authentiques de la* détresse humaine, *de la* faiblesse humaine *aussi, qui nous émeuvent profondément et font de* VILLON *notre premier* grand lyrique.

Je plains le temps de ma jeunesse,
Auquel j'ai plus qu'autre *galé* [1]
Jusqu'à l'entrée [2] de vieillesse,
Qui son *partement* m'a celé [3].
Il ne s'en est à pied allé
N' [4] a cheval : hélas ! comment donc ?
Soudainement s'en est volé
Et ne m'a laissé quelque [5] don.

Allé s'en est, et je demeure
10 Pauvre de sens et de savoir,
Triste, failli, [6] plus noir que meure [7],
Qui n'ai *ne* cens, rente, *n'*avoir ;
Des miens le moindre, je dis *voir* [8],
De me désavouer s'avance [9],
Oubliant naturel devoir
Par faute d'un peu de chevance [10]. [...]

Hé ! Dieu, si j'eusse étudié
Au temps de ma jeunesse folle,
Et à bonnes mœurs *dédié* [11],
20 J'eusse maison et couche molle,
Mais quoi ! je *fuyoie* [12] l'école
Comme' fait le mauvais enfant ;
En écrivant cette parole
A peu que le cœur ne me *fend* [13]. [...]

Où sont les gracieux galants
Que je suivais au temps jadis,
Si bien chantants, si bien parlants [14],
Si plaisants en *faits* et en *dits* [15] ?
Les aucuns [16] sont morts et roidis,
30 D'eux n'est-il [17] plus rien maintenant :

— 1 *Galer :* s'amuser, faire la fête (cp. *galants,* v. 25). — 2 Trois syllabes. — 3 *Qui :* antécédent, *le temps de ma jeunesse :* qui m'a *caché* son *départ.* — 4 *N' :* de *ne* = *ni.* — 5 *Aucun* don. — 6 Désemparé. — 7 Mûre. — 8 Le plus humble de mes parents ; *voir :* vrai. — 9 Se hâte de me renier. — 10 D'un peu de *bien,* d'*argent.* — 11 Si je m'étais *consacré* aux bonnes mœurs, si j'avais mené une vie morale. — 12 Forme étymol. ; 3 syll. — 13 Peu s'en faut que mon cœur ne se fende. — 14 Noter l'accord. — 15 *Actions* et *paroles.* — 16 Les uns. — 17 Inversion.

Repos aient [1] en paradis
Et Dieu sauve le demeurant !

Et les autres sont devenus,
Dieu merci ! grands seigneurs et maîtres ;
Les autres mendient tout nus
Et pain ne voient qu'aux fenêtres ;
Les autres sont entrés en cloîtres
De Célestins et de Chartreux,
Bottés, *housés* [2] *com* [3] pêcheurs d'*oîtres* [4] :
40 Voyez l'état divers d'entre eux !

— Étudiez les sentiments exprimés ici par Villon ; montrez leur enchaînement. Indiquez comment Villon passe de son cas personnel à des considérations générales sur le destin de l'homme.
— Quelles leçons se dégagent de ces vers ? En quoi restent-elles actuelles ? et émouvantes ?
— Étudiez, à l'aide d'exemples précis, la diversité des rythmes et des tons dans ces strophes.
• **Groupe thématique** : **La mort** a) dans les extraits de Villon ; – b) xvie siècle, Ronsard (pages 147, 148) ; – c) xviie siècle, Bossuet (page 266).

Le spectre de la mort

Comme Rutebeuf, Villon vit dans la misère : c'est un pauvre hère. Mais il est un spectre pire que l'indigence, et Villon reprend à son compte l'amère remarque qu'Homère prêtait à Achille, et dont La Fontaine fera « la devise des hommes » : mieux vaut être misérable, mieux vaut souffrir, que mourir. Nous sommes tous égaux devant la mort (cp. Malherbe), et, dans une sorte de *Danse macabre* d'un *réalisme terrible*, le poète fait défiler sous nos yeux tous ces vivants qui demain seront des cadavres.

Pauvre je suis de [5] ma jeunesse,
De pauvre et de petite *extrace* [6] ;
Mon père n'eut *onc* [7] *grand* [8] richesse,
Ni son aïeul, nommé Horace ;
Pauvreté tous nous suit et *trace* [9] ;
Sur les tombeaux de mes ancêtres,
Les âmes desquels Dieu embrasse [10] !
On n'y [11] voit couronnes ni sceptres [12].

De pauvreté me *garmentant* [13],
Souventes fois [14] me dit le cœur [15] : 10
« Homme, ne te *doulouse* [16] tant
Et ne *demaine* [17] *tel* douleur
Si tu n'as tant que Jacques Cœur [18] :
Mieux vaut vivre, sous gros *bureau* [19],
Pauvre, qu'avoir été seigneur
Et pourrir sous riche tombeau ». [...]

— 1 Subj. de souhait, comme *sauve* (cp. : *Vive* la France !) ; 2 syllabes, comme *voient*, cp. *mendient*, 3 syll. — 2 Portant *houseaux* (guêtres). — 3 Comme. — 4 Huîtres. — 5 Depuis. — 6 Extraction, . origine. — 7 Jamais. — 8 Voir gram. n° xix b et cp. *tel*, v. 12 et *quel*, vers 37 ; mais noter aussi l'apparition de la forme moderne du fém. : *telle*, v. 35. — 9 Ne quitte pas nos traces, nous talonne. — 10 Subj. de souhait (cp. v. 20) ; *embrasser :* accueillir à bras ouverts. — 11 Reprend *sur les tombes* ; nous ne l'emploierions plus. — 12 Parce qu'ils n'étaient pas nobles. — 13 *Me lamentant.* — 14 Cp. *quelquefois* (quelques fois). — 15 Noter l'inversion. — 16 Ne te plains pas tant (cp. *douleur*). — 17 Ne « mène » pas... ne fais pas éclater... — 18 Argentier de Charles VII, mort en disgrâce en 1456 ; il était extrêmement riche. — 19 *Bureau* (cp. *bure*) : drap grossier, vêtement des pauvres.

Si[1] ne suis, bien le considère[2],
Fils d'ange portant diadème
D'étoile ni d'autre *sidère*[3].
20 Mon père est mort, Dieu en ait l'âme !
Quant est du[4] corps, il gît sous lame[5].
J'entends[6] que ma mère mourra,
El[7] le sait bien la pauvre femme,
Et le fils pas ne *demourra*[8].

Je connais que pauvres et riches,
Sages et fous, prêtres et *lais*[9],
Nobles, vilains[10], larges et chiches,
Petits et grands, et beaux et laids,
Dames à *rebrassés*[11] collets,
30 De quelconque condition,
Portant atours et bourrelets[12],
Mort saisit sans exception.

Et meure[13] Pâris ou Hélène,
Quiconque meurt, meurt à[14] douleur
Telle qu'il perd vent[15] et haleine ;
Son fiel se crève sur son cœur,
Puis sue[16], Dieu sait *quel* sueur
Et n'est qui de ses maux l'allège[17],
Car enfant n'a, frère ni sœur,
Qui lors voulût être son *plège*[18].   40

La mort le fait frémir, pâlir,
Le nez courber, les veines tendre,
Le col enfler, la chair mollir,
Jointes[19] et nerfs croître et étendre.
Corps féminin, qui tant es tendre,
Poli, *souef*[20], si précieux,
Te faudra-t-il ces maux attendre ?
Oui, ou tout vif aller *ès*[21] cieux.

BALLADE DES DAMES DU TEMPS JADIS

L'*art* de VILLON est très varié ; son *humeur* aussi : voici que son *horreur* de la mort se calme pour faire place à une *mélancolie poétique :* fuite du temps, fragilité de la vie, en particulier des êtres les plus gracieux ; et c'est la charmante théorie de ces « *neiges d'antan* », de ces femmes illustres à des titres si divers d'ailleurs. Sur ce thème de la *grâce* fragile et toujours menacée, comparer RONSARD (XVIe siècle : p. 139-142).

Dites-moi : où, *n'*[22] en quel pays
Est Flora la belle Romaine,
Alcibiade[23], *ne* Thaïs[24],
Qui fut sa cousine germaine ?

— 1 Ainsi donc. — 2 *Je* m'en rends bien compte. — 3 Astre (latin *sidera :* astres). — 4 Pour ce qui est du... quant au... — 5 Pierre tombale, dalle. — 6 Je comprends, je n'ignore pas que... cp. v. 25 je *connais* que... — 7 Pour « *elle* ». — 8 Ne demeurera pas. — 9 Laïcs. — 10 Roturiers. — 11 Relevés. — 12 Coiffures des dames nobles (*atours*) et des bourgeoises (*bourrelets*). — 13 Subj. (éventualité) : même si c'est Pâris ou Hélène qui meurt. — 14 à marque la manière. — 15 Souffle. — 16 Deux syllabes. — 17 Il n'est personne pour le soulager... — 18 Son garant, c'est-à-dire son remplaçant. — 19 Jointures. — 20 Doux (latin *suavis*). — 21 *ès :* en les, article contracté (cp. licencié *ès* lettres). — 22 *Ne :* ni (voir p. 213, v. 6 et 12). Nous emploierions *et* ; de même v. 3. — 23 Le célèbre Athénien : on le prenait pour une femme au Moyen Age. — 24 Sans doute la fameuse Thaïs devenue sainte après avoir été pécheresse.

Écho, parlant quand bruit on mène
Dessus [1] rivière ou sur étang,
Qui beauté eut trop plus [2] qu'humaine ?
Mais où sont les neiges d'antan ?

Où est la très sage [3] Héloïs [4]
10 Pour qui châtré fut et puis moine
Pierre Abélard à Saint-Denis ?
Pour son amour eut cette *essoyne* [5].
Semblablement, où est la *Royne*
Qui commanda que Buridan
Fût jeté en un sac en *Seine* [6] ?
Mais où sont les neiges d'antan ?

La Reine blanche comme lis [7]
Qui chantait à voix de sirène,
Berthe au grand pied [8], Bietris, Alis, [9]
20 Haremburgis [10] qui tint le Maine,
Et Jeanne la bonne Lorraine
Qu'Anglais brûlèrent à Rouen ?
Où sont-*ils* [11], Vierge souveraine ?
Mais où sont les neiges d'antan ?

Prince, n'enquérez de semaine
Où elles sont, ni de cet an,
Qu'à ce refrain ne vous *remaine* [12] :
Mais où sont les neiges d'antan ?

– *Dégagez l'idée centrale de cette ballade. Comment Villon en a-t-il tiré parti ? Que nous révèle-t-elle de sa sensibilité poétique ?*
– *Quelles remarques vous inspire cette énumération de femmes célèbres ? Que pensez-vous en particulier de l'allusion à Jeanne d'Arc ?*
– L'art. *Tentez de montrer comment la répétition de la question, le choix de certaines sonorités et l'une des rimes concourent à l'unité d'ensemble.*
• **Comparaison.** Ressemblances et différences avec les strophes de la page 213, v. 25-40 (cf. xixᵉ siècle, p. 67).
• **Groupe thématique : La fuite du temps.** Pages 195, 213, 215. – xviᵉ siècle, pages 131, 133, 139, 141, 142, 145. – xixᵉ siècle, pages 78, 88, 163, 181, 443, 541.

— 1 *Sur.* Ce n'est qu'au xviiᵉ siècle qu'on distinguera *dessus* et *sur, dedans* et *dans*, etc... — 2 Bien plus, cp. p. 217, v. 7. — 3 Savante. — 4 Héloïse, élève d'Abélard, qui s'éprit d'elle (xiiᵉ siècle). Cp. Rousseau : « *La Nouvelle Héloïse* ». — 5 Epreuve, malheur. — 6 Marguerite de Bourgogne, femme de Louis X le Hutin ; allusion à la tragique affaire de la Tour de Nesle. — 7 On ne sait au juste de qui il s'agit, ni même si *Blanche* est le nom de la reine ou simplement un adj. Peut-être Blanche de Castille, mère de saint Louis. — 8 Mère de Charlemagne, héroïne d'une *chanson de geste.* — 9 Béatrix, Alix : Villon ne précise pas ses souvenirs. — 10 Fille d'un comte du Maine (fin du xiiᵉ, début du xiiiᵉ siècle). — 11 Pour « *elles* ». — 12 Ne demandez ni cette semaine, ni cette année (c'est-à-dire jamais) où elles sont, sans que je vous ramène à ce refrain.

Le testament du pauvre

Voici quelques-uns des *legs* de ce « Testament ». Que peut léguer celui qui ne possède rien ? La *piété* de VILLON apparaît ici, humble et sincère, ainsi que sa *tendresse pour sa mère*. On notera aussi (v. 10) que sa foi chrétienne semble se nuancer d'une légère touche *naturaliste* empruntée à l'antiquité ; remarquer enfin cet *humour* très particulier, volontiers macabre (v. 11).

Premier [1], je donne ma pauvre âme
A la *benoîte* [2] Trinité,
Et la commande [3] à Notre-Dame,
Chambre de la divinité,
Priant toute la charité
Des dignes neuf Ordres des cieux [4]
Que par eux soit ce don porté
Devant le Trône précieux.

Item [5], mon corps j'ordonne [6] et laisse
10 A notre *grand* [7] mère la terre ;
Les vers n'y trouveront *grand* [7] graisse,
Trop lui a fait faim dure guerre !

Or lui soit délivré [8] *grand erre* [9] :
De terre vint, en terre tourne [10] ;
Toute chose, si par trop n'erre,
Volontiers en son lieu retourne.

Item, donne [11] à ma pauvre mère
Pour saluer Notre Maîtresse [12],
Qui [13] pour moi eut douleur amère,
Dieu le sait, et mainte tristesse : 20
Autre *châtel* n'ai, ni *fortresse*,
Où me *retraie* [14] corps et âme,
Quand sur moi court male détresse,
Ni ma mère [15], la pauvre femme !

Ballade pour prier Notre-Dame

Poème *touchant* que cette *prière* écrite par un fils pour sa mère. VILLON a rendu de façon remarquable la *foi ardente et naïve* de sa mère, et son *émerveillement* devant les peintures de l'église. Mais sa propre foi était-elle si différente ? C'est une foi fraîche et candide, presque celle d'un enfant (voir ci-dessus, 1re strophe), quand l'angoisse ne la transforme pas en un cri déchirant (« BALLADE DES PENDUS », p. 219). Comment le *mauvais garçon* avait-il gardé tant de *fraîcheur* ? Le *mystère* de VILLON n'est pas son moindre charme. — C'est la mère du poète qui parle.

Dame des cieux, régente terrienne,
Emperière [16] des infernaux palus [17],
Recevez-moi, votre humble chrétienne,
Que comprise sois entre vos élus,
Ce nonobstant [18] qu'*onques* [19] rien ne valus.
Les biens de vous, ma dame et ma maîtresse,
Sont trop [20] plus grands que ne suis pécheresse,
Sans lesquels biens âme ne peut *mérir* [21]
N' [22] avoir les cieux ; je n'en suis *jangleresse* [23] :
10 En cette foi je veux vivre et mourir.

— 1 Premièrement. — 2 Bénie. — 3 Recommande. — 4 Les *neuf chœurs* des Anges. — 5 *De même*, d'où *en outre* (langue juridique). — 6 Je *dispose* de mon corps en faveur de... — 7 *Grande*. — 8 Livré, porté. — 9 A grande allure. — 10 Le corps n'est que *poussière*. — — 11 *Je* donne... — 12 Ce que donne Villon, c'est la Ballade qui suit. — 13 Antécédent : *mère*. — 14 Subj. de *retraire ; où me réfugier*. — 15 Elle n'a pas non plus... — 16 Impératrice. — 17 *Palus :* marais. Villon mêle ici *l'Enfer* et *les Enfers*. — 18 En dépit de ce fait que... — 19 Jamais. — 20 Beaucoup. — 21 Mériter. — 22 Ni. — 23 Menteuse — *en :* au sujet de ce que je vais dire (annonce le vers suivant).

A votre Fils dites que je suis sienne ,
De lui soient [1] mes péchés *abolus* [2] ;
Pardonne-moi comme à l'Égyptienne [3],
Ou comme il fit au clerc Théophilus [4],
Lequel par vous fut quitte et *absolus* [5],
Combien qu' [6] il eût au diable fait promesse.
Préservez-moi que fasse jamais *ce* [7],
Vierge portant, sans rompure encourir,
Le Sacrement qu'on célèbre à la messe :
20 En cette foi je veux vivre et mourir.

Femme je suis pauvrette et ancienne [8]
Qui rien ne sais, onques lettre ne lus ;
Au moutier [9] vois, dont suis paroissienne,
Paradis peint, où sont harpes et luths,
Et un enfer où damnés sont *boullus :*
L'un me fait peur, l'autre joie et liesse ;
La joie avoir me fais [10], haute Déesse [11],
A qui pécheurs doivent tous recourir,
Comblés [12] de foi, sans feinte ni paresse :
30 En cette foi je veux vivre et mourir.

Vous [13] portâtes, douce Vierge, princesse,
Iésus régnant, qui n'a ni fin ni cesse :
Le Tout-Puissant, prenant notre faiblesse,
Laissa les cieux et nous vint secourir,
Offrit à mort sa très chère jeunesse [14] ;
Notre-Seigneur tel est, tel le confesse :
En cette foi je veux vivre et mourir.

POÉSIES DIVERSES   *Elles comprennent quelques pièces, surtout des* ballades,
soit antérieures au TESTAMENT *mais n'y ayant pas trouvé
leur place, soit postérieures, comme la «* BALLADE DES PENDUS *».*＊

— 1 Deux syllabes ; subjonctif de souhait. — 2 Abolis, lavés, cp. v. 25 : *boullus* = bouillis. — 3 Sainte Marie l'Egyptienne. — 4 Voir « Le Miracle de Théophile », p. 156. — 5 Absous. 6 Bien que. — 7 Cela. Au v. 18, rompure *:* *souillure*. — 8 Agée. — 9 Doublet populaire de *monastère* (latin : *monasterium*) — d'où *église*. — 10 Inversion. — 11 *Déesse* est évidemment impropre. Mais c'est une femme « pauvrette et ancienne » qui parle, et elle sent la Vierge si près de Dieu ! — 12 Débordant. — 13 Remarquer *l'acrostiche :* lues verticalement, les premières lettres des six premiers vers de l'*envoi* forment le nom de l'auteur. — 14 Commenter les allusions aux mystères de l'Incarnation et de la Rédemption.

＊ *Consulter pour Villon l'éd. Jeanroy (Chron. lettres fr) ou l'éd Longnon-Foulet (Champion).*

BALLADE DES PENDUS

Voici l'« ÉPITAPHE VILLON », le chef-d'œuvre du poète. VILLON, condamné à mort, s'attend à être pendu : alors, du fond de son *angoisse*, s'élève cette marche *funèbre*, ce « *De profundis* » au rythme obsédant. Ce n'est plus le vivant qui parle, mais le *mort* qu'il sera demain, avec ses frères du gibet. La vision, dans son réalisme, nous fait frissonner et nous entendons retentir en nous cet appel d'outre-tombe. La sentence fut annulée par le Parlement, mais VILLON disparaît complètement à cette date (1463). Ainsi la BALLADE DES PENDUS reste pour nous son *chant du cygne*.

> *Freres humains qui après nous vivez,*
> *N'ayez les cuers contre nous endurciz,*
> *Car, se pitié de nous pouvres avez,*
> *Dieu en aura plus tost de vous merciz.*
> *Vous nous voyez cy attachez cinq, six :*
> *Quant de la chair, que trop avons nourrie,*
> *Elle est pieça* [1] *devorée et pourrie,*
> *Et nous, les os, devenons cendre et pouldre.*
> *De nostre mal personne ne s'en rie :*
> 10 *Mais priez Dieu que tous nous vueille absouldre !*
>
> *Se freres vous clamons, pas n'en devez*
> *Avoir desdain, quoy que fusmes occiz*
> *Par justice. Toutesfois, vous savez*
> *Que tous hommes n'ont pas le sens rassiz* [2] *;*
> *Excusez nous, puis que sommes transsis* [3]*,*
> *Envers le filz de la Vierge Marie,*
> *Que sa grace ne soit pour nous tarie,*
> *Nous preservant de l'infernale fouldre.*
> *Nous sommes mors, ame ne nous harie* [4] *;*
> 20 *Mais priez Dieu que tous nous vueille absouldre !*
>
> *La pluye nous a debuez* [5] *et lavez,*
> *Et le soleil dessechez et noirciz :*
> *Pies* [6]*, corbeaulx nous ont les yeulx cavez*
> *Et arraché la barbe et les sourciz.*
> *Jamais nul temps nous ne sommes assis* [2] *;*
> *Puis çe, puis la, comme le vent varie,*
> *A son plaisir sans cesser nous charie,*
> *Plus becquetez d'oiseaulx que dez a couldre.*
> *Ne soyez donc de nostre confrarie ;*
> 30 *Mais priez Dieu que tous nous vueille absouldre !*

— 1 Il y a une *pièce* de temps : voici | 3 Trépassés. — 4 Tracasse, tourmente (subj.).
longtemps déjà. — 2 Expliquer ce mot. — | — 5 « Lessivés », trempés. — 6 Deux syllabes.

Prince Jhesus, qui sur tous a maistrie,
Garde qu'Enfer n'ait de nous seigneurie :
A luy n'ayons que faire ne que souldre [1].
Hommes, icy n'a point de mocquerie ;
Mais priez Dieu que tous nous vueille absouldre !

– *Analysez les sentiments exprimés. Faites sentir la sincérité émouvante du lyrisme de* VILLON.
– *En quoi l'inspiration du poète se traduit-elle par une évocation hallucinante ?*
– *Relevez des traits où se manifeste le réalisme de l'expression.*
– *Tentez de définir votre impression d'ensemble et de dire ce qui vous frappe le plus.*
● **Groupe thématique : Portrait.** D'après les extraits et à l'aide de citations précises, dites comment vous vous représentez le caractère de VILLON.

*Étude du texte original (deuxième moitié du XV*e *siècle)*

I. Quelques traces de l'étymologie latine :

Dans cette langue très proche, en somme, du français moderne :

1. Voyelles toniques qui n'ont pas encore terminé leur évolution. Ex. : *cor* > cuer (2 = cœur) [IX]...

2. Devant consonne, *l*, d'abord *vocalisée en u*, reparaît ici sous la forme *-ul*. Ex. : *pulverem* > pouldre (8) ; *absolvere* > absouldre (10) ; *fulgura* > fouldre (18).

3. Persistance de *s* (qui d'ailleurs ne se prononçait pas), devant *t : tost* (4) ; *nostre* (9) ; *desdain* (12) ; *maistrie* (31).

4. Abondance des finales en *z*, provenant généralement de *consonne + s : endurciz* (2) ; *merciz* (4) ; *attachez* (5) ; *debuez* (21) ; *lavez* (21) ; *noirciz* (22) ; *sourciz* (24), etc.

II. Cas régime, cas sujet : la déclinaison à deux cas a disparu.

III. Remarques sur la syntaxe :

2 *N'ayez...* : une seule négation ; cp. v. 29 *ne soyez donc...*
6 *Quant de* = quant à.　　　　　　9 *en* : reprend « de nostre mal ».
12 *quoy que fusmes...* : quoique nous ayons été... ; on trouvera jusqu'au XVIIe s. des ex. de cette construction de *quoique* avec l'*indicatif.*
19 *harie* : subj. marquant la défense (souhait négatif) : que nul ne nous tourmente. (Cp. *n'ayez, ne soyez, n'ayons*).
23 Noter l'ordre des mots et l'accord du participe.
31 Prince Jhesus, qui sur tous *a* maistrie : et non pas *as* ; en dépit du sens, le relatif entraîne la 3e personne (le cas se produit encore au XVIIe s.).
34 *icy n'a point...* : il n'y a point de (il n'y a pas lieu à).

1 Du latin *solvere :* payer, acquitter — préciser le sens.

APPENDICE

DU LATIN AU FRANÇAIS

PREMIÈRE PARTIE :
RÔLE DE L'ACCENT TONIQUE

La langue latine s'étant transmise *oralement* à nos ancêtres, ils ont retenu surtout, dans les mots, *la partie prononcée* le plus fortement, c'est-à-dire les voyelles qui portaient l'*accent tonique* (surmontées dans nos exemples d'un trait vertical). Les autres parties du mot ont subi un traitement variable.

I. *PERSISTANCE DES SYLLABES ACCENTUÉES (OU " TONIQUES ")*

> **I**

Considérons le mot latin : *bónitátem* > *bonté* [1], nous constatons que, dans ce mot, seules les voyelles accentuées ont subsisté. Il est donc important, pour comprendre le passage du latin au français, de connaître la *place habituelle de l'accent tonique* en latin :

1. MOTS DE DEUX SYLLABES : l'accent est sur la première.

$$témplum > temple$$

2. MOTS DE TROIS SYLLABES ET AU-DESSUS :

a) Accent sur l'avant-dernière (ou *pénultième*) si elle est longue (—)

$$favórem > faveur$$

b) Accent sur l'avant - avant-dernière (*Antépénultième*) si l'avant-dernière est brève (ᵛ) : *ásĭnum* > *âne*

II. *SYLLABES NON ACCENTUÉES (OU " ATONES ")*

A. — POSTTONIQUES (placées *après* la syllabe accentuée)

> **II**

a) Dans les mots accentués sur l'*avant-dernière* syllabe, la voyelle de la syllabe finale *disparaît*, sauf *a* qui devient *e* :

$$amárum > amer \qquad bónam > bone$$

---

[1] Le signe > signifie " *est devenu* ".

C'est ce qui explique que beaucoup de mots français soient accentués sur la dernière syllabe.

b) Dans les mots accentués sur l'*antépénultième* (3ᵉ avant-dernière), l'avant-dernière syllabe (qui est brève) tombe : *véndere* > *vendre.*
Quand la chute de voyelles non accentuées entraîne un groupe de consonnes *difficiles à prononcer,* on voit généralement apparaître, à la fin du mot, un *e* pour faciliter la prononciation :

$$\text{pátrem} > \text{pedre} > \text{pere} \qquad \text{asinum} > \text{asne} > \text{âne}$$

B. — Protoniques (placées *avant* l'accent tonique)

III

a) La protonique réduite à *une seule syllabe* se maintient :

$$\text{portáre} > \text{porter}$$

b) Quand il y a *deux ou plusieurs syllabes* avant l'accent tonique, on voit apparaître un *second accent tonique,* et la voyelle placée entre les deux accents disparaît, sauf *a* qui devient *e* :

$$\text{civitátem} > \text{cité} \qquad \text{impératórem} > \text{emperedor} > \text{empereur}$$

c) Entre deux voyelles dont la seconde est accentuée, on assiste souvent à la chute de la consonne médiane : *secúrum* > *seür* > *sûr.*

DEUXIÈME PARTIE :
TRAITEMENT DES VOYELLES

A. — *VOYELLES LIBRES ET VOYELLES ENTRAVÉES*

IV

1. Une voyelle est *libre* quand elle termine une syllabe, c'est-à-dire qu'elle est suivie d'une autre voyelle (*méa*), d'une seule consonne (*vita*) ou de deux consonnes dont la 2ᵉ est un *r* (*fràtrem*).

2. Une voyelle est *entravée* quand elle est suivie de deux ou plusieurs consonnes (*ventum*). L'entrave peut être *romane,* c'est-à-dire provenir de la chute d'une voyelle entre consonnes (*ànima* > *an'ma* > *âme*).
En général *une voyelle entravée,* pouvant s'appuyer dans la prononciation sur une consonne, *s'est conservée plus facilement* qu'une voyelle libre.

B. — *VOYELLES PROTONIQUES EN SYLLABE INITIALE*

1. — Cas général

V

a > a	amárum > amer	ū (pr. ou) > u	duráre > durer
	clamáre > clamer	o (et ŭ) > o	coróna > corone
e (ou ĭ) > e	debére > devoir	et *plus tard* ou	> couronne
	*pĭscáre > pécher		portáre — porter
ī > i	prīváre > priver	au (pr. aou) > o	aurículam > oreille
dissimilation	divínum > devin	*(devant voyelle*	laudáre > louer
(i passe à *e)*		au > ou)	

2. — Action des nasales (n, m)

VI

e + *nasale* + *cons.* > en (pr. an)	[*ingénium*] *lat. pop.* engénium > engin
> em	[*impérium*] > empire
o + *nasale* + *cons.* > on, om	*lat. pop.* nomeráre > nom'rare >
Parfois on > an *(mots généralement*	nombrer (= *compter)*
suivis d'un autre mot et traités	dóminam > dom'nam > *dame*
comme protoniques).	dóminus > danz *(= seigneur)*

3. — Influence de **i, j,** et des gutturales **c, g** : apparition d'un **i**

VII

a+i,j,c,g > ai	ratiónem > raison	e+i,j,c,g > ei	medietátem > meitiet
	tractáre > traitier	ei *passe à* oi (pr. oua)	> moitié
o+i,j,c,g > oi	potiónem > poison		necáre > neiier
			> noyer
	*focárium > foyer	uc > ui	lucéntem > luisant

*Latin vulgaire.

C. — VOYELLES TONIQUES

I. — VOYELLES TONIQUES ENTRAVÉES : [cf. plus haut IV, 2]

en général, elles restent ce qu'elles étaient en latin vulgaire.

VIII

a > a	mármor > marbre	o (et ŭ) > o puis ou	[pullam] *pòllam > poule
e (ou ĭ) > e	férrum > fer		cúrrere > corre > courre
ŏ > o	mórtem > mort	i et u > i et u	múltum > mult (= beaucoup)

II. — VOYELLES TONIQUES LIBRES : [cf. plus haut IV, 1]

1. — Cas général

IX

a > e (pr. é)	prátum > pré	ŏ > uo, puis ue (écrit aujourd'hui : œu, eu, ue)	bóvem > buef > bœuf
	máre > mer		
e (ĕ, ae) > ié	béne > bien		
e (ē, i) > ei, puis oi	habére > aveir, avoir	O fermé (ō, ŭ) > ou, eu (écrit o ou u)	favórem > favour > faveur
plus tard oi→oé→oué (pron. oua)	pron { XVIᵉ au XVIIIᵉ : avouér / XIXᵉ et XXᵉ : avoir	ū > u	lúnam > lune
ī > i	rípam > rive	au > o	pauperem > povre

2. — Action des nasales (m, n)

Elles nasalisent la voyelle qu'on devrait régulièrement trouver en français.

X

a) Toniques libres		*b)* Toniques entravées	
am > aim	fámem > faim		
an > ain	pànem > pain		
en > ein	plènum > plein	en > en (*pr.* an)	véndere > vendre
ōn > on	leónem > lion	ōn > on	[undam] *óndam
			> onde
ŏn > uon *puis* uen	bóna > buone	ŏn > on	póntem > pont
ūn > un	únum > un		
in > in (*pr.* inn)	fínem > fin		
	(*assone avec i*)		

3. — Influence de **i, j** et des gutturales **c, g** : apparition d'un **i**

XI

a) Avant la voyelle tonique		*b)* Après la voyelle tonique	
i, j, c, g + a > ie, e	judicáre > jugier	a + i, j, c, g > ai	fáctum > fait
	cápra > chièvre	ĕ + i, j, c, g > iei, i	péjor > pire
cē > [*ciei] ci *ou* si	placére > plaisir		péctus > piz
			(*poitrine*)
		ŏ + i, j, c, g > uei, ui	nóctem > nuit
		ō (ou ŭ) + i, j, c, g	vócem > voix
		> oi (*pron. :* oé,	
		oué, ŏuͤa)	
		ū + i, j, c, g > ui	frúctum > fruit

TROISIÈME PARTIE :

TRAITEMENT DES CONSONNES

A. — *LES CONSONNES INITIALES SE MAINTIENNENT :*

Ex. : *b*onum > *b*uen (= *b*on) ; *c*uram > *c*ure ; *d*ormire > *d*ormir ; *f*errum > *f*er ; grandem > *g*rant ; *h*odie > *h*ui (= aujourd'hui) ; *l*abra > *l*èvre ; *m*anum > *m*ain ; *n*omen > *n*om ; *p*atrem > *p*ère ; *r*ubium > *r*ouge ; *s*oror > *s*uer (= sœur) ; *t*erram > *t*erre ; *v*inum > *v*in.

Cas particuliers :

XII			
a) Ca *initial* → ch + *voyelle*		*b)* g, *devant* a, e, i > j *(le son j s'écrit parfois g)*	
cà *ton. libre* > ch + ie	cánem > *chie*n	* gaudiam > *joie* genúculum > genou	
cà *ton. entravé* > cha	cámpum > *cha*mp		
ca *protonique libre* > che	cabállum > *che*val	*c)* v *initial donne parfois* g (*ou* gu) *par suite d'une influence germanique.*	
ca *protonique entravé* > cha	carbónem > *cha*rbon	vàdum > *gué*	

B. — *LES CONSONNES INTERVOCALIQUES*
(PLACÉES ENTRE VOYELLES)

XIII

I. — LA CONSONNE INTERVOCALIQUE ISOLÉE TEND A DISPARAITRE

a)

t	*tombe en passant par* d	fini*t*a > finie	p, b	*s'affaiblissent en* v	lu*p*am > lou*v*e cu*b*are > couver
d	*tombe*	su*d*are > suer		*et parfois disparaissent de même que* v *devant* o, *ou* u	*lo*p*um > lo*v*um > lou (*loup*)
c, g	*tombent*	pau*c*um > pou(*peu*)			
	ou parfois dégagent un i	ne*c*are > ne*i*er > noyer			*ha*b*utum > eü > eu
		re*g*inam > reïne > reïne			
		le*g*alem > leial (*loyal*)	v	*tombe*	pa*v*onem > paon

b) { n *subsiste :* la*n*am > lai*n*e
      { ni *donne* n mouillée (*ign*) se*ni*orem > sei*gn*or.

c) Les consonnes doubles intervocaliques *se simplifient :* ca*pp*am > cha*p*e souvent mn > mm > m *et* nm > m

XIV

2. — LES GROUPES DE CONSONNES INTERVOCALIQUES
se conservent mieux, mais avec une tendance à la *simplification*

a) La première conso*nn*e du groupe *tombe* souvent (elle est généralement en fin de syllabe) : ci*v*(i)tàtem > ci*v*'tatem > cité ; té*p*(i)dum > te*p*'dum > tiède ; du*b*(i)tàre > du*b*'tare > douter.

Toutefois { — *r* se maintient toujours.
           { — La présence de *r* ou de *l* comme 2ᵉ consonne du groupe aide parfois la première à se conserver (sous forme adoucie).

bl *et* pl > bl	tábulam > table	tr *et* dr > rr, r	mátrem > medre
			> mère
	dúplam > double		rídere > rid're
			> rire
br *et* pr > vr	fábrum > fevre	tl > tr	capítulum
	(= *forgeron*)		> chapitre
	pauperem > povre	*parfois* tl	spátulam > espadle
		> dl > ll	> espalle (*épaule*)

Vocalisation de *l* : Après *a*, *e*, *i*, *o*, la consonne *l* précédant une autre consonne s'est vocalisée en *u*, au XIe ou au XIIe siècle :

Ex. : áltum > haut ; capíllos > chevels > cheveus,

Le pluriel irrégulier des noms en -*al*, -*el* (-*aux* ; -*eux*) s'explique par une habitude des copistes qui remplaçaient la terminaison *us* par *x*. Au lieu de chevals > chevaus, on écrivait chevax ; au lieu de chevels > cheveus, on écrivait chevex. Par la suite, dans ces mots, la lettre *x* finale est devenue, au lieu de *s*, la marque du pluriel.

b) La dernière consonne du groupe se maintient presque toujours (elle est au début d'une syllabe) : dormitorium > dortoir.

c) Dans les groupes de trois consonnes, celle du milieu disparaît souvent : dormit > dort.

d) Inversement, quand la chute d'une voyelle provoque une rencontre de consonnes difficile à prononcer, une nouvelle consonne (souvent *b* ou *d*), vient s'intercaler pour faciliter la prononciation :

mr > mbr	*cámeram > chambre	nr > ndr	pónere (= *déposer*)
			> pondre
ml > mbl	*trémulàre > trembler	lr > ldr	mólere > moldre
			> moudre
ssr > str	*éssere > estre > être	sr > sdr	cónsuere > cosd e
			> coudre

C. — *LES CONSONNES FINALES*

a) Consonnes qui tombent

XV

t, *après voyelle*	amat > aimet > aime	c	illac > la ; ecce hoc > ço
d, *après voyelle* *passe à* t, *puis* *tombe*	mercedem > mercit > merci	m, n	tabulam > table
		m, n, *se conservent après* *voyelle nasalisée* (cf. *tableaux VI et X*).	

b) Consonnes qui subsistent, mais généralement ne sont plus prononcées

t *après* *consonne*	venit > vient	l	malum > mel
		b, p, *après* *consonne*	campum > champ
r	* cantare > chanter mare > mer	s (¹)	amas > aimes

(¹) ts *final* > z (*prononcé* ts)
amatus > amez ; hostis > oz

c) Consonnes qui se transforment

d, *après cons.* > t	subinde > souvent	p, b, v *après* *voyelle* > f	*capum > chief (= *tête*)
g, *après cons.* > c	largum > larc (= *large*)		trabem > tref (= *voile*)

PARTICULARITÉS GRAMMATICALES

I. SUBSTANTIFS ET ADJECTIFS.

CAS SUJET ET RÉGIME

XVI

En français moderne, la fonction du mot (sujet, complément...), est marquée par sa place dans la phrase. Comparer, par exemple : « *mon fils* m'aime » (sujet) et « j'aime *mon fils* » (complément d'objet).

En latin, c'était *la forme* du mot qui indiquait sa fonction : un même mot (*rosa* = la rose) pouvait prendre, au singulier et au pluriel, des terminaisons différentes selon qu'il était sujet : « la rose est belle » (*rosa*, cas nominatif) ; complément d'objet direct : « j'aime la rose » (*rosam*, cas accusatif) ; complément déterminatif : « le parfum de la rose » (*rosae*, cas génitif), etc...

Le tableau des diverses formes que prend un même mot, selon ses cas, s'appelle sa *déclinaison*.

De cette déclinaison latine, l'ancien français n'avait conservé que deux cas (c'est-à-dire deux terminaisons) selon la fonction du mot : le *cas sujet* (en abrégé c. s.) et le *cas régime* (c. r.).

Un mot était employé au *cas sujet* (dérivé du nominatif latin) quand il jouait le rôle de sujet ou d'attribut du sujet.

Ce même mot était employé au *cas régime* (dérivé de l'accusatif latin) quand il jouait le rôle de complément.

Les autres cas du latin étaient suppléés en latin vulgaire par l'accusatif construit avec des prépositions : le *cas régime*, dérivé de l'accusatif latin, suffisait donc, en ancien français, à remplacer tous les autres cas.

TRIOMPHE DU CAS RÉGIME. Progressivement, au singulier comme au pluriel, *le cas régime s'est substitué au cas sujet* jusqu'à le supplanter totalement. Nos extraits en langue originale permettent de constater cette évolution jusqu'au jour où la déclinaison à deux cas disparut, le mot ne gardant, comme aujourd'hui, qu'une forme pour le singulier et une forme pour le pluriel.

DÉCLINAISON DES NOMS

I. — LES NOMS MASCULINS

a) Première déclinaison : type : *li murs* (le mur)

XVII

Singulier	Pluriel
C. S. (nom. lat. : *muru*s) > li murs	C. S. (nom. lat. : *mur*i) > li mur
C. R. (acc. lat. : *mur*um > le mur	C. R. (acc. lat. : *muro*s) > les murs

Nota. — 1. Remarquer la déclinaison de *l'article masculin*. Le féminin est *la* pour le singulier (c.s. et c.r.) et *les* pour le pluriel (c.s. et c.r.).

2. Ces formes de cas sujets et de cas régimes s'expliquent normalement par la forme des mots latins dont ils dérivent. Remarquer en particulier que le cas sujet singulier prend un *s*, et que le cas sujet pluriel n'a pas d'*s final*. Les formes qui se sont maintenues en français moderne sont celles du cas régime.

3. L'*s final* peut parfois être remplacé par un *z* : ex. : *les oilz* (Roland, p. 24, v. 47)

b) Deuxième déclinaison : type : *li pere* (le père)

Les noms latins qui n'avaient pas d'*s* final au nominatif singulier ont donné, à l'origine, des noms à *cas sujet sans s.*

Singulier	Pluriel
C. S. (nom. lat. : *pater*) > li pere	C. S. (lat. vulg. * : *patr*i) > li pere
C. R. (acc. lat. : *patr*em) > le pere	C. R. (acc. lat. : *patre*s) > les peres

Nota. — De bonne heure ces substantifs prennent un *s final* au cas sujet singulier (*li peres*), par analogie avec les noms masculins en *s* qui étaient les plus nombreux.

c) Troisième déclinaison : type : *li ber* (le baron)

Les noms latins qui n'avaient pas *l'accent tonique* sur la même syllabe au nominatif et à l'accusatif ont donné en ancien français des *cas sujets* et des *cas régimes* de *forme différente.* On a vu en effet l'importance de l'accent tonique sur la conservation des syllabes (cf. I).

Singulier	Pluriel
C. S. (nom. latin : *baro*) > li ber	C. S. (nom. lat. vulg. : **baroni*) > li baron
C. R. (acc. lat. : *baron*em) > le baron	C. R. (acc. lat. : *barones*) > les barons

Nota. — Ici encore le cas sujet singulier a pris assez vite un *s final (li bers)*, par analogie avec les noms masculins en *s*.

II. — LES NOMS FÉMININS

XVIII

Ils n'offrent, comme aujourd'hui qu'une seule forme pour le singulier et une seule forme pour le pluriel.

Singulier	Pluriel
C.S. (nom. lat. : *ros*a) ⎫	C.S. (nom. lat. vulg. : **rosas*) ⎫
⎬ > la rose	⎬ > les
C. R. (acc. lat. : *ros*am) ⎭	C. R. (accus. latin : *rosas*) ⎭ roses

De même pour les substantifs féminins *non terminés par un e muet :*

⎧ Singulier : *dolor* (c.s.) et *dolor*em (c.r.) > la dolor.
⎨ Pluriel : *dolores* (c.s.) et *dolores* (c.r.) > les dolors.

Mais, par analogie avec la déclinaison masculine, ces substantifs féminins ont pris de bonne heure un *s au cas sujet singulier (la dolors)*.

DÉCLINAISON DES ADJECTIFS

XIX

a) Première déclinaison : Elle découle naturellement de la déclinaison des adjectifs latins terminés en —*us,* —*a,* —*um.*

	Singulier		Pluriel	
	Masculin	Féminin	Masculin	Féminin
	C.S. (*bon*us) > bons	(*bon*a) > bone	C. S. (*bon*i) > bon	(** bonas*) > bones
	C.R. (*bon*um) > bon	(*bon*am) > bone	C. R. (*bon*os) > bons	(*bonas*) > bones

b) Deuxième déclinaison : Elle correspond aux adjectifs latins terminés en —*is.*

Singulier		Pluriel	
Masculin	Féminin	Masculin	Féminin
C.S. (*grandis*) > granz	(?) grant	C. S. (?) > grant	(*grandes*) > granz
C.R. (*grandem*) > grant	(*grandem*) > grant	C.R. (*grandes*) > granz	(*grandes*) > granz

Nota. — Le *féminin* de ces adjectifs ne prend pas d'*e final (grant, granz)*, mais dès le XIᵉ siècle apparaissent des *formes en* —*e* qui tendent à se généraliser *(grande, grandes).* La forme féminine semblable à celle du masculin subsiste encore dans *grand'mère grand'messe, à grand'peine*, etc...

II. LE VERBE.

Sans entrer dans le détail de la conjugaison en ancien français, nous nous bornons ici à en donner un aperçu en classant les principales formes verbales disparues qui se trouvent dans nos textes en langue originale.

XX | *PRINCIPAUX VERBES*

Être INDICATIF   PRÉSENT : (je) *sui*, (vous) *estes*, (ils) *sunt* ;
IMPARFAIT : (il) *ert* ou *ere*, puis *estoit* (les deux formes côte à côte chez VILLEHARDOUIN, p. 117), (ils) *eirent* ; à (il) *estoit* correspond (j') *estoie* ;
FUTUR : (il) *ert* ou *iert* ;
PASSÉ SIMPLE : (il) *fu* ou *fut.*
SUBJONCTIF   IMPARFAIT : (qu'il) *fust.*
CONDITIONNEL PRÉSENT : (je) *seroie.*

Avoir INDICATIF   PRÉSENT : (il) *a* ou *ad* (ROLAND) ;
IMPARFAIT : (j') *avoie*, cp. *estoie, souloie, dormoie* ;
FUTUR : (il) *avrat* (ROLAND) ;
PASSÉ SIMPLE : (il) *ot* (cp. *pot, sot, plot*), ou *out*, (ils) *orent.*
SUBJONCTIF   PRÉSENT : (que nous) *aiiens :* ayons ;
IMPARFAIT : (qu'il) *euist.*
CONDITIONNEL PRÉSENT : (j') *averoie.*

Pouvoir INDICATIF   PRÉSENT : (je) *pus*, (tu) *pues*, (il) *puet* ou *poet*, (nous) *poon* ou *poons* ;
IMPARFAIT : (il) *pooit* ;
FUTUR : (je) *porrai* ;
PASSÉ SIMPLE : (il) *pot.*
      SUBJONCTIF   IMPARFAIT : (qu'il) *poisset* ou *poüst.*

Vouloir INDICATIF   PRÉSENT : (je) *voil* ou *vueil*, (il) *volt* ou *vielt* (*vieut*) ;
PASSÉ SIMPLE : (ils) *voldrent.*
      SUBJONCTIF   PRÉSENT : (qu'il) *vueille.*

Aller   INDICATIF   PRÉSENT : (je) *vois*, (il) *vait* ou *vet.*
      SUBJONCTIF   PRÉSENT : (qu'il) *voist* ou *alt :* aille.

Voir   INFINITIF   on passe de *vedeir* (ROLAND) à *veoir* (2 syll.) puis à *voir.*

      INDICATIF   IMPARFAIT : (il) *veoit* ;
PASSÉ SIMPLE : (je) *vei* ou *vi*, (il) *vei* ou *veit*, (nous) *veismes.*
      SUBJONCTIF   IMPARFAIT : (qu'il) *veïst.*
      PARTICIPE PASSÉ : *veü.*

XXI   *QUELQUES PARTICULARITÉS DE LA CONJUGAISON*

A. — L'ORTHOGRAPHE DU RADICAL PEUT VARIER AU COURS DE LA FLEXION (comparer les *verbes forts* en allemand)

ainsi *pouvoir* et *vouloir* ci-dessus ; *ferir* (frapper) : il *fiert* ; *requerre* (requérir) : je *requier*, etc...

B. — LA TERMINAISON

1. Traces de l'orthographe étymologique :
   a) 1re pers. du sing. (indic. présent) :
   { formes sans —*e* final : (je) *cri*, *os*, *pri*, etc...
   { formes sans —*s* final : (je) *sçai* (ou *sai*), *requier*, etc...
   b) 3e pers. du sing. (indic. présent) : présence du —*t* final dans les verbes en —*er* dans le ROLAND : (il) *escriet*, *reguardet*, se *pasmet*, etc... (cp. FUTUR : *avrat* ; SUBJONCTIF : *dunget* (donne) et PARTICIPE PASSÉ : l'ad Rollant *reguardet* ; *estet*, etc...) (cf. p. 20 à 24).

2. Terminaisons contraires à l'étymologie latine :
   3e pers. du sing. au passé simple sans —*t* final : (il) *chéi* (de choir), *failli*, *queuilli*, *respondi*, etc... (VILLEHARDOUIN) ; (il) *entendi*, *vei* (FROISSART) ; cp. *fu* (de être).

3. Terminaisons du subjonctif :
   a) 3e pers. du sing. sans —*e* final (subj. présent) : *geünt* (qu'elle jeûne), *doint* (donne), *vif* (vive), *alt* (aille), *gaaint* (gagne).
   b) Au pluriel : *donons* (donnions) ; *menés* (meniez).

C. — Formation du passé simple

On notera les formes suivantes :

   a) Villehardouin : *assistrent* (assirent), *pristrent* (prirent), *remestrent* (restèrent), *traistrent* (traînèrent).
   b) Froissart : *misent* (mirent), *fisent* (firent) : cp. Roland : (tu) *fesis*.

D. — Infinitif

en — *re* : *corre* (courir), *querre, requerre, conquerre*.
en — *er* : *finer* (finir).
en — *ier* : *gaignier, huchier* (appeler), *laisier* (laisser), etc...

E. — Verbes disparus

Issir = (sortir) ·
imparfait 3ᵉ sing. *issoit* ; passé simple 3ᵉ sing. *issi*, 3ᵉ plur. *issirent*.

Oïr (ouïr)
indic. prés. 2ᵉ sing. *os* ; 3ᵉ *ot* (ne pas confondre avec *ot* = eut) ; futur 2ᵉ plur. *orrez* ; impér. 2ᵉ plur. *oez* ou *oiez*.

III. SYNTAXE ÉLÉMENTAIRE.

A. *LE VERBE*

XXII

I. Emploi des temps

L'emploi des temps dans l'ancienne langue ne correspond pas toujours à l'usage actuel :

1. On trouvera

le *passé antérieur* là où nous employons le *plus-que-parfait*.
Ex. : Villehardouin : (Notre Sire) les *ot secoruz* (= les *avait* secourus) (p. 117),
le *passé simple* là où nous employons l'*imparfait*.
Ex. : Froissart : car il *fu* filz à l'empereour (= il *était...*) (p. 135).

2. Dans les récits, nous sommes souvent surpris par le passage du *passé simple* au *présent* (de narration), et réciproquement.

3. Le passé composé garde souvent la valeur du *present perfect* anglais (action ou état *qui dure encore*).

II. Les modes

1. Infinitifs substantivés : Ex. *son desirier.*

2. Le subjonctif est un mode plus autonome qu'aujourd'hui, où nous ne l'employons presque jamais sans « que ». Quelques usages particuliers :
   a) subj. *délibératif :* Roland — or ne sai jo que *face* (p. 20, v. 18) ;
   b) subj. de *souhait* (ou de défense), extrêmement courant ;
   c) subj. dans les *phrases hypothétiques,* dans la subordonnée comme dans la principale : Pathelin : se je *trouvasse* | un sergent, je te *feisse* prendre !

3. Après les conjonctions de *concession* (quoique, bien que) on rencontre *tantôt l'indicatif, tantôt le subjonctif.* Villon : quoy que *fusmes* occis... (p. 219).

III. Syntaxe d'accord

1. Le *participe présent* s'accorde *en nombre* avec le mot auquel il se rapporte.

2. Les règles d'accord du *participe passé* ne sont pas encore fixées.

3. L'accord du verbe avec le sujet se fait parfois selon le sens : verbe au pluriel après un sujet singulier collectif.

B. *LES PRONOMS*

XXIII

I. Pronoms personnels

1. *Le pronom personnel accentué* remplace parfois le *pronom réfléchi :*
Ex. : Roland : De *lui* venger ja mais ne li ert sez (p. 20, v. 2).
     (Jamais il ne pourra assez *se* venger).

2. Le pronom « outil » *il* ne s'impose que peu à peu dans les tournures impersonnelles : *convient = il* convient.

II. Démonstratifs

Celui, celle n'est pas encore limité à l'emploi pronominal ; on le trouve comme adjectif : Ex. : Villehardouin : *Cele* nuit meismes... (p. 117, l. 2).

C. *LA CONJONCTION* « *QUE* »

XXIV

1. Omise :
   a) Dans les propositions complément d'objet.
   b) Dans les propositions consécutives, après *si* et *tant.*

2. Signifiant :
   a) Très souvent *parce que, car.*
   b) Parfois *pour que.* Ex. Pathelin :
       Ay je tant vescu | *qu'*un bergier... | me rigolle ? (p. 179; v. 39).

INDEX DES
GROUPEMENTS THÉMATIQUES

Les chiffres en romain sont ceux des pages où l'on trouvera, dans les *questionnaires* ou les *notices*, de nombreux renvois aux textes à organiser librement en groupements thématiques. Les chiffres *en italique* renvoient aux textes à *lire* ou à *consulter*.

ILLUSTRATIONS

GROUPEMENTS THÉMATIQUES

TABLE DES MATIÈRES

Les textes dont les titres et la pagination sont en italique sont donnés sous leur forme originale.

Couverture : *Charlemagne découvre le corps de Roland* (détail). Miniature des *Chroniques de France*, vers 1414. Ph. © British Library, Londres - Photeb.

Maquette de couverture : P. Verbruggen.

Iconographie : M. de Mlodzianowski, E. Montigny, L. Vacher.

Imprimé en France par Maury-Imprimeur S.A. – D.L. 1ᵉʳ tirage : 1948 – D.L. de ce tirage : juin 1991
Nº d'impression : E 91/35000M